牛顿传

Isaac Newton

The Last Sorcerer

‖ 修订版 ‖

[英] 迈克尔·怀特（MICHAEL WHITE）著
陈可岗 译

中信出版集团 | 北京

图书在版编目（CIP）数据

牛顿传：修订版 /（英）迈克尔·怀特著；陈可岗译 . -- 3 版 . -- 北京：中信出版社，2020.1（2026.1重印）

书名原文：ISAAC NEWTON: THE LAST SORCERER

ISBN 978-7-5217-1024-3

Ⅰ . ①牛…　Ⅱ . ①迈… ②陈…　Ⅲ . ①牛顿（Newton，Issac 1642–1727）–传记 Ⅳ . ① K835.616.11

中国版本图书馆 CIP 数据核字（2019）第 205564 号

牛顿传（修订版）

著　　者：［英］迈克尔 · 怀特
译　　者：陈可岗
出版发行：中信出版集团股份有限公司
　　　　（北京市朝阳区东三环北路 27 号嘉铭中心　邮编　100020）
承 印 者：北京通州皇家印刷厂

开　　本：880mm × 1230mm　1/32　　印　　张：17　　字　　数：389 千字
版　　次：2020 年 1 月第 3 版　　印　　次：2026 年 1 月第13次印刷
京权图字：06–2003–179
书　　号：ISBN 978–7–5217–1024–3
定　　价：69.00 元

目　录

序 言

真相出现

> “虚假的事物可以被随意想象，唯有真实的事物才能被理解。”牛顿，这位伟大的智者，如今可以和另一个谎称找到了“点金石”的牛顿并立共存。虽然共存后的形象略为逊色，但他仍然是受人景仰的巨人。“我们在解释一个奇迹的时候，不必害怕奇迹失踪。”
>
> 这个奇异的精灵，为撒旦所惑，他自以为用超凡的智慧，必可窃得上帝及这大自然的全部秘密。他是哥白尼和浮士德这二者的结合。
>
> ——凯恩斯[1]

一份在历史上最具影响力的人物名单——“100位伟人”[2]显示，艾萨克·牛顿排名第二，仅居于穆罕默德之后，而位于耶稣基督之前。牛顿之所以获得这项殊荣，是因为他对科学无可比拟的贡献。他创建的许多原理帮助我们塑造了现代世界的模型，因此他受到了世人的无限景仰。

然而，牛顿并非如历史一向记述的那样是个人格无瑕的人，他的形象受到了他的“信徒”以及一代代崇拜他的传记学者的保护。他们为他拟造了一些不太准确甚至是虚构的故事，其程度比历史上任何科学家都有过之而无不及。到20世纪30年代，真正的牛顿才从迷雾中逐渐显现，被置于光亮之下接受分析与批评。自那时起，令人不可思议的谎言才被一一戳破，一些原本期望可长久流传的神话逐渐被揭穿：牛顿不再是超凡脱俗的全能者，也不再是未受污染的天才，更不是人格纯洁的科学真理的探究者。

为圣人立传

如书写圣人传一般记载牛顿事迹的行为，从牛顿去世那年就开始了。第一位替牛顿写传记的是英国人威廉·斯蒂克利，他是一位德鲁伊教派①学者兼希腊神话学家，他于18世纪20年代写成了《艾萨克·牛顿爵士生平怀思录》，这是对他英雄的一生所做的虔诚叙述。牛顿去世前的最后10年里，斯蒂克利与他过从甚密，这本《艾萨克·牛顿爵士生平怀思录》是以斯蒂克利切身体验的第一手资料为基础写成的，[3] 故而是十分重要的一部牛顿传记。但是，他和许多其后为牛顿立传的人一样，因过度崇拜牛顿而有失公允，他们看到的牛顿是一个近乎神祇、完美无缺，且几乎不朽的圣人。

另一本重要著作，是布鲁斯特爵士写就的于1855年出版的《牛顿爵士的生平、著作及发现之怀思》。这是继斯蒂克利作品之后最有价值的一部牛顿传记，它对世人了解牛顿有很大的贡献，只可

① 德鲁伊教派，指高卢、不列颠和爱尔兰的古代凯尔特人的宗教教团。当代研究原始宗教的学者把德鲁伊教派划分为欧亚大陆之术士哲人类别。——译者注

惜作者也缺乏客观性，使该书大为失色。布鲁斯特和那些崇拜者一样，对牛顿十分虔敬，凡是遇到与心目中牛顿的形象不相符的证据，他都故意漠视，而坚决强调牛顿的成就及其为后世子孙所做的贡献，且仅在这方面竭力着墨，完全不质疑这位伟大的科学家在他漫长的一生中，表现出来的许多复杂、矛盾的行为。

牛顿的成就毫无疑问是伟大的，他确实是位了不起的天才。就如他那最负盛名的著作《自然哲学的数学原理》（以下简称《原理》）一样——尽管描述的是极度繁复和琐碎的宇宙作用力，其所依据的却是简明易懂的事实。而牛顿那曲折难解的性格，也比正统的科学史家描述的更复杂。

就本质而言，牛顿是一个偏于隐闭的人，他情愿退缩到一个角落，与整个世界隔离。他曾在很长的一段时期里不接触外界的日常事务，工作的场所要么是大学的个人研究室，要么是学校旁边自己的住所兼实验室。他都是单独做研究和实验的。牛顿从小就不喜欢做一个墨守成规的人——在各方面都是如此。他逃避家中世代相传的淳朴的乡村生活；在大学里，他自行设下独居的藩篱，拒绝接受教会颁定的守则，并订阅阿里乌教派（此教派的教义一贯反对三位一体论，被正统基督教视为异端）的刊物。在当时的宗教社会里，如果牛顿的这种信仰为外人所知，那么他在达成一生的丰功伟绩之前，可能就已被彻底毁灭了。

另外，最严重的一点在于，他还是个为学术界所不容的炼金术士。

炼金之秘

当传记学家审视牛顿的生平，为他撰写传记的时候，牛顿已经不在人世，因此他们没有必要替他隐瞒宗教倾向。可是，使那些早期传记学家如鲠在喉的，是牛顿图书室中的浩瀚藏书，以及他遗留下来的大量文稿与札记，其中有许多令人难以置信的资料。这些都清楚地显示出，尽管他是历史上最受尊敬的一位科学家、一位创立科学方法的楷模，但他一生花费在炼金术上的精力，远远超过探究纯科学的心力。这些资料也确切证实了，牛顿的一生中都没有几个知己发觉他的秘密，大家不知道他竟然用了那么多时间去研究《圣经》中的年代和预言，寻觅自然界中的魔术。更有甚者，他竟试图探索炼金术的秘密——灵中之灵。

早期为牛顿立传的人觉得迥然相反的两种性格不可能共存于一体，于是，在发现任何会玷污牛顿人格、令他们感到困扰的资料时，他们不得不加以掩饰，将其当作某种特殊怪癖或是一时的神经错乱。布鲁斯特以“不过是笨人与庸人的消遣”来形容人们广泛搜集的牛顿与炼金术有关的文献。[4]

到 1936 年，牛顿的真实面貌才渐渐显露出来：他是个时常精神紧张、焦虑不安、怪异冲动的人。那一年，有一批关于牛顿的文件在苏富比拍卖行被拍卖，那是之前大约 50 年，由剑桥大学接受的捐赠，它们被认为是“不具科学价值”的收藏品。彼时，它们被杰出的经济学大师兼研究牛顿的学者凯恩斯在拍卖会中购得（10 年之后，凯恩斯在弥留之际，又将其遗赠给剑桥大学国王学院）。

凯恩斯在研读了关于牛顿的这批秘密文件（被那些写圣人传的

牛顿立传者忽略的手稿、札记、论文等）之后，于1942年在英国皇家学会发表演说，将历史上最著名和最崇高的科学家，描绘成一个完全不同于以往，并且极受争议的形象。

> 从18世纪以来，牛顿一向被认为是第一个也是最伟大的近代科学家，是一个理性主义者，他教导我们做出冷静的思考和无偏颇的推理。可是我现在要说，我不如此认为，我不认为任何人在看完那一箱文件之后，还会把他看作那样一位道德高尚的伟人。那一箱文件是牛顿于1696年离开剑桥大学时，特意收拾起来带走的，虽然部分已经散失，但最后还留下一些辗转到我们手上。牛顿并非理性时代的第一人，但他却是最后一个魔术师、最后一个巴比伦人和苏美尔人。他是最后一个伟大的智者，他和那些近1万年前就开始构建我们知识遗产的人一样，用相同的目光在可见、可知的世界中搜索。牛顿生于1642年圣诞节，他是个遗腹子，是使马基人①心悦诚服的最后一个神童。[5]

很显然，凯恩斯被他发现的资料迷惑了。不过，对我们大家而言，这是件幸运的事，因为这是个已然可以接受这类发现的时代。凯恩斯的发现引出了关于牛顿的两个问题：第一，如果这位近代力学理论的创建者，曾花费大量时间从事炼金术的试验，那么是否还隐藏着另外一些鲜为人知的东西呢？第二，牛顿研究炼金术的过

---

① 马基人为古波斯的神职人士。——译者注

程，是否已经影响了他在纯科学上的成就？

第一个问题比较容易回答。牛顿难以与人相处是早已闻名的：孩童时期的家庭变故使他在情感上受到了无法弥补的伤害，他在成年后与许多同辈科学家发生争执也是广为人知的事。在众人眼中，他是个极度自负的人。但是，在凯恩斯公开讨论自己的发现之前，传记学家们几乎从来不提这方面的史实。1936 年是一个分界点，在那之前，大多数的牛顿传记都是依赖斯蒂克利的见识的，只有少数传记学家勇于质疑旧权威，向更深处挖掘。

用陆续被挖掘出来的材料为牛顿画像，画出来的形象不一定完美，但真实的人生本来便如此，并不都是完美的。况且，这位重新被人挖掘出来的、形象清晰的牛顿，才是真实的牛顿。我们应该骄傲地接受这样的一个人，接受他独特的才华与天分，也接受他怪异的行径与失败。与牛顿同时代的雷恩爵士[①]说过："我们在解释一个奇迹的时候，不必害怕奇迹失踪。"[6]

眼前的图片渐渐拼凑成形，我们看到的是一个追求知识的天才，他想要了解他所碰到的一切事物：对于生活中迷惑他的每一件事，无论好坏，他都会产生一股冲劲儿去探究出道理来。这种极度的渴求致使他自我伤害、精神崩溃，达到近乎疯狂的状态。如此不分青红皂白地追逐新知，或许是由于他涉猎占星术之类的巫术和迷信。不过，从无边无际、众说纷纭的探讨和摸索里，他也改变了我们生存的这个世界。

---

① 雷恩爵士，英国著名建筑师、几何学家。设计包括圣保罗大教堂在内的 53 座教堂。——译者注

凯恩斯文件引出的第二个问题就难以探究了，即牛顿作为炼金术士的修习功夫，对他的科学研究是否有所裨益。这是凯恩斯主观的认定，而这个疑问可能永远也无法被完全解开。

牛顿的两面性

事实上，并非人们对这个问题不予认真研究，而是由于在牛顿留下的文件中，有关炼金术的资料竟超过了 100 万字，况且，其中还有许多是他用自创的符号暗语、拉丁文和手写的小字记载下来的，解读这些资料本身就已经十分困难了。有些学者花费了 60 年的光阴从事这项工作，如今仍在进行中。已故的美国学者多布斯译解了大量此类资料，并且进行了相当详细的分析。她将牛顿的炼金试验汇集起来，写成两本学术著作：《牛顿炼金术的基础》《天才的两张面孔：炼金术在牛顿思想中所扮演的角色》。[7] 另外有一些人也开始分析牛顿所搜集的许多与《圣经》预言相关的著作，并探究牛顿对从占星术到数字算命等各种迷信所持的想法。[8] 但是，对阅读这些资料的一般人而言，17 世纪炼金术士的心路历程确实有令人难以理解之处，他们的精神状态有许多层次，这对 20 世纪后期乃至以后的人而言未免陌生，设身处地去体会是极为困难的事。

在随后的篇章中，我将会讨论炼金术对牛顿的科学研究产生的正反两方面的影响。然而，就我个人而言，结论可不是含糊的。基于手边的证据，我认为牛顿从炼金术的研究中，获得了关键性的启示，从而发现了足以改变世界的科学成就。因此，牛顿在炼金术上的修习，必然与他科学的分析思维有所关联。

牛顿说过："虚假的事物可以被随意想象，唯有真实的事物才能被理解。"[9]想象与认识之间有一片灰色地带，它有时成为传记学家自然的藏身之所。然而，随着神话逐渐被破解，被掩盖已久的真相陆续出现，这片灰色地带就变得越来越狭小。牛顿，这位伟大的智者、"现代科学之父"及先驱，如今可以和另一个神秘的、情绪性的、妄想的，甚至谎称自己找到了"点金石"的牛顿并立共存，虽然这让他的形象略为逊色，但他仍然是受人景仰的巨人。①

① Alchemy 一词，字典上的意思有"炼金术"，也有"炼丹术"，两者并立。我原翻作"炼丹术"，乃因再三斟酌，觉得"炼金"所表现的意义与"冶金"相近，在中文看来没有什么"邪门"的味道，而 alchemy 则是西方的邪术，通常不被社会接受，这也是牛顿一生极力隐瞒的事。虽然西方操此术者主要是冀求黄金（因此才有人称之为炼金），但亦包含求长生不老药的法术。此法术来自东方，以修炼膜拜为主，能够炼成什么全看修行者的意愿。西欧人从阿拉伯人处学得此术后，改成以致富为目的，以炼成黄金为主，而由于亚里士多德有气、火、水、土四元素之说，也相信物质可以转变，故修炼的人之中有很多是哲学家。可是依照这本书所述，他们要找的"点金石"，最上品者是红色的颗粒，那就和中国的仙丹类同。东方重修行，用细火慢慢炼；西方重功利，以猛火急攻。从这本书所提及牛顿修习的密术看来，应是指炼金术，因此全书统一采用"炼金术"代替"炼丹术"。我以为无妨，但还是在此提醒读者"炼丹"与"炼金"两者之历史缘由，以及一般人观念上的混淆。——译者注

第一章

离弃

从幼童到少年，他几度被引领着走向不同的方向，这使他不明所以，无所适从。他对传统的教育不满，与同学格格不入，最终领悟到自己的天性。他难以觅得他人的友情，不如将自己隔离，超越成长环境的限制，去寻求更大、更新的世界。

自然和自然律隐没在黑暗中。神说，让牛顿去吧！万物遂成光明。

——蒲柏[1]

在英国内战之前，林肯郡内的伍尔斯索普原本是个安静的小村落，即使到了兄弟阋墙、自相残杀得天翻地覆的时候，这个小村仍然有一段时期并未受到争斗的直接干扰，丝毫无损。在村外数百米处，有所谓的"北方大道"（即现在的 A1 公路）可通行。1642 年年底至 1643 年年初的严冬里，敌对双方的王室与国会军队都曾盔甲铿锵地经由这条大道迈向战场，投入烽火硝烟和生死对决中。但是村里的男子却很少被争斗波及，最近的战场也在数千米之外。

伍尔斯索普是个很小的村落，它位于威特姆河西岸的河谷，距此最近的市镇叫作格兰瑟姆，二者之间的路程大约为 11 千米。第一本牛顿传记的作者斯蒂克利曾描述这个小村在朝东方向有很好的视野，道路具有罗马景致，赫曼街穿越田野，直达东面的科尔斯特沃思。斯蒂克利赞叹地说："没有比那儿更美的乡村了。"[2]

牛顿的家族

17 世纪时，伍尔斯索普只是由一片片田园聚合起来的农村，简陋的农舍散落在庄园住宅的周围。这个区域里适合耕种的土地收成也不好，需要采用轮耕的方法，每年只能收一茬粮食，另一半的时间休耕。农民大多以豢养绵羊来贴补生活的不足。

牛顿有很多族人散居于格兰瑟姆一带。小艾萨克出生之前，其氏族的地位已有几代被视为略高于当地的一般平民了。他们的社会地位大约介于自耕农与低层贵族之间。[3] 这地位的获得应归功于小艾萨克的高曾祖父，他的名字叫约翰·牛顿，他原本居住在附近的韦斯特比村。根据地方志记载以及一些遗嘱、缴税通知单等文件拼凑起来的资料，约翰在他的一生中，神奇地将其社会地位从农民提升到自耕农。[4] 事实上，韦斯特比的约翰事业有成，他留给子女相当多的财产和嫁妆，其中遗留给儿子理查德·牛顿的财产包括位于伍尔斯索普村的 24 公顷[①] 该地区最肥沃的耕地，这是他于 1562 年买下来的，那是他去世前不久。

可是，约翰·牛顿的子孙不像他那样上进，也就没有什么成就。虽然他创下的基业给了子孙一个良好的立足点，他们应继续发扬光大，但是在小艾萨克之前，牛顿家族没有任何一人在任何行业中给大众留下印象，他们从未能如老约翰那样大幅提升他们的社会地位。自老约翰至老艾萨克·牛顿（小艾萨克之父）大约历经一个世纪，在此期间，牛顿家族的男子都结下了相当不错的姻亲关系，这显然有助于他们从自耕农的阶层逐渐上升，可是仍旧没有一个成员接受过正规教育。令人惊讶的是，老艾萨克与许多和他处于同一社会阶层的人一样，竟然不会写自己的名字。即便如此，他的儿子却

---

① 1 公顷为 10 000 平方米。——编者注

成了英国剑桥大学的卢卡斯讲座教授，后来更长期担任英国皇家学会的主席。也许正因为小艾萨克有这样不甚体面的祖先，家族的社会地位又不足以傲人，所以阶层和官衔永远是他十分在意的事。

小艾萨克的曾祖父——继承了伍尔斯索普村 24 公顷良田的理查德·牛顿——把农田遗留给他的儿子罗伯特·牛顿。罗伯特大约生于 1570 年，后来，他买下了他农田旁的一栋庄园住宅。根据当地地方志的记载，这栋庄园在那次买卖之前的 100 年内，曾经易主 4 次，到罗伯特买下来时已成荒颓状态。庄园经过数年整顿修缮之后，遂成为这一家庭长住的居所，而这个家庭也可能是当地牛顿家族中最富裕的一支。[5]

到罗伯特的下一代，住在这座庄园里的牛顿家族的社会地位稍微得到了提升，也开始沾了一点儿书卷气息，那是因为罗伯特的儿子老艾萨克娶了艾斯库家的女儿。艾斯库家族是当地受人尊敬的没落贵族，家中的男子都上牛津大学或剑桥大学读书，毕业之后也总能成为牧师或教员。那时候，汉娜·艾斯库下嫁于老艾萨克是由于艾斯库家遇到变故，除了经济困难，连社会地位也有下滑的危险，于是虽为文盲却有田有地的老艾萨克才得以与汉娜相配，这份姻缘可说是顺理成章的事情。这一婚配不但使两个家庭在社会环境中得到互利的弥补，“基因”混合的吉兆从此亦改变了世界。拜奋发图强的祖先约翰·牛顿所赐，老艾萨克得以成为一个有钱人——他于 1639 年 12 月继承了罗伯特在伍尔斯索普的全部房屋财产。汉娜是个有教养的闺秀。两家人彼此满意，一对新人于 1642 年 4 月结婚了，汉娜改姓艾斯库·牛顿。

图 1–1　牛顿出生在伍尔斯索普庄园，他在这里度过童年
（Mary Evans Picture Library 提供）

那一年的冬天十分寒冷，对牛顿家人和全英国都是如此——英国正陷入残忍的内战中。大约是在汉娜与老艾萨克结婚之前的那个时候，英王查理一世自伦敦出走，避居北方，从此再也没有以受拥戴的英国统治者的身份回到伦敦。他宠溺的王后玛利亚被大多数臣民厌恶，为了安全起见，她被送到了欧洲大陆躲藏。

到 1642 年的春夏之交，政治与宗教相互纠缠不清，这使得一开始只是为了小事情产生的一些冲突，扩大成了全面内战。保王派的军队先在约克集中，然后在牛津结营。内战中最著名的战役之一——埃奇山战役于当年 10 月下旬爆发，保王派取得胜利，全国都卷入了争斗的狂热之中。英国本来是一个平静的国度，在欧洲大陆自 1618 年开始受到“三十年战争”蹂躏的岁月里，英国都能置身于纷扰之外，如今却于短短数年间，转变成兄弟阋墙、手足相残的国家。国王与议会间的争执，导致朋友间多年的友情常因为选择国王还是议会的分歧而破裂。

艾萨克·牛顿出世

从斯蒂克利一直到现代的传记学者，大都认为牛顿家族有同情保王派的倾向，这些学者是基于牛顿家族的社会阶层和社交野心，才有这种想法的。作为有向上移动潜力的下层贵族，他们想必是情愿维持现状的，而不会赞成打破传统的王室体制，这种看法是可以理解的。但是内战的时候，敌对双方并没有清楚地以阶层为界来区分，有很多贵族站在议会的一边，也有许多平民支持国王。往更深的层面看，当时的争执基于各种理由，非常复杂，不但有政治上的偏见，还有涉及宗教的诸多问题，何况对某些人而言，宗教比政治更为重要。许多研究英国内战的历史学家认为，爆发内战的深层原因是英国国教[①]的奠立者——国王亨利八世和他的继任者所做的一些决定，而罗马天主教与英国国教之间的意识形态冲突，加上英王与议会之间的权力之争，终于引爆了内战。牛顿家族不见得接受英

① 英国国教，又称英国圣公会。——译者注

王查理一世倾向天主教的立场，事实上，小艾萨克一生都是个坚决的反天主教者。内战时期牛顿家族的政治立场并没有史籍记载，汉娜的哥哥威廉是附近伯顿科勾斯村的教区牧师，他于内战期间和战后都能保住他的工作。由这事实并不能断定艾斯库的家人拥有保王情结，只能说威廉和当时许多无足轻重的人一样，也许包括牛顿家人在内，只是随着政治风向转变而已。

英国的老百姓正陷于水深火热之际，汉娜却面临着更加迫切的问题。在埃奇山战役前几天，她的丈夫老艾萨克去世了，留下快要分娩的她。老艾萨克的死因并不清楚，他才 36 岁，但似乎已经病了一段时间。我们从他遗嘱的引言中得知这一点，遗嘱里写道："凭主的圣名，我，科尔斯特沃思教区伍尔斯索普村的艾萨克·牛顿、林肯郡的自耕农，于 10 月的第一天（1642 年）身患重病，但神志清醒、记忆完好……"[6]

有关老艾萨克的事迹，我们所知不多，但由于 18 世纪的作家莫德所做的研究，老艾萨克被人误解了。莫德指责老艾萨克虚掷金钱，[7] 而事实上，他把老艾萨克与另一个叫作约翰·牛顿的族人混淆了，莫德误以为那人是汉娜的丈夫。我们仔细地检视了那份遗嘱的内容，发现老艾萨克确实把他继承不久的产业经营得不错，在娶汉娜为妻之前已尽了他的责任。诚然，他是一个文盲，但 17 世纪的农民也没有什么读书的必要，他把他继承的产业又几乎完整无缺地留给了汉娜，使汉娜母子生活无忧。

依我们想象，汉娜在她丈夫去世之后，到生下他们的孩子之间那段哀伤的日子里，应该是尽力照拂农事和准备自己生产的来临。平安夜，她开始感到阵痛，于是她就在楼梯顶左边的卧室里待产她的长子，那间卧室是她怀上这个孩子的地方。汉娜的母亲马杰里自附近的欧弗顿市集小镇赶来照顾她。另外，马杰里在伍尔斯索普花了几个便士雇用两个妇人来协助。圣诞日凌晨两点刚过，小艾萨克出生了。

穿凿附会的故事

按照老年时的牛顿自己所说，他是个早产儿。这有可能是真的，但是，他是个喜欢将自己的童年神奇化的人。由于不尽知的理由，他总爱给别人一种印象，他的出生好像伴随了一些奇迹。我们发觉，牛顿会竭尽所能去防堵别人说他的出生是不完全合法的谣言。老艾萨克与汉娜确切是在哪一天结婚的，并没有记载，如果我们不去理会早产儿的说法，那么，分析下来的结论是很不敬的：牛顿的母亲未婚先孕。最能透露出牛顿对此耿耿于怀的，是在 1705 年他被册封为爵士时，官方要求他提供族谱，于是他将父母的结婚日期向前推至 1639 年。[8] 这可能是个单纯的错误，但考虑到牛顿渴求秘密的天性，以及追求无瑕的社会声誉和符合高等社会阶层的道德规范等原因（加上更改一下日期又是那么方便），这错误看来并非偶然。

牛顿的一个同母异父妹妹的女儿凯瑟琳·巴顿是照顾他老年生活的亲人，她的丈夫约翰·康杜伊特专门搜集这位著名的舅父一生的逸事。照他的记述，小艾萨克是个很小的婴儿，小到可以放进一口 1 升容量的锅里。康杜伊特回忆说："艾萨克爵士告诉我，他听说他刚出生时很小，被她们放在一口小锅里，他弱得要用枕头垫在脖子下，她们才能把他的头托起来。”那是个广为人知的小故事，有人证明的确是牛顿告诉康杜伊特的。这个故事还有一段下文：牛顿出生时，受雇来帮助汉娜的两个妇人，被差遣去一位叫作帕克南的夫人家里拿药。很显然，牛顿看来太孱弱了，这两个妇人取到药回来时，“以为来不及了，那孩子必定已经死了，于是她们就坐在门阶前休息”。[9]

这类故事构成了牛顿一生传奇的一部分。18 世纪 20 年代后期，斯蒂克利在着手编写牛顿的传记的时候，访问过许多村民，他们大多证实有这些事情。这些故事至少还算可接受，不像人们大肆渲染过的牛顿的日后事迹那样不着边际。不过，这仍属于早期的牛顿立传者典型的阿谀方式，作者强调他能逃过夭折是奇迹。1855 年，布鲁斯特爵士描述的婴儿牛顿的一段文字足以说明这一点。

> 然而，天意不许她们所怕的事情发生，那孱弱的身躯，看来无法收藏他那不朽的心灵，却注定强壮起来了，最后甚至享有比一般人更长的寿命。[10]

牛顿如果活到那时，会很喜欢这类描述的，这会为他最珍惜的自我形象增添光辉。

庄园生活

牛顿生命中最初的三年几乎毫无记载，只有斯蒂克利找到的一张羊皮纸告诉我们，婴儿艾萨克是在 1643 年 1 月 1 日受洗的。我们据此也可以营造出一幅动人的景象：汉娜于元旦早晨独自在雪地跋涉，怀里抱着紧裹在厚毯里的羸弱婴儿，走向本地教堂，为她的婴儿举行命名礼。可是事实上，几乎可以确定的是，那仪式是由村子里的牧师到汉娜居住的庄园主持的。

受洗之后的三年真的是一片空白。那时，内战已发展至最高峰，蔓延至全国。汉娜与儿子一直居住在庄园里，她雇用工人为她耕种、豢养绵羊，为绵羊剪毛、挤奶和喂食等，自己则主持家务，买卖牲口和家产，整饬农具，以及应付日常琐碎事务。汉娜的父母会来协助寡居的女儿，在各方面担任重要的角色，这也是意料中的自然之事。汉娜与儿子还算不上富裕，但可说是生活舒适。老艾萨克过世的时候，他庄园的房舍及全部土地契约，连同劳动器具，一共值 459 英镑 12 先令 4 便士，另有 234 头绵羊、46 头牛，以及储存了几谷仓的燕麦、大麦和麦芽，他把这些财产都留给了汉娜。为了让读者对这些数字有较清晰的概念，我们将其与当地居民的平均财产做个比较。当时每户人家有 35~40 头绵羊；典型的自耕农在遗嘱里记录的遗产不会超过 100 英镑；在 17 世纪 40 年代，该地区的工人只能期待每周赚取 1 先令 6 便士的工资而已。

1645 年冬，英王查理一世在牛津被包围了，且已在克伦威尔军队的掌控之中。保王派遭到灾难性打击的这一年 6 月，国王的军队在纳斯比战役中惨败。那时，英国民意还未达到要处决国王的地步，但这股导致 4 年之后英国历史上唯一一次弑君事件的民意却已汇流一处了。

林肯郡尽管持续遭遇动乱，但相较其他地区尚属无损，这使伍尔斯索普成为攻击军队和溃败军队乐于前往的避匿之所。在整个内战过程中，往往有许多军人逃离阵地，仰赖附近乡村百姓的好心救济，也很少听说有村民拒绝协助的事情——他们对交战双方一视同仁。幼年的艾萨克有可能看见过双方军队经过他的村庄，也可能有士兵留宿在村中田野间的农舍，或找到他家来。虽然记录上没有正式载明，牛顿也从来没有提过这类事情，但如果汉娜接待过保王派士兵或者圆颅党人（指那些反对国王的议会派分子），大家也不必惊讶。

母亲再嫁

1646 年夏之后，争斗的高潮已过去，可是，对艾萨克而言，影响他一生的一件很重大的事却于此时发生。在他三岁生日过后的翌年年初，母亲决定再嫁。

在距离伍尔斯索普约 16 千米的北威特姆村，有一位教区牧师巴纳巴斯·史密斯，他并不怎么有名，其为人所知的事情也不怎么出色。他接受过完整的教育，但他表现出来的似乎是一种合格就好的态度。他是个有钱地主的儿子，在 1601 年毕业于牛津大学的林肯学院。他收藏了不少书，虽然他并不是个爱读书的人。史密斯有一本精装的笔记簿，他想用它来抒发自己在神学上对各种论题的思考心得，可是，他并未全心全意地坚持，只写了几页就不再写了。虽然那批书和那本精装笔记簿没得到他太多的眷顾，它们最后也还是被人善加利用了。因为史密斯过世之后，它们变成了牛顿遗产的一部分。这批藏书约250册，它们可能成了牛顿日后收藏书籍的起始，它们也向牛顿引介了有关神学的知识，使神学成为他日后专注研究的学科之一。笔记簿也未被浪费，史密斯没有用过的大半本空白纸张上，后来都写满了牛顿的草字，记载了他早年对重力问题的思考和对微积分的表述。牛顿从来不对人说他的继父留下的这本笔记簿，而且因为他对继父的过去知之甚详且鄙视史密斯的为人，所以他故意叫那个本子为“废纸簿”。

史密斯第一次见到守寡的汉娜时，已经63岁了，而汉娜大约30岁左右（没有准确的出生记录遗存）。史密斯那时已在北威特姆村担任了超过35年的教区牧师，这个职务是他父亲于1610年花钱为他买来的，作为他一辈子维持生活的俸禄来源。当这位新的教区牧师就任12个月时，一位上级主教来到北威特姆村查访，在他的记载中指出史密斯的本籍不在北威特姆村，看来行为尚属端正，只是态度“不甚和善”。

对史密斯来说，教区牧师的职务并不很吸引人，只是打发时间罢了。1645年，他向汉娜求婚时，这个职务每年单独掌控超过500英镑的资产，这在17世纪可是个相当大的金额，这使得他的神职薪俸就算往上调也显得微不足道，也许因此没有必要对上级表示“和善”吧。他当了教区牧师许多年，在内战期间闹得不可开交的教义争执之中安然无损。试想，自第一次内战开始，至第二次内战结束，多少英国教士情愿接受放逐，不愿跟随经常改变的宗教新潮流苟活，而史密斯显然选择了随波逐流。

史密斯的第一位妻子过世（1645年6月）才半年，他就以在当年看来过于商业化的方式向汉娜求了婚。他不是在认识汉娜后当面请求的，而是由仆人送出求婚信，然后给了仆人一天的工资。

无论出于何种原因，史密斯采取了如此唐突且毫不浪漫的求婚方式。汉娜起先并没有回应，她反而跑去找她的哥哥威廉商议。威廉在附近另一个乡村同样在教会里担任职务，自然知道史密斯其人，于是全家举行秘密会议，为赞成或反对这桩婚事慎重讨论。

婚约像商业契约一般，条款也一一经过慎重讨论。最后的协议相当公平，可是替这场婚约的小主角——汉娜 3 岁的儿子考虑得显然很少。依照婚约，汉娜嫁给史密斯，自然要搬到北威特姆村去住，艾萨克则仍旧留在牛顿家庭的老宅。为了补偿他的牺牲，史密斯将价值 50 英镑的土地划拨给艾萨克，等到他 21 岁时即可合法继承。另外，伍尔斯索普的住宅也将全部重新整修一番。

史密斯不愿汉娜带着 3 岁的儿子跟他同住，这倒不令人惊奇，叫人不可思议的是汉娜竟然答应了这样的条件。诚然，我们很难得知 17 世纪人们的心理和想法。对 20 世纪的人而言，一位母亲为了新生活竟会拿亲生儿子交换，这无论如何都是件无情而又令人惊讶的事。

条件式婚姻

当代有关汉娜性格的说法并不一定完全可信，也不足以让我们用来分析她的人品。康杜伊特这样告诉我们："她是个拥有不平凡的理解力和道德感的妇人，凡是认为牛顿爵士这样的灵魂只有神圣的造物主亲自操作才得以完成的人，他们就能从这个角度看出上天赋予她的许多特质。”[11] 然而，若我们从好的方面去理解，则可以说她是好意为了儿子的将来，才勉强接受了那些条件。史密斯老而富有，汉娜毫无疑问会认为他不能再活很久，且他的第一次婚姻并没有留下子女，那么在他死后，她就可以继承全部遗产。艾萨克如能忍受与母亲的短暂分离，再重聚时所得到的好处会是很多的。但是，牛顿家并不贫穷，以那时候的农村标准而言，他们的生活已经相当不错了，汉娜有必要同意做这样的安排吗？

我们只发现两份文件展现出汉娜对她儿子的爱。第一份是她的遗嘱，她使艾萨克成为全庄园的唯一继承人，并指定由艾萨克决定以最合适的方式下葬她的遗体。[12] 第二份是艾萨克在大学读书的时候，她亲笔写给他的一封文辞不甚通顺的家书，她是这样写的：

艾萨克：

来信收悉。而我也期盼着你收到我的信并附上你的表扬。除了你的妹妹们给你的爱，我也给你母爱，及祈祷上帝给你爱，无物给你。我，挚爱你的母亲。

汉娜[13]

从这封信看来，汉娜也像别的母亲一样爱她的儿子，所以她也许不是为了财富的增加或生活上的方便而同意与儿子分离的，更大的可能是牛顿家族的其他成员决定了艾萨克的命运。史密斯可能不甚情愿把别人的儿子留在自己家中，他把艾萨克视为他与汉娜之间生涩关系上所附加的障碍，或者甚至想到让孩子留在身边会影响两人的性生活，但种种情由都应该不致令史密斯坚持把艾萨克留在庄园里。所以，牛顿家族的建议或许才是主因：把 3 岁的孩子留在牛顿家庭中，意味着全部家产仍继续由牛顿家族控制，不让史密斯染指。也许牛顿一生都不知道他当年被要求留在庄园的真正原因，他成名以后也从未提过这件事情。等到那些议论统统平息下来，汉娜接受了史密斯提出的各项协商条件，于 1646 年 1 月 27 日，在她的复姓后面再加一个姓，成为艾斯库 · 牛顿 · 史密斯。

孩童时期的愤恨

如果汉娜曾经希望用短暂的婚姻取得相继而来的许多财产，那么可以说，她最终失望了。史密斯再婚后又活了将近 8 年，在成为 3 个孩子（玛丽生于 1647 年，本杰明生于 1651 年，汉纳生于 1652 年）的父亲之后，于 1653 年以 71 岁的高龄去世。这种遭遇对牛顿这个小男孩而言是十分不幸的事，但这对于人类知识进步而言却非常重要。虽然牛顿的 3 个同母异父的弟弟妹妹没有使他损失他该继承的遗产，但他在已经懂事、需要母爱时，却被迫和母亲分离。长久以来，这被认为是造成牛顿一生个性怪异的主要原因。

汉娜再嫁以前，是一个人在抚养艾萨克的，在她离家之前的那段日子，母子两人无疑是分不开的，艾萨克对母亲的依赖必定比双亲都在身边的孩子对母亲的依赖更甚。再说，夺走艾萨克母亲的不是死亡，而是另一个陌生的男人，并且他就住在不远的地方。在他感情的伤口上撒一把盐的，是他不知道母亲会不会回来或者何时才会回来看他。有时候她会回来一小时，或者逗留一个下午，但她最后总是要离开的，总是要回到那个男人身边的——那个可恨的史密斯。我们从留下来的那本精装笔记簿和一些私人信函中得到印证，艾萨克很厌恶他的继父，也恨他的母亲，只是恨母亲的程度较轻而已。

牛顿最早期的笔记只有很少的一部分留传于世，不过，这些笔记透露了他少年时期内心深处的想法。有 4 本笔记簿记述了他在林肯郡的岁月和在剑桥大学三一学院第一学年时的生活与学习经历。其中保存在剑桥菲茨威廉博物馆的笔记簿和保存在纽约摩根图书馆的小学生练习簿最有意思。纽约的那一本被称为“摩根笔记簿”。

“菲茨威廉笔记簿”上的文字是自 1662 年初夏的某一天开始写的，牛顿那时是个不到 20 岁的大学生。起先，他把那本子用作他的忏悔录，以记下他冒犯上帝的罪行，借此来清洗自己。他用记述法列出两份清单：“1662 年圣灵降临日之前”所犯的罪和“1662 年圣灵降临日之后”所犯的罪。第一份清单回溯了他的孩提时代，共有 45 项违规犯纪的行为；第二份清单则是较近的事情，仅记录了 9 项“罪”。早期的犯纪以第 13 项和第 14 项最叫人震惊，他写道：“威胁我那姓史密斯的父母，要把他们连同房子一齐烧掉。”他又写道：“愿意死掉，也希望一些人死掉。”[14] 开在清单中的一项项内容叫人吃惊的不是艾萨克小时候那种暴力的感觉，那是可以想象到的，而是他清清楚楚地记得他的愤恨，其程度之深，即使愤恨的对象已经死亡且被埋葬多年，他仍然感觉有宣泄的必要。

“摩根笔记簿”这本小学生练习簿打开的少年牛顿心扉，也许更令人难以相信了。里面有一大堆潦草的字迹，是艾萨克从读过的书中摘录下来的一些思想，还有各种列表和注记，甚至可以追溯到他大约十岁或十多岁时的一些荒诞念头。其中有一份名词表，按其首字母分栏，栏中列出了他觉得有关联的字。他依照格列高里神父所编的《名词集汇》中使用的各栏标题，在“亲属称谓”的标题下，在 F：Father（父亲，格列高里原文）后面跟着写了 Fornicator（私通者）、Flatterer（阿谀者），这两个词都是牛顿写的。他又在 B：Brother（弟弟，格列高里原文）后面跟着写了 Bastard（坏蛋）、Blasphemer（骂人者）、Brawler（争吵者）、Bedlam（疯子）、Beggar（乞丐），最后面是 Benjamite（本杰明袒护者），[15] 这些全是牛顿写的，当然，牛顿的异父弟弟的名字是本杰明。还有以 W 起头的词：Wife（妻子，格列高里原文）和 Wedlock（婚姻，格列高里原文）两个无邪的字眼，跟在后头的却是 Whore（妓女），那也是牛顿写的。[16]

尽管牛顿后来也关心他的母亲，他于 1694 年她病重时，回家亲自照顾她，可是，她的再婚对他的伤害太深，以致我们几乎可以确定它影响了牛顿日后对女人的态度。那种悲痛所引起的效应纵然无法以量计算，并且对不同的个人也因环境影响而各异，但以牛顿的情形而言，他那不甚完美的人格应可归咎于他早年遭受的伤害。

母亲重回身边

汉娜住在北威特姆村的 8 年间，艾萨克由外祖父詹姆斯和外祖母马杰里抚养，他们搬到庄园来与他同住。牛顿日后绝口不提他的外祖父外祖母，也是很不寻常的事，似乎他们相互间不存有爱。艾斯库老夫妇可能已尽责照顾，但他们毕竟不可能替代汉娜。牛顿本来是沉溺在温馨的母爱呵护之中的，几乎从来没有受过责备，却突然不明缘由地被母亲遗弃，交给一对老人管教。这对一个 3 岁的男孩来说，他会本能地以为自己犯了什么大错，感觉自己犯下了不可饶恕的罪恶。所以在“摩根笔记簿”中，在字母 O 的后面是 Orphan（孤儿，格列高里原文）一词，牛顿跟着注上了 Offender（罪犯）。8 年之后，当汉娜再搬回庄园与他同住时，这个才 11 岁、心智仍未成熟的少年，又受到一次情绪上的骚扰：他的母亲回家是一种补偿吗？以往他为了不明白或不可明白的原因而一直感到罪恶，果真他是有罪的吗？如今他已受完惩罚了吗？

汉娜回家之后，她的父母也就回到了欧弗顿市集小镇的老家，老家距离那座庄园只有数千米而已。或许汉娜会以为她与艾萨克可以重拾 1646 年她离家以前的往昔生活，但事实不然，纵然她比以前富有，生活更为安定，可是母子间的隔阂已经太大了，难以弥补。她遗弃儿子的事实无法扭转，同时她还带回了三个拖油瓶。

除了“摩根笔记簿”中列举的关联词，没有什么遗留下来的证据可说明艾萨克对他异父弟弟妹妹的感情，但是我们可以体会出他对这三个小孩有一肚子的不高兴。因为他敌视他们的父亲，见到他们就联想到自己遭遇背叛和遗弃的一段过去。在他的拉丁文练习簿（遗留下来那 4 本青少年时期的笔记簿之一）里，我们看到他的叹语：“我要向弟弟恳求……”[17] 这句话让许多传记作家嗅出一股嘲讽的气息。现在，至少母亲回家了，他也多了一个弟弟可以说话，其他就没有什么和这方面有关的资料留传下来了。

从各方面看来，牛顿是一个安静的孩子。虽然如此，他却拥有一些恶劣的心态，比如在“菲茨威廉笔记簿”中写下的对史密斯的愤恨，就可以证明这一点。汉娜回家一年之后，艾萨克已经到了可以上格兰瑟姆的国王中学的年龄了，汉娜大概会感到如释重负吧！从牛顿家去国王中学有十几千米的路，太远了，每天走路上学是不可能的。这所学校成立于 16 世纪 20 年代，至牛顿上这所学校读书时，它已有 130 多年的历史了。该校为当年被认为基本教育所必须学习的拉丁文、希腊文和《圣经》等提供坚实的教学基础。该校在 1654 年时的校长是斯托克斯，他是剑桥大学的毕业生，他对牛顿的早期学术事业产生了深远的影响。

无师自通

如果说艾萨克的性格是在汉娜离去与史密斯开始新生活，后来又回家造成不安的那些年月中形成的话，那么他智慧基础的奠定便是从他去格兰瑟姆读书，到 1661 年进入剑桥大学这段时期完成的。他的新生活有两项主要改变，这对他产生了重大的影响：第一是他有一段正式的学习、作息时间；第二是他成为当地药剂师克拉克的房客，有了一个新的居住环境。克拉克与格兰瑟姆的学校有很好的关系，因为他给学生提供膳宿。他在海伊街的乔治旅社旁开了一家药房，学生们就住在药房楼上。

起先，艾萨克对上学缺乏兴趣，这从他什么都不在乎的性格和他只对学术才认真的态度可以察知。他学得很快，是个有天赋的无师自通者，可是老师们大多忽略他，同学更不会喜欢他。那时候，学生被要求死记硬背古典文学和宗教教义等核心课程，完全不需要想象力，故而启发不了怀疑的能力。以现代人的思维而言，牛顿在进入剑桥大学之前，从来没有受过正式的数学训练，他后来却能有那么伟大的科学成就，是令人难以置信的事情（即使在剑桥大学，大一的课程表中也没有数学这门课）。艾萨克最早是以阅读他继父遗留下来的书籍打发时间的，后来在格兰瑟姆的圣乌尔弗雷姆教堂图书室中找到一些书来读。这座教堂的走廊上方有间狭长的房间，里面收藏了许多书，但大部分书如干草般索然乏味，只不过是些神学论文和清教徒的宣传品。那是学校里一位叫安杰尔的老师要牛顿读的，他是个清教徒修士。

教堂里的那些书籍和安杰尔修士的教化，引领牛顿信奉宗教教义，并使他一生虔信，可是这些书并没有提供他所需要的知识。幸亏他又找到了别的书。引导他通往科学方面的最重要的一本书是《自然与工艺的神秘》，作者名叫约翰 · 贝特。牛顿发现这本书时约 13 岁，他被这本书完全迷住了。他特地花了 2.5 个便士买了一本练习簿，将书上重要的部分抄录下来。

天才少年

贝特的书于 1634 年发行初版，书中全是奇妙的机械和器具，以及它们的制造方法和详细说明。少年牛顿按照那些说明自行设计并制作了能够实际操作的模型机械，因而成为一个小有名气的学童。大约过了 70 年，斯蒂克利访问到两三位尚能回忆起那些神奇模型的老人，他们仍记得那些可以像实物一样运转的风车，有时牛顿还放只天竺鼠进去转动风车叶；还有风筝、可用的日晷、纸灯笼等，在晦暗的冬天早晨，他还打着自制的纸灯笼去上学。可是，斯蒂克利提到的那些老人根本不知道什么贝特的书，且他们讲的故事可能过度夸大，譬如有人说："牛顿天才的火焰被点燃了，他穿过那器具的外壳，进入内部，将机械的真髓精确地撷取出来，然后使用木材复制一个真实完善的模型。大家都认为那木制的模型与原来的器具有着同样干净利落的手艺。"[18]

对一个在学校里缺少朋友的孩子来说，制作模型不失为一种很好的个人消遣。斯蒂克利访谈过的人说，牛顿曾经试着让同学们参与他那著名的活动，显然是想要"教导大家去玩得有智慧些"，不愿看着他们沉溺于斯蒂克利所称的"无聊的游戏"中。[19]

我们可以很容易地体会到，当一个男孩极力想要得到同年玩伴的注意，想要获得他们的友谊，却偏偏无法沟通时心里的感受。艾萨克是一个独子，即使是在最好的环境之下长大，这样的孩子在第一次上学遇到同龄孩子时，也会感到羞怯而难以适应。斯蒂克利和他的后继者却说这种现象蕴涵了更深刻的意义：牛顿作为一个学童就显示出完全不属于俗世的气质；我们毫不怀疑他是个特殊的孩子，是一个天资聪颖的少年，甚至在早年就表现出对学校制定的课程毫无兴趣。

感谢斯蒂克利提供的第一手资料，让我们知道少年牛顿既能画又能写。一位受访者说："艾萨克在整个房间里布置他自己的画作，有些可能是抄自出版物，有些看来像写生。"[20] 有一个老太太说牛顿为她写过一首诗，她仍然可以背出来。[21] 虽然牛顿的数学天赋未曾在早年出现，他对机械器具有浓厚兴趣则显出科学家所具的好奇心与技巧，构思试验所应具备的天分也于此时开始苏醒。

终于，一桩似乎很小的事件改善了牛顿与学校教育间的不和谐关系。一天早晨在上学的途中，同班的一个男孩（有历史学者说就是房东克拉克的继子阿瑟）重重地踢了艾萨克的肚子，至于是什么原因挑起的这起攻击事件，我们大可以胡乱猜测，但重要的是这个小恶霸在班上的成绩比艾萨克还高一个名次。艾萨克在两方面都弱的情况下，极为气愤，顾不得阿瑟比他高大，就向阿瑟提出挑战，他们约定在放学之后较量。依照康杜伊特那被广为宣传的故事，接下来的经过是这样的。

> 学校下课之后，牛顿马上找那男孩挑战，他们一起到教堂后面的花园去。正要打的时候，校长的儿子来了，他是来火上浇油的。他拍拍这个的背，又向另一个挤挤眼。虽然艾萨克不如对手健壮，但是他的斗志和精神都比对手旺盛得多，结果他把对方打到求饶。此时，校长的儿子走上前来，一边骂阿瑟是个胆小鬼，一边按着他的头往墙上撞。于是，艾萨克又扯着他的耳朵，将他的头甩向墙。[22]

打完架之后，牛顿仍然怒气未消。在离开他那负伤叫痛的敌人之前，牛顿大声宣布他的功课成绩一定要超过欺侮他的那个家伙，否则绝不罢休。照康杜伊特所说，从此牛顿的成绩不只在短期内超过了那个小恶霸，甚至跃居全班第一。

化学知识的启发

当时，克拉克一家和牛顿都住在药房的楼上，想来是比较拥挤的。克拉克先生的妻子有三个与前夫所生的小孩，他们姓斯托勒，分别叫凯瑟琳、爱德华和阿瑟。牛顿可能与两个男孩或者其中一个同住一房。无论怎样安排，以 17 世纪一间位于镇中心店铺楼上的公寓而言，其大小必然无法与乡村庄园相比。对一个有数亩开阔的田野可供撒欢的男孩而言，公寓的生活必定令他感到拥挤。然而，自各方面来看，牛顿似乎很满意与克拉克一家的共同生活，如果阿瑟·斯托勒真的是那个在教堂后面和牛顿打架的男孩，那么我们可以猜想，在这个家庭中，当大人忙着做生意或者上街去时，这些孩子会争吵得很厉害。我们甚至还可想象当阿瑟和艾萨克打完架回到家里——一个满面伤痕，一个气愤难消——继续争吵叫嚷、互相指责的情景。

艾萨克的运气不错，因为克拉克夫妇平易近人、容易相处，他们教养孩子是用当时甚为典型的开放自由的方式。还有，克拉克对他那药剂师的工作很自豪。据当时的人所传，他是个愉快开朗的人，鼓励爱发问的艾萨克在身旁看他工作，提出问题。牛顿觉得学校的功课乏味，因此他到处寻找可启发智慧的知识，而药房正巧是充满神奇的地方。它贮藏着各种各样的化学药品，所有记录在案的医疗配方都可以用化学药品配制，再拿来卖给病人服用。药房的墙壁木架上摆满一瓶瓶五颜六色的粉末和液体，黄色的是硫黄、银白色的是水银等。药房给了艾萨克最早期化学的概念，也给了他自行做实验的机会。

从牛顿的笔记簿中可以看到，他不仅观察克拉克如何经营药房、调配药品，还将放在药瓶旁的说明书中所载的方剂和疗法抄录下来，自己还可能创造了一些配方。在那些从说明书上抄下来的资料中，我们找到了油漆和颜料的制造方法、用化学物品切割玻璃的方法，以及做“抓鱼的鱼饵”的方法等。另外，我们从资料中也看到了一些疾病的疗法，例如治疗瘘管（此处指的是外科手术在病人身体上留下来的伤害），是取 300 只小毛虫（把头去掉），加入少量薄荷或苦艾，将其放入石碗内捣烂，再倒入 20 升麦酒让它发酵，每天服用两三次。[23] 艾萨克早年就明显有了疑病症，他喜欢为自己调制药品，有时也分赠给他人。在“摩根笔记簿”中标题为“疾病”的那一栏之下，他罗列了超过 200 种人类疾病。

牛顿从克拉克药剂师那儿除了学到了一些初级化学知识，还认识到有关协会组织的观念。[24] 克拉克和许多同行业者都是药剂师学会的会员（这个学会当年很不完善，会员包括了一些生意人和庸医），平易近人的克拉克先生或许每次去伦敦出席学会会议回来，总会向这个爱问问题的孩子解释一些学会的事，讲讲组织功能、规章，或者会议中的趣事。这不仅引起了牛顿对医疗药物的兴趣，让他渴望更进一步洞察那个奥妙的世界，还给他提供了另一类有价值的常识：知道有这种学会的存在，每个人可经由这种机构与他人交流，并互相交换资料。

情窦初开

在克拉克家里，使牛顿感兴趣的不只是初级化学和药剂师的奇妙世界，还有住在同一屋檐下、克拉克先生的继女凯瑟琳·斯托勒[25]，她被认为是牛顿一生中有感情牵连的唯一非亲族女性。除此以外，只有他的亲人，那就是母亲汉娜，和老年时期照顾他生活的“半血亲”外甥女凯瑟琳·巴顿这两个人。

凯瑟琳·斯托勒究竟对牛顿有多么重要，我们很难做出正确的衡量，因为我们只有凯瑟琳单方面诉说两者关系的资料，那是她在牛顿去世之前不久接受斯蒂克利访问时透露的。牛顿去世之前已经是世界著名的科学家，而凯瑟琳那时已经80多岁了，她当然难免将她的过去添加一点儿浪漫的色彩。所以，如果凯瑟琳把她和这位伟人在少年时期的感情定位略做夸张，也应该算是很自然的事。

当然，他们是亲近的朋友，这可以从牛顿在剑桥大学初期与她互通的书信中看出。斯蒂克利说牛顿去世前不久跟他讲过的一件事也可供佐证。他说牛顿曾向他表示希望在余生回伍尔斯索普定居，特别想在靠近凯瑟琳从前住过的地方购置房产。[26]然而，凯瑟琳向斯蒂克利表示，她和牛顿曾经彼此相爱，而且牛顿为了要和她结婚，还一度认真地考虑放弃学术研究。这种说法大概纯属想象。斯蒂克利在他的回忆录中这样重述凯瑟琳的故事。

> 艾萨克爵士和她从小一起长大，人家都说他爱慕她，而她并不拒绝。可是她觉得他是大学里的一位学者，她配不上，或许他们之间的关系对他的研究工作有影响，所以不能考虑和他结婚。他总是很爱护她，每次回家乡都会去看她，她结婚之后，他还一样去看她和她的丈夫。有一次，他给她40先令以酬谢她的服务。她是个小巧的女人，但我们可以很容易察觉出，

她是个美丽的女人。[27]

也许凯瑟琳暗自怀抱过希望，但是即使艾萨克曾燃起爱情的火花，大概也是闪一下就熄灭了。他在学校的成绩进步之后，引起了校长斯托克斯的注意，他认定牛顿是个不可浪费的难得天才。

接触基础科学

牛顿中学阶段的功课成绩究竟有多好，并没有记录可查，不过他到 16 岁时就已出人头地是错不了的，因为斯托克斯校长已经认定他是个应该进大学的候选人。至于汉娜对儿子的学校成绩优异最初做何反应，也不得而知。但是到 1658 年年底，当斯托克斯校长向她提出，应该让她的长子接受大学教育时，她反而叫艾萨克辍学回家。

汉娜一向对教育不够重视，只是在她的哥哥，受过剑桥教育的威廉·艾斯库的一再坚持下，与外祖父外祖母生活在一起的牛顿才得以入学读书。具有讽刺意味的是，正是斯托克斯校长的热心使得汉娜让牛顿辍学回家。她看不出有多大必要让儿子接受教育，她的丈夫已经向人证明，即使不识字也能把农场经营得很好。

起先，一切都顺着汉娜的意思。艾萨克于 1659 年回到了庄园。那年的大部分时间，他是和母亲及三个姓史密斯的孩子一起生活的。但是，艾萨克有一本 1662 年才开始记的笔记簿，那本簿子里记录了他住在乡下那段时期的“罪行”，显示出那是充满了许多家庭争执的痛苦日子。

总体而言，牛顿是一个听话、孝顺的孩子，但是把他从能够发挥所长的环境带走的压力，与又一次不明不白地被母亲的个人意愿摆布以致毁灭他一生的威胁，显然太沉重了。在“菲茨威廉笔记簿”中，他列出一些自认的罪行：“违背母亲的话，拒绝和他们亲近”“和他们打架”“跟母亲闹别扭”“对妹妹不耐烦”“打妹妹”“和仆人跑出去玩”等。很明显，这些都是牛顿在受到压力后的反抗。

另外，牛顿也不能胜任农家的工作。然而，是他故意让别人以为他完全不懂得该如何在田里干活呢，还是真的做不好，或者心不在焉？反正他是完全没有尽到责任。斯蒂克利这样告诉我们：

> 在家乡居住的时候，如果母亲叫他去照顾羊群、采收玉米，或者到镇里办事，他常常都会误事（就是说，总办不好事情）。他最爱做的事是手上拿一本书坐在树下看，或者用小刀忙着做木工。他想到什么就做什么，要不然就跑到溪边，让流水转动他自制的小水车。[28]

牛顿做事马虎，还曾经被当地执法机关惩罚。附近的科尔斯特沃思村的地方法院记录显示，1659 年 10 月 28 日，有一个名叫艾萨克·牛顿的人被罚了 3 先令 4 便士，处罚原因是“放任他的羊群破坏了 23 弗隆[①]宽的田野小树”。另外又有两次罚款，每次都罚 1 先

① 弗隆，英国长度单位，又称为浪。1 弗隆约为 201 米。——译者注

令：一次是因为“放任他的猪群践踏玉米地”，一次是“纵容他田园的篱笆毁损而不予修理”。[29]

汉娜看到艾萨克做事如此不负责之后，就派一个老仆人去监督他，同时也对他加以照顾和指导。汉娜那样尽心安排，不用想就知道必然失败，牛顿立刻转而去利用这个老仆人，让他代劳所有农务，自己则溜去读书，或者做些有趣的事情。

每个星期六早晨，牛顿尽责地同老仆人前往格兰瑟姆市集出售农产品，然后买回下一星期所需的日用品。一走到西门的萨拉森旅社大门，他立即交代老仆人独自去做生意和采购，自己则跑到海伊街的药房去拜访克拉克先生。

克拉克先生的哥哥约瑟夫·克拉克博士是国王中学的教员，他于不久前去世，遗留了很多书籍给克拉克先生。可是克拉克药剂师的工作太忙，他虽对这一批书有兴趣，却没有时间阅读。也许是牛顿自愿为他整理书籍以换取自由阅览的机会，反正牛顿说服了克拉克先生，准许他每个星期六躲在药房后面的小房间里，静静地阅读那批包括物理、解剖、植物、哲学、数学等内容的藏书。那是牛顿首次接触这些基础科学。以前他读过的贝特的《自然与工艺的神秘》，成了他日后试验和研究实用技术的基础，那是他作为正统科学家和旁门的炼金术士都常用不忘的。

那批藏书中必定有许多伟大作家和自然哲学家的文献，虽然我们不甚确知那里究竟有些什么，但这是克拉克博士那样的学者所收藏的，总离不开一些名人的著作或当时较受关注与讨论的议题。牛顿很可能从中首次看到培根、笛卡儿、亚里士多德、柏拉图等伟大人物的学说，因而那批藏书给予牛顿的教育的完整性及实用性比局限于狭小范围内的学校教育强得多。

准许进入剑桥

关于艾萨克·牛顿生活散漫的传言，很快就传到为牛顿前途发生争执的两个阵营里。汉娜从老仆人那儿得来牛顿的行为荒诞不经的报告，斯托克斯校长则看见他的旧日学生不愿接受母亲的束缚，继续展现出无穷的求知欲望。斯托克斯校长曾经劝阻汉娜不要让牛顿辍学，可惜没有成功，而现在，既然看来牛顿正竭尽所能挫败母亲的努力，为了避免发生不幸，他决定再游说汉娜一次。

起先依然毫无进展，不管多么生气，多么无法了解儿子的行为，汉娜就是不接受让艾萨克放弃农事、改走学术路线的建议。平心而论，汉娜受教育的程度很低，她自然认识不到艾萨克所追求的知识世界的珍贵之处，对她而言，唯一要紧的事就是把庄园经营妥善，那是财富的来源。她看不出送艾萨克上大学对她有何好处——她已经失去了两个丈夫，现在要自己管理田耕、主持家务，还要照顾三个幼龄孩子。送艾萨克上大学等于永远失去他，那使她无法忍受。

但是，斯托克斯校长第二次和她恳谈之后，她终于明白自己已经无法留住儿子了（斯托克斯提出免收40先令学费的优惠，无疑更促使她做出决定，那是非格兰瑟姆镇居民的学生应该缴纳的学费）。[30]

然后，斯托克斯又和威廉·艾斯库（或许是他改变了汉娜的决定，而且他是剑桥大学三一学院的毕业生）及汉弗莱·巴宾顿商量。巴宾顿是剑桥大学的一位院士，又是克拉克先生的亲戚。这三个人协力为牛顿入学剑桥铺平道路。于是，1660 年秋，艾萨克·牛顿返回格兰瑟姆，为进入剑桥大学做准备。

这几位前辈深知牛顿具有强烈的求知欲，他们全力支持牛顿。牛顿在他们的协助之下，第一次感到心满意足。从幼童到少年，他几度被引领着走向不同的方向，这使他不明所以，无所适从。在学校，他对传统的教育不满，与同学格格不入，最终领悟到以自己的天性难以觅得他人的友情，不如将自己隔离。他不能满足于正统的小成就，而要超越他成长的环境所加的限制，去寻求更大、更新的世界。

1660 年年末，牛顿通过了入学考试，阔步走进他终将扬名的世界。

第二章

物质及能量观念的改变

培根引据《旧约·但以理书》的话，说：“必有多人切心研究，知识就必增长。”他思考了一种由宗教推动，以严格的逻辑法则为指导，最后用实验来证实的科学（与现代科学家的看法几乎一致），最终的目的是获得完全的了解和实际的应用。如果神创造了世界，那么在创造世界之前，他在何方？……

须知世界不是由谁创造的，正如时间亦非由谁创造，它没有起始，也没有终止。

——玛哈普拉那（公元 9 世纪，印度人）

物质是什么，它是怎么运动的？这是自古以来盘踞在物理学家脑子里的问题，也是艾萨克·牛顿的基本质疑。

我们对物理问题的现代观点是建立在看不见、摸不到、陌生的量子理论世界上的，但是，牛顿的一生以及自那时起直到 21 世纪的今天所发现的种种自然规律和体系，是我们现在大部分日常生活中赖以利用的物质与能量的基础。科学史家普遍认为，牛顿对物质如何发生运动的看法，以及对能量和力如何发生作用的观念，可被视为物理学发展的分水岭。的确，大家都同意是牛顿的成就才使工业革命成为可能。牛顿凝聚了众人的知识：他是那样一位科学家，独立将自古以来众人得到的线索，统统聚集于他首创的现代实验科学（一种基于数学分析与实验证明的、两者同等重要的研究方法）中。牛顿满载着两千年来关于宇宙本质的各种不断改变的观念，他的伟大之处是将伽利略、笛卡儿、开普勒等许多科学家的个人突破加以整合和梳理，最后总结成一个涵盖广泛的宇宙观——创造了一组定律和法则，赋予近代物理学一个明确的架构。

四元素说

最早记录对物质的看法和意见的是古希腊人，我们也知道几个早期探讨物质世界的学派，而与我们的讨论有关且最重要的有两种：亚里士多德的一系列观念，以及与他相抗衡的古希腊哲学家德谟克利特的原子论。

一直到牛顿时代都占据主流的古希腊传统哲学，归结于亚里士多德的“四元素”概念，这四元素就是火、水、土和气。另外一个非主流的观念是德谟克利特提出的，这位大师比亚里士多德早出生70多年，他认为物质是由一种小到看不见的叫作原子的东西组合而成的。然而，因为亚里士多德和柏拉图都极其不同意德谟克利特的原子论，所以经过亚里士多德时代之后，它几乎被完全忽略了，直到17世纪初期才又被重新探讨。

第一个阐明“四元素”概念的，事实上是一位更早的西西里岛哲学家，他名叫恩培多克勒，他比亚里士多德早出生100多年。后来，这个见解被亚里士多德接受并加以提炼、推广。一般人认为“四元素”概念起初来自对燃烧过程的观察。例如，把青绿的树枝丢进熊熊烈火中燃烧，火焰因发光而看得见，冒出来的烟消失在空气中，树枝里的水分沸腾，烧剩的灰烬散在地上，就像泥土。于是人们本能地想成宇宙间每一件物体都源自这四种元素，由它们以不同的比例组合而成。这种想法是亚里士多德的自然哲学基础，经由他的推广而世世代代流传下来。

亚里士多德于公元前384年出生于希腊半岛西北部卡尔息底斯的斯塔吉拉。他的父亲是马其顿国王的御医，他自己后来成了柏拉图的学生。中年以后，亚里士多德担任了亚历山大大帝的老师，前者写的论文不仅在那个时代就极具影响力，甚至到13世纪，欧洲的学者在经过黑暗时代之后，重新发现他的论文残篇时，还引发了恢复学习的风尚，这又预示了文艺复兴的来临。亚里士多德的思想中与自然哲学（到18世纪才改称为物理学）最有关系的部分，在《论生灭》和《物理学》这两篇论著内。它们专门讨论质料、形式、运动、时间等概念，以及天与地的范畴。

在亚里士多德看来，天地之间的万物皆由四种元素相混组合而成，它们在安定之后，就会分开层次：水沉降到空气之下（或者空气上升至水面，譬如气泡），坚固的泥土沉降到水与空气之下，火焰则上升至空气上方，居于诸物的最上层。如果亚里士多德使用这种模式来解释苹果下坠的现象，他当会将苹果归属于水和土的合成体，而下坠现象不过是它在寻找在宇宙间的自然定位，才穿过空气降落到地面上的。他一方面推广“四元素”的主张，另一方面又首创“不动的动者”的说法，那是他赋予一位全能者的名字。这位全能者在某处维持天上星辰的运动，使太阳和行星环绕地球运转不息。

以三段论代替实验

亚里士多德的研究范围有如百科全书般广阔，他对那个时代所知的所有科目都有研究和著述，包括逻辑学、哲学、生物学、天文学和物理学。他最强的领域在逻辑学方面，自然科学则以生物学较强，物理学较弱。他创立的三段论是他获得科学见解的主要工具。

三段论是使用两个前提，用逻辑推论得出结论的方法。譬如以三句话组合而成的三段论："所有的大象都是动物，所有的动物都是生物，因此所有的大象都是生物。"

三段论在逻辑推理上是十分有用的工具，它直到19世纪以前都被作为数学推理的基础，然后才逐渐被更加能融会贯通的推理方法代替。可是，以三段论来推论物理学则失之于肤浅，因为它只是推论，而不具备实验这个要件。简言之，三段论仅仅包含两个前提和一个结论，而它们要么是基于肤浅的观察得来的，要么是基于演绎推理得来的。

亚里士多德的老师柏拉图（他所创建的雅典学院存续了9个世纪）公开表态他不喜欢实验，因此在古希腊传统的自然哲学里，实验从来不会成为指导原则。亚里士多德及其后数代信仰他的古希腊思想家都在遵循以三段论逻辑为基础的一套僵硬法则，制造了扭曲的现实图景。更严重的是，这种局限性很大的研讨方法，变成了不可逾越的戒律，众人必须遵守，直到现代学术萌芽为止。历史学家查尔斯·辛格对这不幸的过程曾经感叹道：

> 整个科学理论都是以此方式解释的，整个逻辑也是以此方式构成的，以达到论证科学的目的（即完全以推理取得结论），又再依赖这些不实的类比做反复相似的论证。这种错误是否为忽视经验法则的原因，以致自然科学在亚里士多德之后的两千年间毫无进展呢？[1]

作家兼历史学家丹皮尔爵士也以同样的口吻说：

亚里士多德有技巧地将一些特例引申为通则，再由此形成定理。但可悲的是，他在实践上常常失败。仅找到一些事例就立刻将其普遍化，当然不免要失败。他既掌握不到足够的事实，又没有适当的科学背景去佐证那些事例。[2]

排斥原子说

近代的科学方法包括推理和实验，我们可以举一个浅显的例子来说明：在进行一项研究之前，通常都是由于发现一些有意义的现象，于是根据一些已知的知识，配合这些现象建立一些假设，逐渐经由纯粹推理的方式而发展出暂时性的假说，这个过程叫作归纳。接下来依据假说，用数学演绎出实用的预测，最后用实验来证明这个预测是否正确。如果从假说推演出来的预测，与实验或观测所得的结果不相符，就应该修正假说，然后重新推演和实验，直到理论预测和实际观测一致为止，否则就要放弃原来的主张。

如果推理和验证终相符合，假说就被提升到一种理论的状态，然后我们试用这个理论来解释比开始时所见更广泛的现象。这个理论或许能够历经多年不倒，但是严格说来，我们不能把它看成唯一适合解释那些现象的理论。好的科学允许引进新的概念，进一步推翻旧的理论，甚或做出激烈的改变。[3]

亚里士多德主导了学术界，以致不同的概念被完全排斥。“原子论之父”德谟克利特相信，按照常理，世界上有甜即有苦，有热即有冷，且自然界存在各种颜色。事实上，的确有原子和虚空的存在。然而亚里士多德以一些不甚正确的知识为基础，使用三段论来排斥原子观念。例如，他说假使原子论为真，那么物质的本性就都是重的[①]，没有任何东西能足够轻而往上升，大体积的空气和火将会比小体积的土或水更重，结果泥土和水不再向下沉（或反过来说空气和火都不向上升），而各种元素也不再回归它们的自然位置了。这种论断说明了亚里士多德在研究学问上有多么不客观，这与现代物理学家的研究方法大相径庭。他不愿对他所珍惜的信仰做挑战性的思考，即使是在面对这股强有力的反对逆流时。

亚里士多德的教条对他的追随者有如宗教般不可侵犯，他教授的学问流传后世，若干世纪以来从未受到质疑。但它却误导了后世的思想家，将科学引进了死胡同，几百年来未得矫正。

黑暗时代

亚里士多德逝世于公元前 322 年，大约就在那个时期，古埃及的城市亚历山大正逐渐崛起，成为世界知识的中心。构成这中心的核心是一座大图书馆，据说其中的 40 万册图书与卷轴藏有人类的全部智慧。随着亚历山大大帝东征，知识也自亚历山大城向东方传播，同时也向西传入欧洲。古罗马文化就是以古希腊的哲学、科学和文学为基础的。特别是在科学上，早期的许多伟大学者都属于古罗马时代。举两个人为例：老普林尼是公元 1 世纪的博物学家兼文

① 当时的原子理论尚未有原子构造的假说，什么原子都一样。——译者注

学家，他著有37册的论文集《自然史》；普鲁塔克是较晚一代的古希腊思想家。可是这些学者很少有科学上的创见，他们只是努力澄清和精炼古希腊学者留传下来的学说。

在所有幸存到古罗马时期的古希腊科学中，亚里士多德、柏拉图、阿基米德、毕达哥拉斯等学者的著述算是保存得很完整的，不过德谟克利特的理念已受到古罗马哲学家卢克莱修的重视，它出现在他的一首诗中。后来，罗马帝国渐趋瓦解，而亚历山大城的大图书馆在被德奥菲罗斯主教于公元390年左右毁坏（7世纪时被阿拉伯人又一次毁坏）之后，亚里士多德的学说就不是很流行了。

究其原因，那个时代的人已经不再追求纯粹的知识，不再信任任何超越神学所诠释的学问了，大部分的人类文明投入了史称的“黑暗时代”。在这个时期，罗马帝国迅速没落，教育与学术都被宗教狂热者掌握。这种新运动的信徒是斯多葛学派（又译禁欲主义者），他们认为至高无上的境界，即纯洁的精神超越物质性存在，因此要排除与物质相关的研究，以终结物质的影响。依照斯多葛学派的看法，亚里士多德的学说太过机械，太过隐藏于实体世界之中了，[4]反而是柏拉图的冥思与他们有更深的关联，与他们新追求的宗教意义完全搭调。

柏拉图所传授的是关于现实的人本主义观点，他认为有一个掌握全人类利益的最高存在，他创造并谨慎地控制万物。对柏拉图而言，行星的运行只是为了标定时间，他还把整个宇宙看成一个有身躯、有灵魂、有智慧的庞大生命体。他看到自然进程中的数字关联和意义，因而将数学放在最重要的位置。可是他厌恶科学实验，据一位历史学家说：“他婉转地指责科学实验对神不敬，而且它是卑下的工匠手艺。”[5]

欧洲的黑暗时代没有一个明确的终结点，某种形式的学习一直存在于修道院里。天主教的神父对神秘主义和宗教的关系饶有兴趣，却都对理论和实用的科学缺乏热心。在同一时期，阿拉伯人在研习炼金术、天文学和数学方面都有长足的进步，他们仍然维持着对纯粹科学的兴趣。当这些知识又逐渐渗透回欧洲时，无知的帷幕被拉起来了。可是这个过程十分缓慢，耗时 300~400 年。

亚里士多德有一部分著述被阿拉伯人保存下来，他们将其与他们的思想混合之后，传到了欧洲。这些著作在公元 1200—1225 年被欧洲学者重新发现，翻译成拉丁文。自此以后，亚里士多德的科学概念取代了柏拉图的神秘主义而重获尊崇，之后又逐渐和基督教的神学糅合。

当科学与神学结合

自从经历黑暗时代斯多葛学派的纯以心灵为重的主张之后，能有这样的发展应该值得庆幸。但事实上，新的困扰又产生了，那就是亚里士多德的自然哲学与基督教的教条结合成一体，这意味着若是对亚里士多德的主张有任何攻击，即被视为对基督教的攻击。这两种教义结合起来成为十分强大的联盟，它们创立了一种世界观，在欧洲的每一所大学里都以背诵的方式传授着，自 13 世纪到 17 世纪，延续了约 500 年，且不容许任何质疑和挑战。

这两种并行的信仰产生了互相涵盖的宇宙图景：上帝创造了

宇宙，并且如《圣经》所言引导了万物的运行。所有运动不但由上帝起始，也由上帝掌控。教义中的全能上帝与亚里士多德教条中的“不动的动者”完美契合，同样指的是那双无形的手。若非由于他的操纵，宇宙间就不可能有任何运动。所有物体都是由那“四元素”组合而成的，它们不能被分割成德谟克利特所说的原子。按照亚里士多德的主张，每个物体都是单独而完整的个体，由上帝用四种元素以不同的特殊比例组成；每个物体各自拥有明显可辨的性质，譬如重量、颜色、气味和温度等。这些性质都被认为是物体的内涵，也就是本性，这与它们的外观形状或观察者的感觉无关。

对 13 世纪的人而言，“物体的性质，譬如味道、质地等，多少因观察者的感受而定”这样的观念是完全陌生的，他们以为物体的每种性质都是固有的，任何人观察所得的感受都相同。进一步而言，因为亚里士多德排斥原子论，于是，物体是由小到无法被分割的元素组合而成的这种概念，对大多数人而言更是陌生。由于亚里士多德的主张与宗教紧密结合，在巨大的宗教势力之下，任何哲学家想要公开向已被接受的科学理论提出挑战，都会有生命危险。

然而，不管限制有多么严格，中世纪仍然出现了几位著名的开创性思想家，他们促使理性复苏，共同努力将欧洲带进文艺复兴时期，这才有了随之而来的创新科学的蓬勃发展。

从大阿尔伯特到达·芬奇

黑暗时代之后那段时期的思想家被称为经院哲学家，其中最著名的代表人物是德国经院哲学家兼神学家大阿尔伯特及其弟子意大利神学家阿奎那，他们仍然受限于自然哲学与神学的结合，不得不跟随亚里士多德的路线而摒弃实验，然而他们也在纯神学教条限制以外的领域中追求真理，并取得了丰硕的成果。即使他们依然深信人类是神的中心造物，而且整个宇宙都是上帝为人类设计的，他们也进一步提出前所未有的主张，指出研究大自然和物质世界可以使神学发扬光大。阿奎那和大阿尔伯特去世之后（接近13世纪末，亚里士多德的学说重新进入欧洲后约75年），终于出现了一位伟大的牛津大学学者罗杰·培根，他的学说开始渗透经院哲学的框架。

从某方面而言，培根在属于他的那个时代到来之前提前降临了，他虽然也认同经院哲学的一些传统信仰，却是看出实验之实用性的第一人。他有三篇极具远见的论文：《大著作》《小著作》《第三著作》[6]，这些文章勾勒出他在多个学术领域的哲学思想和实验技巧。他所下的苦功虽使他在后代子孙中建立了崇高的声望，但那对他的有生之年毫无用处。方济各会（罗马天主教会内的一派）的修道会长——阿斯科里的杰罗姆[7]认为培根反权威、反亚里士多德元素说的观点是异端，遂判培根为异教徒，对其加以终身监禁。

紧随培根时代而来的科学复苏彰显了哲学信仰的改变，这种改变中的每一点都和艺术上的改变同样重要。例如意大利的达·芬奇这样的学者，他站在实用的立足点上来研究科学，引导了伽利略、开普勒、牛顿等人的许多新构思。可是在达·芬奇的时代，学者们从不将他们的发现整合成任何系统性的著述，所以我们最多只能看到达·芬奇的一大堆笔记，里面只是写满了他研究哲学的心得而已。我们从中发现的最有意思的是，他和古希腊学者完全相反——他是一位彻底的实验主义者。

达·芬奇对亚里士多德的运动观点持相反的看法。亚里士多德宣称任何物体都不会自己运动，只有“不动的动者”——上帝，才能使物体运动。达·芬奇的意见恰巧相反，他在笔记中写道：“任何可感知的东西都能够自己移动……每个物体在运动的方向上都有一个重量。”[8]换句话说，物体天生就具有朝着某个方向运动的倾向，除非它被外力阻止。这替大约半个世纪之后伽利略首创的惯性概念预先做了声明，且终使牛顿将惯性的理念正式定型。

伽利略的思想成就

伽利略生于1564年，那时，达·芬奇已去世45年。科学史家认为伽利略是牛顿之前在物质和运动两方面最伟大的思想家。一般人都同意如下说法：伽利略的实验论证为牛顿铺路，使其创立了“以数学做完整的推演，以实验做最后的证明”这一套综合研究方法。

伽利略在这一领域的成就是革命性的，他是用重复的实验方法证明亚里士多德的理论错误的第一人。他最著名的成就大概就是通过使用天文望远镜，推翻了传统主张中太阳系的组成结构（第四章再详述）。他在科学进程上同等重要的另一举动，是他为后来被称为力学的研究打下了基础。

亚里士多德认为物体的重量是物体内涵的性质，物体以不同的速度下坠是因为它们要寻求自身的自然位置，这是它们天生的倾向。1590年，佛兰德斯数学家兼工程师斯台文证明，在真空中同时从同样的高度释放轻重不同的物体，它们会同时到达地面。伽利略于次年重复做了这个实验（虽然或许不是如传统所说的在比萨斜塔上进行），他用一枚炮弹和一粒毛瑟枪弹做比较，以证明在不计空气阻力的情况下，两者会以相同的速度下降。

在这个实验里，伽利略发现了一个更重要的现象，那就是物体下落过程中的速度与它下落的时间成正比。但是由于炮弹下落的速度太快，用眼睛无法测量，他也就无法写出下落的速度与时间两者之间的关系公式。为了找出这种关系，伽利略决心研究出一种能够测量速度的实验。

他很快就想到，如果不算摩擦力，一个圆球从斜面的顶上滚下来所获得的速度，与它从同样高的一点自由落下时所获得的速度应该相同。基于这个信念，他设计了一系列的实验：将一个圆球自几个有着不同斜率和不同长度的斜面滚下，并测量出圆球滚下来所用的时间以及达到的速度，由此证明了落体的速度确实随着时间的推移而加快。然后他将实验稍做修改，使球滚下一个斜面后，立即滚上另一个斜面。之后，他更进一步，让球滚下斜面之后，继续沿一个水平面滚动。他发现球起先是平稳地前进，渐渐就因摩擦力的作用而慢了下来，终于停止不动了。

从这些滚动和落体实验中，伽利略至少可以推断亚里士多德的“不动的动者”是荒谬的，物体不是不断地被推或被拉才会运动，它具有一种惯性。运动中的物体除非被阻止，其本性有不断运动的倾向。

这是一个革命性的观念，可是并不止于此。伽利略在物质与能量各方面的许多观点，更为他赢得了第一位现代物理学家的荣誉。

他反对亚里士多德的“四元素”论，赞成德谟克利特的原子观念。虽然在那个年代，谁也无法证明他的观点正确与否，但他至少在重新思考原子理论方面比欧洲的一流思想家早了起码30年。他还毫不客气地攻击亚里士多德一向坚持的观点，后者认为物体与我们观察时所感觉到的性质是整体不可分的。伽利略说：

> 每当我想到一个物体或生命体的时候，我就觉得脑中立即将它的形象和特征都展现出来了。它和别的东西比较，是大还是小；它在什么地方出现；生长在哪一季节；它是在运动还是保持静止；它和别的物体是相连的还是不相连的；它是单独存在的还是成群相聚的，或仅是几个在一起的。总之，在想象中，这些条件和物体是分不开的。但是，至于该物体是红是白，是苦是甜，是会叫的还是无声的，气味是芬芳的还是难闻的等，我觉得这些性质并没有成为在心中要认知物体非有不可的条件。如果我没有感官的话，仅由想象或说明是不可能获知那些性质的。所以，我认为那些味道、气味、颜色等依随物体而存在的性质只不过是名称而已，它们完全由具备感官的动物感受，动物走开之后，这些特色也都消失或者不被知晓了。

所以，伽利略和亚里士多德的理念正好相反，前者认为物体的性质有两类：第一类可被称为主要性质，它们是物体的天性，是基本且不可分的——20世纪的科学家可以将物质的原子结构和化学性质归属此类；第二类是次要性质，它们是由观察者的感官诠释的。

伽利略的这些革命性观念深深地影响了法国哲学家笛卡儿，然而伽利略在天文学和力学上的更高成就，掩盖了这些新观念的光辉。笛卡儿带给牛顿的思想冲击也很巨大，尤其是在物质方面和宇宙的本性方面。

笛卡儿的旋涡论

笛卡儿今天最为人所知的是两个首创的见解：一个是笛卡儿坐标（即直角坐标），其在数学上至今仍然不可或缺；另一个是二元论，它属于一种哲学观念，主张将身体和灵魂以及物质和精神断然划分为二。根据他的二元论，精神是属于人的，并且有点儿模糊不清；物质非人格化且具体有形。

就笛卡儿观念中的宇宙而言，宇宙内的物体是浸在一种名为以太的介质中的。以太是一种看不见也量不出的东西，上帝在混沌伊始就将它和运动一起赋予宇宙，让宇宙按照上帝的旨意自发地运动。在这种模式下，空中充满了物质，没有真空现象，而所有的运动都是由于物体经由以太这一介质相互挤压而来的。笛卡儿将个这理念放在他著名的旋涡理论中发表，像石头自空中下坠落地这种运动，他都看成如同羽毛或稻草被旋涡掷下去一样。

笛卡儿的著作排斥神秘学和神秘主义，他把整个宇宙看成一台大机器，宇宙间任何物体的运动纯属机械行为，物体与精神并无联系。所以，照笛卡儿的说法，包括人类在内的一切动物都不过是机器，人有灵性，那就是灵魂。但是灵魂和身体不是合一的。

笛卡儿的各项主张都引起了很大的争议，他的科学观念是完全站不住脚的，他也无意寻求实验来支持他的理论。从表面上看，他的旋涡理论并不冲击伽利略的主张，它与伽利略的实验结果没有尖锐的矛盾。我们知道，伽利略证明惯性能使物体的运动持续不停，直到它被阻止为止；笛卡儿则主张宇宙这台大机器是上帝设定的，物体运动也是上帝启动的，这两种主张并非完全不能相容。比如，我们说物体一旦由造物主推动了，它就继续动下去，直到世界末日为止。但是，许多人觉得如此解释笛卡儿的哲学似含有极端的意味，这等于说上帝启动宇宙之后，他就不再被需要了，造物主实际上就从“至高的善”被降级到“第一推动者”，这必然成了神学家与哲学家激烈争吵的议题。那些哲学家是受亚里士多德的熏陶成长的，他们仍旧依照 13 世纪经院哲学的思维去考虑问题。

波义耳推翻“四元素说”

笛卡儿去世的那年，牛顿还不到 8 岁，但是前者的哲学理念直到牛顿进入大学时还十分流行。笛卡儿的宇宙机械理论对于神的功能部分的看法引起了争议，这使得他最负盛名的著作《方法论》得不到教会当局的欢迎。不过笛卡儿的理论在欧洲大陆一些比较自由的大学里常被公开讨论，因此它得以继续扩散。喜欢研读课外书籍的牛顿，便有了机会接触这些理论。

当笛卡儿的二元论受到广泛注意的时候，有三位哲学家致力于发扬他这方面的学说，牛顿除了受到他们的影响，还加上了他自己独特的想法。

法国科学家和哲学家伽桑狄是位天主教神父，他也是笛卡儿的挚友。伽桑狄重新展开了对德谟克利特学说的研究，重提了物体是由小到不可分的颗粒组成的原子理论。伽桑狄不同于笛卡儿之处是他并不尝试把宇宙看成机械的存在，倘若将一切运动都当成以旋涡的方式来运动的话，岂不是将上帝边缘化了？所以他另辟蹊径，主张宇宙是由无所不能的造物主以德谟克利特所说的原子组合而成的。伽桑狄的说法被人戏称为"基督化的原子论"，因为他保存了一个无所不能、无所不在的上帝。对于后来的如牛顿等人而言，在追寻一种机械模式的宇宙的同时，又能避免让造物主的角色被淡化，那么伽桑狄的说法显然要比笛卡儿的理论容易接受得多。

与伽桑狄同时期的伟大创见者是英国自然哲学家波义耳，他是当时无人能比的实验主义者。他相信事实的分析，最关心的是现象如何发生，而不是为什么发生。

波义耳试图把笛卡儿的机械模式宇宙论结合已获重生的原子理论，可是他也不满意那种说法，即上帝只是负责启动最初的物质宇宙运动的角色，之后就不必再担任任何角色。因此，波义耳的看法和伽桑狄是一样的——主张维持机械宇宙的运动需要由上帝不断地供应总动力。但是，波义耳在物质和能量方面的研究贡献较大，他证明了亚里士多德的"四元素"观念是错误的。

波义耳在一项公开的实验中，说明了火为什么不能被视为一种基本元素，并证实了亚里士多德所说的火能够将物体化解为其他元素是不正确的。波义耳的不少实验都证明与亚里士多德的理论相反：金能够抵御火，它能够与别的金属做成合金，又可以恢复原来的状态，这意味着有一种不会改变的黄金"微粒"存在。波义耳又证明，即使火能分解物质，不同的物质需要不同程度的热和不同的时间才能被成功分解。更加常见的是在火烧过之后，新的物质会产生，而新的物质也同样有可能复合。最后，他还证明了有些物质仅用火烧是无法被分解的。

培根——科学方法的奠基者

最后一个极大地影响牛顿智力发展的 17 世纪的重要人物，是英国哲学家弗朗西斯·培根。培根不但是一位哲学家，他还担任英王詹姆士一世的大法官。他的论著除了政论和道德哲学，也广泛地讨论了科学研究的方法。他在《论学术的进展》《新工具》《新大西岛》[9] 等著作中，尤其是在最后一本中，批评了对亚里士多德哲学的盲从，并且表现出对大学刻板学习制度的不满。他最重要的贡献是首先将现代实验方法或归纳法的逻辑方法整理成形。培根在笛卡儿之前就排斥魔法和迷信，但他却辩称科学的信条应该自宗教的动机中得到启发和引导。他在《论学术的进展》中写道：

> 所以我们下此结论，不能让任何人以有节制的轻微欺骗，或采取不当的中庸态度，认为或坚持只要我们探索和研究记录上帝言行的书——神学和哲学，就能获得充分的知识。不是的，我们要让人们用全力在神学与哲学方面都精通起来，并取得无止境的进步。[10]

培根反对科学概念是纯粹由哲学推论出来的说法，也不满意笛卡儿未将亚里士多德的理论完全抛弃，而去接受他以演绎法所得到的科学观点。不过，培根和笛卡儿都一致排斥形而上的思辨哲学。事实上，培根是第一位具有“基督教技术专家政治”①想法的人。他引用《旧约·但以理书》上的话说：“必有多人切心研究，知识就必增长。”他思考了一种由宗教推动，以严格的逻辑法则为指导，最后用实验来证实的科学（与现代科学家的看法几乎一致），最终的目的是获得完全的了解和实际的应用。虽然笛卡儿主义为牛顿提供了关于“机械哲学”的推理基础，机械哲学又在日后发展出了工业革命，然而，正是培根的科学方法奠定了科学革命的基础，使以后世世代代的自然哲学家，包括牛顿在内，都深受其惠。

于是，到 17 世纪中叶，牛顿准备踏入学术界的时候，自然哲学界也处于不断变动的阶段。亚里士多德的陈旧理念仍然是大学里修习逻辑学、天文学和自然哲学的传统骨架，其主要原因是一群颇具影响力的学院派学者的坚持。渐渐地，源自欧洲大陆的一些激进思想冲击了古希腊哲学家的崇高地位，一位科学史家说：“自然世界，从物质的关系是以目的和本质来维系的领域，明确地转变为物体在空间与时间中做机械式运动的领域。”[11]

牛顿在这种氛围的转变中，于 1661 年进入大学，跨出了他寻找自我之路的第一步。他超越了当时纷繁变化的哲学观念，建立了自己的观点。

---

① 技术专家政治，是指将经济、政治委托科学家与技术专家加以组织与管理。——译者注

第三章

学院生涯

牛顿向来十分用功，大学必修课程的要求也十分严苛，可是他的努力却大都花费在学习课程以外的知识上。牛顿和达尔文、爱因斯坦、霍金及另外一些在牛顿之后的伟大科学家一样，对于好学生所必须通过的许多考试，往往会准备不足。

（真理是）静默和无间断的冥思所衍生之物。

——艾萨克·牛顿[1]

17世纪60年代的剑桥大学城距离“学术乌托邦”的纯真还很遥远，那时的它既是个学术落后，又是个居住环境危险的地方。房屋沿着脏乱的街道挤成一堆，入夜之后没有街灯，白天的市街上充斥着商贩、乞丐、嬉戏的儿童和穿着长袍的学生。一位不知名的游客曾经如此形容剑桥大学城：

即使冬天里融雪时的老街、大雨过后的巴塞罗缪大集市那令人嫌恶的肮脏，都不如这个著名大学城的泥泞街道更叫清道夫受不了。那些街道极其狭窄，这一点在两辆独轮车相会时显露无遗。即使在最宽敞的地段会车，都足以使整条街交通堵塞，必须花半个小时才能挪出空隙让行人通过。城里大部分的房子既小又低，看起来像侏儒住的小茅屋，称不上一般居民的住房。[2]

当年的剑桥大学城占地略大于1平方千米，人口大约为8 000，其中约3 000人是大学里的学生、研究生和教职员。学生很容易就发现他们的四周充满危险：他们的灵魂受到的危险来自娼妓和小旅店店主联手演出的假意体贴，他们的身体则受到遍及四周的盗贼和杀人犯的威胁。

一个名叫约翰·斯特赖普的大学部一年级学生有一封给母亲的家书，那是他在1664年写的，信中把大学城里的社会面貌如图画似的描述如下：

> 我们这里有最令人无法忍受的抢劫案，我从来没有看到过那么多。我听说在两三天前，附近就发生了六七起抢劫，还造成了两三人被杀。就在上一个安息日，仅在城外2千米处，一个男人的头部遭到了重击。最近，住在彼得宾馆内的一位学者的两只耳朵被强盗割掉了，因为他按照强盗的命令把身上的钱交出来之后，还向他们发誓说，如果他身上还有钱的话，就随他们怎么惩罚都可以。结果强盗搜他的身，不幸又找到大概20先令，于是强盗就按照其所承诺的，对其处以说谎者应受的酷刑。[3]

17世纪的剑桥

事故的不断发生不能单纯归因于学生看起来比较有钱，也不能说学生是较易侵犯的对象。100多年来，剑桥的居民之所以无法与学生相处，有其内在的原因：尽管城里的居民人数超过学生很多，居民的生活却要受到贵族化的大学行政当局的干预。大学的行政机构一向是腐败和营私的，城里大多数商家都要依赖大学维持生计，但很多商人受不了大学校长对他们的专制和苛求。校长的权力范围绝对不限于校园之内，也不是只管理学生团体，他虽然名实不副，但其实是个不折不扣的封建领主。他控制城内所有形式的商业，监理全部法律与财务。1600 年颁布的《宪章》规定，剑桥市可以有自己的市长、市政官吏和国会议员等，官吏可拥有代表自己权力的图章，但是《宪章》的最后一段指明："本《宪章》的条文不得对大学的校长、教授和学者的权益与自由，含有歧视或妨碍的内容。"[4]

在牛顿进入剑桥大学之前一年多时，当地的市长显然在某些事上冒犯了大学校长的权威，因而他不但被校长羞辱，还被要求写信道歉。市长在他的悔过书中，不得不明白地表示出究竟谁才是真正的头儿。

> 我，爱德华·查普曼，剑桥市的市长，于 1660 年 2 月 26 日错误地批准陶尔布斯监狱释放威廉·兰德、约翰·迪伏尔和詹姆斯·狄拉莫三个犯人。这三人是以前由大学校长弗恩博士判罪入狱的。因此，为了求得大学当局的谅解，我在此承认错误，并且承诺，我今后在行使权力之时，绝不会侵犯我所知的所有属于大学的自主和权力。
>
> 在上帝见证之下，1660 年 3 月 2 日。[5]

这种情形直到维多利亚时代末期都没有多少改变，这真是令人难以置信的事。20 世纪初以后，剑桥大学当局对于市政的干预和对学生自由上的限制逐渐减少。然而，自牛顿的学业生涯开始，一直延续到英国博物学家达尔文于 19 世纪 20 年代后期成为剑桥大学的学生之时，学生的活动都受到大学警察和学监的监视。学生不得与商人交往，不得到酒店喝酒，不能召妓，不能违反宵禁等。虽然这些规定常被破坏，学监执法也不严格，但还是偶尔有些倒霉的学生被抓。

尽管剑桥外面的世界——全英格兰都发生了不少变化，并且还在持续变化中，大学当局却没有什么反应，大学中讲授的陈旧课程依然不变。1660 年王室的和平复辟给全国带来了新气象，克伦威尔的新教共和政治在 1658 年他去世之后已随之瓦解。虽然英国人民仍旧怀疑斯图亚特王朝倾向于天主教，但在 1661 年牛顿入学剑桥时，英国已步入一个宗教宽容和政治安定的新时代。

这种宽容和安定使英国社会的特质发生了巨大的变化。大学中因宗教而受迫害的学者都恢复了原职（虽然过去同情圆颅党的人还是属于被排斥之列），但大学当局依旧将中世纪以来一成不变的权力紧握不放。自从亨利八世主政以后，国王拥有法定权力可关闭国内的任何大学并占为己有，故而大学一向忠于王室。作为一个皇家机构，它被植入了代表昔日荣耀的传统和观念。

不平的待遇

艾萨克·牛顿这个乡下孩子，以前从未到过比格兰瑟姆大的城市，在他看来，剑桥犹如阿瓦隆岛[①]那般巨大。他在 1661 年 6 月 2

① 阿瓦隆岛，相传为亚瑟王死后所去的西方之岛。——译者注

日或 3 日离开伍尔斯索普，出发前往 80 千米外的一个城市，这个城市成为他日后居住了 35 年、几乎未曾离开过的家。他沿大北路前进，第一个休息站是苏士屯，那儿有他的继父史密斯在遗嘱中指定给他的一片农地。在牛顿过了 21 岁生日之后，这片土地上的收入就归他所有，这是牛顿首次有机会去看看属于他的财产。第二站在斯提尔顿停歇，从那儿只要再坐一天车就可以抵达剑桥。

据斯蒂克利说，斯托克斯校长在牛顿行将离开他的照顾时，骄傲地让这个杰出的学生与他一起站在全校师生面前。校长的眼中充溢着泪水，他发表了演说赞美这个学生，并且鼓励大家以他为榜样，取得像他那样的学业成绩。很显然，学生们都和校长一样深受感动。斯蒂克利也承认，庄园里的庄稼汉及仆人也很高兴看到牛顿离家上学，这一描述更容易让人相信，因为“他们很快乐地与他分手，都说他做什么都不合适，还不如由他去‘玩四年’吧”。[6]

然而，汉娜可没有轻易放过牛顿，她要确保她的儿子不能完全摆脱“现实生活”中的俗物纠缠，要他别以为自己已经逃离了困苦的日子。

当牛顿于 1661 年 6 月 5 日在剑桥大学三一学院注册为学生时，他只能排在社会阶层中的最底层，以准减费生的资格入学（上课一个月之后变成减费生），准减费生和减费生都只比仆人好一点点，他们要为特权学生收拾房间、清洗便器以贴补学费。所谓的特权学生包括资优生、公费生、全自费生、贵族子弟和富商子弟等。

牛顿的工作是属于哪一类减费生的一直都不太清楚，传统上，减费生要服侍非减费生，但有时候也有减费生专门替一个研究员工作的情形，而这位研究员必须是他的指导老师。后人一向以为牛顿的减费生工作是属于前一类的，这或许是对的，不过另外也有证据显示他事实上是为巴宾顿工作。巴宾顿是格兰瑟姆药剂师克拉克先生的妻舅，他在三一学院担任研究员。

牛顿甚至可能该感谢巴宾顿安排他做私人仆役，他才得以进入三一学院。巴宾顿同情王室，因此他在共和政治时期的清教徒清洗运动中被剥夺了研究员的职位，到王室复辟之后才得以恢复。多年之后，当牛顿已不在人世，艾斯库家族所持的传统说法是“某一个邻居绅士地给予了金钱上的援助”[7]，帮助牛顿到剑桥大学读书。

牛顿如果真的是替巴宾顿工作的减费生，他的工作可能十分轻松，因为他的主人每年留在学校的时间只有几个星期，所以需要他服务的时候很少。另外有一件事情是大家很容易想到的，那就是几位认定艾萨克具有学术潜力的赞助者与艾萨克的母亲之间，仍然在金钱上存有不同看法，因为汉娜当时很不情愿地答应巴宾顿、艾斯库和斯托克斯等人的要求，让艾萨克去大学读书。牛顿的学费每年大约是 10~15 英镑，另外加上 10 英镑的零用钱，这两项费用汉娜都答应提供，似乎她已经尽力而为。但是，如果考虑到她每年的收入约达 700 英镑，足够舒适地安排生活，那么很显然，她有意使她的儿子在剑桥过点儿艰苦的日子。

对于一个负担不起全费的学生来说，必须作为减费生才能读大学是很委屈的事情，所以减费生的退学率远高于享有相对特权的商人子弟、公费生和全自费生。此外，对牛顿而言，为富有的同学清洗便器所感受到的羞耻，或为老师跑腿当差所体验到的委屈，无疑太沉重了。

纵然牛顿的工作比大多数其他减费生轻松得多，在大学当局和同学们的眼中，他还是属于学校里社会阶层最底层的学生。于是，社会地位高的学生以轻蔑的态度对待他，将学校当作娱乐场的富家子弟也不把他放在眼里。那类学生只是在大学里待上几年，然后到上层社会找个不怎么重要的工作就行。

这些新加给牛顿的屈辱，对一个年轻人的性格培养没有什么正面的帮助，除了使他更加坚定地下决心要出人头地，让别人看得起。那些不公平的待遇如火上浇油，加剧了他长久以来的不安全感，导致他一心一意要切断他那不甚光彩的门第关系，然后抓住每一个机会竭力提升自己的社会地位。如果汉娜想过，让儿子在学校里吃点儿苦，就能够让他因为受不了而放弃学术生涯，乖乖回家做一个农夫，那么，她显然完全不了解自己的儿子。因此，若是她的一番作为对艾萨克有任何正面影响的话，那就是令他深信必须要远离伍尔斯索普了，他必须更加依赖自己的努力，在学术上超越别人。

孤独封闭的一年

早在 1571 年，由英国女王伊丽莎白一世颁发的敕令即已对剑桥大学的教学方式做了规定，它不但规范教职员及学生的服饰和行为，还规定了课程的结构。凡要取得学士学位的学生，必须留在学校里至少学习 12 个学期（即至少 4 年），以及参加由学校教授讲授的所有公开演讲课。真正说来，教授的课程只有一门，比如一年级是修辞学，教授口头辩论和作文技巧，其中又包括古典历史、地理、艺术、《圣经》和文学等。此外，在第一学年结束时，学生应该娴熟地掌握拉丁文、希腊文和希伯来文。

牛顿后来确实是一个专心用功的学生，但他一开始既不出色也未能引起教授的注意。他可以说是默默无闻的，因为他和其他同学一样都得不到老师的指导。牛顿到学校之后，就被指定由一位叫作普林的教授担任他的导师兼代理监护人。这位普林教授没有详细资料可查，只知道他于 1650 年以减费生的身份进入三一学院，后来升至希腊文的钦定讲座教授，占据这一职位达 12 年。普林教授是这所学术贡献乏善可陈的学院中一位典型的马虎老师。他是个著名的"学生饿兽"，这个绰号的意思是尽量多收指导学生，以补贴他那微薄的薪俸。他几乎完全没有指导过牛顿，因为他要兼顾大学里的 50 多个学生，牛顿不过是其中之一。

到学校几个星期之后，牛顿就把自己和别的减费生隔离起来，重新回到在格兰瑟姆学校时的那种生活状态，所以他一年级那一年是非常孤独的，没有一个同学给我们留下有关他在学校早期的逸事，也没有记录显示牛顿与任何同学有过什么深厚的交情。我们只能推断他恨透了他的室友，这是从那本"菲茨威廉笔记簿"中记下的两条"忏悔"中察知的。第一条"忏悔"是"用了威尔福德的毛巾，却把自己的省下不用"；第二条是他自认为有罪，他说"我欺骗了我的室友，假装我不知道他是个酒鬼"。[8] 第一条"忏悔"给出了他那位室友的名字，我们在别处没听说过他，但我们从剑桥校友录里查到，威尔福德是一个全自费生，和牛顿同一天进入剑桥。显然，牛顿连这位倒霉的威尔福德都不愿接近，无怪乎他在大学的第一年是寂寞的。

除了母亲在财务上使他不便，刚进入大学的牛顿还有其他困难。第一是他的年龄引起的问题。入学时，他将近 19 岁，比同年入学的学生平均大 2 岁。虽然有人认为年龄较长有助于他专注学业，但却免不了他在与同学的交往上产生障碍。第二个问题可能比较严重，即他是一个清教徒，并且这一点在他的整个学术生涯中影响着他。当时英国的大学是奉英国国教为圭臬的，即使王室复辟后，昭示容忍宗教的多元性——英国社会的主流思想一贯主张如此，但大学生还是被迫至少要在形式上服膺于英国国教，所以牛顿不得不把他的清教徒信仰藏在心中。

牛顿的宗教倾向无形中带给他不知多少的潜在问题，这让他与同学（那些正统派）之间树下多重藩篱，但清教徒的道德激励了他学习的决心，令他心无旁骛地全力学习。幼年时代被母亲遗弃，使他深受伤害以致情感无能，清教徒主义的节欲世界赐予他一个极好的借口，作为他对自己无心恋爱的解释。因为在清教徒的世界里，只有上帝和知识这两根精神支柱，而追求知识又是上帝赋予他的神圣使命。这两根支柱可以取代其他一切需要，他以清教徒主义和渴求知识的天性为引导，至少可以躲避性欲的需要。没有结婚或成家的心理压力，更抑制了他对物质的欲望。

念大一的时候，牛顿内心充斥着罪恶感，他又很少参加宗教仪式，所以非常苦恼。他在那年年底特意买了一个笔记簿，专门为他过去和当时做的错事记录他的忏悔。虽然他日后念研究所时心情较为放松，偶然也喜欢去小酒店喝喝酒、玩玩牌，可是在刚入学的头几个月里，他除了上课，都是极度孤单地一个人待着，既寂寞又彷徨。他面临的是一个陌生的世界，他很想进去体会，却总是不得其门而入。

逐渐扩展人际关系

牛顿不属于那种政治上表现出极端主义的清教徒（虽然那时查理一世已被弑杀，但内战后的英国仍然有许多极端主义者），也不同于在维多利亚时代的讽刺书中受嘲笑的那一类人。后者道貌岸然，认定他人的所作所为是淫荡和罪恶的，并加以挞伐。牛顿是属于以刻苦工作为重，以专心致志学习为人类的最高道德标准的那类人。他认为要想荣耀上帝，就应该获取知识，发现自然的真相。可是，与他同时代的人很可能把这种表现看成一个不愿与人交往的信号。

如果他对每一个同学都抱着一种似乎冷漠的态度，反过来，他的同学显然更会对他表现出排斥的样子。可是他不在乎这些，事实上，他并不理会别人对他做何想法，这种傲慢的态度可以以他给同学的一封信为例，那是他在1661年给一位生病同学写的信。

亲爱的朋友：

听到大家说你生病了，我真的很替你难过，但是我更难过的是，你因为喝酒过度而生病（这也是听大家说的）。我诚恳地要求你首先根除喝酒的恶习，再设法恢复你的健康。如果你能这般取悦上帝而得以痊愈，愿你今后能更加注意身体、节制饮食，这会使你的朋友都感到高兴，特别是最爱你的朋友。

艾萨克·牛顿[9]

在牛顿早期的大学生涯中，不仅是虔诚的清教徒信仰使他与日常的欢乐隔离，他做的那些事也不那么让他受人尊敬。他决定成为一个放债者就是个例子。

我们很容易就能想象，牛顿到 19 岁或 20 岁的时候，逐渐发觉自己无法与同学融洽相处，却还要设法补充汉娜给的那不甚宽裕的零用钱——当时他确实显出对金钱的浓厚兴趣。事实上，他在“菲茨威廉笔记簿”里的忏悔表中，曾经一再自责过于重视金钱，他后悔地写下“在我心中，钱比上帝还重要”，然而却又不断地重蹈覆辙。[10] 牛顿仔细地记账是后来大家都知道的事，他在三一学院的另一本笔记簿中，记载着如下所示的每一笔金钱借贷。这些实际的账目显示出他清教徒式的谨慎，我们从表中能看出来他不会借给别人 1 英镑以上的钱，并且当他借出那么多钱时，他会紧张地在该笔贷款旁注明“星期五应当归还”之类的标记。[11]

		英镑	先令	便士
借	波拉德	0	2	0
借	比格	0	7	6
借	波拉德	0	1	0
借	阿加莎	0	1	0
借	安德鲁斯	0	11	5
借	奥利弗	0	1	0
借	威尔福德	0	6	0
借	戈什	1	0	0

牛顿从来不放高利贷，所以他的借贷很受欢迎。在大二结束之前，他的业务已是蒸蒸日上，如此一直延续到两年后他成为法定独立的成年人为止。至于他是怎样开始做这项业务的，我们并不清楚。他刚到三一学院之时，财务状况不甚良好，那么我们只能假想

他起初不过是做些短期的借贷，在尝到甜头之后，他发现了这种投资的潜力，就继续拓展下去了。

密友威金斯

不久后，其他方面的情形都逐渐改善了。牛顿在进入三一学院18个月之后，设法换了一个室友，新室友名叫约翰·威金斯，他是曼彻斯特一位小学校长的儿子。威金斯于1663年以自费生的资格入读三一学院，他在第一学期结束后才认识牛顿。可惜的是，虽然威金斯与牛顿做室友超过20年（直至1683年牛顿放弃他的研究员身份为止），但他除了批评牛顿神经过敏，就只简短地提过牛顿的一些工作习惯，除此之外就鲜有他们两人密切关系的记录了。[12] 威金斯的儿子尼古拉斯在追述父亲年迈时跟他提过的关于牛顿的往事时，表示最详细的部分是关于他的父亲和牛顿于1663年初次会面的情形。

> 我的父亲与牛顿的亲密关系来得纯粹偶然。那时，父亲和他原先的室友发生了很大的争执。有一天，他一个人出去散步，在人行道上看见牛顿也是闷闷不乐地孤单一人，于是两人交谈起来，然后发觉都是为了相同理由而独自沉思，两人便很快决定各自离开混乱的室友，另租一房成为室友。于是他们尽快处理了这件事情。在我的父亲留在剑桥大学期间，他们一直住在一起。[13]

这段友谊毫无疑问是威金斯一生中最重要的一件事，而他竟然完全不予讨论，这似乎不近情理。他和牛顿于 1683 年在一层阴影之下分离，尽管他又继续活了 36 年，而牛顿则到 1727 年才去世，但他们两人却不曾再见面。

那么，威金斯到底是个什么样的人？他和牛顿之间的关系又如何？从他们两人自行叙述的故事看来，他们显然有相同的脾气：两人都厌恶各自“混乱的室友”，彼此立刻知道对方的个性适合自己。他们的室友关系维持了 20 多年，从未中断（其间还包括他们于 1673 年迁居到王宫的住所），这应该是他们亲密关系的证明。

威金斯也长期担任牛顿的助手，他的日常工作是记录实验要点、协助设置仪器和观测实验结果等各种杂务。他们的住处变成了实验室，起先是摆满文件和自制的光学仪器，然后又挤进许多盛放化学原料的柜子，以及炼金用的炉子。威金斯最后成了一位教士，也结了婚，建立了一个家庭。他离开剑桥到蒙茅斯附近的斯托克伊迪斯村当牧师。不久之后，牛顿还寄给他一批《圣经》，请他分给村中教众。他们之间仅有的其他通信是在分手约 30 年之后，威金斯写信给这位旧日的室友，要求牛顿再捐赠一批《圣经》给他，并且试图与牛顿重新建立友谊。牛顿只是应其所请把《圣经》寄过去，却不愿回应他那细腻的暗示。牛顿简略地回了他一封信，信尾客气地写着：“我很高兴听说你身体健康，愿你永远身心康泰，我仍然是你的朋友……牛顿。”[14]

从他们之间为数不多的往来信函中，有心人士试图找出一些线索，以分辨出他们的分道扬镳是否是由一场激烈争吵而引起的。可是，能证明这点的最强证据，只不过是威金斯从来没有提起过牛顿，除了他们初次相逢的那段逸事，并且他还不愿多做说明。牛顿于 1727 年去世后不久，剑桥大学自然史讲座教授史密斯写信给尼古拉斯·威金斯，要求他提供老威金斯的一些资料，因为他听说老威金斯长久以来就想将他拥有的关于牛顿的所有东西整理出来，却一直没有行动。其实这倒不是一件难事，因为尼古拉斯能够交给史密斯的全部东西，只有三封抄在笔记簿中的短信和五张很普通的账单，另外就是讲他们第一次相逢的那段逸事。

牛顿的"哲学笔记簿"

幸而，牛顿在大学时代被记录下来的学术生活相当丰富。剑桥大学和欧洲各地伟大的学府一样，课程完全以古希腊大师的学说为基础，并且特别注重亚里士多德的思想。牛顿或许早已在克拉克的家中熟读过这些教材了，所以在大学的第一年里，他虽然仍按时上课听讲，但是对那些古典观念的真实性已开始产生怀疑。

当时较为认真学习的学生，都会涉猎一些流行的哲学思想，牛顿同样阅读了那个年代杰出哲学家如笛卡儿、伽利略等人的著作——那些著作已经逐渐可以在英国找到。于是从 1663 年的上半年开始，牛顿对自然哲学的看法有了巨大的变化。有一次上课，他正在小心写下亚里士多德的观念时，突然间，句子写到一半就停止了，然后他翻过好几页空白页，跳到其中一页的顶上写下"哲学的一些疑问"，接着在下面写道："我是柏拉图的朋友，我是亚里士多德的朋友，可是，我更好的朋友是真理。"[15]

牛顿的那本“哲学笔记簿”，简直就是“疑问”的收集本，上面清楚地标示出他自哪一个时间点开始逐渐脱离传统的思维，并于何时开始质疑他被教导的东西。起先，他在笔记簿中建立了45个题目，尝试研究和解答关于宇宙的神秘本质。这些题目包括“水与盐的本质”“磁吸引力”“太阳、恒星、行星及彗星的本质”“浮力和重力的本质”等。其中有些标题栏下没有写下论述，但多数都有一段或数段清晰的内容，有些题目栏下甚至出现了长长的推论。

牛顿在大学时期做的笔记也像他学童年代所做的一样，都包括问题和自拟的解答，不过大学时期所拟的解答都摘录自知名自然哲学家的著作，我们在很多地方都可以看到那些解释又进一步被分析成问题。有时候，一段解答后面会跟着一段他自己的意见，表现的方式犹如牛顿与这些哲学家在交谈——他直接向对方提出问题，或者他发觉有解说不清的部分，请作者注意改进。他就是以这种方式向笛卡儿、波义耳及老古董亚里士多德的哲学提出疑问的。

标题为“水与盐的本质”那一栏之下的一段话可以用来作为例子，那是因为牛顿对早期哲学家解释潮汐和洋流的假说有所怀疑。他后来在名著《原理》第二册的第24个主题中做了详细说明。该书出版的时间比牛顿写下这段话的时间约晚了24年，他在书中提出如下见解[①]。

欲找出海水的流动是否归因于月球挤压大气，可以用一根

① 以现今的科学知识来看，牛顿的这段话并不正确，原作者只是用以说明牛顿的质疑态度和大胆创见。译者反复研读此段文字，皆无法看出正确的意思。——译者注

> 约 80 厘米长的管子来实验。管内灌满水银，再取一根比 80 厘米长很多的管子，其中盛满了水，将水银管放入水管内。由于水银比水重，水银管即向下沉 7~10 厘米，因为管口已经封闭，水管顶端会产生一节真空（有可能）。那么，因为空气多少会受到外面月球的挤压，水的表面因此将会升或降，就如同水银温度计一样地升或降。[16]

这一阶段的牛顿还没有能力解释这些物理现象，但是他能够将别人提出的道理加以分析。亚里士多德的哲学可以解释水银的运动吗？这位哲人会说物质不过是试图找到它在世界上的自然位置。那么，笛卡儿是否比较接近真理呢？笛卡儿认为水银表面的上升与下降是由于以太的压迫，它使水银产生旋涡，造成质点的运动。那又有多少是正确的呢？

牛顿的一些推论是以想象的实验为基础的，在标题为“浮力和重力的本质”一栏中，他说：

> 欲以实验来发现物体的重量是否因受热和遇冷的影响而变化；或者因膨胀和收缩而变化；因被敲击、被磨成粉、被放在不同的地方或不同的高度而变化；或者被压以热物、被垫以热物，被压以重物、被垫以重物是否会产生影响；还有是否因磁场而变化；一个盘子平放与竖放，何者为重；等等。[17]

虽然我们如今知道了这些问题的答案（例如，一件物体平放和竖放时的重量为什么会不一样），但是在牛顿之前，并没有记载显示任何人证实过这些看似明显的答案。牛顿不愿随便接受传统的认识，他要亲自去弄清楚那些问题。

对于原子的观点

牛顿自三一学院的图书馆藏书中找到了许多观点，图书馆里藏有当时最伟大的自然哲学家的各类著作，其中如笛卡儿、波义耳、莫尔、霍布斯、哥白尼、第谷和伽利略等人的书都有（但是，藏书中缺少伽利略两本最重要的著作[18]：《关于两种世界体系的对话》和《两种新科学的对话》，显然当时有权决定图书馆采购书目的人思想保守，觉得那类新书太危险了）。牛顿遇到的问题不是大学图书馆的资料不足，而是学生只能在指定的时间内使用图书馆，还要在指导教授的监督之下使用。牛顿的指导教授是普林，但普林时常不在学校，况且他对自然哲学毫无兴趣。牛顿得不到普林教授的什么帮助，所以他得以接触这些极为重要的书籍，必定要有另一位剑桥学者来协助，而这位学者几乎可以肯定就是巴宾顿。

尽管牛顿最先受了笛卡儿的启发与影响，但这位法国人机械式理论的观念否定了上帝的全能，于是牛顿很快就拒绝了笛卡儿的理论。他可以接受伽桑狄的基督化的原子论，不过牛顿对此还是有所保留，他在“疑问”集中这样写道：

关于原子

因此最开始的物质是原子，那是小到无法辨识的东西，杰

> 出的亨利·摩尔博士①在他所著的关于灵魂不朽的书中已经无可争议地证实了这一点。然而，我可以用一个论点指出物质不能够分裂成无限小，也就是说，任何物质都不可能被分成比它的组成还要多的部分。于是，物体（乃有限的）不可能由无限多个部分组成。[19]

牛顿在这里使用逻辑方法来排斥任何人过度引申原子理论的可能性，他所用的理由是物体乃大小有限的东西，不可能被无限小地分割下去。如果就上段文句看来，牛顿显得过于自信，并且他似乎和亚里士多德一样，使用了过于武断的方法处理问题，那么我们也许可以归咎于他那时还相当年轻，何况，那只不过是个人笔记簿里的自娱之作而已。

新的学习对象

牛顿的宇宙观倾向于造物主是至高无上的，引导牛顿有此宇宙观的是来自剑桥的哲学家摩尔。摩尔是一个被称为剑桥柏拉图学派的群体的领袖，他对自然哲学各方面的兴趣都很浓厚，甚至涉猎神秘主义。

摩尔生来就是一位绅士，他受过最好的伊顿公学教育，于1639年被遴选为基督学院的研究员。他一向认为追求知识是一种颂扬上

---

① 亨利·摩尔，英国诗人、宗教哲学家，剑桥大学研究员。——译者注

帝的方法，并且抱持经院哲学的“理解后才能信仰，有了信仰才会理解”的态度。摩尔婉拒所有的圣职任命，且为了不让他的学术研究受到职务事宜的干扰，他甚至推辞了基督学院院长的高位。

摩尔和剑桥柏拉图学派的组成人员持有一种特殊想法，他们认为宇宙间充溢着许多精灵，它们叫作“自然的精灵”。他们相信这些“神力”介于上帝和一个纯粹机械性的宇宙之间，上帝差遣精灵使用神力来操控物质世界，引导俗人的生活，决定所有的目的与结果。

自从成为一个年轻学者，摩尔就接受了笛卡儿的想法，视笛卡儿哲学为神学和自然哲学的一种调和，可是他渐渐地改变了这个想法，最后还成了一个坚决的反对者。摩尔的意识植根于原子论和基督教的柏拉图主义的融合，这正是他给予牛顿的影响。柏拉图认同精灵的想法，相信那是一切东西的本质，其表现于人类的就是灵魂。但精灵也是上帝的延展，是自然运行的动力，它导引着宇宙间所有天体的运动。笛卡儿的哲学看起来无意于永远需要上帝，然而笛卡儿是个极虔诚的基督徒，他绝对没有做如此解释的意图。不过在摩尔看来——后来牛顿也如是看——由笛卡儿的著作《方法论》和《哲学原理》所建立的机械式理论给人造成的印象很容易被解释为无神论。在摩尔的宇宙中，物体由精灵推动，上帝以自己的意旨来指挥。

摩尔出生于格兰瑟姆，他在剑桥指导过约瑟夫·克拉克（那位药剂师克拉克的哥哥），他有时候会回格兰瑟姆看看，所以他可能在牛顿进入大学之前就已见过这个年轻人了。牛顿的哲学笔记簿中有一些记述，我们可以明显地看出他进大学之后很快就受到了摩尔的影响：前面所举牛顿关于原子的短文中曾提到“杰出的摩尔博士”；同样地，从牛顿所列的其他许多主题中，我们也可以看出他曾受到摩尔主要兴趣领域的影响，例如“关于上帝造物”“关于灵魂”“关于上帝”[20]等。建立这些标题可能是出于牛顿自己对灵魂之类事物的好奇，但也很可能是他读过摩尔的重要著作《论灵魂的不朽》而产生的疑问。牛顿在前文的“关于原子”处就提到过了。

建立工作体系

摩尔给予牛顿的影响之大，远超过单从他的著作中得到的灵感[21]。牛顿上大二的时候，曾在很短的时间内彻底改变了原先的看法和信仰，这种改变很像是至少受到一位学者指导而促成的。摩尔担任过克拉克的导师，他又是巴宾顿的同事，或许牛顿在格兰瑟姆和伍尔斯索普居住的最后那几年见过摩尔几次，也有可能牛顿进入大学之后单独与他晤谈过。他给这位认真好问的青年树立了良好的榜样，俨然成为牛顿在学术和社交方面的父亲角色。虽然，巴宾顿比较像是给予牛顿实际指导的人（几乎可以肯定的是，他把自己的图书室提供给牛顿使用），但他却很少到剑桥来。相较之下，摩尔授予牛顿的知识比较广泛，为他打下了比较深厚的学识基础。

纵然摩尔的影响十分大，但对于现代人而言，他所灌输的哲学思想似乎仍然相当混乱。以我们如今的知识而论，原子论乃现代物理的基础，但是卢瑟福（1908年诺贝尔化学奖得主）在20世纪初首先提出，在原子内还有更小的粒子存在。他的学说导致了一种怪异的量子理论，由此又引出了德国理论物理学家海森堡的“不确定性原理”①，从此产生一种无法预测的理论和全新的哲学理念，它和全能的上帝操纵宇宙的幻想相去甚远。虽然也有人还是能够想象，并且有信心将上帝和量子理论进行怪异的结合，可是主流的现代原子论距离摩尔的那位充盈于宇宙、具备人性的神，已远得不能再远了。当然，摩尔无法预知原子论未来某天会变成什么样子，只是认定那是可以证明全能的造物主存在的一种方法，也就印证了《旧约》。因为就如牛顿在笔记中所强调的，物质只能被分割到有限的程度，最终的基本粒子必定是经由神的指导而创造的。

如果说摩尔传授给牛顿结合神学与自然哲学的理论基础，那么牛顿就是在自己研读伽利略和培根的思想时，学到了如何建立一套工作体系，并以之来证实自己的思想的。到1664年夏，他已经有能力在笔记簿中写下这么一句话：“从事物的运作加以演绎，一一导出其性质，比单纯用感觉来获取更确定、更合理。当我们由前一个实验发现物体的本质时，就能较清楚地察觉出感官的本质。”[22]这段话的意思是科学家不能单纯相信由其感官所观察到的，而是要在引申出宇宙及其内部物体的本质之前，先做实验，这比我们用感官得到的表面观察蕴含更多信息。

---

① 不确定性原理是说某些物理量（例如位置与动量、时间与能量）不可能同时被测得极为准确，其中之一越准，另一个就越不精确；若是其中之一完全确定，另一个的误差则会变成无穷大。不确定性原理为量子力学的基石，是由海森堡（1932年诺贝尔物理学奖得主）于1927年提出的。——译者注

对光的理解

牛顿在 1664 年夏开始做他的第一个实验，那就是研究光的性质。多年之后，这项实验首次出现在他的《光学》一书中，于 1704 年出版发行。

他对光学最初发生兴趣是由于他在斯陶尔布里奇市集上买到了一块玻璃棱镜。那个市集是在离剑桥市中心约 2 千米远的一片河边空地上举办的，在魔术师、小丑、游吟诗人、儿童游乐等摊位和戏篷的环绕下，有一个穿着跳舞服的人，经营一个出售各种奇珍异品的摊位，上面摆满了自波希米亚带来的饰物、长生不老药、各类特效药水、各种玩具等。牛顿在这个摊位上找到了那块棱镜。

康杜伊特说："1665 年 8 月，牛顿爵士在斯陶尔布里奇市集上买到一块三棱镜，便开始按照笛卡儿的书做一些关于光的颜色的实验。"[23] 可是，康杜伊特把这一事件的日期弄错了，牛顿其实是在 1664 年去那个市集游玩，在那里买了三棱镜的。事实上，1665 年由于大瘟疫的关系，并没有举办市集。剑桥市的参事（后来出任市长）塞缪尔·牛顿（与艾萨克·牛顿无亲属关系）在日记中记载："9 月 1 日，宣布取消斯陶尔布里奇的市集，理由是伦敦正在流行大瘟疫。"[24] 大多数历史学家都同意，牛顿为了躲避瘟疫，早就于 1665 年 8 月之前离开了剑桥，回到伍尔斯索普老家。此后两年的大部分时间里，他都向学校请了假。[25]

当时关于光的主流假说来自笛卡儿的思想，他认为光是经由以太传递的一种压强，而视觉就是因为这种压强刺激眼睛的光神经而产生的。

牛顿熟知这种假说，他还在笔记簿中写下了它的要点，但是他大概为了维持对原子论的支持，早于1664年夏就开始怀疑笛卡儿假说的精确性。那时他已经想到光有可能是一些微粒，如果把光设想为群聚的粒子，就很容易解释光的反射、折射，以及光与颜色的扭曲等现象。大约8年之后，牛顿在写给英国皇家学会秘书奥尔登伯格的信中，就描述了他最早使用棱镜做实验的情形。

> 我给自己买了一块三棱镜，用来实验著名的“颜色的现象”。为了做这个实验，我需要一间黑暗的房间，然后在窗帘上开一个小洞，让太阳光射进来，照在棱镜上。其折射后的光线照到对面的墙壁上，显现出生动鲜艳的颜色，一开始觉得十分赏心悦目。[26]

牛顿以棱镜为工具，展示出白光是如何由许多颜色组合而成的，将白色光分解为颜色光谱，就可以看到蓝色光比红色光弯折（即折射）得厉害，于是蓝色光显现在光谱的近端，红色光在光谱的远端。他进一步（正确地）指出，物体呈现出来的颜色，是它的表面吸收了光谱中的某部分颜色，并将其他部分的颜色反射出来的结果。“因此呈红色和黄色，”牛顿这样写道，“这是因为物体将跑得慢的光线截留下来，对跑得快的光线则不多做阻挡。呈现蓝色、绿色和紫色时则是物体将跑得快的光线消减，却不阻挡跑得较慢的光线。”[27]

简言之，一个物体若看起来是红色的，乃其他颜色（即牛顿所说“跑得慢的光线”）被该物体吸收较多的缘故，因此红色光比别种颜色的光反射得多。同样的道理，物体若看起来是蓝色，乃由于它反射蓝色光多于其他颜色的光（牛顿所说的“跑得快的光线”）。对光谱中不同部分的光线吸收和反射的能力，是物体的自然性质，由此在宇宙间产生了我们所看到的缤纷灿烂的颜色世界。[28]

其他光学实验

紧随着这项发现之后，牛顿在笔记簿中抄下笛卡儿在其著作《折光学》中的一段话，并在这段话之下写道：

> **关于光**
>
> 光不可能是由于压强而生的，因为来自上方的光如果是向下压迫的话，应该会使我们在晚上看到的光比白天看到的更强，或者至少一样强……光线不可能折射，因为同样一个东西不可能向两个方向施压，而太阳发生日食亦不太可能，月球和行星都应该和太阳一样亮，人们在晚上走路和奔跑都清楚可见……[29]

1664年由夏至秋，牛顿做了许多实验，他仔细地观察光线穿过羽毛和各种织物所产生的绕射现象，记载下“用羽毛或黑纱挡在我的眼睛和照射进来的太阳光之间，就可以看见美丽的光彩”。[30]但是，他对光的实验从狂热到失控，短短几天之内，他就做了两个几乎使他全瞎的实验。

第一个近乎造成悲剧的实验是他直视太阳过久。为了观察眼前因阳光产生的彩色光环和黑点，牛顿一次又一次地直视太阳。多年之后，他于 1691 年给他的政治哲学家朋友洛克写的信中，提到了那段 20 多年前的经验。

> 我用右眼透过玻璃片看太阳，经过很短的时间之后，我转过身来面向房间里的黑暗角落，睁大眼睛来观察暂留印象。起先，我看到一圈圈有颜色的光环，接着光环逐渐减弱，最后终于消失……这样继续试了几小时之后，我的眼睛竟无法看见光亮的物体了……眼前总是有一个大太阳，使我既不能读又不能写，只好把自己关在黑暗的房间里。三天之后，视力才恢复。在那三天里，我用尽一切方法以逃出太阳的幻影。[31]

这桩意外事件或许可以归咎于牛顿自己，因为他忽略了直视太阳会危害视力的可能，但是再看看下面那个实验，我们又能做何解释呢？

> 我用一把钻[32]顶在眼眶骨头和眼睛之间，尽可能地接近眼球。用钻子的尖端挤压眼球的后面，使我的眼睛突出，就会看到好多白的、黑的和有颜色的光环。当我不断地用钻尖搓揉眼球时，这些光环会更加显著。但是，如果眼球和钻尖都停止不动，而眼球仍然被紧紧压住，光环就会逐渐变弱而最终消失。在我再度搓动眼球或钻尖时，光环即重新出现。[33]

年轻与热情奉献是一回事，但是大多数人都会认为用钻尖顶住眼球太过火了，这样做可能会导致永久失明。在牛顿几乎要展开其科学生涯之前，他差点儿将自己毁了。

碰到了难题——数学

纵然牛顿做出这些荒谬的事情，但他还是从实验中学到了许多东西。培根的方法论再加上天赋的资质和严谨的推理，可说是完美的结合。不过，他仍然缺少一项关键要素。

牛顿于何时、以何种方法获得他赖以探讨科学的数学知识，至今依然是个颇具争议的问题。他的哲学笔记簿中没有写下数学，但在他开始做光学实验，也就是 1664 年初，他用他称为“废纸簿”的笔记本——他继父史密斯用过的笔记簿——做了一些有关数学的笔记。[34] 到夏天将近结束之时，他已经熟习当时算得上最为繁杂的数学知识了，那大都是从该时期的主要著作中搜集而来的，包括英国数学家沃利斯的《无穷算术》和笛卡儿的《几何学》。[35]

牛顿在进入剑桥大学之前，他的数学知识仅限于简单的算术而已，或许也懂点儿代数和少许三角学。但是在两年之内，他就能够以自修的方式研习了高等数学，甚至独自研究出微积分，这显示出他的确是个了不起的天才。

晚年时期的牛顿准许少数亲近的门生翻检他的信函和文稿，从这些文件中，我们可以清楚地看出牛顿探索数学的热忱，这与他少年时期在克拉克家追求知识的狂热是一样的，但这次的热忱却让他省略了数学的基础部分。法国数学家棣莫弗曾经对牛顿早期研习数学的经过做了彻底的研究，他觉得牛顿学习数学似乎是杂乱无章的。1727 年，棣莫弗在备忘录中给了我们这样的印象：

> 1663 年，牛顿在斯陶尔布里奇的市集上购回一本占星术的书，他想知道书里究竟在说些什么。当他读到一幅星空的图画时，他根本看不懂，因为那需要具有三角学的知识。于是他去买了一本讲三角学的书来看，然而又看不懂三角运算，便再去找来一本欧几里得[36]的著作，希望学到一点儿三角学的基本知识。然而，他只不过把一些名词定义看了一遍，就认为那东西太简单了，还奇怪为什么有人要写书中的例题来自我满足呢！[37]

在剑桥大学的第二学年将近结束时，牛顿是否被什么人指导数学很难加以考证。1664 年 3 月，有一位名叫巴罗的教授开始讲授一系列的数学课程。因为他在那个冬天才刚获得第一任卢卡斯讲座教授的职位，开讲数学课程是他职责的一部分。我们现在知道他们俩在那之后几年才开始相熟，也知道到 1669 年，巴罗还推举牛顿接替他担任卢卡斯讲座教授，可是我们不能确定牛顿是否听过巴罗所开的数学课。依据英王颁定的规章，这些课程是专为自费生开的，牛顿可能没有资格正式选听。可是那些规定一向不被师生遵守乃公开的秘密，像牛顿这样的学生，这种令他感兴趣的课程很可能使他不理会自己在大学里的卑下社会地位，而跑去听课。

输掉银币者

要想在科学上有进一步的发展，努力自修高等数学是十分必要的。牛顿若是不懂得代数，就不可能自行研究出微积分；若是没有微积分，他就无法运算以及表达出他的物理理论。将重力的概念转变成坚实的物理学理论，必须用微积分才能提出完整的正式结构。

可是在 1664 年，这种伟大体系的设计尚遥不可及。牛顿向来十分用功，大学必修课程的要求也严苛，可是他的努力却大都花费在学习课程以外的知识上。牛顿和达尔文、爱因斯坦、霍金及另外一些在牛顿之后的伟大科学家一样，对于好学生所必须通过的许多考试，往往会准备不足。

牛顿的指导教授普林了解这个学生对于学校正式课程不感兴趣，而是比较喜欢研读数学和来自欧洲大陆的近代哲学，于是将牛顿推荐给巴罗教授，由巴罗负责他的学术资格审查。牛顿必须在 1664 年 4 月通过一项测验才能成为准毕业生，以使他有资格在翌年春天取得学士学位。普林以为巴罗是位数学家，由他来衡量这个年轻人的数学天分最为合适，然而，很不幸的是，巴罗决定以欧几里得几何学来测验牛顿。这可是个大灾难，因为牛顿在向高等数学进军时，根本没注意那么简单的欧氏理论。康杜伊特如此叙述这件事：

> 当他将要成为准毕业生的时候，他的指导老师送他去接受数学教授巴罗博士的测验。巴罗教授考问他欧几里得的几何

学，那正是牛顿爵士忽略的东西，他对此所知极少或者完全不知，而他极为熟练的笛卡儿几何学却未被问及。他是很谦虚的人，没有自行提出他对笛卡儿的理论有深入认识，巴罗教授则想不到有人在不熟习欧氏几何的情况下，却有能力研究笛卡儿的书。于是巴罗博士认定他的数学程度不足，给了他不好的评语，但他仍然取得了准毕业生的资格。[38]

牛顿深悟到自己学习的不足，立刻再回头去攻读基础数学，很迅捷地把欧氏几何及简单代数理论都看了一遍，他的努力用功可以从他个人图书室里折角最多、破页最多的一本书中窥知，这本书就是巴罗所著的《欧儿里得几何学》。

这样的努力可能弥补了牛顿学习上的失误，但是单纯地看当时的那种情况，显然他还是十分忧心，他必须找人帮忙，设法说服教授们相信他的真正实力。如果巴罗的那次面试真是如康杜伊特所说的那么糟糕，初次的不良印象业已造成，熟知牛顿的朋友势必尽快运用所有影响力，才能挽救这个青年的前途。巴宾顿在学校里的地位很高（他于 1667 年成为资深研究员），还受到英王的恩宠，他与牛顿的关系在正式文献中也有记述。在大瘟疫的那几年里，他们都回到伍尔斯索普居留，其间牛顿经常去看望他。牛顿在剑桥的早期岁月里，显然和巴宾顿一直保持接触，而且巴宾顿既然协助牛顿进入三一学院，也就不愿意见到牛顿考试不及格。他大概深信这个青年极具天分，所以也就很同情牛顿无法接受大学里过时的课程。

牛顿虽然在欧氏几何方面的知识加强了，但是仍然不全力准备翌年春天即将到来的学士学位考试，在考试所需复习的正式课程方面不甚用功，结果他毕业时没有得到什么特殊荣誉。依据斯蒂克利的记述："牛顿爵士在接受学士学位的仪式上被安排在第二列，属于人们戏称的'输掉银币者'[39]，那是被人看不起的一群人。"

神授的使命

牛顿以第二等成绩取得学士学位这件事未免可笑，但是，这并非不寻常，许多科学伟人都是如此。达尔文让他的儿子查尔斯·达尔文自爱丁堡大学医学院退学，因为他知道儿子不会成为名医；爱因斯坦放弃了他的学位，将自己弄得几乎找不到工作；霍金非常不受牛津大学当局的欢迎，因为他坐在河边发呆的时间比留在教室里读书的时间多，偏偏他后来在剑桥大学以第一名取得了博士学位。因此，对 22 岁的牛顿而言，无论以何种成绩毕业，只要能让他继续在大学中寻求发展，为无数科学后继者开天辟地就可以了。

长久以来，牛顿把阐明是什么法则支配了神的宇宙这项目标当作自己的志向，通过一项学位考试于他来说不过是达到目标的手段而已，花费最少的精力就可以了，今后，他可以正式地全心追逐他真正的目标。然而，纵然他是那样高傲的青年，具有如此超凡的意志力，也不可能料到自己在通往梦想的路上，竟然那么快就获得了第一项成就。

第四章

牛顿之前的天文学与数学

进步的潮流一旦涌现，就没有任何力量可以阻挡。17世纪之初，一系列革命性的数学发展相继出现，这为牛顿的学术研究铺平了道路，为地心说转变成日心说的观念争取了最后胜利，使人们从亚里士多德的猜测走向经验主义、精确的观测与严谨的数学。

每一部作品里有一个数字，或许有不止一个数字，无论如何，其中必有一个是底数，那便是真正的一个。那个数字影响了我们全体，将我们联结在一起。

——帕尔特[1]

数字与图形对人类来说向来有一种莫名的魅力，因此数学与天文学从很古老的时代开始就已经存在了。最早将数字进行有意义的运用并把图形记载下来以构成有组织的数学模型，应该归功于苏美尔人，他们约于公元前 4000 年就记录下星象图形并加以命名。那时，他们已经发展出一套令人惊讶的先进的数学规则，以及一些精密的计算方法，这成了农民、建筑师和记录人员等日常使用的技术，而建筑师可能已经略懂一些浅易的代数和几何。

近代人的一些研究——例如诺思研究古代以巨石排列成圆圈之类的阵式——发现古代不列颠人也拥有某种程度的几何知识，他们在大约公元前 3500 年将这样的知识应用到建筑上，设计出像巨石林之类的构造。[2] 而 1 000 年之后，古埃及人的数学及工程技术已高度发展，这使人们得以建造位于埃及吉萨省的大金字塔。在这些古代文明中，数学与天文学相互融合，具有浓厚的神秘色彩和玄虚的味道。人们把天文学和占星术看作相同的东西，数学则被提升到近乎神灵的地位，是天文学家兼占星术士的工具。一直到古希腊时期，数学与定义较为精确的天文学才得以脱离宗教，开始获得学术界的注意。数学在仍然与神灵保持关联的同时，也逐渐成为纯分析和推理的课题。

几何大师奠立基础

所有的数学可被视为由算术、代数和几何三项中心课题组合而成。算术是最早发展出来的数学，因为它立刻在各行业和技艺中获得了应用，而且发展迅速，包罗了各式各样的计算技巧。

最简单的几何学讨论的是物体的二维或三维形状（近代数学家也研究多维空间，这种多维的研究仍然被称为几何学）。数学在这一方面的应用体现在建筑领域，它对于天文学家在构造星象图形方面的工作，更是极有价值的工具。星象图形的进一步发展则是占星术。

代数是以符号代表事物来表达它们之间关系的一种语言。17 世纪初期之前，代数还只是简易的算式，它让数学家得以建立方程式来表达状态或者各属性之间的关联（实数、虚数皆可），然后以严格的规则来规范符号应该遵循的运算途径。简单的例子如 s=d/t 这个方程式，用文字表达即是“速度等于前进的距离除以所花费的时间”。稍微复杂的例子则是计算流水通过水管的速度、火箭离开发射架时上升的加速度，或是肌肉利用葡萄糖转化成能量的效率等方程式。

算术与几何可以说比代数更为日常生活所需要，它们描绘出了我们观察到的事物与世界。代数则稍微抽象一些，因为它是使用符号来表述性质的，并不实际衡量事物。这一差异可以说明算术、几何较早发展成精密的工具，以及很早就被广泛使用的原因。

古希腊人对数学所持的观点与前人不同，他们大概是最早思考纯数学的一群人，他们沉浸在数学的抽象思维之中，不再仅把数学作为建筑宗教庙宇的工具，或借以研发玄虚的秘术。古希腊人利用数学技术发展出一套繁复的理论，用以解说他们观察到的宇宙构造，并订立行星、太阳、恒星在天空排列的法则。

按照大多数记载，阿那克西曼德被认为是应该要为地心说负责的人，因为他首先提出地球为宇宙中心的观点。在他提出此说之前，大地被认为是有无穷深度且有坚硬基础的土地。[3]

阿那克西曼德自观察天象中获得他的结论，他认为我们看到的天空是一个圆盖，是整个圆球的一半，但是他的看法直至公元前400年左右，古希腊探险家陆续开始远征之后，才为较多人所接受。从此以后，天文方面的知识进步很快，这可由以下事件得以证明。公元前3世纪，约在阿那克西曼德之后300年，与阿基米德同时期的古希腊天文学家埃拉托色尼竟然能够估算出地球的周长，推定其为3.9万千米（仅比现代测定的周长少1 000多千米而已）！他又计算出地球与太阳之间的距离，推定其为1.48亿千米（比现代测出的约1.5亿千米只误差约1%）！

这些天文学知识的进步，主要归功于自阿那克西曼德至埃拉托色尼之间数代研究者在几何学上的成就，其中有许多进展来自土地测量师和农民对实用数学工具的大量需求，他们用这些方法来测量土地。这些数学工具由经验法则一步步发展成实用的指导方针。这些发展帮助数学家和哲学家导出许多原理和定律，再进一步有新的发现。第一位使用这种方式做研究的学者是公元前6世纪的毕达哥拉斯，我们大家都还记得从数学教科书学到的关于直角三角形的定理，那就是由他创立的。

毕达哥拉斯出生于希腊萨摩斯岛，那时正是阿那克西曼德去世之后不久。事实上，毕达哥拉斯的贡献不止于导出一个几何关系，他是使整个纯数学基础系统化、公式化的最重要的人物。他领导的学派是很神秘的，他和他的门徒相信宇宙是由一些隐藏的数学关系设计出来的，不但如此，整个宇宙的构造以及“四元素”（后来才由亚里士多德推广）之间的关系，都被数学模型支配。他和他的门徒从弦的振动中发现了声音的数学关系，且提出了“圆球的音乐”观念。这是一种构思：或许音阶中各音符间的比率，可以应用到测量地球与行星间的距离上。[4]

很幸运的是，毕达哥拉斯的许多数学构思由另一位伟大的数学家继承下来，那就是两个世纪之后亚历山大城的欧几里得，他被后世公认为“近代几何学之父”。虽然欧几里得是原创思想家，他为几何学增加了许多新的见解，可是他最大的贡献还是在于搜集整理前人的作品，尤其是毕达哥拉斯学派的著述。他将这些著述条理化之后编写成丛书，约于公元前300年完成，而这些著作到今天仍然不朽，是所有几何学的基础。他的贡献为我们对数学的了解奠定了坚实的基础，因此我们将实际可见的三维空间称为“欧氏空间”。只是到19世纪，才开始有数学家推断是不是有“非欧几何空间”的可能，也就是说，是不是有可能发现不遵守欧几里得法则的另一种几何学。[5]

“轮中轮”与逆行难题

在古希腊文明逐渐衰落而阿拉伯的知识体系未及茁壮之际，数学及天文学的进展甚小。阿拉伯文化是在公元纪年的第一个千年的后半期才开始萌芽。这个时期，以亚历山大人托勒密最负盛名，他把地球中心理论具体化，使这一观念成为天文学的思想中心，并且一直维持到 16 世纪。

关于托勒密的一生，我们知道的不多，只知道他于公元 127 年到 141 年在亚历山大城进行天文观测，也许他一辈子都住在亚历山大城。他其实是一位地理学家，写过一本叫作《天文学大成》(拉丁文原意为“伟大的工作”) 的书，其中搜集了古希腊 - 古罗马思想家的精华，加上自己的观察和推论。他也制作过许多几何模型，用来推测行星的位置，将天体的运转想象成一个个圆形轨道的复杂组合。这一大堆轮圈被称为“本轮”[①]，以古希腊天文学家的地心说为基本架构。

以现代人的眼光看来，地球为宇宙中心的观念无疑是十分荒谬的，可是这个观念得以根深蒂固地支配西方知识界很长一段时间，自有其必然的理由。创造出这一理论的古希腊哲学家和天文学家绝对不是因轻忽或无知而得出此结论，毕竟，由同一批哲学家测定出来的太阳与地球间的距离，误差居然只有约 1%。所以，更大的原因应该是为了遵循古希腊以人类为宇宙中心的思想，而不得不造成事实的混淆。

---

① 在托勒密的宇宙模型里，行星循着本轮的小圆运行，而本轮的中心循着被称为均轮的大圆绕地球运行。这种模型可以定性地解释行星为什么会逆行。——译者注

图 4–1　托勒密的地心系统

（Ann Ronan at Image Select 提供）

对历史做如此注解是近百年来才开始流行的，有好几位历史学者推动了这种说法，包括著名的匈牙利作家凯斯特勒，他以其极具影响力的著作《梦游者》宣扬了他的看法[6]。古希腊学者和中古时期的欧洲学者一样，深陷于“上帝创造宇宙，人是宇宙中心”这一想法，因此地球必须是宇宙的中心。为了遵从这一教条，他们创造了叫人难以相信的繁复的机械体系，才能勉强解释他们所观测到的天空。若非屈于哲学的必要性，将太阳、月亮和 5 个当时已知的行星“安排”在完美的圆形轨道上绕着地球转动，稍后的古希腊学者及亚历山大城的天文学家们，应该已有足够的能力去证明，地球与水星、金星、火星、土星及木星都是各循自身的轨道环绕太阳运行的，而月亮则是环绕地球转动，他们甚至还可能推导出这些轨道是椭圆形的。可是，为了使观测到的天体运动满足当时的哲学观，托勒密必须创造出拥有 40 个大小不一的“轮中轮”的系统——一大堆疯狂的齿轮，犹如游乐场中的摩天轮。

他必须面对的最大难题是解释某些行星会出现逆行运动的现象。在一年中的某段时间里，我们从地球上观测一颗行星，若以其背后的恒星为参考基准时，前后两夜的位置移动会如同后退一般。如今，我们当然知道，行星是沿着椭圆形的轨道绕着太阳运转的，其速率随位置而变化，因此当地球“追过”较远轨道上运行较慢的行星时，那些行星看起来就似乎在向后退一样。

如果我们把太阳系想象成赛车场，各行星在轨道运行就如跑车在不同的跑道上奔驰，若各跑车的速率不同，坐在内跑道高速车子里的观察者，看外跑道上的慢速车就像它在往后退一样。

天文学及数学的进展

托勒密设计的体系既复杂又不正确，但它符合以人为中心的世界观，所以它成了当时唯一可以存在的宇宙模型，甚至不久之后被基督教的神学思想认可。但是，仍有人对此心存怀疑。13 世纪时的西班牙国王阿方索十世（人称智者阿方索）在了解了托勒密那已有千年历史的宇宙系统模型后，不无感慨地说：“如果全能的上帝在造物之初找我商量的话，我必定建议他采用比较简单的方法。”[7]

凯斯特勒相信，托勒密的宇宙中“有些东西极端无聊”[8]，他的意思是当我们对宇宙越发了解，就越会发觉宇宙运行所遵循的规律基本上是简单而优雅的，就好比科学家称赞万有引力或放射性半衰期的通用定律很“优美”时，即表达了这个意思。当然，对那些从未接触过科学的人而言，科学是繁杂得令人难以置信的，但是规范物质与能量的法则却十分简单；反过来说，若我们看到任何像托勒密的模型那样复杂的系统，则这个系统必定是错误的。托勒密与和他同时代的人都是为了要符合宗教信仰而把事实强塞入错误的理论中，他们一开始就被钉上苛刻、不可违背的中心思想，然后将宇宙剪裁成符合那些教条的模型。托勒密自己就曾经这么说：“我们相信天文学家必须达成的工作，是证明天空中的所有现象，都来自均匀、圆形的运动。”[9]

托勒密的系统和亚里士多德的教条一样，经历文艺复兴之后仍能留存下来，只不过它的影响力在渐渐消退，这是因为我们对自己世界的探索使自我意识渐增的缘故。当欧洲人航海探险发现澳大利亚及美洲大陆后，地球是个圆球的概念（古希腊人早已知道）逐渐普及，而那些航海活动也给予他们在南半球及前所未至的地方观测天空的机会。探险扩展了贸易，增加了财富，使知识获得指数级的增长。在这期间，数学与天文学都有极大的发展。托勒密、亚里士多德和柏拉图等人的传统古旧思想，被时人在治学求知、观测天体及实际应用等方面质疑与挑战。

早于欧洲陷入黑暗时代之际（约公元 500—1000 年），阿拉伯人对数学的发展就做了很大的推进。以伊斯法罕和巴格达两地为中心，阿拉伯数学家把来自亚历山大城、印度和中国各地的知识融会起来。他们因为深信占星术，所以也相信托勒密的宇宙体系。亚历山大城的图书馆遭受劫掠之后，托勒密的著作《天文学大成》却被保存下来，于13世纪前后传到了西方。这期间，阿拉伯数学家精研了希腊人的几何学，也在一定程度上发展了代数，等到欧洲终于自黑暗中重现时，阿拉伯的数字系统连带附有小数点的十进制系统，一齐传进了欧洲。附小数点的十进制系统依据小数点的位置决定数字的值：数字在小数点的左方或右方有不同的值，小数点从右方移至左方，每移一位，数值减为原先的1/10；小数点从左方移往右方，每移一位，数值则增为先前的10倍。

哥白尼的日心说

这些进展帮助欧洲重建了分析天文学。虽然那时对占星术的着迷依旧是个强有力的传统，而且一直到17世纪，欧洲各地仍然有许多炼金术士和魔术师到处云游，借占星术赚钱敛财，但是基督教教会并不承认这种行业。当时，学习是建立在科学与神学不分的领域上的。有志于研习数学和天文学的人，以僧侣和神学家居多，他们是不能被人发现涉足占星术的。天文学虽被肯定是一种纯粹的知识追求，但还是被赋予了敬神的要务。事实上，重新评估托勒密系统的领导人物就是一名教士，后世称他为哥白尼，他写的《天体运行论》于1543年出版。

哥白尼的一个简单观念几乎在一夜之间颠覆了拥有1 400年历史的托勒密思想，他指出了托勒密宇宙结构的传统想法是十分荒谬的。哥白尼的成就是革命性的，只有一点除外：他未能提出一个全新的系统。事实上，哥白尼的太阳系统比托勒密的更复杂，他使用 48 个圆圈或轮中轮（比托勒密的模型还多 8 个）的组合，来解释他所观测到的天象事实。哥白尼的著述挑战了当时教会普遍接受的思想，其中的一个关键争论是：他认为地球并非位于宇宙的中心。

虽然哥白尼认为地球并非宇宙中心，却也没有将太阳置于宇宙中心，而是仍然维持托勒密的大多数构想，以轮中轮模型来说明他所见到的天空。他认为太阳、地球和其他已知的行星，都是环绕宇宙中的一个点（接近太阳）各循其轨道运行的，他宣称那个点就是真正的宇宙中心。

因为害怕遭到宗教迫害，哥白尼将他的见解隐藏了 30 年，直到临终之前，他才允许人们将他的书公开。其实，他的立论本来很大胆，著作一开始就直接叙述太阳位于宇宙的中心，可是写了开头几页之后，他又改变了主意，加进一些不必要的形容而把他的理论越弄越复杂，最后把太阳放到中心的旁边去了。这种模糊的态度使全书变得几乎读不下去，而且处处充满矛盾。就是为了这个缘故，尽管这本《天体运行论》涵盖了科学史上影响最深的理论，但从商业的观点来看，这是写得最不成功的著作之一。

《天体运行论》共有 212 页，其要义则包含在前 20 页之内，代表他理论的中心思想的是他所说的一段话："太阳居于全体的中央……它坐在皇座上，统治环绕着它的行星群……我们可以从这种安排摆设中，见到令人赞美的世界和谐。"[10]

哥白尼理论的中心思想在他那个年代是革命性的，以近代的思维去比较他与托勒密两人的观点，他的看法无疑比地心说高明得多。哥白尼指出太阳静止地居于一个有限宇宙的中心，这个有限宇宙以恒星为界限，地球及所有行星循着圆形轨道绕着太阳转动，月球则环绕地球转动。对于以我们看来像是每天绕着地球转的苍天，他也指出这并非由于地球在宇宙的中心，而是因为地球在绕着自己的一根轴线自转。托勒密所描述的太阳绕着地球进行明显的周年运行，事实上是地球在轨道上绕着太阳运行的结果。最后，哥白尼理论还解释了古希腊人宇宙系统的瑕疵，那就是某些行星明显逆行的现象，他说只要所有行星绕行太阳的速率不同就可以解释了。他甚至还解释了季节的轻微不规则现象，他说这是因为地球绕着自转轴“摇摆”的缘故。

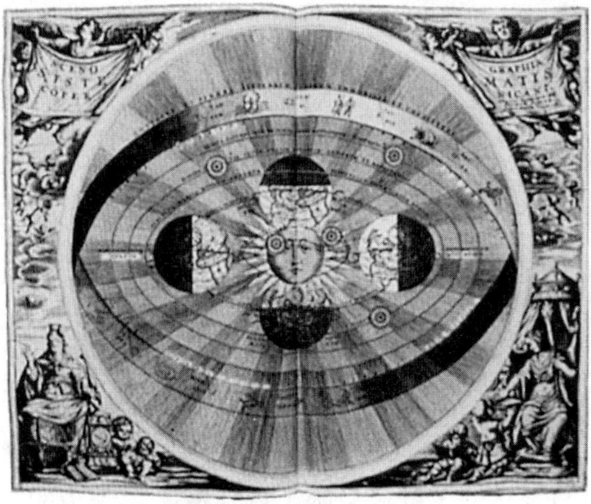

图 4–2　哥白尼的日心系统

（Ann Ronan at Image Select 提供）

哥白尼有可能在撰写他的理论时故意混淆不清，以防备他预料到的来自宗教正统派的攻击，但也同样具有可能性的是，他得出地球绕太阳运行的这个结论，令人不能反驳也无可否认，甚至连他自己都无法坦然接受他在书中一开始就指出的这样一个简单的系统。哥白尼是亚里士多德的信徒，他的心中深植着中古时期的哲学思想，他被教育要全盘接受古希腊教义，绝不可能是后世所描绘的那样一个革命性的角色。在他的笔记簿中，从头到尾多处可见他有得出更深刻结论的机会，可惜他始终不能突破，因为他受限于传统教育和宗教教义。

代数技巧的提高

虽然哥白尼心怀恐惧，但他的《天体运行论》并未对宗教界和思想界造成即刻的冲击，直到 1616 年，它才被列入“禁书目录”（天主教教会颁布的禁书名单）中，那已是在该书出版了 73 年之后。那时，哥白尼后继者的研究成果已改变了历史，这也使他在身后成为宗教界及知识界的风暴中心。这些后继者基于哥白尼的发现得到了概念，再加上细心的观测和进步的数学知识得出了结果。

这些数学知识是与观测天象得到的天文知识同时发展出来的。早在哥白尼之前的五六千年左右，古巴比伦人就已发展出一种简易代数，但他们对它的了解，只限于现代数学家手边的线性方程及二次方程的程度而已。这些数学认知描述了复杂程度不同的方程式：线性方程是指方程式中只有数字以及可被加、减、乘、除的符号；二次方程式则是含有平方的项（例如 x 或 y），即二次方的项。这两种方程都容易解，正好适用于我们今天的中学课程。比较困难但科学家觉得较有用的是三次方程的计算，这种方程式包含三次方（立方）的项。

历经长时间的努力，立方方程的解法一直是数学家挑战的课题，直到16世纪初，才终于有两位数学家分别宣称自己成功了。1545年，即哥白尼去世后两年，意大利数学家塔尔塔利亚与费罗发表了三次方程的解法，这种解法在卡尔达诺[①]写的《大术》一书中披露，为后面一连串的新代数技巧铺下坦途。

16世纪是国际贸易和商业公司兴起的时期，商人和经济学家纷纷需要更新、更有效的数学方法。1585年，佛兰德斯的数学家兼工程师斯台文创立了解三次以上方程式的规则；1614年，苏格兰数学家纳皮尔发明了对数的技巧，那是了不起的发明，它使代数与算术成为强有力的工具，且为将来更迅速的发展打开了大门。

这些数学方法既帮助了纯数学的研究，又施惠于天文学的发展。有一位既是数学家又是天文学家的人，最能巧妙应用这些方法，他就是开普勒。开普勒出生于德国符腾堡，他24岁时即已崭露头角。1596年，他写了一本书，叫作《宇宙的神秘》，他在书中赞同哥白尼的观念，据此创立了他自己的太阳系早期模型。

虽然写出《宇宙的神秘》这样的书对一位如此年轻的人而言是杰出的成就，但是关于行星如何运动、太阳系的力学结构如何维持等，都没有比哥白尼所设想的复杂模型更好。可是在该书出版之后，开普勒获得了很好的机会，那不仅仅让他做出一番事业，而且使他对天文学领域产生了与哥白尼一样深远的影响。

① 卡尔达诺，意大利物理学家、数学家、天文学家，最早尝试解出虚数的人之一，著有《大术》。——译者注

开普勒三定律

1600 年，年华渐逝的第谷被《宇宙的神秘》的内容深深感动，于是邀请开普勒到布拉格来担任他的助手。第谷是波希米亚国王鲁道夫二世任用的宫廷数学家。一年之后，第谷去世，留下当时才 29 岁的开普勒接管了天文台，他还继承了第谷长期广泛搜集的天文资料。

开普勒其实是毕达哥拉斯的信徒，他相信宇宙是一个和谐的整体，数字支配了上帝造物的每一部分。他也认为在任何可观测的事物背后，皆是有规律的简单模式。在细心的观测功夫和高明数学的协助下，开普勒揭示了许多伟大的发现。

开普勒拥有第谷费时 20 年的观测所得，他使用这些长期搜集保存下来的庞大数据，发现由观测得到的火星位置，与用哥白尼的模型计算出来的火星位置有微小的误差。开普勒之所以能信任那些观测数据，是因为第谷所用的观测仪器是一组新发明的六分仪和象限仪，其精确度达到1~4 弧分①。以哥白尼的模型计算出来的数值与实际观测到的数值比较，火星的位置相差了 8 弧分。

就是从这项误差开始，开普勒获得了一个结论：行星环绕太阳的轨道不是如哥白尼所说的圆形，实际上，它们都是椭圆形的。他继续以椭圆形轨道为基础来计算各行星的位置，于是，以太阳为中心的太阳系模型获得了结论性的支持。不久之后，开普勒导出了三条定律（即开普勒定律），他将三定律首先发表在他两本伟大的著

① 1 弧分是 1 度的 1/60。——译者注

作中，一本是《新天文学》，它于 1609 年出版，另一本是《世界的和谐》，它于 1619 年才出现。

第一定律简单地陈述了开普勒的发现：所有行星都以太阳为中心，在各自的椭圆轨道上运行。第二定律是，如果将太阳的中心与任一行星的中心以直线相连，在该行星运行时，单位时间内，此连线扫过轨道之内的面积相等。也可以说：行星的椭圆轨道所涵盖的面积与它绕行太阳一周所需的时间成正比；行星距离太阳越远，它的轨道内的面积当然就越大，绕行一周的时间也就越长。

开普勒第三定律发表的时间较晚，它与《世界的和谐》一书同时出现。这条定律阐明的是，行星和太阳间的距离与行星绕行太阳一周所需时间的数学关系。开普勒发现行星在轨道上运行一周的周期平方，与它和太阳间的距离的平均数值的立方成正比。

通往经验主义之路

正当开普勒发展这些定律之时，意大利自然哲学家伽利略也将天文望远镜改良成强有力的工具。天文望远镜真正说来是荷兰人利珀希在 1608 年发明的。伽利略于其后两年间再自行设计和制作，造出来的仪器比利珀希的原型优良得多，放大率可以达到 30 倍，足以辨明月球表面的陨石坑，还可以观测到木星的一组卫星。

这项发明如此具有革命性，以至于许多人反而不愿用它来观测天空（或许是惧怕会有新的发现而带来不测的后果），倒是当时的一些军政人物以玩乐的态度来试用这一创新的器具。

伽利略使用天文望远镜的观测立刻证实了开普勒的定律。环绕木星的卫星系统可比拟成太阳系的行星系统，那群卫星绕着木星的运行方式也可被测量，并与计算的结果比较，这显示了它们都有椭圆形的轨道。尤有甚者，从前亚里士多德坚信天空中的星球（地球范围外的任何东西）都是完美无缺的，然而望远镜镜头下的画面显示，月球的表面有清晰可见的坑洞。

逐渐地，由亚里士多德思想、托勒密和古希腊人的古老天文学建成的大厦崩塌了，它们被研究室里那些以精准数学为基础的精密观测得到的认识取代，数学与观测两者相结合终于成为一股不可阻挡的力量，使我们对宇宙的认识产生了极大变化。

通往经验主义的道路是崎岖和危险的。16 世纪和 17 世纪初期，全欧洲正处于神权统治的时期，有最恶劣的缉捕女巫活动，以及审判异端的宗教审判等恐怖事件。开普勒的母亲居住在德国莱昂贝格的一个小镇，那里的人同情天主教的活跃分子。然而就在 1615 年，她被诬指为女巫而被囚于监狱长达一年，受了多次酷刑之后才被释放。

开普勒与伽利略有信函往来，这位德国天文学家寻求意大利籍的伽利略对他的理论的公开支持，希望他能从私下同意转为公开赞成。但是伽利略做不到这一点，因为他住的地方是欧洲宗教氛围最狂热之处，教会的当权人士生怕新的科学观念削弱宗教的权威，因此伽利略只敢表现出比他们稍微先进一点儿，但绝对不能冒着巨大风险表现出支持。可是开普勒不一样，他有幸能在北欧工作与生活，在那儿的大部分情况下，他所体验到的是宽容得多的宗教。

天文望远镜被发明后不久，权力很大的贝拉明主教就开始贬斥伽利略的理论。1616 年，这位主教宣称哥白尼的模型体系“不但错误，还背离《圣经》”[11]，继而发生了历史上著名的伽利略被迫害事件。伽利略被控支持以太阳为中心的宇宙模式，这导致他余生都被软禁在家，除非他摈弃自己的学术信仰，否则就要被判为异教徒而受到刑罚。1633 年，伽利略终于在宗教审判所承认，他所知道的“基本真理”全是假的，那是在牛顿出生之前 9 年。

然而，进步的潮流一旦涌现，就没有任何力量可以阻挡它。17 世纪之初，一系列革命性的数学发展相继出现，这为牛顿的学术研究铺平了道路，为地心说转变成日心说的观念争取了最后胜利。人们从亚里士多德的凭空猜测转而走向经验主义、精确的观测与严谨的数学。在牛顿接下传给他的接力棒、抵达创立万有引力定律和微积分这一转折点之前，承担最后的准备工作的，是法国哲学家笛卡儿。

笛卡儿坐标

笛卡儿在数学上的最大突破，是他发现将数学领域中的项联结起来的方法不是只有方程式而已。17 世纪 30 年代，他建立了一种坐标，它能表示代数上的一对项（通常以 x 和 y 来代表）之间的关系，那就是今天普遍使用的直角坐标系——轴线包围了各种直线和曲线，它大大扩展了图解法的可能性。数学的这条分支叫解析几何，此名称首次出现在 1637 年笛卡儿的《方法论》中的一篇加在书末、标题为“几何学”的附录上。

笛卡儿的学术研究牵动了整个数学世界，《方法论》在短短数年间影响了全欧洲的数学家、天文学家和自然哲学家。例如英国的华莱士和巴罗，欧洲大陆的费马和惠更斯等人，他们都用笛卡儿的发明作为自己学术研究的跳板，将心力集中在使用直角坐标所画出来的曲线的性质上。

我们简单地用一个自高塔下坠的球来说明，将球下坠所经的距离与时间绘制成图（见图 4–3）。伽利略曾经证明球下坠的速率会随着下落时间的增加而增加，如果一秒之后球下坠了 16 英尺[①]，两秒后为 64 英尺，三秒后下降了 144 英尺，则速率必然在增加。如果再使用这些数值另绘一图，以 y 轴坐标为速率，x 轴坐标为时间，就可以再绘出一条直线。

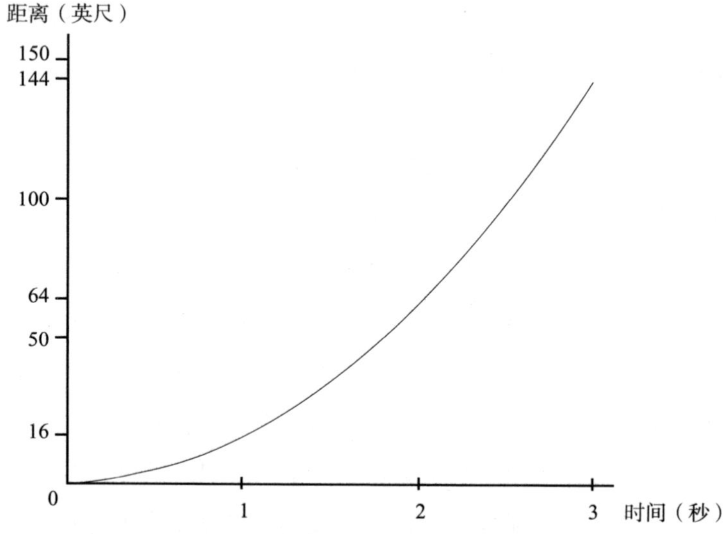

图 4–3 以距离和时间为两轴绘成的曲线

现在要推论直线的性质比较容易。譬如要得到直线之下的面

① 1 英尺约为 0.3 米。——编者注

积，用古巴比伦人已知的几何学就可以算出来了，而直线的梯度（即斜率）只需将直线在 y 轴上的数值变化，除以在 x 轴上相对应的数值变化，即可计算出来（图 4–4）。所以，若距离—时间的图是一条直线，直线的斜率就是球的速度了（即单位时间的距离变化）。但是一条曲线的性质又该如何推论呢？

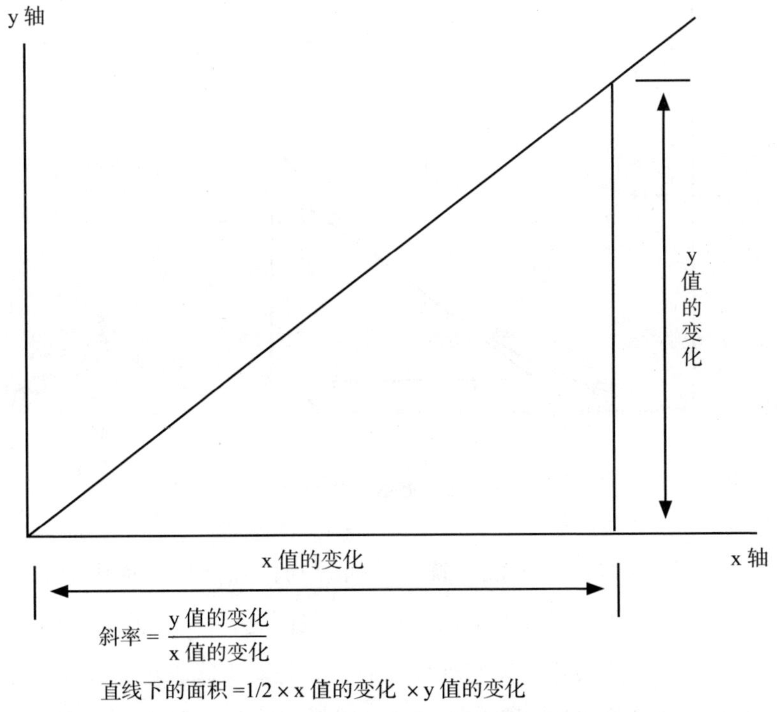

图 4–4　计算一条直线的斜率和直线下的面积

我们很快就可以察觉，要决定图 4–3 那条曲线的性质，把它想象成一条不断移动的直线是一个很好的方法：在曲线旁画一条与曲线只接触某一特定点的直线。这条直线在数学上被称为“切线”，我们可以把切线看成一般直线来处理，譬如说它的斜率就可被计算出来，那便是球在那个特定点上的速率（见图 4–5）。不过，这仍然只是个近似值，它真正的用处十分有限。

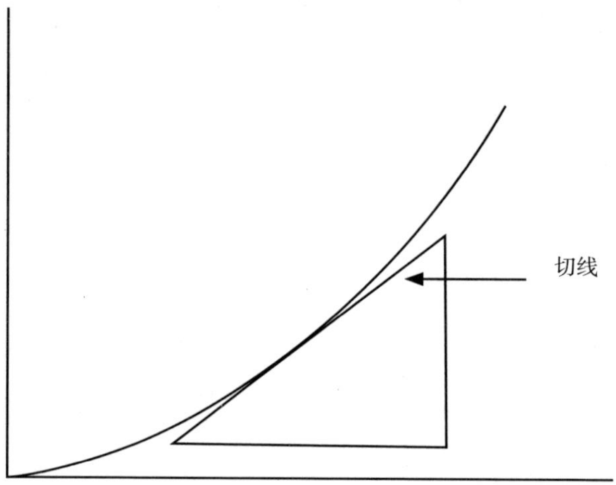

图 4–5 曲线上的切线

较早时代的哲学家很早就开始研究物体在圆周运动中的各种性质，尤其是伽利略，他早已注意到这些问题，而 17 世纪 60 年代的天文学家在熟读开普勒的著作之后，更是对于能表达新天体力学的数学模型极有兴趣。他们当然知道曲线数学可以带领他们更彻底地了解行星的运行，可是那些以画切线的方式得来的有限解答尚不够精确，赶不上日渐精密的仪器和方法所搜集到的数据，无法进行精确的分析。虽然欧洲有许多数学家和天文学家努力研究曲线的特性，例如费马和伟大的英国建筑师雷思等，但他们只在一些特殊的问题上获得了极有限的解答，而无法获得通解，以应用于所有不同的情况。

17 世纪 60 年代早期，牛顿在剑桥大学当学生的时候，他从阅读前人的学术著作中，逐渐认识到这个问题。到 17 世纪 60 年代中期，所有能让一位天才数学家用以创造新数学思维的要素都已齐备，终于，感谢一连串意想不到的极佳机遇，牛顿找到了灵感和时间来从事这项工作。

第五章

啼声初试

牛顿从一个大学新生到成为卢卡斯讲座教授，总共只用时 8 年。犹如他以无比惊人的速度攀登学术地位的阶梯，牛顿也以无比惊人的速度同时进行科学与数学的研究工作，终于使他的名字镌刻在不朽的历史丰碑上。

在人类的思想史中，最具决定性的发展通常发生在两条迥异的思想路线相会之处，一般而言大概都是如此。这些不同的思想可能植根于完全不同的文化、不同的年代、不同的环境、不同的宗教传统。所以，如果这些路线相遇了，或者说，如果这些思想彼此间至少有某种关联的话，就会发生真正的互相反应。于是，我们可以预期，随之而来的是崭新且有意义的发展。[1]

——海森堡

1669 年春，三一学院的研究员阿斯顿在准备前往欧洲大陆旅行的时候，特别写信给他的朋友艾萨克·牛顿，问他这次的旅行该注意什么事情，以及此行应该观察些什么东西。这是很不寻常的事，因为牛顿从来没有出过国，他只不过在那不久前首次去了一趟伦敦而已。这似乎足以看出牛顿在他的事业初期，很快就获得了同事们的高度尊重，他们甚至会去咨询不属于他专长范围内的事。牛顿在回复阿斯顿的信中说得更为有趣，他要求他的朋友帮他搜集炼金术的资料，以及打听一位当时住在波兰的颇为著名的炼金术士博里的近况。牛顿像一个四季旅行家似的提供了一系列该做与不该做的事项，以及如下建议。

如果你在异国他乡被当众羞辱了，你最好默默地承受或一笑置之，纵然感到不甚光彩也不要设法报仇。因为这样的话，回国之后遇到的是从未听过那起争执的人，你的名誉根本不会

> 受到伤害；而如果你选择的是报复，你会在有生之年一直背负那次争执留下的烙印，如果你能够熬得住的话。[2]

牛顿能够如此满怀自信，是因为在 17 世纪 60 年代，他已经显示出一种被传记学家形容为波洛尼厄斯（《哈姆雷特》中饶舌而自负的老廷臣）的姿态。[3] 从孩童时代开始，牛顿就已经自信到不屑与其他男孩为伍，那时他业已成人，是个 26 岁的剑桥大学三一学院的研究员，而 6 个月之后，他即将接任卢卡斯讲座教授职位。至此，他的成就已经很大，即使他终生不再有什么新的成就，这也足以让他在科学史上占有重要地位。

牛顿的天分之高，在当时只有剑桥的少数几个同事知道，对整个科学界而言，他还是默默无闻的。到 1669 年，牛顿已经是那个时代最领先的数学家，他创造了微积分学；他也是重力平方反比特性与颜色本质这两种基本理论的诠释者。从一位不起眼的大学生到站在科学巅峰山脚下的学者，牛顿只不过花了 4 年时间。不过，当这些盛况空前的科学思想在牛顿的脑中逐渐成形之际，外面的世界正遭遇重大的灾难，它甚至威胁了牛顿治学研究的象牙塔。

瘟疫肆虐

1665 年流行于英国的瘟疫已经不是第一次发生了，但这次是随着内战的结束而来的，它夺走了 10 万人的生命（其中约 7 万人是伦敦的居民，而当年伦敦的总人口才不过 50 万），许多人都以为《圣经·启示录》的预言不幸降临了。因为这场瘟疫一直延续到1666年，这个数字又正巧与《启示录》上所记载的“野兽的符号”①相似，所以对民众的心理更造成十分强烈的冲击。笛福后来这样描述当时的传说：“有人听见警告的声音，那个声音叫他们赶快逃走，因为伦敦的瘟疫十分惨烈，存活的人已无力将死者掩埋了。”[4]

在那之前大约300年，据估计，欧洲大陆流行的黑死病造成了2 500万人死亡，大概是当时欧洲全部人口的1/3。到17世纪时，因为大多数民众仍然是文盲，除了少数受过教育的人，一般百姓不懂得瘟疫是传染病，会一再发生。他们对这个可怕疾病的认识，唯有来自祖父祖母或曾祖父曾祖母的口述，得悉1625年那次重大瘟疫的恐怖情景。

这一次的瘟疫是自伦敦开始的，它于1665年炎夏迅速蔓延，扩散到附近的乡间，情况最严重的区域始终是伦敦市东部的斯特普尼、秀尔迪契、怀特查普等区，以及圣保罗大教堂周围人口密集的街区附近。最高峰期间，每周有1万人死亡，而且在1665年9月创下一天7 000人丧命的纪录。这场瘟疫事实上是鼠疫，由跳蚤吸食黑鼠血液而使细菌传播，受到病毒感染的黑鼠迅速繁殖，疾病就如野火般一发不可收拾。带有病原菌的跳蚤只要咬一口，不幸被咬到的人就很少有活下去的机会。那时没有抗生素可以治疗，唯一的方法是以消毒防止蔓延。

等到大瘟疫的第一个夏季季末，数以万计的百姓丧命之后，最终可阻止疾病蔓延的检疫法才得以推行。各城市变成一个个堡垒，

---

① 《圣经·启示录》中有几道谜语，暗示了666是属于巨兽的符号。——译者注

不欢迎外地来的访客。从许多报告书可以清楚地看出，英国政府浪费了不少时间，才觉察到他们面临的是一次大灾难，可是到他们真正领悟之时，伦敦已经被瘟疫全面侵袭，英国其他地区也不能幸免。当时英国社会最高明的观察家佩皮斯①在1665年4月30日的日记中，首先提到这次瘟疫，他记下这样的文字："此地城中居民对那疾病已经感到十分恐惧，据说有两三间房屋已被封闭。"但是一直到6月15日，他才又说："此城的疾病已十分严重，人们皆惊恐不安，死于瘟疫者自上周的43人增至本周的112人。"[5]

剑桥市的情况相对比较轻微，它幸运地躲过了一劫，大学更是意外地未受到损害，校内第一次有关瘟疫的记载出现在1665年12月的《剑桥年刊》上，那份记载指出那期间有种传染病夺走了一个姓詹宁斯的政府职员的生命。时间越进入夏日，情况就越加严重，于是当年（1666年亦然）的斯陶尔布里奇市集停止举行。这是因为害怕替剑桥招来太多游客而失去控制，特别是当时的剑桥居民不愿见到来自首都的人。据《剑桥年刊》的记录，1665年，隶属于剑桥的教区里，只有413人死亡，其中还有很多是由于其他自然死因。该记录紧接着报告说，在同年11月的两个星期之内，因瘟疫而死的共15人。[6]在大学里，因为大部分的师生及职员都在夏天一开始就离校了，少数留下来的人也始终与市内老百姓保持最少的接触，好像中古时期的修士一样，把自己锁在避难所中，故而全年没有一例疫病发生。

---

① 佩皮斯是英国著名的日记作者与海军官员，他的《佩皮斯日记》于1825年出版，该书将英国复辟时期的上流社会与官员生活做了生动的描述。——译者注

牛顿的确切离校日期不详，不过记录显示他到5月23日前必定还留在剑桥，因为他那天付给了普林教授58英镑的导师费。[7] 7月的大部分时间和8月初（学校于8月8日关闭），他都不在学校里，因为那些在夏天冒瘟疫之险留校的师生，可向大学申领6个半星期的伙食补助，而牛顿并未申请。依照大多数人的说法，牛顿约于6月底至7月初离开三一学院，从那以后，除了1666年年初的一小段时间，他有将近两年都没有回去过。

灵感何时涌现

牛顿回到伍尔斯索普后住在母亲的庄园中，照传统的说法，他在那时即获得了关于重力的伟大发现，还有使他不久后成名的数学上的突破。就在伍尔斯索普庄园旁的果园中，那个著名的苹果正如我们所期盼的那样在恰到好处的时间脱落枝头，触发了重力学说的发现。之后，我们以为只需要把这个伟大的事实发现公式化，《原理》这本伟大的著作就完成了！然而，在现实世界中，无论知识有多么深邃，对科学的发展有多大影响，其发展过程远比传说中的平淡无奇。事情的真相是，牛顿并不会侥幸地因为单一事件或者回到童年的环境，而产生某种推动力，进而得到启发，反而是专心的研究和绝对的奉献，逐步揭露事实真相，才是比较可能发生的情况。正如有人问牛顿是怎么会想到这些前所未知的东西时，他回答说："我经常将一些问题放在眼前，等待第一道曙光缓缓出现，再一步步地看到圆满、明亮的光辉。"[8]

苹果的故事几乎可以确定是捏造的，要不然它就是对事实的过度渲染。真正说来，它和早期记述牛顿的许多事迹是相通的，人们都指称牛顿一生中有两年最为重要，即所谓的神奇的 1665 年和 1666 年，这两年让他把所有的问题都想通了。但这绝对是把真相极度简化的结果。虽然牛顿在伍尔斯索普那段不算短的日子里有了许多灵感和直觉，且那些思想日后大都变成了伟大的定律，成为现代科技的基础，但乡居期间培养的思想并未成熟也未定型，即使 1665 年和 1666 年的确是牛顿快速发展充实自己的时期，这也应该只能算是他迈向成功的起步。如果我们要在牛顿的年表上标示他一生的成就，那么他的神奇岁月应该超过 20 年，从他回到伍尔斯索普开始，一直到 1687 年他发表《原理》一书为止。在 17 世纪七八十年代，他除了将直觉的概念逐渐转化成实实在在的科学，也腾出了不少时间一心一意地钻研炼金术。

灵感究竟是在什么地方、什么时候出现的，这仍然是个谜。尽管各种各样的传闻和记载都指出，牛顿在 1665 年和 1666 年间是如何奋发用功的，但我们可能永远无法得知，历史上最重要的一组发现，即牛顿的数学和科学，是如何被启发的。

坠落的苹果

那个苹果的故事出自好几个源头。先是斯蒂克利，这位传记作者在牛顿去世的前一年，也就是 1726 年春，到这位伟大科学家最后定居的肯辛顿访问。他们两人在花园中散步的时候，牛顿向斯蒂克利指出，正是在这样的地方，他第一次觉悟到重力的道理。斯蒂克利觉得十分有意思，在回忆这件事情时就加以强调，他说："在几株苹果树的树荫之下，只有他和我两人，我们谈论了许多事情，他告诉我，当年正是在与此相同的情景下，重力的观念进入了他的脑海。那一刻刚好落下了一个苹果，于是他开始陷入冥思。"[9]

有一个故事是极端崇拜牛顿的伏尔泰写的，他的著作《牛顿哲学原理》使这位英国科学家扬名法国。在该书的英文版中，伏尔泰写道：

> 牛顿的外甥女康杜伊特太太说，牛顿回到乡下之后，看到园子里的果子落满地。就在1666年的某一天，他陷入深思之时，忽然想到物体掉落所画出的是一条直线，如果这条线一直延长下去，它几乎会通过地球中心。[10]

如这段话所言，伏尔泰是从牛顿的同母异父妹妹的女儿凯瑟琳·巴顿，即康杜伊特太太那儿听来的二手故事，伏尔泰自己并没有见过牛顿。

还有一桩当年的传说，那是由彭伯顿传下来的。彭伯顿是《原理》第三版的主编，该版本发行于1726年。他对那个情景的叙述也很相近："导致他写出《原理》的最早思想启发，是在1666年逃避大瘟疫、从剑桥回家之后产生的。他时常单独坐在园子里，并陷入对重力的沉思。"[11]

图 5–1 牛顿凝视苹果落下的传统形象。300 年来，这凝固的瞬间一直被看成引发牛顿导出万有引力灵感的一刻，可是我们几乎可以确定的是，这个故事乃牛顿为了隐瞒真相而编造出来的

（Mary Evans Picture Library 提供）

这些不同版本的故事有一个相同的特点，就是它们都声称直接来自牛顿本人的说法，因此我们若仅根据牛顿自己的说法，不加推敲，就只得信以为真。也许在 1666 年夏的某一个下午，牛顿真的坐在苹果树下，看到一个苹果落下来，或许就是这个景象结合了其他因素，激发了他的思想理论。

但是苹果的故事也像是后人为他捏造的，或者是后人出于特殊目的添油加醋而得。我们几乎可以确定，这样做是为了隐藏一个事实，就是引起牛顿重力理论的灵感，大部分来自他接下来从事的炼金术。

实际上，牛顿在炼金术上的研究，在传统的科学界和一般社会人士看来都是不入流的，不过，有一个更实际的问题不容忽视：炼金术专注于把普通的金属炼成黄金，这项工作在那个时代里一向被统治者视为重罪。因此，甚至到晚年，牛顿仍然要设法隐瞒他的双重性格，一方面为了保护他自己的生命财产，另一方面为了不使他辛苦得来的历史上最伟大科学家的名声被玷污。

如果苹果的故事不可靠，那么牛顿又是如何想到重力的平方反比律的呢？这是说明所有有质量的物体都会相互吸引的定律，即万有引力定律非常重要的基础。

第一步是要靠他研究数学所建立的一套通用的数学原理，这套原理用以研究行星的运动。自从 1664 年春，牛顿开始探索基础数学之后，他已经能够将全部已知的数学知识融会起来，并延伸至未知的领域。60 年之后，牛顿这样向人提起他自己："在那些日子里，我正处于个人发明岁月的精华时期。"[12] 他已经熟稔曲线数学的最新方法，知道能够用切线来逼近曲线的原理，并进行了相当程度的计算。他也和当时的其他数学家一样追求精确，尤其是对曲线下面积（曲线与 z 坐标轴之间所涵盖的部分）及曲线曲率（或为斜率）的精确算法有兴趣。

从微积分开始

一般学者都认为，牛顿对于这些问题的思考，受到的最大影响当来自笛卡儿，那是因为他在 1664 年夏自学了笛卡儿的《几何学》。但是另有人指出巴罗教授在曲线和斜率数学上，曾做出相当大的贡献，所以牛顿可能从这两位先贤身上都学到了一些东西。

从 1665 年到 1666 年上半年，牛顿研究这些问题颇有进展，他设计出了计算曲线斜率的一种精确方法，这种方法后来被称为微分。欲了解这种数学方法，我们就需要重新提起之前所提过的，图是一种代表一组数值的方法，而这组数值刚好能描绘某种实况。我们在上一章看到了一个球体自高塔落下的例子，以及展示了落下过程的实际状况的图解法。同样地，代数方程式也可以叙述同一落体的状态，所以图示和代数方程可以表达同一状态，也就是说，图示与代数方程是对应的，因此用适当的方法运算曲线方程，就可以为数学家导出那个方程式所反映的曲线性质。

牛顿最伟大的数学突破在于他领悟到某个方程的一种特定运算方法，即能够导出用该方程式来表示的曲线上的准确斜率，这种运算法就是微分的本质。另外有一种也是应用在方程上的运算方法（即后来所称的积分），它可以算出该方程式所代表的曲线下方的面积。微分与积分两种方法合并起来就叫作微积分，它是数学家和科学家依赖的强力、有效的工具。

虽然这些研究有些时候被归入牛顿的“伍尔斯索普时期”，但事实上，当牛顿还留在剑桥的时候，他就已着手进行这些研究了。照他自己的说法，早在 1665 年 2 月，他就开始发展初步的微分算法了。[13] 他的第一篇数学论文是关于一种求和法的：将曲线分割成无穷小的弧线线段，再把无穷段小弧线相加起来的算法（这是充分了解微积分技巧的必要门槛）。这种算法于 1665 年 5 月完成。

一旦有了通用的微积分计算方法，牛顿的下一步就是将微积分应用到行星运行的实际问题上：行星环绕太阳的轨道、月球环绕地球的轨道，以及如何用数学定律来表示那些运动。

当时，常在自然哲学家心里盘桓的是绳子一端绑着石头的实验。将绳子的一端绑住一块石头，另一端由实验者握在手中，在头顶上空转动，于是就能想象一块石头在空中做圆周运动的画面。从这个模式看来，石头被来自圆心的一股力拉住，同时又被另外一股力向外拉，荷兰科学家惠更斯将前一股力称为“向心力”，将后一股力称为“离心力”。因为这两股力互相抵消，所以石头保持在空中做圆周运动；如果绳子突然被剪断，石头就会沿该点的切线方向直飞出去。

以上述的实验为基础，牛顿创造了另一个奇异的“臆想实验”，以找出一种方法来计算物体在圆周运动中所受到的向外拉力（即离心力）。一开始，他想象有一个圆球沿着一个正方形的四条边运动，这个正方形内接于一个圆，即它的四个顶点都在此圆的圆周上（见图 5–2）。

牛顿能够算出来，当球沿着正方形的一边走，碰到圆周上的一个点时（譬如图 5–2 的 A 点），需要多大的力才能继续前进——将这个力的值乘以 4（正方形的边数），即可得到使球沿着正方形路线运动所需要的力。但是，正方形和圆形差得太多了，因此牛顿就将内接于圆的四边形边数逐渐增加成多边形，边数越多，其形状就越接近圆形，那么球在边数很多的多边形上运动所受的力，就很接近进行圆周运动时所受的力了。

牛顿使用他不久之前发展出来的数学工具，终于获得了一个值，那就是完成一圈真正的圆周运动的物体所受到的作用力大小。

计算物体在圆周运动时所受到的向外拉的力，决定了圆周大小（即圆形轨道大小）与作用力的关系。牛顿将这个观念应用到行星环绕太阳的运动上，他得到的结论是："（行星）脱离太阳所需的力，与它们到太阳的距离的平方成反比。"[14]

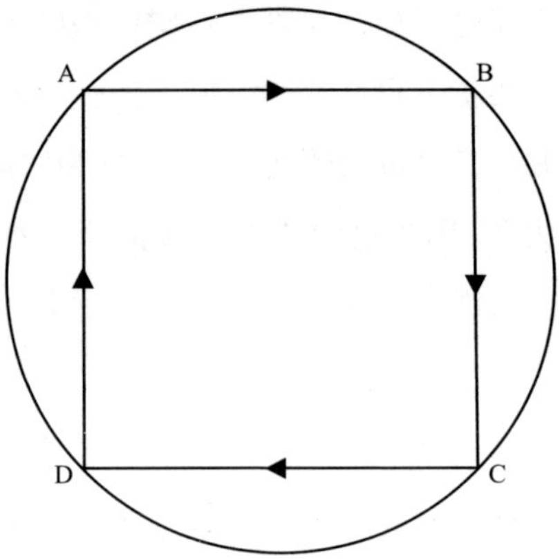

图 5–2　内接于圆的正方形

这里的意思是，行星脱离太阳（或者月球脱离地球）所受到的力，与两者的距离成一种平方反比的关系。换句话说，假如行星 A 以某一半径环绕太阳运行，另外一个行星 B（质量相同）环绕太阳的半径是前者的两倍的话，那么 B 脱离太阳的力是 A 所受到的力的 1/4。如果又有一个相同质量的行星 C，它运行的轨道距离太阳为行星 A 的三倍，那么行星 C 脱离轨道所受的力为行星 A 的 1/9。

重力观念的延伸

牛顿一生的工作习惯是手边能拿到什么，都可用来写东西。在他母亲不久前才用过的一张旧契约纸的背面，牛顿开始了他的思考历程[15]，这张羊皮纸一直留存到今天，上面写满了摘要和计算。虽然那上面所记载的东西最后导引出了万有引力定律，却也泄露出当时（1666年）的牛顿对于只发现行星脱离太阳的力跟其距离的平方成反比这个现象就已心满意足。一直到后来，牛顿才知道应该将脱离轨道的力和太阳把行星拉住的引力画上等号，他这才终于领悟到这样的拉力也是受平方反比律支配的。

"相对于行星脱离轨道的力，有一个大小相等的反作用力存在。"这种很普通的想法，应该会很快就进入牛顿的头脑中吧，或者至少那根绳子一端绑石头的熟悉例子，也会让他想到反作用力吧。果然，牛顿后来在与人谈起他觉察到重力（将行星拉往太阳的力）也遵守平方反比律时，确知了如何计算行星脱离的力。

牛顿在去世之前不久，曾写了一封信给胡格诺教派（16—17世纪的法国新教徒）的学者梅佐，谈起这个想法的起源。

> 我开始思索把重力的概念延伸，将其应用到月球轨道上，现已找到估算这个力的方法。假想一个圆球在另一个圆球壳内转动，那么圆球给圆球壳的压强会有多大？从开普勒的定律算出，行星的绕转周期与行星到轨道中心的距离间的比例关系为3∶2。我据此推算出，维持行星在轨道上运转所需要的力必定是它们与轨道中心间的距离的平方成反比。[16]

这里隐含向内拉力的概念，这在牛顿解释行星脱离轨道所需的力有多大时就已经产生了，但这个理论被他正式提出的时候，还是引起了一些争论。在那张契约纸和另外一些用拉丁文写的文件中，有一系列相关计算，而那些拉丁文的文件可以确定是在 1667 年之后才写的（因为牛顿于 1667 年返回剑桥，在那之前，他从不用拉丁文写东西，所以我们可以这样推论）。将这些文件摆在一起分析，可看出平方反比律里的两种作用力，其理论的形成是逐步发展而成的。有一点可确定的是，就在 1667 年的某个时点，牛顿将行星脱离力的计算方法应用到了月球绕地球的轨道上。

事实上，那是十分简单的计算，不过牛顿要先知道月亮环绕地球的周期，才能用他最新建立的公式来计算月球离开轨道的力的大小。其实，当时的天文学家已经精确地测到月亮的周期了，是 27 天 8 小时。牛顿也需要知道月亮和地球之间的距离——当时最权威的估计认为月亮到地球的距离是地球半径的 60 倍。然而很不幸地，到那时为止所得的地球半径是伽利略测量的 3 500 英里（约合 5 633 千米，比实际短了 700 多千米），这个数字不太精确，结果它使牛顿计算出来的月球脱离地球轨道的力也跟着不太精确，因此无法精确地显示出平方反比的关系。

取得绅士资格

因为对于这方面所做的研究感到失望和疲倦，牛顿有几年的时间放弃了这个想法，他怀疑自己把事情太过简化了，或许另外有什么被忽略了的力（也许和笛卡儿的旋涡理论有关），可以用来解释行星动力学。一直到 1685 年，他在准备《原理》的出版时，一个比较准确的地球半径值（法国人皮卡尔[①]于早先时测出）终于出现了，此计算可证明平方反比关系完全正确。

仅从这一系列的计算过程就可以清楚地看出，牛顿不是由于灵感的闪现而领悟出万有引力的全部理论的。在伍尔斯索普的那两年，牛顿在观念与数学两方面奠定了基础，其后20年间，根据炼金术的知识和实验的证明，他才逐渐建立了更详细的理论（将于本书第七章和第九章详述）。种种因素都是必要的：如果牛顿没能在17世纪60年代积累数学认知，他对于行星运动的直觉上的领会，到最后也不过是个好的臆测罢了；若牛顿没有深厚的炼金术知识（他在17世纪七八十年代经常做这方面的研究），他几乎绝无可能将1665年和1666年得到的有限的行星运动概念加以延伸，发展出伟大的万有引力、超距作用[②]等观念；若没有搜集的那些实验证据，牛顿的理论（即使能用数学证明）就不会如它们在《原理》中那样具有影响力，更不可能那么快地激发其对于力学和运动定律的应用，以至于一个世纪之后，引发了工业革命。

1666年3月，牛顿回到剑桥大学，可是由于瘟疫依然猖獗，他只做了短暂停留，到6月又回到了伍尔斯索普居住。同年夏天，他认为应该为自己取得绅士的社会地位，于是专程前往格兰瑟姆的身份登记处依法改变身份，从此他的正式名衔成了“艾萨克·牛顿，

---

① 皮卡尔，巴黎天文台创立者之一，1668年领导由巴黎到枫丹白露这段长达11千米路段的测量工程，之后又把测量的范围扩展到法国海岸线。——译者注

② 超距作用，两质点不必接触便可产生的交互作用，例如静电力、磁力、重力。根据量子物理，超距作用一律靠媒介粒子传递，例如静电力与磁力的媒介粒子都是光子。——译者注

原籍伍尔斯索普，绅士，23 岁”。[17]

虽然牛顿那时年纪还轻，但是他已取得相当骄人的地位。他的父亲从未能取得绅士的资格，可是小艾萨克不但可以从母亲家艾斯库那儿得到下级绅士的待遇，他还是汉娜的一笔可观财产的继承人，尤其重要的，他已经是个学者，是剑桥大学三一学院的毕业生。

1666 年 6 月到翌年 3 月，他再度留在伍尔斯索普家中。这期间他做了些什么，很少有人记录，可能是花一部分时间在家里读书，另花一部分时间去拜访住在附近的巴宾顿，或者到格兰瑟姆看望克拉克。汉娜可能仍然抱着他会长期留下来的希望，这也是合理的猜测。可是，尽管住在伍尔斯索普的家中还是能够有效率地做研究，牛顿却从来不觉得自己适合乡下生活，也绝不想远离大学，一有可能，他将立即回到剑桥去。1666 年夏，发生了一件在历史上留下烙印的大事，这使得牛顿得以重回剑桥：远在 160 千米外的伦敦市，一场意外的大火将首都的瘟疫之源彻底清除，连带使各地的传染病也跟着渐渐消失。

1667 年年初，大学之门重新打开，牛顿立刻回到剑桥，为取得文学硕士学位及十分重要的研究员资格做准备，以便留在三一学院为发展前途而奋斗。

迷恋深红色

如果研究员资格的授予是以学术成就为主要依据的，那么无论从哪一个角度去衡量，牛顿都有足够的资格占据一席之地。可是，事实并非如此，纵然学校当局都已知道他的科学成就，但帮助仍旧不大，因为学校首先要看有多少可以填补的空缺，再来看申请人的资历辈分，以及他认识多少有影响力的人物。

对牛顿而言，争取研究员资格是极为重要的事，没有这个资格，他就无法继续留在剑桥，也许从此就得默默无闻地当一个农民，或者接受到偏远地区当一个教区牧师的安排。他在大学里没有骄人的考试成绩，他又不是锋芒毕露的学生，更不是富家名门的子弟。他的导师普林教授只是在早期帮过他的忙，把他推荐给巴罗教授。而尽管那位担任卢卡斯讲座教授的巴罗是牛顿后来成功的主要促进者，但在 1667 年，他对牛顿的帮助可能很有限。很幸运的是，巴宾顿教授和牛顿的关系再度拉了牛顿一把。巴宾顿于 1667 年晋升为资深研究员，是 8 位有资格直接向校长报告的教授之一，同时他也负责研究员的甄选工作。但是，若不是一连串的好运临头，即使有巴宾顿的鼎力相助，牛顿可能还是分不到那一杯羹。因为受到瘟疫的影响，1665 年及 1666 年的研究员遴选都停止办理了，因此这次研究员的名额有所增加，即使如此，当牛顿在 1667 年年初回到剑桥三一学院时，仍有 60 多名学者竞争只有 9 个名额的研究员资格。

然而，凑巧由于几起退休和一桩死亡事故，那年的研究员空缺增加了好几个：一位资深研究员不久前由于不明原因被解除了职务；两位研究员因为酒醉得不省人事，在回他们的房间时滚下楼梯，严重受伤而被迫退休；第四个空缺是诗人亚伯拉罕·考利，他在一场豪饮之后露天睡了一夜，受了严重风寒而丧生。这些对牛顿而言都是十分幸运的事，增加的这几个名额足以让他取得研究员资格。

牛顿成为研究员候选人之后，学校还需进行一连串严苛的测验以鉴定候选人的学识能力。测验在每年的 9 月举行。因此，虽然牛顿依旧对课程以外的题目感兴趣，他还是在 3 月 25 日回到了三一学院，立刻尽全力准备那些极其重要的测验。

前三天的测验是在学院里的教堂内进行口试，第四天要写一篇报告。牛顿总算过关了！10 月 1 日，校方以钟鸣召集全体候选人到众资深研究员面前接受命运宣达。"早晨 8 点，小钟敲响的时候，资深研究员被召集。次日午后 1 时，当选者宣誓。"[18]

随着研究员身份而来的既有权利也有义务，最重要的是牛顿从此获得了终身的工作权，他可以从容地继续从事他感兴趣的学术方向。学院每月发给他 2 英镑的津贴和少许购买服饰及学者袍的费用，他还有权免费使用一间工作室。到第二年春天取得硕士学位之后，牛顿成了正研究员，津贴增加到 2 英镑 13 先令 4 便士，而服饰费也同时增加到 1 英镑 3 先令 4 便士。[19]

很显然，牛顿因这些转变感到十分高兴。在研究工作上，他已经将科学和数学的障碍排除，又获得了一些重大发现；在身份上，他成功地成了一位学者兼绅士，不但提高了社会地位，还高升至学术精英的地位。此刻，牛顿知道过去抓住他的那双手，如今已经抓不住他了，于是他第一次把束起的头发垂放下来，那也是他生平唯一一次这么做。

翌年，牛顿得到了硕士学位并升为正研究员（1668 年 3 月），开始过上一个成功年轻人的生活。但是，他竟和个性与他大相径庭的威金斯一起上小酒馆喝酒、玩滚木球，抛弃了清教徒的单纯形象，他的笔记簿甚至出现了一笔从牌戏中输掉 15 先令的记录。[20]

牛顿甚至出钱找职业漆匠把他和威金斯同住的公寓重新油漆一新，买了新的壁画、新的家具，还换了新地毯，外加购置了一衣橱的新衣。[21]

因为大部分的费用都是由牛顿支付的，所以装修的细节和颜色主调也由他来决定。从装潢上可以看出他的新癖好——迷恋深红色。新的椅子、椅垫、床罩和枕头等，几乎全都以深红色为主。在他周围统统是深红色的东西，到他老年仍然不变。凯瑟琳·康杜伊特在她舅舅去世之后，列了一张遗物清单，其中的记载包括“深红色的羊毛毯子、深红色的床架幔帐”、餐厅里的“深红色双人沙发”等，还有寝室里的深红色帷幔和窗帘、一张深红色的安乐椅，以及房子后面储物室内的 6 个深红色坐垫等。[22]

牛顿为何如此迷恋深红色，原因恐怕永远不为人知，但是他很早就爱上这种颜色了。1659 年，当他仍然是个十几岁的少年时，他就在“摩根笔记簿”中抄录了 30 多则颜料制作配方，其中绝大部分是深浅不一的红色，例如：“在羊膀胱中注满干净的羊血，用针于其底部穿刺若干小孔，再挂在太阳下面晒干，需要用的时候可用明矾水来溶解。”[23] 牛顿的光学实验也源于他喜欢观察颜色，但我们还是无法找出他迷恋深红色的真正原因。或许我们可猜测牛顿的这种偏爱归因于他潜在的心里欲望：他被血的颜色深深吸引。不过这种附会无助于对牛顿的认识，我们与其随意说这是他内心深处的冲动，或是某种精神上的因素，不如就将他终身偏爱深红色当作个人的癖好，而这也是极有趣的事情，因为它显示出牛顿的另一面——一种喜欢用颜色修饰的物欲弱点。

更不可思议的是，牛顿在他原本的严谨生活中稍稍放肆之后，能够很快收敛，并且从此以后再也不让自己松懈。他那相当短暂、略显不羁的时期，就如同经过了一阵宣泄或自我清除，之后，他重新严谨地控制自己，其转变之突然，就与他突然出现在剑桥的小酒馆一样。1668 年年初，他再度自我隐没于学术中，其时，他正着手铸造他早期学术生涯最重要的作品之一。

首任卢卡斯讲座教授

从多方面来看，巴罗的性格与经验恰恰和牛顿相反。巴罗于 1630 年诞生于一个富裕的商人家中，1647 年，他以全自费生的资格进入三一学院，在很年轻时就被认为是个极有前途的学者。巴罗遭遇的问题不是他缺乏能力，或是处在不甚出色的学术环境中，而是他的政治和宗教观点：他天生是个清教徒，并忠于王室。

那是在王室复辟之前十几年的事情，当时的大学完全受国会议员控制，巴罗那时就被归属为非主流分子，而他又勇于发表政治观点，遂不受学校当局欢迎。他全靠学术天分，这让他好几次免于被起诉。他对培根、伽桑狄、笛卡儿等人的著作很感兴趣，虽然他在学术上的进展比不上牛顿后来所达到的境界，但巴罗毕竟还是个聪明能干的数学家兼哲学家。

巴罗的性格也和牛顿迥异，他很喜欢教书，作为一位年轻的教师，他授课的方式机智而风趣——至少以当时的标准而言如此。牛顿却完全相反，据他的助手汉弗莱·牛顿（他与我们的大科学家牛顿无亲戚关系）说，他只见他的老板笑过一次，他说：“有一回，他借一本欧几里得的著作给朋友看，他问那位朋友看了多少，喜不喜欢作者。朋友反过来用自己的问题去回答：‘学这样的东西对我的一生有什么好处和用处？’牛顿听后，开心地笑了起来。”[24]

巴罗抽烟抽得厉害，他非常不修边幅，这点又和牛顿很不一样。他还喜欢听自己的声音，他后来在 1669 年担任查理二世的王室教堂牧师的时候，据说他的布道有一回竟然长达 3 个半小时。

另外，巴罗喜欢到各地旅行。早在 1655 年他获得三一学院的研究员资格之后不久，他就发觉他那些不受欢迎的政治宗教观点可能会影响他的学术研究，于是他向三一学院申请三年的旅行补助，每年 16 英镑，之后立即出发去欧洲旅行了 4 年。大概就在那次旅行途中，巴罗第一次接触了炼金术，以后这就成为他一生断断续续追求的兴趣目标。日后他与牛顿成为同事，就把这些知识和他认识的这方面的朋友都介绍给了牛顿。

在英国，由于 1660 年查理二世加冕，巴罗发觉三一学院的政治气氛变得有利于他了。一些关于他在国外历险的故事，在他回来之前已经传遍了校园，包括他击败一个与他争执的土耳其人，以及他在巴黎以雄辩压倒了一群耶稣会教士，这些新闻使他在大学里被捧为英雄。很快，巴罗就被选为三一学院的希腊文钦定讲座教授，他于 1662 年改任为伦敦的几何学格雷沙姆讲座教授，并且在皇家学会创会会员名单中列名（虽然他不曾担任什么活跃的角色，也极少出席会议）。

1664 年，巴罗再度获得一个新设的讲座教席。圣约翰大学有一位研究员兼该校行政会议议员卢卡斯经英王查理二世批准，顺利地在剑桥大学设立讲座，其正式名衔为卢卡斯数学教授席位。卢卡斯本人希望把这个教席授予真正有学问之士，那时巴罗被认为是大学中最有学术成就的人，于是他毫无困难地得到了这一职位。这个教席如今仍然存在，担任这项职务的是霍金教授[①]。

这一职务有最丰厚的待遇和最轻的教学责任，年薪为 100 英镑，但是，担任这个教席就不可以兼任其他任何学术职务了。起先，巴罗还觉得适合，他对教学任务做了万全的准备，包括一整年要讲授的课程，以及每年为大学图书馆提供的最少 10 份所授课程的文字内容。事实上，他教的是一门必修课，但大多数时候，教室里却没有一个学生，可能是因为他的教材太深，学生的水平太低，他们听不懂巴罗教授的讲解。他主要教的是他最感兴趣的题材，包括数学和光学。而那些东西对于被宠坏了的富家子弟来说，太过深奥了，何况他们进大学所希冀的不过是安然取得一个学位，然后寻觅一条障碍最少的人生途径，或许到一个安静的乡镇担任教区牧师的职务，或者经营家庭事业。

巴罗的运气还算不错，当时学校没有严格监督、遵行他那个职位的规定。他很少给学生提供自己已写好的讲义，反而因常被学生冷落而感到泄气，一年三个学期中，他只有勇气教一个学期的课。

第一篇数学论文

担任过王室教堂牧师的圣职之后，巴罗于 1672—1677 年这 5 年

---

① 霍金于 2018 年去世，目前在该教席的是物理学家迈克尔·盖茨。——译者注

间担任三一学院的院长，后在壮年时猝死于任上。在院长任内，他几乎单打独斗地启动了三一学院图书馆的建造工程，这座图书馆是由他的朋友雷恩设计的。巴罗被后世评为复辟时期三一学院的最佳院长之一，然而他在历史上留名无疑是因为他和牛顿的关系。

他们两人可能不是很好的朋友，但是他们彼此尊重。若牛顿第一次见巴罗就显得不懂基础数学的那个故事具有一点儿真实性，那么这个坏印象不久也就被忘记了。巴罗在首度冷漠会面之后，不过短短的 5 年半光景，就把卢卡斯数学讲座的职位传给了牛顿，可说令人相当惊讶。犹如这位巴罗前辈在 1659 年回到剑桥成为一个饱经风霜的漂泊英雄后不久，就深受学校当局赏识一样，牛顿也是如此，他在 1667 年自伍尔斯索普家中知识漫游归来，很快就获得了巴罗的赏识。

尽管牛顿天性不爱世俗的交际，但毫无疑问，他还是聪明地维持了一些人际关系。然而，他所依赖的不是讨人喜欢的性格，而仅仅是令人印象深刻的智慧力量。巴宾顿是个关键人物，他使牛顿顺利地从一个伍尔斯索普的乡下少年摇身变为三一学院的研究员。摩尔也提供了学术上的帮助，他与巴宾顿两人都和巴罗相熟。所以他们只稍再花了点儿工夫，这位卢卡斯讲座教授就引领牛顿通向了接触剑桥学术系统的更高层。

到 1667 年春，牛顿失去了对数学的兴趣，逐渐喜欢上炼金术。摩尔、巴宾顿和巴罗都对此术有兴趣，而当时最伟大的实验家波义耳也早已研习这门不公开的学问了。牛顿在私下读过波义耳的文章之后，也打算用科学的观点去探讨炼金术。他一向渴望将不同的研究领域整合起来，而他从炼金术中找到了一些诱发灵感的自然来源。少年时期的牛顿在药店里制造过颜料和秘方药品，做过一些实验，然而这些只是预备课程罢了。

牛顿被遴选为研究员之后，巴罗相信他在伍尔斯索普的两年期间，确实已经获得了一些科学结论，但是，巴罗同时也发觉牛顿十分不愿意把自己的研究结果与尚待整理的构思公开。我们从这里可以看出，虽然牛顿的学术研究进展到这个阶段，但他仍然深深地抱着一种怀疑别人的态度，唯恐他的新发现被人窃取。他似乎相信，只有在研究充分发展之后才能公布结果。长期以来，许多人用牛顿不成熟的见解去混淆前贤的理论，这让他觉得难以接受，所以他也不愿意让别人把自己看成那样，这可以由他不满笛卡儿所深信的旋涡理论看出来：17 世纪 60 年代中期，牛顿深感笛卡儿的理论模糊不清，而且根本不能验证，因此他指出自己做研究的原则是“我不杜撰假说”。[25]

这种态度正说明了，为何牛顿在领悟出基本重力观念之后 20 年，才写出《原理》一书来。他从来不会发表那些不成熟的概念，也不愿提出尚未能用数学表达或以实验具体化的想法。当他仍住在伍尔斯索普的时候，心里就明白他已经发现一些重要的东西了，尽管如此，他那时以为自己可能只是抓破问题的表皮而已。但巴罗则深信将研究成果发表的必要性，或者至少也要在科学界和别人共同讨论才是。

终于，有一个机会使牛顿相信应该可以发表研究成果了。1668 年 9 月，巴罗的一位住在伦敦的数学家朋友——皇家学会院士约翰·柯林斯——积极推动了欧洲各地的科学家用信函和发表论文的方式开展联系。有一次，他寄给巴罗一本由丹麦数学家墨卡托写的一本书，书名为《对数的技巧》，内容是讨论计算对数的一种新方法。巴罗把这本书交给牛顿，他知道牛顿早在两年前就在伍尔斯索普研究过比这更高深的数学，或者在更早的1665年离开剑桥之前即已涉猎。

可以想象，牛顿看了墨卡托的论文之后大为震惊，立刻写了一篇短论文，将他早些时候研究数学时在这方面的心得做一概述，结果成功地写了一篇著名的论文《无限级数的分析》。但是，他那时仍不愿意让巴罗通过柯林斯或任何人发表这篇论文。

巴罗在回复柯林斯的第一封信中说："我这儿有一位朋友对这方面的研究极具天分。前些天，他交给我一篇论文，他在里面写下了计算数值大小的方法，这和墨卡托先生关于双曲线的计算相似，不过我看来十分通用。"[26] 一个月之后，显然是巴罗劝说牛顿的结果，后者将《无限级数的分析》寄给了柯林斯。不过，巴罗仍然被迫不得提起作者的姓名。

> 我信守诺言，将我朋友的论文寄给您，我深信它必定令您满意。我希望您觉得它好而加以精读，读后请即寄还，那是我向作者要求寄给您时答应他的条件。烦请您在收到后尽快给我回音……因为我害怕邮寄的风险。[27]

柯林斯当然希望发表这篇《无限级数的分析》，可是他们无论怎样都说服不了这位青年才俊。然而在巴罗的坚持之下，牛顿终于勉为其难地答应巴罗将他的名字透露给柯林斯："我很高兴我朋友的论文令您满意，他的名字叫作牛顿，他是本校的研究员，而且非常年轻……但他在数学方面具有非凡的天分及才能。”[28]

接着，巴罗又传信给柯林斯，告诉他牛顿同意将论文交给皇家学会的主席和有限的几位具备这方面专长的会员阅读。可是这已经是最大让步了，巴罗和柯林斯都无法说服牛顿将论文公开发表。事实上，这篇《无限级数的分析》一直到1711年才付印，这已是在《光学》出版后约7年，《原理》出版后约24年。

站在学术的巅峰

也许我们可以将牛顿这种怯于发表的心理，归因于他小时候所体验到的不安全感，但是那仍然无法解释他中年以后依旧非常不喜欢发表论文的态度，这也和他过度自重的想法不尽相符。那篇《无限级数的分析》并没有什么假说，也不是争议性的题材，他实在无须惧怕遭受误解，也不必担心被指控那是无法证明或半成品的构想。

巴罗对于这种不止一人同时发现类似技巧的事实感受深刻，他眼见牛顿已引起剑桥以外的学者的注意，于是自1668年至1669年，他提议由两人共同研究，让牛顿担任助理。巴罗还请牛顿为他整编自己的光学理论讲义，并且在《致读者序言》中表达谢意，称赞牛顿为“极有学问和睿智的人，他重新订正我的讲义，并指出哪些内容需要改正”。[29]

这件事有些尴尬，牛顿看出巴罗的讲义中有些根本性的概念错误，他当然感到此事棘手，而他仍然依照这位年长伙伴的意思仅做整理之后付印。有些人认为那是牛顿不够厚道的一面，觉得他应该改正巴罗不正确的概念。可是我们认为这样批评是不公允的。如今，我们很容易说牛顿是位伟大的知识巨人，但那是他在生命的后期才受到大家公认的；在牛顿替巴罗工作的时候，他只是个初出道的青年，纵然他已经为科学史中最重大的革命开启了大门，登上尚未为人所知的数学高峰，但真正说来，除了巴罗，只有摩尔和巴宾顿也许略知牛顿的最新成就。那些批评者指称牛顿可以暗示巴罗讲义中弄错了光的一些性质，再花时间去教他，帮他重写部分光学内容，但这种批判是毫无道理的。

况且，牛顿还有保持沉默的进一步的理由。牛顿观察到巴罗是个很有野心的人，他因为巴罗毫不隐瞒他会比一般人所想象的更早考虑放弃卢卡斯讲座教授，甚至早在 1668 年，巴罗就盯上了三一学院的院长宝座。他正处于智慧的盛年，在学术传承上已经获得了迅速的升迁，没有理由长期停留在这个位置上。他会尝试去改变这一职位的限制，这使他能兼管一些行政工作，可惜没有成功。当担任查理二世的王室教堂牧师的机会出现时，巴罗立即辨认出那是提供他猎取最终目标的捷径。同样地，牛顿也立即知道自己是卢卡斯讲座教授席位的最佳继任人选，他愿做任何事情来促成此事。

卢卡斯讲座教授的人选是由卢卡斯基金执行委员会指定的。长期以来，委员会就习惯于让巴罗决定一切学术事宜，而巴罗当然是推荐牛顿的。1669 年 10 月 29 日，牛顿尚未满 27 岁，就成了剑桥大学第二任卢卡斯讲座教授。以后他一直拥有这个尊位，直到 1696 年他离开大学时为止。

牛顿从一个大学新生到成为卢卡斯讲座教授，总共只用时 8 年。

犹如他以无比惊人的速度攀登学术地位的阶梯，牛顿也以无比惊人的速度同时进行科学与数学的研究工作，终于使他的名字镌刻在不朽的历史丰碑上。当牛顿站在一生的学术巅峰之时，他其他方面的智慧也陆续浮现，可是他之后所面临的是混乱与骚动。他的研究带领他达成《原理》甚至更高境界，也促使他陷于沉溺声名且濒临自毁的地步。牛顿在被接纳进入科学殿堂的同时，却又扮演着一个新的、口是心非的角色。不久之后，他就成了剑桥大学教授、东方三博士的“最后的神童”[①]。

① 东方三博士是指《圣经·马太福音》里来自东方的三位博士，他们从东方携带黄金、乳香与没药为礼物，由天上的星辰引导至伯利恒，朝拜初生之基督。文中最后这句话的意思，暗示牛顿足以堪称东方三博士会给予诚心与尊敬的最后一人。——译者注

第六章

寻找点金石

如果我们以 20 世纪末、21 世纪初的冷静、明智的态度来审视炼金术，我们就应该承认它给这个世界带来了一些有用的技术与器具，它们略经改良后，直到今天仍可使用。还有，最重要的是，它至少激起了一位伟大的 17 世纪哲学家的灵感，使他产生了一系列构思，单凭这一点，我们就应该感到心满意足了。

物化成光，与光化成物的变化，是大自然极舒畅的运作。大自然似乎乐见于各式各样的转化。

——艾萨克·牛顿[1]

点金石传说

1666年12月底的一个寒夜里，荷兰哲学家施韦策（人称炼金术士爱尔维修）在海牙的寓所门前，来了一个黑头发、脖子缩进大衣领子里的陌生人。

爱尔维修是一位著名的哲学家，他曾经公开贬斥江湖秘术和炼金术，并撰文攻击英国炼金术士迪格比，[2] 所以当这个陌生人自我介绍是个精通秘术的大师并特意前来拜访他时，爱尔维修不免极为惊讶，然而他仍然表示欢迎并请客人进了书房。陌生人当场从怀中取出一个精致的象牙盒子，打开盒子，只见里面藏有三粒硫黄色的小石子。陌生人告诉爱尔维修，那些碎石是传闻中的"点金石"，它们具有极神奇的威力，能将普通金属变为成色最高的黄金。事实上，在他把那些奇石放在爱尔维修一本书上的同时，他甚至宣称单是这些石头就能产生20吨以上的纯金。

这位哲学家当然对此表示怀疑，他要求陌生人当场表演奇石的神力，可是陌生人拒绝了。爱尔维修接着又尝试说服客人留下一点儿碎片，让他自己来实验，但是客人还是拒绝了。他说三个星期之后会再来，到时他必定亲自表演这种变化，叫这位疑心的主人目睹那小石子的神奇。

爱尔维修是个精明的人，神秘客人离开之后，他立即在奇石摆放过的地方尽可能地找到一点儿粉屑，然后就照陌生人所讲的方法，用铅块来试炼黄金。可是铅块依旧是铅块，怎么也炼不成黄金，实验失败了。不过，三个星期之后，那个客人果然遵守诺言又来了。这回，他给哲学家一小点儿剥落下来的奇石，它比芥菜种子大不了多少。爱尔维修表示那么小的碎片成不了大事，但那个陌生人把小片奇石掰成两半，将一半丢到炉火里，另一半交给了主人，告诉主人，那一点儿就足够做好几盎司①黄金了。

当晚，爱尔维修和妻子一起动手按照陌生人指示的方法炼金，他们先将一些铅片熔化，然后把那一小片奇石投进熔铅里。等到坩埚冷却下来之后，他们将里面的东西倒出来，赫然发现坩埚底部有一片黄金，拿出来一称竟有 6 盎司重。

他们虽然觉得神奇，但是仍然怀疑，于是带着新炼出的金片去找当地最好的金匠鉴定，那位金匠仅用了很短的时间检视这片金属，立即宣布它有最好的品质，愿意以每盎司 50 个银币买下它。

这个绘声绘色的故事传得又远又快，爱尔维修的家立刻成了炼金术世界的中心。热衷炼金术者很快自欧洲各地齐集海牙，一个与爱尔维修熟识、名叫斯宾诺莎的朋友起先觉得这个故事可疑，特别

① 1 盎司约为 28.35 克。——编者注

去拜访金匠求证其真实性，发现那位金匠竟是荷兰皇家造币局的师傅，他当然清楚他所做的买卖。不太容易受骗的斯宾诺莎在仔细地看了那片黄金之后，也就深信不疑了。

从炼金术寻求统一

在 2 500 多年的岁月中，各种各样的人花了许多工夫，企图把点金石找出来。估计约有 10 万册书在不断地围绕着这个题材讨论，大量的传说在社会各阶层流通，爱尔维修的炼金传奇只是其中一个小故事而已。但是这个故事特别有趣，因为故事的主人公似乎真的成功了，同时代的人都相信他制造出来的确实是黄金。而在其他大多数的故事中，炼金术士的下场都很凄惨，他们大多以穷困潦倒告终，不然就是在让国王大失所望之后，死在刽子手的刀下。

颇具讽刺意味的是，虽然现代科学的启蒙主要源自牛顿，而且现代科学破除了一般人对江湖道上的魔术和秘术之类的迷信，可是牛顿创立的实验科学和现代“理性”世界，有一部分是从他那些江湖秘术中得到的启发。

牛顿对秘术的兴趣到底有多大，修炼功夫有多深，各人有不同的见解。我们从本书中将可看到，牛顿重力概念的形成，主要是受到他所沉迷的炼金术的影响。很明显，他喜欢整合各方面的知识，热心寻求宇宙间各种定律的统一理论。牛顿和许多在他之前的学者一样，相信这样的整合曾一度为人类所掌握，他在笔记簿中写下这样的感想：

> 所以，从古代寺庙的架构可知，真正宗教的建立只有一种模式，对宇宙的架构的研习是他们所崇敬的真正神庙……那么第一个宗教必是最理性的宗教，可惜它被历代民族、国家摧毁了。因此，除了以自然为架构，没有其他任何方法可以了解神。[3]

牛顿自己写的“存在理由”是要重新发现“自然的架构”，由于这一神圣使命，他认为没有哪条研究途径不该去探索，没有哪块石头是不重要而不该被翻过来看看的，没有哪个人的理论是高高在上、不该被质疑的。

在牛顿去世之后的那代人中，苏格兰哲学家休谟在描写牛顿这种发掘最终真理的渴望，或他想要重新发现那些可能已失去了的东西的渴望时，写下了这段话：

> 我们被放在这有如戏院的世界上，每桩事件的起源和缘由却被完全隐瞒，不让我们知道，我们既没有足够的智慧预见未来，也无法防止那些使我们不断受伤害的不幸事件发生。我们被悬挂在永恒的疑惧之中，在生与死之间，在健康与疾病之间，在富裕与贫穷之间。而我们只能任由那神秘又无法探知的力量摆布，那神秘的力量通常无法预期，并且总是不可信赖，于是那无法探知的力量就成了我们的希望与恐惧之根源。因忧虑变故的发生，我们长时期处于警觉情绪之中，并且同时使用相同的幻想，去塑造这力量的形象，从而使我们的情绪放松，完全接受这个形象主宰。[4]

牛顿是一位自然哲学家，也是一位知识探索者，他愿意到任何地方、做任何事情去追求真理。可是，现实不容许他这样做。他同意培根的说法：“虽然不是每件事都被允许，但每件事皆有可能发生。”牛顿所处的环境和培根一样，受到相同的限制——不管纯知识的道路通往何处，都会与宗教信仰冲突。

牛顿在探索炼金术的过程中，很早（或许早在躲避瘟疫而离开剑桥之时）就发觉研习炼金术是件危险的工作，它需要深度的投入。可是必定有些什么东西使牛顿相信炼金术的价值，他可能是从阅读中获知，或许是从和巴宾顿及摩尔等人的谈话里得知，炼金术是通往统一理论的途径。他心里必定有个定论，认为倘若秘术里真藏有什么原理，那就是他想要的东西：若是从知识的观点去研究，秘术就像是统一各基本原理的胶水，应该可以使其理性化和逻辑化。虽然他在那个时期还看不出来，但他事实上所从事的工作，正是将前人的非理性信念转化为新的探讨方法——科学。

希腊炼金术

牛顿彻夜不眠地守着火炉，几乎失去理性地自我鞭策。我们为了能充分感受这样狂热的工作态度，不妨重温一次他当时是怎么做到的。作为一个炼金术士，第一个要求就是阅读。要读遍手头的所有资料，竭尽全力沿着先人为寻找点金石而开辟的道路前进，把已有的点滴知识变为己用。多年来，在牛顿拿起坩埚点燃炉火之前，他把自己深埋于炼金术的传闻与文献中，为的是将这门学问发展成为某种形式的知识基础。

有人说过，摩西也是个炼金术士，那大概是一些从事炼金术的人为了使他们的行业增加一点儿信用，而去依附深远且煊赫的系谱的缘故。他们只不过想要大家相信：炼金术乃自古以来就有的学问。

现已知道最早的炼金术著作是《论自然及初始之事》，作者是孟底斯的博洛斯，书中内容包括制造染料，以及金属与宝石的加工。[5]著书的确切日期并不清楚，大约是在公元前 250 年前后。它并不教人制造长生不老药，那些炼药之类的东西后来才成为蛊惑人心的秘术。大约 1 500 年之后，这本书的译本在欧洲流传，成为初期炼金术士的非正式研读材料。

公元前 4 世纪，亚历山大大帝在古埃及建立了亚历山大城，汇聚了来自世界各地的风俗与文化，炼金术在此城中占有一席之地。这项技术后来被称为希腊炼金术，它是由古希腊、叙利亚、波斯和古埃及等各种文化的混合及相互影响而产生的，乃后世所承袭的炼金术之基础。从亚历山大城建立到该城的著名大图书馆于公元 4 世纪被毁灭的这数百年间，一部分炼金术技术打着德谟克利特、伊希斯（古埃及女神，司生育和繁殖）、摩西、赫尔墨斯（古希腊神明，司科学、辩论）等许多人的名号，穿凿附会，使炼金术首次以著书立说等各种方式加以推广。这些技术包括了蒸馏术，它到今天仍然广泛使用，且刺激了许多器具的发展，例如玻璃、黄铜容器、蒸馏管和漏斗等。

亚历山大城一派的炼金术士也已知道在炼金的过程中，控制炉火大小的重要性，也注意观察液体相混合及材料加热时的颜色变化，试图了解其中的意义。这些对于欧洲炼金术士来说是很关键的，它们也是牛顿和许多其他炼金术士耿耿于怀、极想予以解释的现象。事实上，牛顿对于古代和当代的炼炉都有很深的认识，他的笔记簿中有很多篇幅记载了这方面的推论。[6]

炼金术的变迁

从黑暗时代到科学时代甚至更晚[7]，牛顿也像欧洲所有的炼金术士一样，深深感动于古代以来的炼金智慧所深植的信仰。炼金术本身就是赫尔墨斯的传统，人们相信那个传统是起源于混沌时期经由超自然力量传授给人类的。英文里的“炼金的”（hermetic）这个词，即是源自赫尔墨斯（Hermes）之名。赫尔墨斯是旅游者及冒险者的保护神，是古希腊神话中人称“三重伟大的赫尔墨斯”的虚构人物。有史以来，炼金术士都以赫尔墨斯为膜拜的偶像，传说中的这位大神“能看见物体的全貌，看见之后立刻就能理解，理解之后就有能力揭示和阐明。事实上，他将其所知道的写下，写下之后又将大部分藏起来。他保持沉默，不喜欢到处宣扬，因此每个世代的人来到世界上，都要搜寻他隐藏起来的东西”。[8]

江湖术士为了自己的利益，积极增强炼金术的神秘性和古老的根源性，因为那可以使这个行业看起来更独特、更受人尊重。让大众相信他们的技术被神隐藏也是很重要的一招，正如前面引述的文字所言，“每个世代的人来到世界上，都要搜寻他隐藏起来的东西”。然而，实际上，欧洲几乎所有的炼金术士使用的方法和视为经典的书籍，面世的时间都无法追溯到《旧约》时期之前，它们于公元200—300年，出现在亚历山大城。

图 6–1　描绘传说中炼金术知识的数以千计的艺术作品之一，我们在图中看到了神秘知识的传承

（Mary Evans Picture Library 提供）

西方炼金术的最早期理论以两大主干为基础，一为亚里士多德的“四元素”说，二为物质在正确的条件下可相互转化的观念，即认为只要将物质的组合成分调整至正确的比例，就可以将其转化成不同的物质。此外，亚里士多德相信每一种元素各有其特性，每一特性又和人的情绪及天赋相关，譬如：泥土存在于黑胆汁中，而黑胆汁和忧郁相关；水呈现黏性，过量即导致懒惰；火与红色的血关联，两者都属热情；空气存在于黄胆汁中，与愤怒有关。依照亚里士多德的说法，任何物质都是由四种元素组成的，若将它们组合成分的比例改变，就可以将其转化为别的物质。人们相信若依循这种方法，改变火、土、气、水这四种元素的比例之后，就可将既晦暗又无价值的铅转化为珍贵的黄金。

从技术方面来看，亚历山大城沦陷之后所发展出来的炼金术，有了极大的进步。

由于亚历山大城的大图书馆被彻底焚毁，丧失了许多史料，炼金术方面的书籍只剩下一些大纲而已，从此，炼金术发展出了略有不同的形式。早年以叙利亚文写成的摘要被翻译成阿拉伯文，之后很快就在近东地区传播开来。但是，炼金术的主要变迁不在于研究出新的实验方法，或是发展出新的流程，而是其在哲学上与精神上的基础变得不一样了。

接着出现了被认为是炼金术灵魂的两样东西，那就是点金石和长生不老药的观念，它们并不是来自诸如摩西这般人物所留传下来的古籍，这两种观念都来自中国。古代中国人可能是世界上最早的炼金术士，他们的确是最先尝试炼制一种神奇材料的人，那可以将物质转变。他们也是有史籍记载以来最早寻求死后复活和长生不老药的民族。公元 4 世纪时，他们甚至让死囚来试服他们炼制而成的药。

甚至是亚里士多德“四元素”说的基本原理，也在公元 4 世纪遭到了阿拉伯人的修改，几百年之后，传回欧洲的不再是火、土、水、气这四种元素，而是用硫黄和水银为基本材料组成的各种金属。不过这又同亚里士多德的假说相似，即一种物质的性质由其内部这两种基本元素的比例来决定，如果比例能任意改变，晦暗的铅就可能转化成人见人爱的黄金了。

中世纪的炼金术

在牛顿现身于知识界以前，有许多极有才识之士竟然也接受那种物质转化的假说，真是令人不可思议，并且有不少的实例证明这一点。他们为了追求那完全捉摸不到的事物，牺牲了事业和生命。纵然那时的信息（包括历史记载和传说）传播缓慢，可是那无穷无尽的失败故事（更别说所花费的苦心无法回报了）为何不足以令人警惕，使这整个行业终结呢？这真是一件很奇怪的事。

有人可以辩解说在科学发展之前，世间诸事显然都被某种超自然的力量控制，人们在那个世界里，只是在占绝对优势的大自然中求生存的脆弱动物。若是以这种心态来看待，炼金术就不是那么不合理了。进一步而言，许多人由于祈望从炼金术中可能得到巨大报酬，深感此事值得一搏。也许大多数炼金术士都知道前人的失败故事，却总以为前人只是在某一个环节上疏忽所致，自己不会掉以轻心。然而，几乎无可否认的是，人类的虚荣心在炼金术的发展历史中扮演了主要的角色，这才使得无数男男女女心甘情愿为一种不可能的梦前仆后继。有些人的出发点是好的，他们自信会在证明所追求的是镜花水月之后，即可明智地放弃，然而很不幸地，一般人都做不到，终究追悔莫及。历史上到处充溢着被榨干了的生命，他们为了追求无法实现贪欲之梦的财富而去玩弄自然。很显然，在这方面，历史上几乎没有任何有实质意义、称得上成功的传奇。

罗马帝国覆亡之后，西欧陷入黑暗时代。一直到11世纪，随着阿拉伯人的哲学与科学的传入、东西方贸易的展开，西欧的学术风气才逐渐恢复。结果，源自亚历山大城的早期炼金术典籍，经阿拉伯人增改之后，再被翻译成拉丁文而流传于欧洲大陆。

1460年，佛罗伦萨公爵科西莫·德·美第奇派遣了一个调查团到世界各地搜寻有关秘术的古代典籍。有一个修士来见公爵，自称他藏有“三重伟大的赫尔墨斯”亲写的著作，写书的日期可以上溯到古埃及时期。这套被称为“赫尔墨斯全集”的书，直到1614年才被发现其完成的日期绝不会早于2世纪或3世纪。但在那个百废待兴的纷扰岁月里，它刺激了全欧洲大陆甚至更荒远的地区，影响炼金术士达数世纪。而对于文艺复兴时期的炼金术传统与江湖秘术的蓬勃成长来说，这套书恐怕是唯一、重要的因素。那份原稿是以一个真理追求者的观点来论述的，这位真理追求者被无所不能的神带领参观宇宙间奇景。书的开头是如此写的：

有一次，正当我在思索宇宙的神奇之际，我的思想奔驰升华，身体的感觉官能却犹如睡眠一般，这种睡眠不像是吃饱无事者或是极度疲倦者那样的酣睡，而是看见一个庞大无比的身影接近我，呼唤我的名字，问我：“什么东西是你最想看和最想听的，是你最想学习和一想就通的？”我问：“你是谁？”他说："我是坡以满得①，全能之神的心智。"我说："我很想知道周围的事物，了解它们的本性，也想认识上帝。"[9]

中世纪和文艺复兴时期的许多欧洲哲学大师都与炼金术扯上了关系，因为在那一段科学发展之前的时期，哪一种学问到后来会精炼成为"科学"，哪一种又是真正的"魔术"，分界十分模糊，谁也无法判断。无疑，牛顿之前的许多早期科学知识的要素与技术，是和亚历山大城的江湖秘术相互交织的。据说 13 世纪的哲学家培根（他写了一本《炼金术之镜》，迟至 1597 年才出版）重新发现了火药，而火药有可能是早在 1 000 年之前由中国的炼金术士最先发明出来的。培根又绘图设计了天文望远镜，这比荷兰天文学家利珀希于 1608 年发明的仪器早了几百年。

有两位与培根同时代的学者，也把如今认为是"可敬的"科学和江湖秘术混杂起来，他们就是著名的大阿尔伯特和阿奎那。他们不仅提出了自然哲学的概念，比如"物以类聚"这样的格言，还发展出火的本质的理论，这些在当时都是很了不起的成就。根据传说，这两位学者也曾经共同使用点金石和长生不老药，制造出能说话、会做事的机器人当他们的仆人。[10]那个时代，一个哲学家不能只知道事物的道理，还要懂得几招神技才能证明他的不凡，从而得到别人的景仰。大阿尔伯特就让人相信他能够控制天气和影响季节，能够招来狂风暴雨以困扰敌人，还能够借用朗朗晴天来帮助自

① 坡以满得是《新约》里的人物，"三重伟大的赫尔墨斯"的老师，"赫尔墨斯全集"的第一部书书名就是《坡以满得》。——译者注

己人。炼金术士从事的工作不是著书立说、推理假设，而是要发挥特异功能，自信有神力可与自然力量互相呼应。他们不以协力发展系统的哲学或者“科学”为志业，而去追逐个人的幻想与欲望（大多数例子是想要制造大量的黄金）。他们抗拒任何可能使他们的技术程式化的企图，彼此都以完全相异的方法追求各自的梦想，因此炼金术的手册中极少出现共同的技术和方法。

来自王室的支持

从 12 世纪到牛顿生活的年代的 500 年间，欧洲成为炼金术世界的中心。在这片土地上，有圣人也有“智者”，他们从一国到另一国自由自在地遨游，四处追逐那捉摸不住但有巨额报酬的奇迹。不少炼金术士会记录下他们的游历与经验，可是他们在记载配方时几乎都使用了暗语，他人若未事先窥知其技术或得授特别的入门要领，即无法抄制配方。有些人穷终身之力将某些大师的手稿进行解读，并为这些传到他们手中的空想增添一点儿注解。在某些国家的某些时候，运气好的炼金术士会获得统治者的鼓励或赏赐，至少也得到容忍；但在另一些国度里，他们却可能和魔术师一样受到辱骂，而他们的行业则被贴上非法的标志。

有一个炼金术士名叫奥古里约，他在 15 世纪住在意大利。一天，他将他最新完成的关于如何制造黄金的炼金术著作《致富奇术》呈献给当时的教皇利奥十世，满心期待会得到教皇的回报，赐给他一份赏金。果然，教皇要奖赏他，召他到教廷以盛大的仪式接见他。教皇从他自己的口袋里掏出一个空钱袋来，赠送给那位身无分文的穷炼金术士，夸赞他具有能够制造黄金的伟大魔力，因此认为他需要一只钱袋来装黄金。

其他人——无论是支持者还是反对者——对待这种事情的态度都比较认真。教皇若望二十二世由于自己喜欢炼金术，因此也鼓励别人学习。可是维尔茨堡的腓特烈国王就完全不同，他竖起一个专为吊死炼金术士的绞架，还常常使用它。

大多数炼金术士不是出身贫穷，偶然从一些易于受骗的有钱贵族身上弄到一点儿钱，就是成功商人，也有些原是富家子弟，因过度沉迷于炼金实验而逐渐散尽家财，被一本又一本所谓的圣典引入毁灭的歧途。

特烈夫（今意大利境内）的伯纳德是个生于富贵却因愚昧受骗而以穷苦终结一生的人，他可以说是这类人物的典型例子。他于1406年出生于帕多瓦的一个富有的贵族家庭，一辈子追求炼金幻梦以致家财败尽。他尝试一种又一种疯狂的炼法，在法国、西班牙、意大利和德国等地到处旅行，受到奸黠之徒一连串的设局欺骗，最后成为一个卑贱贫穷的老人，以85岁的高龄死在了爱琴海上的罗得岛。

从事炼金的人并非都是坏人或魔鬼，他们通常只不过是毁了自己的一生，再不然也是叫那些有多余闲钱的人失望而已。无论如何，纵然炼金术士的声誉不佳，我们也不应忽视一个事实：因为有他们一部分人不计报酬的努力，才产生了许多极有价值的东西。就那些“认真”的炼金术士，尤其是那些颇具学术声誉的人而言，他们穷究炼金术不仅是为了个人的好处，也是为了满足寻找基本真理的欲望。至于那些围绕此行业的野史和传说，则不过徒令人感到困惑罢了，似不必予以深究。著名的英国炼金术士兼作家阿什莫尔在他拥有庞大读者和巨大影响力的名著《不列颠炼金术的现状》中指出：

> 那是既奇怪又荒谬的事，有些人竟然不能分辨真正从事秘术者和念符咒、行妖术、施巫术这类人之间的差异。那些念符、行妖、施巫的江湖术士蛮横地侵入秘术的领域，犹如野猪闯进美丽精致的花园里一般。（因为与魔鬼结盟）借助于魔鬼的力量，他们会假冒和破坏秘术工作者可敬的智慧。秘术和那旁门左道的骗术之间，其差异等于天神和魔鬼的分别。[11]

虽然炼金术在英国被视为非法已有一段时期，但法令却未能阻止那些真正奉献的人，他们的技术也和欧洲大陆的炼金术一样蓬勃发展。英国的反炼金术法律条文相当模糊，它只规定私自制造白银和黄金为犯法，那是英王亨利四世于 1404 年订立的。英国教会害怕失去对老百姓灵魂的控制（同时也是钱源的控制），这和立法拘捕女巫的原因是一样的。宗教之外的权威者担心，如果炼金术一旦成功，现状被扰乱之后便难以恢复了。

英国是否容许炼金术士活动不但与英王的喜恶有关，也随欧陆其他国家的态度而变化。亨利八世和伊丽莎白一世两位英王都与炼金术士很亲近。亨利八世连续授予化学家、修士、弥撒牧师和另外一些人共四项特权，允许他们寻找点金石，表示如果他们成功找到，就可帮助王室偿还债务。一个对牛顿研习炼金术有很大影响的人名叫里普利，他在15世纪70年代居住在英国，就写了一本著名的书，叫作《炼金术的灵方》，以献给当时执政的爱德华四世。甚至有位影响力可能更大的人物——数学家迪伊——和伊丽莎白一世十分接近，事实上，就是女王私人出资让他从事炼金活动的。

玫瑰十字会

迪伊是神秘学历史上的传奇人物，可是历史在记述关于他的种种奇怪经历和美妙事情时，往往忽略了他的所作所为皆是以炼金术为旨归的，驱策他的不过是为了寻找点金石和长生不老药。

迪伊于1542年注册成为剑桥大学新生时才15岁，而他的事业也是在剑桥大学当学者时开始的，可是他立即就沉迷于秘术和巫术了，甚至几乎被学校开除。他曾经有一次差一点儿被捕，情况十分危险而不得不逃往欧洲大陆躲避一段时期，以替人看星象预卜吉凶维持生计。到1551年，少年国王爱德华六世继位4年后，比较同情炼金术士，这时他才回国。他起初有一段时间得宠于宫廷，可是好景不长，在王朝迅速交替下，他作为占星大师而得到的尊崇也如过山车般起伏升降。爱德华六世之后，反炼金术的天主教教徒玛丽女王继承了王位，接着是伊丽莎白女王，如前所述，后者十分鼓励及支持迪伊。

获得伊丽莎白女王的垂青之后，迪伊很舒适地安顿下来，他在莫特莱克建造了住所和实验室。据说女王曾经数度莅临这个地方。他受到宫廷的优待，他还是女王的御用占星师兼亲信。

后来他显然做得太过分了。1582 年，他告诉别人他去拜访过一位天神，那位天神给了他一个水晶球，教他用水晶球与鬼神相通，便可以预知未来的任何事情。这样的招摇当时还没有对他造成什么麻烦，不过与此同时，他遇上了一个身份不明的人，这个人名叫凯利，此人终于说服他一同结伴到欧洲旅行。

这两人形影不离地一齐以从事占星及预言为生，此外仍然继续以炼金术寻觅财富，好几次因为炼金花尽他们的所得，以致濒临饿死，又有几回狼狈地逃出愤怒贵族的毒手。

迪伊终于与凯利分手，回到英国继续用他的水晶球与他的灵异世界交往，最后死于 1608 年，那时距离牛顿出生不过 30 多年。他虽然不是穷困潦倒而死，却也是一个被浪费了的天才，他是在游向一个不可能到达的梦想彼岸中被浪涛淹没的。[12]

虽然在迪伊死后约过半个世纪，牛顿才接触了炼金术，但迪伊的理念却在相当程度上影响了牛顿的炼金术思想。主要的原因是这两个人都对被称为玫瑰十字会的一个团体所奉行的哲学有兴趣。有多位现代学者指出迪伊就是玫瑰十字会的创立人，而且至少曾有专研神秘学的英国学者耶茨在她的著作《玫瑰十字会的启蒙》中提出，牛顿对玫瑰十字会的理念极有兴趣。[13]

玫瑰十字会运动的起源并不十分清楚，但是一些证据显示，16 世纪八九十年代，迪伊在欧洲旅行时，引发了许多学者研讨神秘学的各种技术。[14] 其中影响力最大的一位德国炼金术哲学家是汉堡的孔拉斯博士，他著有一本在炼金术圈子里广为流传的书——《永恒智慧的舞台》，它于 1609 年在汉诺威出版。一般人认为这本书对后来所谓的“玫瑰十字会宣言”有相当大的影响，这份宣言正是玫瑰十字会基本原则的简短纲要。

玫瑰十字会是个真正的秘密社团，只有被选出来的社团领导人才知道谁是会员。17 世纪初期，这个社团在德国及法国引起了很大的骚动，可是只持续了十年甚至更短的时间，最后也没有见到什么成就，除了对牛顿这种人的思想略有影响。维多利亚时代的反炼金术作家麦凯甚至也承认玫瑰十字会在净化炼金术方面确有贡献。他在一本以丑化炼金术闻名的书《炼金术士：来自异常通俗妄想的回忆》中，对玫瑰十字会大加批评："在他们出现之前，炼金术只不过是个卑贱的妄想，他们的任务是提升其精神和改善其技术。"[15]

牛顿的炼金术藏书

在德国及法国一带，玫瑰十字会的支持者和反对者都从事地下活动，他们著书立说，互相辩论，耗时近 20 年。1623 年 3 月初的一天，巴黎市民一早起来，发现墙上到处贴满告示和标语，它们告诉大家玫瑰十字会的活动已在巴黎市内展开。告示宣称：

> 我们是一群玫瑰十字会的兄弟、主流大学的师生，时隐时现地居住在这座城市，我们全心奉献于无上的救世主，我们的教导和表达不用书本和符号，而是使用我们所居国度内的所有语言，从错误及死亡中救出人类——我们的同胞。[16]

玫瑰十字会的会员自信他们比普通大众优秀，能把自己隐形，也能和神灵相通。他们自称是几乎不朽的，要不然他们至少可以吃一种神奇的长生不老药，还能选择适当的辞世时间。他们自称掌握了点金石，能用它制造无限财富，从而控制世界上所有的政府。他们是狂热的新教徒，反对天主教，而且十分政治化。

在牛顿研修和尝试炼金术之前，玫瑰十字会的兴盛时期已经过去了。[17] 可是他所敬佩的人都对那次运动有强烈的兴趣。牛顿大量阅读了他们的著作，其中包括阿什莫尔和著名的德国作家兼炼金术士梅尔（这位作家甚至可能是玫瑰十字会的创始人之一）。牛顿感兴趣的地方大概是他们对炼金术的幻想力和自诩的超自然力，或者你也可以从泛政治化的角度来看（但那却是很重要的观点），牛顿很可能是支持那些人强烈反对教皇的立场。

玫瑰十字会以宗教为主轴，其他所有事物皆环绕这一主轴转动，这个原理颇合牛顿之意。他们认为神奇的古代知识只有贞洁的人才有资格去追求，而神秘主义的智慧是人类文明的基础，这些也都是牛顿的信仰。

纵然有许多荒诞不经的言行，玫瑰十字会仍可被认为具有前瞻性的思想，我们相信这些思想有力量在不久之后演化成科学，这或许就是喜做猜疑的麦凯所称的价值。他们不仅是单纯地想要追求财富，也不是只企图永葆青春。举例而言，他们相信探讨知识的最有效方法，是结合数学智慧和自然定律，这无疑又是一个迎合牛顿之意的想法。耶茨曾经这样批评他们："对于纯正的玫瑰十字会会员而言，属于宗教那一面的活动永远是重要的。他们试图深入探索宗教的灵性，通过这种活动来获得彻底的领悟，使个人的灵魂再生和强化。"[18]

然而，玫瑰十字会只是影响牛顿学习和实验炼金术的众多因素之一。牛顿去世的时候，他的图书室中藏有 169 册关于化学及炼金术的书籍，其中许多作者都是历史上最有名的人物。有人说，牛顿所搜集的是最好、最广的炼金术著作，当时无人能与之相比。[19] 藏书中有一本《玫瑰十字会会员的名声和言论》，书中包括了“玫瑰十字会宣言”。该书由英国炼金术士沃恩于 1652 年译成英文，书中加了许多牛顿的注解。牛顿也读过梅尔写的两本关于玫瑰十字会活动的重要著作：《金色的泰美斯神》和《十二祭台的金饰象征》。这两本书也都有牛顿的引申批注。[20]

牛顿一共拥有 9 本梅尔的书、8 本西班牙著名炼金术士勒尔的书、4 本瓦伦丁纳斯的书。[21] 除此之外，他还有沃恩以笔名菲拉勒西发表的多篇文献、里普利和波兰学者萨恩迪沃基乌斯的一些教材，以及阿什莫尔的 6 大册《不列颠炼金术的现状》。这套书是牛顿收藏的中心，也是他最常参阅的炼金术文献，它以编年的方式写成，其中不乏令人不可思议的资料。还有一些伟大的阿拉伯传统炼金术士的作品，包括秘药师帕拉切尔苏斯的配方，以及炼金术传统的最重要拥护者阿格里帕的遗著。

16—17 世纪的炼金术士

虽然阿格里帕在世时是欧洲几乎无人能及的哲学家，但他也是一位被不可能的梦想误导的天才。他于 1486 年生于今德国的科隆，才 20 岁就已经是成名的学者了，全欧洲大陆的各个王室和当政者都争相延聘他为他们效力。他到处云游，先后为马克西米利安一世、法国国王弗朗索瓦一世和奥地利的玛格丽特女大公工作，中间还因忙不过来，而婉拒了亨利八世宫廷提出的待遇优厚的邀请。

阿格里帕每到一地之前必有许多关于他的传说，有人说他只要用眼一瞄就能将铁条变成金条，也有人说他不需借助任何物体即能飞行，又有人说他能与天神交谈等，不一而足。奇怪的是，他从来不会展示他的特异功能，而且似乎只能靠庸劣的医术和用纸牌变魔术来维生，还表现得很神气的样子。他写了很多书，牛顿的图书室中也搜集了许多译本。阿格里帕一生中最重要的著作是《人类知识的虚无》。还有一些叙述转化物体的方法的书。牛顿开始从事炼金实验的时候，也许就是这些书使他产生了浓厚的兴趣。

帕拉切尔苏斯的大名几乎与早年开业医师一词成了同义词，他和阿格里帕是同一时期的人物，前者于 1493 年出生于瑞士苏黎世。与别的炼金术士一样，他也认为炼金之术即是造物者制造宇宙过程的具体而微的缩影。他的特殊兴趣是将炼金术应用到医药制造上，他认为炼金术的特别用途在于：

> 制造神药（帕拉切尔苏斯深信神力藏于金属之中）来治疗疾病……医师需依据星座的位置来诊断病人……因为医药若非上天赐予就毫无价值，故而必须取自上天……需知神药乃道德与力量，实为变化莫测之物，没有形体，亦非固定者，它们是凌乱的、清晰的、透明的，且藏在天体的神力之中。[22]

帕拉切尔苏斯追随众多炼金术士，走上他们也曾经历的那条一成不变之路，寻觅得不到的东西，妄想做不可能的事情，遨游全欧洲以追求古代的秘方。帕拉切尔苏斯将他的天才和金钱浪费殆尽，最后也和所有的逐梦者一样，死于穷困，并为知识阶层所不齿。

相比之下，梅尔和许多17世纪的炼金者如沃恩、阿什莫尔、弗拉德（英国物理学家兼作家）则已属相当明智，这些人的理念和探讨方式都显得十分实在了。

梅尔于1566年在德国出生，他属于学术界的主角，长时间担任皇帝鲁道夫二世的宫廷御医，享有崇高的地位。鲁道夫二世死后，梅尔开始到欧洲各地游历，组织了一张包括许多炼金术士和哲学家在内的联络网。他访问过英格兰，是英国炼金术士兼玫瑰十字会会员弗拉德的好友（弗拉德的一些著作也影响了牛顿）。后来在1614—1620年，梅尔写了一系列对炼金术影响深邃的巨著，其中一部叫作《阿特兰塔女神的逃跑》，它是炼金术的标志和图案，其深奥的内涵使理性主义与正统宗教都和炼金术的义理取得一致。他的联络网也被视为创立英国皇家学会的精神特质之初始模型。

梅尔除了两本有关“玫瑰十字会宣言”的著作《金色的泰美斯神》和《呐喊后的沉静》，还写了一本对牛顿可能有特别意义的书，它叫作《第七种哲学》，讨论的是炼金术的根源。虽然梅尔大部分的著作都极端神秘，也许是他比其他任何执着于炼金术的高人更深陷于古代技术的本质之中的缘故，但他是个真正有极高智慧的炼金术学者，因此在此题材上，他对牛顿的思想可能产生了最大的影响。

自大心理作祟

然而，炼金术既是极为主观的课题，又时常造成人们执迷不悟的悲剧，为什么牛顿还是那么热衷于研究它呢？

这个问题的答案十分复杂，牛顿从事这项工作的理由是在他死后才逐渐被人领悟的，像斯蒂克利那些早期为牛顿立传者，或许没能觉察一些事实。到19世纪中叶，当布鲁斯特爵士写《牛顿传》的时候[23]，牛顿的一些秘密已经浮出水面，可以提供给认真的学者参阅，然而布鲁斯特显然弃而不顾，他大概觉得那些资料会让科学史上最伟大的偶像遭受极大的不堪。

然而，牛顿老年时，曾异常坦白地对康杜伊特说："有些人先给自己立下严格的规矩，遵循严格的宗教生活来追求点金石，那样的修炼对实验很有益处。"[24] 最后的那句话可能意味着牛顿察觉了炼金术所担任的角色，这在他解释他的理论时极为重要。可惜我们永远无法确切地知道牛顿是否真如上述有全然的领悟。

研究牛顿生平和性格的人都知道，他不是一个对金钱有极度兴趣的人，至少他不会单纯为了黄金而去找黄金。他深知金钱的重要，也尽可能地追求财富，可是贪欲是完全违背他的宗教良心的。在他看来，金钱终究比不上发现宇宙真理重要。正如凯恩斯在牛顿诞辰300周年纪念会上的著名演说中指出的："他把宇宙看成全能之神设下的密码。"[25]

纵然如此，说牛顿钻研那些半通不通的书籍和隐晦不明的炼金术口诀是为了寻求"真理"，充其量只能算部分原因。炼金术的文献一向故弄玄虚，炼金术士和所有江湖帮派甚至近代各行业的人一样，爱用隐晦的文字将他们的文章写得令人无法捉摸，使读者念来困惑不已，好像这样就能显得他们博学多才，其实他们的骨子里可能根本什么都不是。牛顿相信，自己在从事实际的探索之前，应该先仔细研读炼金术的传统，那是炼金术中很重要的一环。但是他为什么要去寻找点金石呢？他明知这种炼金术的传统是不合理的，何况事实摆明了历史上从来没有一个炼金术士成功过。

要找出这个答案，并不是将牛顿过人的聪明才智与主要而言是非科学的炼金术两者画上等号，而是要从牛顿的性格方向去考量。我们知道炼金术无疑具有不可抗拒的诱惑，才会令许多极有前途的天才为之牺牲，许多优秀的知识分子也为了追逐那不可能的目标而自我毁灭。它的魅力或许可以从牛顿一开始研究就不能自拔的例子看出，但是他的热情其实来自更深一层的原因。

从牛顿的许多笔记中可以清楚地看出，他确信古人曾经一度掌握了所有知识之钥，只是它消散于诸多神秘的哲学中。他担心别人会在这看似不可能的工作里获得成就，比他早一步找到点金石，他的自大心理当然不能容许此事发生，除非他已竭尽所能，尝试过所有的方法后被迫放弃，不然他只有发狂地不断追求。

虽然亨利四世禁止囤积财富的法令在 1689 年之前并未取消，而时代也接近启蒙运动[①]，但在 17 世纪末期，炼金术仍然蓬勃发展，不只牛顿个人，还有许多知名之士也沉迷于此术，最著名的人物是波义耳。他与牛顿两人既是朋友，又是竞争对手，且他们同为皇家

---

① 启蒙运动是 18 世纪时欧洲的哲学运动，提倡说理和经验，而不再限于教条及传统。——译者注

学会的院士。牛顿承认这位资深的学者是其导师，对他影响很大（牛顿出生时，波义耳已经15岁了，等到牛顿在学术舞台上初露头角时，波义耳已成为英国顶尖的科学家），可是牛顿从来不是一个会在任何方面向人低头的人。

波义耳毫不隐瞒他对炼金术的着迷，他偶尔会冒着几乎犯法的风险发表文章和公开辩论。他和牛顿一样花了多年心血研究炼金术，不同的是，他至少敢发表一些他认为属于比较“科学”的发现。他将那些可公开的部分予以详细讨论，并称之为“化学”而不是“炼金术”。王室复辟之后，社会也恢复了一定的宗教容忍度，牛顿则开始担心来自各方面的竞争对手（包括欧洲大陆的对手，因为那儿有不少冒牌科学家）。

炼金过程大公开

表面上，炼金术偏重于实际操作，而它在这方面的技术的确造福了后代子孙。现代化学实验室内使用的设备和技术，有许多是由此发展而来的。若非炼金术的带领，现代制药的精炼技术、第三世界国家所使用的净水技术，甚至合成塑胶和许多现代材料的制造，可能都要延迟到更晚才会发展出来。我们暂且忽略炼金术对牛顿理论的观念有多大的影响，也别管它把“近代科学之前”的知识散布到文艺复兴时的欧洲这回事，我们应该承认，几乎是出乎意料地，炼金术成了工业革命诞生的助力之一，它足以与任何“正统”科学比拟。

炼金者的头一步工作是把三种材料放在研缸里混合，这三种材料的第一种是金属矿石（通常是纯铁矿），然后是另一种金属（通常是铅或是水银），最后是一种取自有机物的酸（常用的是柠檬酸，它取自蔬菜或水果）。炼金者将它们细细研磨，最长可达 6 个月之久，让它们确实彻底混合。然后，炼金者将此混合物置于坩埚中小心加热，慢慢把温度逐渐调高到最佳状态，且维持高温约 10 天左右。这种工艺会产生毒气，而炼金者通常都是在拥挤又密不透风的室内工作，不少人因吸进水银蒸汽而丧命，这也造成一些人有慢性发狂的症状。[26]

等限定的加热期完毕之后，炼金者就要把坩埚中的混合物倒入酸性溶液中溶解。一代又一代炼金术士尝试使用不同的溶剂，因此发现了硝酸、硫酸和醋酸（可能是在公元 4 世纪或 5 世纪由阿拉伯人发现的）。溶解的过程中要使用偏振光[①]，而炼金者以为只要用一面镜子反射阳光就可得到偏振光，其实那是不对的。他们有时也在月光之下进行。

待坩埚中的材料完全溶解于酸性溶液之后，下一步是将溶液蒸发，产生新物质，这种技术就是蒸馏术。经过数代炼金术士的努力，他们研制出精致的蒸馏设备，也改良了将近 2 000 年前亚历山大城的江湖术士最早所用的蒸馏方法。如今，化学实验室里蒸馏设备是不可或缺的工具，没有蒸馏器就不可能大量生产酒精。同理，规模更大的蒸馏设备是石油工业的核心，原油必须依赖它们才能分离出各种石油产品。

---

① 偏振光，光学名词。光是一种电磁波，其电场向量的振荡原是无方向性的。若光的电场振荡被约束在某个平面内，则它被称为偏振光。——译者注

炼金术的蒸馏过程是整个作业中最精致且最费时的部分，它通常要让炼金术士花费几年的时间才得以满意完成。这一阶段充满危险，因为实验室内的炉火不能熄灭，以致它数百年来葬送了不少人的性命。

如果炼金术士能免于火光之灾，且材料未在粗劣监控的制造程序下损失殆尽，那么炼金步骤就可以继续下去。此时无疑是最神秘的一刻，按照大多数炼金术秘方所述，蒸馏的过程要在看到某种“迹象”出现时才能停止，可是那迹象是什么，却从来没有相同的说法。炼金者只好自行判断，拿捏最适合的时候停止蒸馏，进行下一步。

图 6–2 一位画家凭印象绘制而成的 16 世纪或 17 世纪早期的炼金场所。虽然牛顿所用的设备和图中的大致相同，但他只有自己一人或最多加个助手来做实验

（Holton getty 提供）

下一步是从蒸馏器中取出材料，加入氧化剂，通常是使用硝酸钾当作氧化剂，那是古代中国人早已熟悉的一种原料，亚历山大城的人可能也已熟悉。然而将硝酸钾与金属矿中的硫矿、有机酸中析出的碳一起混合，其实就是在调制一种爆炸物——火药。培根于 13 世纪时可能就是实验到这个阶段而发现了火药，也必定有许多炼金者在逃过有毒蒸汽和火灾两劫而幸存之后，和他们的实验室一起被炸毁了。

经过经年累月的操作又能够幸运通过上述繁复程序的炼金者，终于可以进入最后阶段了。此时将最终混合物“密封”（不只是密封，还是“神秘”地封）到一个特殊的容器内，要谨慎加温，等到冷却之后开启容器，这时偶尔会发现一些白色硬块，那就是所谓的“白宝石”，传说它可以把普通金属变为白银。但是，要达到至高无上的境界，还得继续进行冗长且反复的加温、冷却、纯化等程序，才能产生一种红色的固体，它叫作“红玫瑰”。终于（如果一切大吉大利），终极产物点金石诞生了，传说中它能将任何物质转变成纯金。

集体无意识

文献中所有看起来实际可行的步骤，都是使用寓意的方式描述的，它们被包装在充斥着暗号的神秘语言之中，例如单纯地将两种物质混合后加热溶解，可以说成“促使两条作战的龙互相恶斗”。若按这种方式，一般人就猜想国王与王后应象征阳性和阴性物质，释放之后再结合即是“结婚”。这就是一本最著名的炼金术著作所表述的文字，连该书书名都使用了罗曼蒂克的比喻，它叫作《化学的婚礼》。就某种程度而言，这本书被解读成一本叙述金属变质过程的书。[27]

炼金术士在记述制造程序时，总爱使用晦涩难解的词句，阅读者只能以想象的譬喻来解读。公元2世纪时，女炼金术士克列奥帕特拉所描述的制造程序是如此开头的：

> 从“四元素”中采用火焰，那是最高也是最低的，是白也是红的，有等量的阳性与阴性的，因此它们可以相互结合。正如鸟用体温孵蛋，蛋在一定的时间内得以孵化一样，你也要将你的调和之物加热，直到指定的时间为止。当它诞生了，在太阳之下饮以圣水，掺入新鲜的乳汁，将它置于火炉上以文火慢煮，不使其冒烟，然后把锅中之物关在阴槽之内仔细搅拌，直至锅中之物黏稠，放在火上亦不流动为止，然后才自火上移开。当灵魂与精神合而为一时，除去银的部分，那么你将会得到大量的黄金，连国王的宝库都无法与之相比。[28]

另外还有些秘方写得不清不楚，又非常象征化，使文中完全没有具体和定量的东西，等于空中楼阁。

> 简单地说，我的朋友，去用像白铅和雪花石膏一样的石头建筑一座庙吧。它没有起点也没有终点。里面应该有一个纯水之源，它如阳光般闪闪发亮。仔细观察庙的入口该在何方，并

且你手中紧握宝剑，你找到了入口，因为那必然是个狭窄的入口。有一条毒蛇在入口守庙，捉住它，杀死它，剥去它的皮，分解它的骨头，然后将它全身连骨带肉地统统丢弃在入口的通道上，从它上面踩过，走进庙里。你将看见一个僧侣，那是铜做的人，你看到他坐在水泉旁边，变换着颜色，你不应该再把他当作铜人，因为他改变了本色之后，已经是一个银人了。如果你想要，你也可以将他变成金人。[29]

现在我们弄清楚了，当时炼金术士所做的事，不过是把现代的化学（炼金术中留传下来成为科学的部分）和神秘主义及神灵的强烈成分相混合。这在 21 世纪的人看来当然十分不合理。炼金术士有许多膜拜仪典，我们觉得非常古怪，而他们认为那很重要。

当然，失败的炼金术士都会找些抽象的理由为借口，乱编一些遁词，比如他们的星象没有进入对他们有利的位置，或者说有怀有恶意的外力侵入，破坏了他伟大的法术等，但是这种神灵的成分正是炼金术哲学的要点。基于这个原因，有人提出炼金术的施术过程事实上只是一种讽喻，炼金术士所追求的真正目标是点金石和长生不老药。他们以文明为幌子来从事卑鄙的工作，依循着通往开化的灵性路径，想将自己变为"黄金"。这就是为什么他们把净化灵魂放在那么重要的位置，甚至在手碰坩埚之前，仅是为转化物质所做的准备工夫，就要花费多年。

瑞士心理学家荣格将这种观点带到 20 世纪的思想中。他对于炼金术士的心理很有兴趣，并得出了一项结论，认为炼金术的象征与梦幻想象有十分紧密的关系，如此的观察所得，终于引导他获致集体无意识的观点。依据这个观点，个人的心灵和集体的心灵会在潜意识深处会合，这使集体中的每个人都分享了沿袭下来的共同符号或象征。这些符号或象征即荣格所谓的“原型”，他相信这些原型会在梦里活动，以及在潜意识里影响人们清醒时的思维方式。

荣格精研自己的梦，他将梦想的意义分析成与炼金术有关：

> 在我发现炼金术之前，曾经一连几晚都做相同的梦。在梦中，我看见我家屋子旁边增建了一个房间，那像是一间厢房或是一间边屋，我以前从没见过。每次在梦中，我都会感到很奇怪，为何我不知道这个房间的存在，可是它显然一直就在那里。终于我梦到我走进那间厢房里，我发现那是一间漂亮的图书室，收藏的大多都是16—17世纪出版的书籍，它们又厚又大，以羊皮纸装订好，一本一本沿着墙壁的书架排列。其中有好几本插有铜版刻印的古怪文字的纸片，上头说明的奇怪符号也是我前所未见的。有一阵子，我茫然不解，过了好久才领悟出来那是炼金术的符号。在梦中，我只是意识到自己被那些书和整个图书馆震撼了。[30]

荣格说明这些炼金者是不慎撞进了集体无意识的观念中，这使他们相信自己是依循着通往开化的灵性路径，其实他们只是借由仪典来解放内心的潜意识，这和宗教布道家及为人实施信仰疗法者所使用的心理疗程相去不远，也和使用求神仪典的巫毒舞者，以尖叫、歌唱或由舞者不断发出呓语而引发狂热一样。荣格在提到炼金的过程时说：

> 炼金者的宝石……象征永不消失和绝不溶解之物。某些炼金术士将不朽之物与一个人的灵魂感受到上帝的神奇经验互相比拟。若将隐藏宝石的充沛心灵元素抹杀，乃会招致持久的痛苦，但是多数人一生中至少有一次那种深植内心的“自我”体验。从心理学的观点看来，虔诚的宗教态度包括致力于发现这种独特的体验，并逐渐与之融合（宝石最重要的是其永久性）。于是可以使“自我”成为内心的一部分，而个人就可以将注意力继续转移了。[31]

对炼金者而言，炼金术中最重要的部分是施术者参与了物质转化的过程。虔敬的炼金者必须诚心相信，在施术的过程中，无论是成功或失败，个人的情绪和精神状态必须完全融合在法术中。炼金术与取而代之的现代化学最大的差异就在于这一观念。炼金术上过分强调此元素的重要性，且正是此元素让许多无神论者将炼金术蒙上了神秘的色彩，使炼金术永远被阻挡在“科学”的门外。

隐藏在密语背后

虽然炼金术士在漫长的历史长河里有过太多的欺骗和愚弄，然而真正的献身者（不是那些仅为了个人贪念的江湖术士）深信，高手必须要有纯净的灵魂，那是炼金术绝对重要的特色。炼金术吸引牛顿的另一诉求，正是因为它能间接地满足他的虚荣心。

炼金术士修习的先决条件，是要利用数年时间一边研读文献，一边为即将来临的伟大任务进行修身准备。牛顿当然是有足够资格接受挑战的，他在很多场合里都提到过炼金术的精神境界，他在一段炼金术笔记中引据了“三重伟大的赫尔墨斯”。

> 神将恩典赐予他的仆人，它心灵上的鼓舞使我拥有这样的科学和技术。神赐给有智慧的人领悟真理的工具，而不是赐给任何追随虚假与罪过的人。[32]

在另外一段名为“观察玻璃内的物质”的札记中，他又清楚地指出道德对他所做的事情有多么重要，以及要具备道德的理由。

> 若是我无法成名也就罢了，否则，我不但在竞争时需要用上我的名字，并将它特别用于彰显神的荣耀，捍卫神的真理，也要用于照顾可怜的孤儿与寡妇，以及世界上所有不幸的人。[33]

现代的科学家主要因炼金术涉及人为因素，因此质疑其作为一种知识的相关性与实用性。可是热衷于炼金术者则宣称，近代物理学和炼金术的传统有许多并行不悖之处。他们特别指出，以他们看来最前卫的量子力学来说，最新的概念也有被赋予人性的特点，但是这种说法的证据不足。

量子理论认为实验者将在实验中扮演一个角色①，这可能连接了炼金术的信念，可是，炼金术要把坩埚内的东西直接转变，那种概

① 意指实验者的观测活动会影响实验结果，即不确定性原理的概念。——译者注

念与科学实验却是大异其趣了。况且，量子理论是一种精确的、可以用数学表达的科学，它的基本观念具有严格的一致性，它与其他领域的科学相互关联。最重要的是量子理论精确实用，如果不是量子理论的推演，我们如今就不会有激光、电视机、卫星通信、电脑，以及其他现代高科技的仪器和用具。量子理论的实用性是无可怀疑的，而要使用炼金术作为拓展科学疆域之工具的可能性则不存在。近代物理的定律可以用实验重复展现。虽然科学语言对从未接触过科学的门外汉而言难以理解，但它是共同、严谨的语言，它在各领域间可以互相沟通。近代物理学家与古代炼金术士不同，他们不必躲藏在神秘的密语背后，他们的研究也不受宗教信仰或情绪个性的影响。

如果我们以 20 世纪末、21 世纪初的冷静、明智的态度来审视炼金术，我们就应该承认它给这个世界带来了一些有用的技术与器具，它们略经改良后，直到今天仍可使用。还有，最重要的是，它至少激起了一位伟大的 17 世纪哲学家的灵感，使他产生了一系列构思。单凭这一点，我们就应该感到心满意足了。

第七章

巫师的学徒

纵然牛顿的知识在许多领域中比同时代的人超前几个世纪，他对神的信念却犹如市井小民一样单纯。他写道：“如果人与野兽都是由原子偶然结合而成的，那么在缺少控制的情况下，他们身上必定会有许多无用的部分，这儿多了一团肉，那儿少了一个器官……”

上帝也许很狡猾，但他并不带恶意。

——爱因斯坦[1]

自牛津街尽头向东继续走不到400米，转个弯就进入了博物馆街，再走到底，向右转就是大罗素街，不远处就是大英博物馆的门口了。穿过一大群观光客，走上台阶，经过检查门，里面即是主接待处。面向接待处，你的左边是主楼梯，那是和房子一样宽、用石料砌成的。梯顶处是罗马展示廊，你在穿越展示廊中的一个个房间时，也同时跨过了一个个世纪：中世纪早期、中世纪中期、中世纪……号室、42号室、43号室……在46号室里，你见到了都铎王朝的收藏品，左边最里面的展示柜内有一样十分特殊的珍品，于是你走上前去，弯下腰来仔细看。在那个约齐腰高的玻璃展示柜中，有一个放在塑胶盘上的水晶球，那就是炼金术士兼哲学家迪伊曾经拥有的法器。它的直径不超过7.5厘米，光滑圆浑。从某些角度看，它是黑色的，从另外一些角度看则是半透明的。在它后面几厘米处有电子温度计和湿度感应计，上面的数字显示器在发光，液晶显示的红色数字也在不停地闪跳着。

你将视线自水晶球收回之后，离开博物馆，走到外面的大街上，重新徘徊在冒着臭气的牛津街和21世纪的黄昏中，你业已越过神秘学和科学间的分野、形而上学与物理学间的鸿沟。你的注意力自巫术回到力学，自迪伊回到牛顿。

牛顿并不像我们现在这样，那么容易就可分辨出这些事物。从1669年到1696年他迁往伦敦为止，这27年间，他同时追逐科学和炼金术这两种不同性质的广泛领域，同时还钻研《圣经》年代、数字算命、历史和希腊神话等毫无关联的题材。17世纪70年代，牛顿似乎过的是一种双重人格的生活。他作为科学的解惑者、探讨新科学方法的铸型者、一个具有革新能力的天才，深具远见，勇于揭示真理；但他同时又与江湖术士、古代智慧之火及秘术知识的寻觅者共享隐蔽的和谐。他一直藏起他那不纯正的、社会不接受的宗教观，用他见不得人的、全然异端的想法，作弄他在学术界的位置上所应有的责任。

化学知识的启蒙

牛顿对炼金术产生兴趣，最早可追溯至格兰瑟姆的药房，他自克拉克先生那儿学到一些制药技术。当他还是大学生的时候，他就喜欢调制配方，这不单是为了兴趣与好奇，而是他自己本来就患有疑病症（他性格中的这一面到成年之后更为明显）。威金斯在剑桥时亲眼看到他调制配方："有时候他怀疑自己属于易患痨病的体质。他服用一种预防的药，是他自己做的拉克特勒斯香脂。他在情绪平静的时候，常会泡一小杯来喝。"[2] 那种饮料原来是用松节油、玫瑰汁、蜂蜡、橄榄油、白葡萄酒和紫檀香等调制出来的，味道还不错，牛顿认为这东西有多重功用，除了内服，还可以外涂，涂于"瘀青伤"和"疯狗咬伤"处都很有效。[3] 牛顿曾经写下对鸦片治病疗效的赞语，[4]而巴罗博士对药物也相当内行，所以可能是巴罗将鸦片介绍给牛顿的。

牛顿在孩童时代常专注于奇异的图书，这让我们看到这位理性主义者的早期生活。他对自己做过的实验都有详细记录；他在药店的藏书中看到任何配方都会抄记下来；克拉克先生从别处听来或亲自试验成功的有些专科疗法，牛顿也都一一记下。到17世纪60年代早期，牛顿开始对被归类为“传统化学”的知识产生兴趣，而非与它水火不容的炼金术。化学师与炼金术士这两者间的差异是十分细微的，两者都是以化合物为研究对象，甚至使用相同的仪器，共享一套知识体系，因此，两者的差异只在于其路径和目的。

在过去的时代，有人认为化学略显俗气，化学师所做的是粗糙不堪的事。炼金术士自认远比化学师优秀，这主要是因为施行炼金术者相信施术者与所施之术间有灵感交流，一个成功的术士更是需要拥有纯净的灵魂，才能承接神赐予的领悟力。15世纪的一位炼金术士诺顿曾经如此形容这种天分：“最奇妙的天赋能力乃神圣的炼金术智慧、秘密哲学的伟大技术、全能上帝给予人类的无上恩赐。人类从未凭借双手的劳动发现它，而只能得自诸神的指导和启示。”[5]

炼金术士全神投入那神授的过程中，自身也深深感到充满了神性，因此炼金术士在追求传说中的神奇目标时，会将他们的所作所为包装上神秘主义和神秘学的色彩。化学师的工作是以获取经验为主（至少在当时如此），而最重要的是，他们不以贪念为动机，更不会如大言不惭的炼金术士那样总是追求梦想。正因为如此，化学师的社会地位只比工匠和商人略高而已。药剂师、颜料师、染整师、制酒师和蒸酒师都在研究他们专业范围之内的化学，如果把各行业的技术综合起来，它们就成了当时化学知识的基准。

后来经过理性主义者和工业革命后期“科学家”的共同努力，炼金术演变成了化学的一部分。可是牛顿却反其道而行，他一开始吸收的是有限的传统化学知识，后来才转入他认为更刺激的炼金术领域，对他来说，炼金术是一门具有无穷潜力的学问。

牛顿这一生的时间，以及直到拉瓦锡、道尔顿、普里斯特利[①]和 18 世纪后期另外一些科学家做出贡献时为止，炼金术和化学在知识基础上都是重叠的（动机上则相反）。有志于研习化学的人，往往无可避免地发现他们正面对一堵写满炼金术教条的墙。企图寻找点金石的人，若没走上一条充满神话和巫术的混乱道路，也只能在有限的化学传统上构筑。于是像波义耳这样的化学家，一方面致力于炼金术的修行，另一方面也从事化学实验。许多炼金术士不经意地为后世化学家留下了不少贡献，发展出化学家所需的概念和实际有用的实验技术。

波义耳的启迪

大约在 1667 年，牛顿开始研习化学，他依照自己典型的自修方

---

① 拉瓦锡，法国化学家。阐明了燃烧的本质，奠定近代化学基础。他在法国大革命期间被处死。道尔顿，英国化学家、物理学家。1801 年发现了道尔顿分压定律，可描述混合气体的压力。1803 年根据实验资料建立的原子说，是现代原子模型的雏形，成为现代物质科学的基础。普里斯特利，英国化学家，氧的发现者。——译者注

法，先搜集词录，也就是自编一本包括名词、仪器和专门术语的词典，全部约有 7 000 个词，他在每个名词和术语下面都注上简短的定义。[6] 他的词典中几乎毫无例外地都是“化学”的内容，这本后世发现的文本可以说已经包含当时全部的化学知识了。尽管如此，在他回到剑桥后不久，到获得卢卡斯讲座教席之前约两年的时间里，牛顿意识到有些研究工作需要保守秘密。词典中列有属于炼金术而非正统化学的一些术语，例如 Anima 这个词，它的意思是“人性的最深处”；又如 Elixar 这个词是指能治百病的万灵药，即炼金术追求的长生不老药。妙的是，在这些词下方，他没有做任何解释。[7]

牛顿除了将这门学科的基本内容编为目录，还继续用他常用的技巧尽快吸收有关这一题材的大量资料，接着就自己闯进实验的天地。在这个新领域中，指导他的导师是波义耳，他是一位世人公认的那个年代最伟大的化学权威。

当牛顿还是大学生的时候，他就会在波义耳的著作上做笔记，或许他认为波义耳和笛卡儿一样重要，都是自己知识的启蒙者。可是波义耳对牛顿的影响日深一日，笛卡儿则逐渐消退了。

虽然波义耳没有能够如牛顿革新物理学一般地改造化学，但是这两人从炼金术中所获得的益处可以互相比拟。波义耳既从事化学研究，又修习炼金术，他利用炼金术的秘传技术，将化学理论的极限再向外扩展，从虚无中设立一些有形的观念，由拉瓦锡、普里斯特利和其他人后来以实验一一证明为实，并且加以应用。波义耳是个原子论者，他相信物质具有不同的化学特性是因为构成物质的原子有不同的形状和本质。他又提出一个新的观念，认为基本元素能够成群地结合在一起（分子），而群体又可再度分开并且重新组合。

这些假说后来都聚集起来，引导了18世纪末、19世纪初的化学革命。

波义耳是英国第一代科克伯爵的第十四子，也是最小的一个，他于1627年诞生于这个富有的贵族家庭。他小时候接受家庭教师的教导，稍长即进入伊顿公学。波义耳自小就显露出极高的语言天分，8岁即能说流利的法语及拉丁语。1638年，才11岁的他就随兄长弗朗西斯及家庭教师前往欧洲大陆，游历了法国和意大利各地，17岁才回到英国。在意大利期间，波义耳发现了伽利略的一本著作（伽利略刚于不久前的1642年去世），于是他开始对科学产生兴趣。然而过了17岁生日不久，波义耳的父亲突然病故，兄弟两人于是立即赶回英国。之后，波义耳在多塞特过了16年平静的生活，在大部分时间里，他修习炼金术，也尝试各式各样的科学及伪科学实验。1654年，他迁往牛津，在那里使用胡克（英国物理学家，发现胡克弹性定律及命名"细胞"）替他设计的真空唧筒做了一些实验。胡克是"隐形学院"——皇家学会最早雏形的创始人之一。

开诚布公

牛顿和波义耳的首次公开会面是在1675年，[8]他们公开而有案可稽的通信则始于一年之后，当时牛顿对波义耳发表于皇家学会《哲学会刊》上的文章《与黄金同在时水银的增温反应》产生了兴趣。

波义耳自1646年开始从事炼金术实验，比牛顿早20年左右，他除了写下很多秘密笔记，还出版了几本书，其中最重要且最具影响力的是《怀疑派化学家》。此书出版于1661年，书中为他的化学理论和见解定下根基，并为化学与炼金术之间的差异建立清楚的界定。他虽然从事炼金术，也沉迷于炼金术，但这却不影响他研究化学的成就。波义耳建立了自己的一套准则（或许不单只为了厘清概念），坚持将这两种知识分开处理。他毫无顾虑地自由发表许多属于化学的心得，却将大部分（不是全部）的炼金术新发现私下藏起，仅供好友同享（也包括牛顿）。

波义耳和牛顿两人对于外人注意到自己从事炼金术这件事所持的态度完全不同，虽然波义耳还不至于跳上屋顶大叫他有炼金术的新发现，但他却不像牛顿那样严守秘密。事实上，《与黄金同在时水银的增温反应》这篇文章是以讨论炼金术为主的，且当牛顿听说波义耳打算把它献给广大的读者时，他立刻反对这种做法，并写了一封信给皇家学会的秘书奥尔登伯格，信内还注明“不可出示他人”。他在信中强烈要求奥尔登伯格制止波义耳向全世界透露他自己从炼金术上获得的最新发现。

> 它有可能产生一些更高贵的东西，但就算如炼金术士所言含有一丝真理，即便它不会对世界造成极深的伤害，也不应该向世人公布，所以我要求高贵的作者凭其伟大的智慧保持沉默，直至他以他的经验完全解决所有可能随之发生的问题。不然就邀请别人、一些真正的炼金术哲学家予以审订……除了将金属转变，是否尚有更重要之物（别让那些高明的假冒者吹嘘他们根本不懂的东西）。[9]

他们两人成为朋友之后，牛顿曾经向波义耳建议用假名发表文章，他还想把自己的不安全感及神经质反应都传给这位长辈。波义耳似乎没怎么理会这些意见，他是个富家子弟，出身于古老又有权势的贵族家庭，也许那是他无惧于暴露自己从事巫术研究的原因。波义耳和牛顿一样都是虔敬的基督徒，可是前者拒绝接受教会的命令（完全不屑于宣誓服从教会），他也因此谢绝了担任伊顿公学校长的职位。

波义耳并不像别人那样，是被强烈的欲望挑动，才去重新发掘"失去了的秘密"的。他是个十分外向的人，他的社会关系良好，个人经济富裕，生活舒适，所以他完全是为了追求学问而做学问的。由许多方面都可看出，他只希望成为一个典型的"绅士科学家"，那是在乔治王朝和维多利亚女王时代早期，由伊拉兹马斯·达尔文和他那更负盛名的孙子查尔斯·达尔文所建立的典范。牛顿为什么要小心翼翼地隐藏他对炼金术的兴趣？理由非常简单，他唯恐失去自己辛苦奋斗的来之不易的名誉和地位。那么，波义耳为什么不害怕？因为他有毫不在乎的本钱。

哈特里布圈子

从1669年年底开始，牛顿接连多次去伦敦买实验材料和实验设备。头几次他就被介绍认识了一些炼金术士和特殊书商，那些书商有本事从欧洲收购一切重要的书籍。

他大概是从剑桥的罗斯旅舍搭乘公共驿车出发，一直坐到霍尔本的格雷旅社巷，在天鹅酒馆门前下车，从那儿走不了多远就是叫作小不列颠的文化区了，那是首都著名的文艺中心。

对牛顿最有帮助的联络人名叫库珀，他的声誉毫无瑕疵，但他也是个买卖非法书籍和难求文牍的商人。牛顿通过库珀买到一部分在欧洲各地风行的炼金术手册，包括泽茨纳所著的六册《化学论》，以及菲拉利塔斯所录编的《重现里普利》这一文集，这是依据 15 世纪英国炼金术士里普利的许多著述写成的，这套书后来也在英国发行（1678 年）。书商通过伦敦城内外的炼金术士和修炼者的地下管道，搜罗得来了各式各样的书籍。[10]

牛顿的第一次伦敦行就给自己带回来一大批化学药品（其价值累计达 2 英镑）。另外，他又订购了两个熔炉，并委托厂商送到三一学院的宿舍，其中一个锡做的价格为 7 先令，另一个生铁铸的则花费 8 先令，这些就是牛顿初期成立实验室的材料与设备了。两个熔炉在新年之后运到，牛顿马上就把它们安装在他与威金斯合租的屋子里，如此看来，威金斯的确是个很能容忍的人。但更重要的是，通过库珀和首都其他商人的引领，牛顿逐渐走入一个完全隐秘的炼金术世界——数百年来，那个世界兴盛繁荣，不声不响地向社会各个阶层渗透，它的触须更延伸到知识殿堂的各个领域。

皇家学会的创始人可能在早年称自己的组织为“隐形学院”，这群人后来演变为经验主义的代表性人物。然而，最该被封为隐形学院的，是由那群守着炼金炉火不灭的老炼金术士组成的网络系统，他们在同样是皇家学会所在地的伦敦市内隐蔽起来，悄悄运作着，并吸纳了皇家学会的许多会员。

17 世纪的炼金术活动以哈特里布为中心人物，他于 1625 年从波属普鲁士渡海前往英格兰，立刻就打进了久存于当地的炼金术士和巫师的圈子里。他利用与英格兰和欧洲的同行间已建立的 100 多年的关系，很快便发展起来，形成一股势力，这股势力被人称为“哈特里布圈子”。17世纪四五十年代，这个圈子的重要性日渐增加，成员中包括迪格比爵士[11]、斯塔基（菲拉利塔斯的本名）、沃恩、哈特里布的女婿柯罗迪斯、波义耳等。

“哈特里布圈子”的目标是将炼金术合理化，那是要将炼金术的教条与机械哲学的知识架构结合才能达成的，他们或许会被认为是替那些模糊不清、个人化的中世纪炼金实验搭建一座通往经验式化学基础的桥梁。尽管大多数修习炼金术的人都认为炼金术是精神与实践并重，但他们却往往较注重于精神层面的修行。当时的欧洲充斥着劣质的实验场所，里面的炼金术士大都只对火焰膜拜，以求其梦想得以实现，直到哈特里布和同伴们崛起之前，极少人想到要发展出一种合理化的炼金体系。

参与秘密社团

“哈特里布圈子”中最著名的成员并不是哈特里布本人（他比较像一个联络人），而是波义耳。波义耳几乎可以说百分之百是圈子里最能干的实验者，他同时也是那群人中最有成就的自然哲学家。他是圈子中最高智慧和哲理的代表，他在1666年发表的著作《形式与素质的根源》便是整个“哈特里布圈子”于过去30年来所有成就的提炼，这也为牛顿探索炼金术提供了知识架构。

在将炼金术合理化的运动中，另一个主要角色就是摩尔，他或许也是把“哈特里布圈子”中的朋友介绍给牛顿的人。他不在剑桥的时候，多半是住在他的学生兼密友康韦子爵夫人家里。康韦子爵夫人在自己于沃里克郡的拉格雷乡下别墅里腾出几个房间给摩尔使用，他就在那里做实验和召开会议。拉格雷很快就成了“哈特里布圈子”的焦点，那也是那些尚在圈子边缘而有志于研习炼金术的知识分子接受训练的场所。这些思想家的聚会一直到哈特里布死后都长久地维持着，或许牛顿在他的炼金生涯早期也时常参加。

可惜的是，在 17 世纪 70 年代初期牛顿与人通信的资料中，几乎找不到任何有关炼金术的资料。[12] 但是我们知道在那几年中，他曾经多次离开剑桥，而且都会在外面逗留一段时间。以他和摩尔已为人所知的熟稔关系，以及他喜欢发现新事物的性格，若我们推想他是去参加拉格雷的聚会，倒也是相当合理的。

那段时期从事炼金术的人都以化名相称，因此这个圈子里的成员留传下来的信函中常有一些神秘的名字，例如“小先生”“加盛先生”等，最有意思的是牛顿曾经提起的一位“F 先生”。现在看来，这位“F 先生”就是福克斯克罗夫特了。他于 1652—1675 年在剑桥大学国王学院担任研究员，和摩尔是好朋友，当时的同事形容他“对化学有兴趣”[13]。他与牛顿之间只有一封信留存下来，那是由一位不知名人士抄写下来的炼金术手稿，题名为“吗哪”。牛顿在文章的最上方写道：“接下来尚有一些注解和不同的字句，是一封由 MS 致 F 先生的书信内容，它被 W. S. 于 1670 年抄录下来，再由 F 先生于 1675 年交给我。”[14]

我们细读这篇文章，就可以看到牛顿鲜为人知的对炼金术的感受，以及他探求炼金术的方式。

> 炼金术并非如无知的民众所以为的，只是买卖金属而已，那种错误的想法对此高贵的科学是污辱。它是神使其婢女怀孕而带来的产物，因此它的天性中也有物质的欲望……这种哲学不是引导人走向虚荣与欺骗，而是为了教化和造福人类。首先，要接受神的智慧；其次，要在万物中寻找真正的药……我们的目标是荣耀它的成就，要教导人们如何过好日子，而……这种既有希望又极具活力的哲学，不只在大自然中，在《圣经·旧约》中也找得到，如《创世记》《约伯记》《诗篇》《以赛亚书》和其他篇等。就这方面的哲学知识而言，神让所罗门成了世界上最伟大的哲学家。[15]

牛顿可能为这个地下联络网撰写过文章，不过这一点并没有经过证实。他反其道而行之，觉得为这个秘密社团发表一些炼金术的心得供圈子里的朋友学习、批评无所谓，反倒对于皇家学会却吝于送出他的“科学”论文。我们几乎可以确信，牛顿之所以这样做是由于活动的隐秘性，而牛顿一向珍藏他的隐私，完全不能容忍他人挑战自己的见解。多年之后，除了奥尔登伯格，他不会与任何人商量要皇家学会替他发表文章。更重要的是，在炼金术人士的圈子里，他和别人一样可以隐藏在笔名后面——我们发现他使用“唯一圣神”（Jehovah Sanctus Unus）作为笔名，那主要是将牛顿的姓名以拉丁文拼出（Isaacus Neuutonus），再把其中字母的次序调换，成了意义不同的一组词。

如此看来，牛顿已掌握了神秘的知识，他与炼金术地下社团初期的暂时性联系也建立了，书房里又堆满了熔炉、实验室设备及化学药品。那么，他到底想要做什么呢？

炼金术入门

以近代人的标准而言，牛顿最初的几个实验是十分无聊的，但他是依照前人（特别是波义耳）清楚指出的道路亲自走一遍，以他自己的体验来看这门学问的。然而，从最早的实验开始，牛顿就采用了有规律的探讨方法，这使他的作业过程与在他之前的数千个炼金实验相比，显得非常突出。他一开始就应用他向来所习惯的方法，如做笔记、仔细注意各项细节，当然，这也少不了天赋的观察能力。

他启用了新的实验记录簿。[16] 最早的一些实验大概可以确定是从 1669 年开始进行的，他按照炼金术的传统，先是实验金属的性质。[17] 牛顿跟早先一般人的研究相似，其目的是要找出“打开”金属的方法，意思是要让金属的性质改变。

在所有材料中，水银对炼金术士来说是最重要的，因为根据传统，有一种叫作“哲学家的使者”（philosophers’ mercury，有时候称“我们的使者”）①的物质能转化金属。尼科尔在他的《化学论述》中说：

> 炼金术的使者带领我们通往两个方向。一方面，它是一种复杂费解的化学物质，它的多样性质类似水银的本性，也就

① 英文 mercury 原是罗马神话中神的一位使者之名。由于炼金术士惑于水银既像金属又像液体，疑是神赐的使者，遂将水银命名为“使者”，故 mercury 有双重意思。——译者注

是普通的水银……但是另一方面则是全然不同的方向，它与化学无关。使者最终并非一种物质，更非多种物质，它是一种程序……这些（炼金术著作）都指向一个重要的见解：转化是固有的，是在物体的内部发生的……这种自我毁灭、自我再生的过程的每一个阶段都背负着“使者”的名声，总而言之，使者就是炼金术的本体。[18]

对现代的化学家而言，上述内容毫无意义，水银（汞）只不过是元素周期表上的诸多元素之一。不过，因为身在元素周期表和原子结构模型之前的时代，这位炼金术士仅因为某些元素的化学性质和物理性质看起来奇怪，便相信了它们必拥有神奇的能力。

在炼金术常用的七种金属（金、银、铁、锡、汞、铅、铜）中，汞是唯一在室温下呈液体状态的元素，其余六种元素在加热到高温时也会熔融成液态。对于中世纪的研究者而言，这项物理性质意味着每一种金属都有“水银原理”，因此，水银必定有什么特别之处。阿什莫尔大师把水银形容为“无所不在、无孔不入的精灵，人世间的贞洁模范和不朽的种子，由上帝在创造世界之时注入混沌之中。它活跃于每一个角落，却又汇聚成流，流过世界并传至宇宙的尽头”。[19]

水银被视为宇宙间的第一种物质，它也是金属中的“基本材料”。这个“基本材料”是炼金术的圣灵，它的精髓位于物质的中心，它的精神充斥于万物。它经由转变过程，会从“死”的、惰性的金属中被释放。当然，这是非常古老的观念，早在牛顿之前 2 300 年，中国的《道德经》的第二十五章里就有这样的描述：

有物混成，先天地生。

寂兮寥兮，独立而不改，周行而不殆，可以为天下母。[20]

对“哲学家的使者”失望

关于炼金术的心理意义，荣格也做过深入的研究。他分析了“基本材料”的观念，得到的结论是：“修炼的基础，所谓基本材料，乃炼金术最著名的秘密，此事丝毫不足为奇，因为它代表一种未知的物质，它发自心灵的深处，投影至外界。”[21]与牛顿同时期的大师沃恩对这个问题也有评论：

第一，点金石的原始物质亦是万物的原始物质，两者完全相同。第二，这种物质中的精华原理，或说是长生不老药的成分，业已由大自然密封，我们不可能再加进任何东西，但可将先前抽取出来的东西放回此物之中；又因点金石排除任何萃取之物，但自其本身普遍的结晶矿物中立即提炼出来者则可。第三，也是最后一点，哲学家有属于他们自己特殊的秘密金属，它与凡俗的金属迥异，因为他们在指着水星①时，心中并不意谓汞；在指着土星时，并不意谓铅；在指着金星及火星时，心中想的也不是铜与铁。[22]

① 水星的英文 Mercury 与水银（汞）和使者为同一词。——译者注

于是，牛顿最初的实验是企图制造哲学家的使者——水银，也就不足为奇了。

牛顿的导师波义耳使用水银做过一些实验，因此牛顿也采用波义耳的方法，并且做得更加仔细，把实验范围拓展得更广。

波义耳在制造哲学家的使者的操作手册中，有个过程是将普通的水银[①]溶解在硝酸里，然后逐渐加进铅屑。牛顿依照手册一成不变地做下去，结果产生了白色的沉淀物，即坩埚中是无色溶液，底部则是一层银色的固体。他经过仔细测试之后，发觉那银白色的固体就是原来加进去的水银（加入铅之后，水银被取代而还原，因为铅与硝酸的反应比较强），这个发现没有什么可奇怪的。

接着，他继续把不同的金属加入含有水银的硝酸溶液中。加入锡的时候，他再度得到无色的溶液和银色的沉淀；加入铜之后，他得到的是蓝色的溶液和银色的金属。他很快就领悟到，这样做的结果，无非是取得纯化了的水银（即银色的金属沉淀），并溶解了他新加入的金属化合物。这让他十分失望，他自此不再盲目追随传统的推理过程，而开始试着靠加热来改变产物。

多年之后，牛顿告诉康杜伊特，威金斯曾经协助他做实验。威金斯比较健硕，帮他搬“锅子”和守炉火，也帮他抄写实验记录。威金斯很少提起他和牛顿同住的事情，不过有一回，他谈到了这位老室友：“（他）专心研究的时候常忘记吃东西；起床的时候显得满足时，必定是想到了一些好主意；平常对失眠十分敏感，但在那时

① 由此可知当时的观念认为两种水银不一样，“有普通的水银”和“哲学家的使者”两种。——译者注

候则丝毫不在乎，甚至一夜未眠亦无所谓。”[23] 可惜威金斯没有谈起牛顿实际上在做些什么，不过他也可能根本不懂牛顿在干什么。

牛顿的第二组实验再次让他失望了，因为那些实验所产生的沉淀物只是纯化了的、地地道道的普通水银。（至于牛顿和其他炼金者如何辨识“普通的水银”与“哲学家的使者”，我们无从得知，只能假想他真的测试了那些产物，并看它们是否具有炼金术传统所说的神力。）

牛顿做了几个月的实验之后，不再采用波义耳的方法，而改为使用自己新创的方法。这次，他用锑作为实验开始的材料。

轩辕十四锑

锑元素在自然中以辉锑矿（Sb_2S_3）的形式存在。炼金者对锑有特殊兴趣是因为纯化后的锑似乎与黄金有亲和力（其实它与别的金属也具有同样的亲和力），能结合成一种合金“锑块”（拉丁文为 regulus，原意为“小国王”①，另有一意是指狮子座最亮的恒星轩辕十四）。

这些锑块——排列特殊、有辐射状碎片的锑结晶化合物，是把纯化的锑和各式还原剂混合，使氧化锑还原而产生的（当然，它的化学性质也改变了）。[24] 炼金者起先对锑块的外观感到兴奋，特别是

① 黄金被称为金属之王，故锑金合金被称为小国王，后延伸为其他金属的锑合金皆可称之。——译者注

锑和铁作用而产生的锑块。有一种如星般的结晶，被戏称为“轩辕十四锑”或是“火星锑”。

牛顿可能是从15世纪炼金术士瓦伦丁纳斯那里得到有关锑块的知识的。瓦伦丁纳斯写了一本名为《锑的凯旋战车》的著作，其中详细地讨论了“轩辕十四锑”。牛顿在他的笔记簿中抄录了该书的一段内容，即瓦伦丁纳斯对这种物质做的如下描述：

> 很多人都高度重视“轩辕十四锑”，他们不吝金钱，也不遗余力地制造它，但是很少有人真正实现愿望。有人以为“轩辕十四锑”是制造点金石所需的材料，可是这个观念是错误的，怀有这种想法的人偏离正途太远了，他们在老鹰和野山羊做窝的碎石荒郊里折磨自己。这颗星并没有珍贵到内含神力可制造点金石，可是它里面仍然隐藏着奇妙的神药。[25]

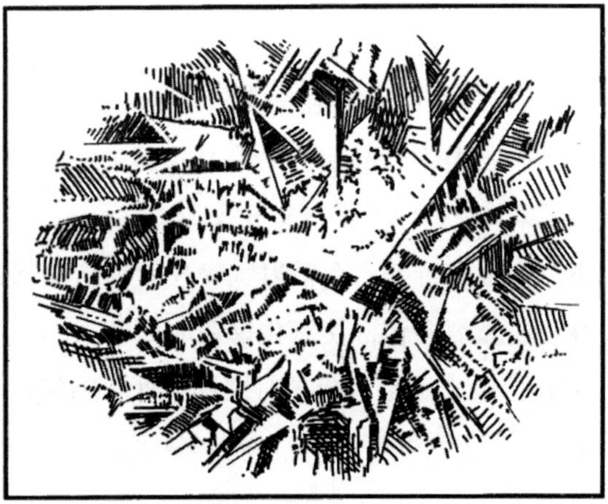

图 7–1　轩辕十四锑

（Carole Vincer 绘）

在牛顿最早的炼金随笔中，有一篇描述了制造锑块的过程。

> 以下几条法则必须遵守：第一，火力必须猛烈；第二，坩埚在加入任何物质之前必先加热；第三，按照金属的熔点高低依序先后投入，顺序为铁、铜、锑、锡、铅；第四，熔化之后保持高温一段时间，再按照它们产生锑块合金量的多寡依序倒出，顺序为铁、铜、锡、铅；第五，除了铁是为了不使它硬化，其他皆不得于上面撒盐……第六，如果你想使硝石（硝酸钾）不必很热即可熔化，就把硝石与1/16~1/8的细研碳粉混合之后，多撒一些上去，就可以加快熔化了。[26]

我们从牛顿在1672年写给奥尔登伯格的信中得知，他曾于1670年年底之前的某一时候，成功制得这种神秘的东西。[27]尽管他可能因为这个成就而高兴，但他也知道自己尚未到达制造梦想中点金石的目的，只不过是踏出了旅途中的一小步罢了。

若我们将牛顿在炼金术上所做的研究，与他诠释万有引力定律这两件事联系起来，费一点儿时间推敲，就会发觉“轩辕十四锑”很有趣。正如其名所示，锑块的样子像一颗星，该晶体具有辐射状的碎片，看起来像是从星体的中心向外射的箭矢。但是，那个晶体也可被看成向内聚敛的光线：一颗星在中心，光线（也可看作力线）向这个中心汇聚。

我们知道牛顿是在1670年第一次成功制出“轩辕十四锑”的，那是在他导算出行星运动中所涉及的离心力的数学关系之后4年左右。我们也知道，在17世纪七八十年代，他参考了无数文献，做实验印证，加上灵感的触发，把这个简单的数学关系发展成完善的重力理论，并于 1687 年在《原理》中发表。“轩辕十四锑”的制造成功应该是这段旅途中的一步，这似乎也是他自发现了吸引力到最终领悟出万有引力这条漫漫长路上所没有预料到的贡献。

到 17 世纪 70 年代中期，牛顿已经花费了至少 5 年的光阴从事炼金术实验，也搜集了成千上万字的实验数据、心得结论及大批配方。其中有些是自己的创见，有些是从炼金术的经典中抄录下来的，于是他觉得应该将这些心得写成一篇很有内容的论文，那便是《实验之论》。文章完成的时间大约是 1675 年，只有 1 200 字左右，是他头 5 年研究炼金术的精华。[28]

有人质疑《实验之论》的来源，甚至认为那不过是牛顿抄袭的另一篇文章（也许抄自巴罗或斯塔基），可是文章有很明显的牛顿特色。首先，里面有最显著的牛顿标志：详细的操作说明、精确的测量和时间的记录。他对细节的留意可以从他的实验记录簿中看出。他在记载将各种成分的细粒搅拌时写道：“在放大镜下做，以免造成损失。”将个别晶体分离时，他说：“使用小刀的尖部。”[29] 其次，牛顿在约 18 年后写了一篇极受尊崇、对炼金术极有贡献的文章（详阅第十章）《实践》，它与《实验之论》有许多相似之处。

虽然《实验之论》在这类文章中算是完整而仔细的著述——经验主义与炼金术交集的罕见例子——但它只不过是牛顿的一块踏脚石，是他初期涉猎炼金世界的摘要。他从这块踏脚石可以进一步建立极为重要的研究主体，这使他提出合理的疑问，并由此跨入前人梦想不到的领域。

毁于祝融之手

牛顿在建立了真正的实验室之后，实验工作大为改善。1673 年，他和威金斯迁入靠近三一学院大门外的一座大院的 E-4 号公寓，那间公寓有一间附加的库房，他好像是特别为了这个扩建的部分而选择这间公寓的。于是牛顿立刻把库房改为他的实验室，在里面摆满了熔炉和存放化学药品的柜子，如此就不至于像以前那样将这些东西都堆置在自己的起居室里了。但是这种实验充满危险，一不小心便会将数年的心血尽毁。1677—1678 年冬的某天早晨，牛顿极罕见地去了大学教堂，一场大火却烧毁了他辛苦搜集的科学与炼金术文献，而且几乎摧毁了整个实验室。

早年替牛顿撰写编年史的作者，将牛顿头 10 年致力于炼金术却得不到实质成就的原因归咎于那场大火。斯蒂克利不知从哪儿听说这位伟大的科学家曾精心研究“化学”，洞察深及核心，还写了一本书，叫作《化学原理》，因此他说牛顿“利用数学和实验方法来解释那些秘术的道理，他也非常重视那项工作。很不幸，所有研究成果于那次实验室大火中被毁了。从此，他再也没有从事那方面的研究，于是造成了无可弥补的损失”。[30]

另有人猜测，被烧毁的文件有一部分是《光学》的早期手稿。一位名叫德拉普林米的古董收藏家兼牛顿的崇拜者大概是散布这个说法的人，他在 17 世纪 90 年代是剑桥大学的学生，他说：

> 在他写作的书籍中，曾有一本是讨论光与颜色的著作，那是以他 20 年来做过的数千次实验为基础的，这花费了他几百英

镑。他极为重视且多次被人提及的这本书，很不幸地被毁了。据说就在作者即将写下结论之际，在一个冬天的早晨，他去教堂时将那本书稿和别的文献都放在书桌上，但不幸的是，他忘了吹熄蜡烛，火苗不小心点燃了旁边的纸，也烧到了前述那本书。就这样，书完全被毁了，而另外一些极有价值的手稿却奇迹般地幸存下来。[31]

图 7–2　1677—1678 年冬，牛顿的实验室失火，有许多文件被烧毁而再也无法弥补，其中包括他的炼金术心得杂记

（Mary Evans Picture Library 提供）

如果真失去什么文件的话，那可能是一些涉及光学的论文，不过，这个故事也可能是为了掩饰某些事实。斯蒂克利和德拉普林米

两人在牛顿还在世时，必定听到了一些令人不快的传言，那些传言也许和炼金术有关，于是他们篡改流言以掩盖牛顿爱好炼金术的事实（斯蒂克利甚至指称炼金术是种“化学”）。同时，为了加重牛顿不会继续做那些工作的印象，他们还补上了“他再也没有从事那方面的研究”这句话。

斯蒂克利的确把事实弄错了，不说别的，就以牛顿在《实验之论》一文中描述自己做的实验，即可证明他直到 17 世纪 70 年代中期仍然没有放弃炼金术，并用自己独特的方法将他的新发现与传统知识贯穿起来。在另一篇早期的文章中，他曾列举了 47 条原则，这是他研读炼金术文献及从事实验导引出来的心得。[32] 文中接着又以自己的观察为基础，分析了一些含糊不清的比喻。他说：

> 氧化镁，即“青狮”，被称为“普罗米修斯”和“变色龙”。又有“雌雄同体兽”，以及太阳照射不到的生涩处女地，尽管太阳是它的父亲，月亮是它的母亲。尚有普通的水银，使大地肥沃的天堂甘露，智慧的硝石……那是受土星影响的奇石。[33]

牛顿很爱批判，他很容易便可分辨出好与坏。他有一回在一篇论文的页边空白处写上“我认为这个作者绝不是内行”。[34]

然而，他从那些实验中获得了什么呢？毫无疑问的是，那些都是初步的实验，但即使是最早期的实验，他仍然能凭直觉意识到，在宇宙中可能有某些力在作用着，且这些力无法用传统的机械理论来解释（当时，笛卡儿的物质与精神的观念仍居主流）。他看到坩埚里的东西产生变化，却无法用笛卡儿的理论去解释，用过分单纯的原子论做正统推论也无法解释这种现象。这些早期的观察以及牛顿所写的关于机械论哲学的记录，都显现出他已经开始领悟到这个宇宙比他敢于想象的还要广大、深远得多。

忠于信仰

牛顿是一位虔诚的清教徒，但由于渴望上帝更大的荣耀，他反而深陷于混浊、异端的炼金术泥淖，他相信自己必定能从那儿重新发现自然的秘密。对于宗教的狂热是他的主要动力之一，牛顿和当时所有的人（上自思想家、下至未受过教育的老百姓）一样，至死全心信任神的指引。1664 年，他在笔记簿上写下感想："他（神）是渗透万物的精灵，绝不是物体运动的障碍；没有任何事物能阻挡他，他也不会阻挡任何事物。"[35]

若真要比较的话，牛顿对于基本教义的信仰在他的后半辈子更为显著，他深信上帝利用重力维持行星的运行。虽然他以数学公式来叙述力学运动，其中包括了行星在轨道上运行的计算，可是他无法解释这些运动如何作用及为何发生，因此他认为智慧生活的一项基本信条是：某些事永远不为人知。纵然他的知识在许多领域中比同时代的人超前几个世纪，他对神的信念却犹如市井小民一样单纯。在笔记簿中"关于上帝"的那一栏下，他写道："如果人与野兽都是由原子偶然结合而成的，那么在缺少控制的情况下，他们身上必定会有许多无用的部分，这儿多了一团肉，那儿少了一个器官；有些野兽可能只有一只眼，有些则不止一双眼睛。”[36]

在基督教的巨流掩盖下，总还是有一丝缝隙让某种不属于正统的信仰生存，它的信徒与正统教会之间的争执，在外人眼中只是细枝末节的意见差异。然而，牛顿所属的那派基督徒是比较极端的一派，他们非常不为正统的英国国教所接受。

牛顿属于阿里乌教派，这派教徒所奉的教义源自 4 世纪亚历山大城一位名叫阿里乌的修士，他所持的见解（挑衅正统教会的“三位一体”论）是耶稣和上帝不是合而为一的，耶稣虽然是圣灵，但他只是上帝创造的第一个生物。

1672—1675 年的某一段时间，牛顿为阿里乌教派的基本教义制定了 12 点信仰，并写下他的道理：

> 没有任何地方提起过我们的救世主（指的是《圣经》），除了诲人之言，还有凡人的灵魂在其中。我们冥思《圣经》，其箴言就可被人性化。但是箴言本身即血肉，而救世主亦成仆人之形……上帝遣送他的儿子至人间为人们受苦，而不是遣送一个凡人的灵魂。如果我们的救世主中有过这样一个凡人的灵魂，那么，被 12 个门徒全然忽略而造成的后果是十分严重的。[37]

对于事不关己的旁观者而言，阿里乌教义和正统基督教教理之间的这一差异似乎毫不重要，可是要牛顿信服“三位一体”论就等于要他背弃他的神，于是，个人信仰和大学规章之间产生的冲突使他感到无所适从。1665 年，他在登记领取学士学位的时候，必须宣誓接受英国国教教会的第 39 条教规；1667 年，他在取得研究生奖学金时要签字接受“真正的基督教”；他在第二年领受硕士学位时又在同样的文件上签字；最后在1669年，作为卢卡斯讲座教授的条件之一是，他必须承诺在不久的将来的某一时间接受圣命。他不断地为信仰问题挣扎，在自己的良知和终生事业两者之间做选择，他曾经情愿牺牲自己努力工作的一切目标。他在1675年写给奥尔登伯格的一封信中，说他不久之后将停止缴纳会费，“因为我很快就要失去研究员资格，收入即将减少，最好的应付方法就是缩减我的费用”。[38]

在那段时间里，牛顿像是站在薄薄的鸡蛋壳上。17世纪时，正统的宗教观是一个重要的社会因子，它会影响事业的实现。英国在内战时，宗教信仰自由的观念更为开放，其号召新教徒与天主教徒和睦相处。但在各教派之内，严守自己的教义依然是最重要的，因此牛顿所信仰的极端思想路线是十分危险的，它甚至会引起分裂。而牛顿又是那么一个意志坚强且对知识十分执着的人，他的这种思想正好被敌人认定是反对现状的潜在威胁。

1674年，牛顿的同学、剑桥大学的研究员阿斯顿用很奇怪的个人理由向学校申请免除接受圣命，这个要求当然遭到了拒绝，因为三一学院当局认为如果准许了这项要求且形成先例的话，就会破坏学校一向培养年轻、干练的教士的声誉。牛顿自己的职位也就在那个时候险些不保，人们都已经交头接耳地议论，如果他再表现出不情愿接受圣命的样子，学院的同事将会怀疑他是否隐藏了什么秘密。然而，老朋友巴宾顿再次拯救了他，且最关键的是，巴罗帮了他大忙。

拒绝“三位一体”论

在巴罗的建议之下，牛顿直接向国王查理二世申请特别赦免令，允许他不必兼任大学的研究员，而仍继续担任卢卡斯讲座教授的职务（研究员必须接受圣命）。这也是无先例可循的事，成功的机会极小，可是他不得不试，因为他别无选择。

但情形远比表面看起来复杂，因为牛顿不能把他所面临的困境告诉任何人，更不能告诉巴罗，因为巴罗是相信“三位一体”论的。巴罗那时已经是国王的牧师，所以他必定完全因为赏识牛顿得天独厚的才能才保护他，而不去追究这个青年遭遇困难的根由，这可以说是牛顿的幸运之处。巴罗在恰当的时候占据了恰当的位置，身为国王的牧师，他说话有一定的分量。巴宾顿对国王其实发挥不了什么影响力，但由于他仍是大学的高级研究员，还会参与学校的决策过程，于是他和巴罗合力铺平了这条崎岖的道路。

1675 年 3 月初，牛顿前往伦敦申请特别赦免令，意想不到的是，该申请在 4 月底就获准了，国王陛下特准这位卢卡斯讲座教授以及随后担任该职位者豁免接受圣命，他愿意“给予现任及未来膺选担任该教席的学者所有必要的鼓励”。[39]

没有人比牛顿更感到惊讶了，他本来预期有一番争斗，事实上，他已经着手下功夫准备了。早在 1672 年，他就从炼金术的实验中抽出时间来研究神学上、古代智慧书中、同类宗教的正典《圣经》中被掩盖的年代有错误的地方，让自己沉浸在《圣经》上极少人注意的根基部分。他又一次被这项研究完全主宰了，那是他的天性，于是他把原来为了做防卫之用的工具发展为解惑的学问，将自己拉回近代文明起源的开端。

他依照已经定型的方法首先研究文字上的定义，然后加以分析，在笔记簿上分门别类地将归纳的结果记录下来。[40]他向自己直接提出问题：关于“三位一体”论，《圣经》上究竟是怎么说的？他在读到“三位一体”信条时，精确地指出两点破绽，由此认定“三位一体”论是一个人为编造的谎言，是为图私利的教皇历经数代所犯下的一连串罪行。

他揭开的第一个破绽是，分析《圣经》中所言，“三位一体”论完全得不到支持。牛顿在他的笔记簿上再三引述《圣经》的话来支持他的见解，例如在《哥林多后书》第四章第四节中，他抄下一段说基督“本是神的像”，然后加上使徒保罗《希伯来书》的第一章中所说“你喜爱公义，恨恶罪恶，所以神，就是你的神，用喜乐油膏你，胜过膏你的同伴”。在这段的页边空白处，牛顿写着：“因为，那父亲就是儿子的上帝。”[41]

据牛顿所言，“三位一体”论的第二个破绽是它违反逻辑。那个时代的人，包括牛顿，认为《圣经》中描述的许多事情都不是凡人可以理解的，或者说只有具备圣灵的知识才能解释，比如把水变为酒的能力，用手摸就能治病的本领，处女生子，复活升天等。按照牛顿的想法，这些都不算违反逻辑，唯有三等于一，一又等于三才是绝对地违反逻辑。

依牛顿的观察，“三位一体”论的传播是一种有组织的阴谋，为了证明这一点，他一直往前追溯，深掘这个教义的起源，披露这骗局的面貌。

终于被他找到了，他的结论是这一咒神行为源自公元 325 年，罗马君士坦丁大帝所召集的尼西亚会议。君士坦丁的动机是因为基督教正日渐昌盛，开始成为世界性的宗教，而教义中有许多不清楚的部分需要澄清。会上，相信上帝与基督分别为独立个体的亚历山大城的一位修士阿里乌，和辩护上帝与基督同属一体的亚历山大城主教阿塔纳修（他后来受教会赐福）起了争执，理事会同意阿塔纳修的主张，于是上帝与耶稣同体就被会议采纳为教义。可是这起争执并非就此结束，阿里乌的一派和阿塔纳修的一派成为两个敌对阵营，他们为基督教的这一观念继续斗争达数十年。腐败的主教们的自私阴谋和权力野心逐渐把阿里乌的主张定为非法，最后，尼西亚会议的官方意见被罗马天主教廷正式采用。

牛顿在发现这一腐败的线索之后，更加深了对罗马天主教的憎恨。神圣的约翰的启示——《启示录》里的内容，使他认同极端的清教徒将罗马天主教视同于魔鬼的观念，而“出头的日子”是在摧毁“首恶的罗马”，终于建立“真正的教会”的一天。因此，难怪牛顿对于接受圣命怀有刻骨之恨。英国国教接纳那么多渎神的教义，尤其还包括他最不屑的圣“三位一体”论——信仰圣父、圣子和圣灵三位为不可分的一体，所谓三在一中、一存于三。他认为这种说法对任何有自尊心的数学家而言都是一种诅咒。

牛顿在这方面的研究出现在他的《对但以理预言的观察》中，这本著作于 1733 年出版，但是其中许多章节都遗失了。据知，他写过一篇《教会的历史》，可是那文章从未发表过，且在 19 世纪时失踪了。所有被追踪到的东西约有 800 页的草稿和笔记，那些文件于 1936 年在苏富比拍卖会由一位姓韦尔斯的先生购得，当中有一半现存于耶路撒冷的以色列国家图书馆内的雅胡达文稿收藏室，参阅号码是 MS15。其他部分（有些不过是乱涂乱写）散落在欧洲各处图书馆或由收藏家私人保存。从拼凑起来的部分可以看出，《教会的历史》所谈的内容涵盖了他在笔记簿及其他草稿上提到的两点困惑——对基督是否为凡人的看法，以及被他称为“虚伪形象”或是“巴比伦娼妓”的罗马天主教会的建立。

可是，为什么牛顿如此极端反对“三位一体”论的观念呢？他的懊恼恐怕不仅是逻辑不通引起的厌烦。如果我们说他自比为耶稣基督是否会太过分呢？毕竟他不也是一个死去父亲的独生子，而又降生于圣诞日的孤儿吗？何况他（也自认为）拥有无比的才干和独特的天分！要他认同早已去世的父亲——一个他从未见过，只知道是个未受过教育的人——是多么令人厌恶的事，这使他想到“三位一体”论的观念，它不但要他依附于这个“父亲”，甚至要与他共享一个身体！牛顿是个长期耽于孤独的人，且取用“唯一圣神”为笔名，而他甚至不会对母亲表达敬爱之意，反而记恨她对他的背弃。任何合为一体的说法，只会引起这个内向的极端个人主义者更多的痛恨。

计算《圣经》中的预言

牛顿对神和宇宙的看法不像一般的泛神论者那样，他不认同“神”和“宇宙”合一的观念，他也不是真正的诺斯替教徒，他不相信灵魂或精神通过取得“神灵”的知识，就能从物质世界中救赎或解脱。虽然用当时的任何标准来衡量，他的信仰都可以算是非正统的，但他却一以贯之。他迷恋神之言与神之行乃双重世界的清教徒观念，认为造物主如非万物，也于万物中存在。生命是尚待了解的谜，是等候被解读的密码，这是圣者应负的责任。正如神是自然和所有知识的一部分，神也是历史、现在和未来。因而，牛顿深信发掘历史的真相是他的责任，就像他命中注定要去了解光、了解万有引力、了解炼金术、了解数学一样，他称这份责任是“与生俱来”的，并且他信仰那些只能被描述为“炼金术历史”的东西。[42]

了解炼金术历史不但可以察知存在的意义和目的，并且由此分析“真正的过去”（正如研读《圣经》所悟出的），可以解读《圣经》中的预言，解释古代的智慧。

那个时期的大部分知识分子和牛顿一样，都认为最古老的文化是最具知识的文化，也是最纯净和最高深的。他写下了这样的话：“因此，最早先的宗教是所有宗教里最合理的一种，不幸的是，它被后人破坏了，因为它不可能仅创造了大自然的实体架构却不透露神创造大自然的知识。”[43] 按照他的信仰进行推测，这古代的文明就是以色列的文明，就是《旧约》的起源，也是摩西与以西结的国度。古罗马文明、古希腊文明和叙利亚文明都只是后来的抄袭品及追随者的模仿，人类的年代学必须重新评估和重新书写。[44]

虽然在我们看来，牛顿的想法近乎疯狂，但对他而言，揭露“三位一体”论的谬误乃至关重要之事。道理很简单，只不过是为了让他的宇宙观价值化，因为做到这一点，他即能证实一个潜在意识的信念——他是非凡之人。

通往古年代学的道路当然又是《圣经》，尤其是《圣经》中的《启示录》。牛顿在笔记簿里写道：“在《新约》《旧约》的所有书中，没有哪一本比《启示录》那样受到神意更多的推荐与护佑。”[45] 他依旧照他惯有的方法进行，先设定一些规则，然后恰当地分析文字。他立下了15项守则作为这个体系的启论，犹如探索科学一样，他将每一件事都先尽量简化。例如，第9项守则：

> 神以最简单的方式创造这个宇宙，将它做得十分完善……于是企图了解这个宇宙架构的人，势必努力将知识尽可能地简化到最简单的程度，企图去了解这些景色也必须如此。[46]

他的那些结论若非无的放矢，即是言之无物，他辩称神之言与神之行皆来自同一个造物者，于是“自然”与《圣经》也是同样一件东西。《圣经》是可传达自然的表现和诠释，因此应该视其为生命的蓝图——一切意义的钥匙。

关于神学的细节，牛顿也得到了各种结论，他认为造物的故事从字面上而言是真的——所谓神之手以7天的时间创造了世界。但是他很聪明地加上了一条注解，他的理由是《圣经》里从没有提到7天是等长的，因为刚开始的两天，地球还没有诞生，故而也没有以自转为基础的一天。那一天有多长，是否为24个小时，全看上帝的意思而定。

他违背当时的知识潮流，排斥已盛行的、过分简化的魔鬼概念，建立了比较接近于近代的看法。他认为人的罪恶性格是由于心理的不健全而来，而魔鬼只是世人想象而创造出来的虚幻之物。然而，他为了订立他的15项守则，也跟随一些如今看来完全不合道理的理论，其中作家、神秘主义者米德的观念对他有很大的影响。

米德曾转变信仰而成为清教徒，他设计出一套推算《圣经》中所述日期的技巧，用以解释各则预言发生的时间。他的一本书叫作《启示录之钥》，该书于1627年出版。书中建议将《旧约》中“日的数字”解释为“年”，使用这种方法，就可以把各种预言宣称的日期改编成年代，当然最重要的是解读“世界末日”的时间。

牛顿将他研究科学的心得和独特的分析能力与米德的方法结合，获得了对《圣经》中事件的一些巧妙解释。我们就以关于萨拉森王朝（罗马帝国时代生活在叙利亚及阿拉伯沙漠中的游牧民族所建立的王朝，信仰伊斯兰教）的预言为例来说明。

《旧约》中详细地描述了盛怒的上帝以蝗灾惩罚世人，然而，不知道出于什么原因，牛顿将蝗虫认定为萨拉森王朝的象征。我们知道蝗虫的寿命仅有5个月，两个生命期即是10个月，也就是300天，于是他在《古王国的年代学补正》一书中，引申萨拉森王朝只存在300年，而这个数字恰恰吻合了历史上萨拉森人入侵罗马帝国的时段，即公元637年至936年，共300年（加减一年）。

米德使用相同的推理方法，将《圣经》中原有的年代与新法计算的年代并列比较，（和另外一些人，包括摩尔）于是得到结论，认为世界末日将于17世纪的下半叶来临。他们得出了如下结论：

> 依照清教徒的说法，罗马天主教会是反基督的，《启示录》中有预言指反基督的势力只存在1 260天（《圣经》中写的是42个月，即1 260天或3年半），由此就相当于1260年：他们又都认定罗马天主教会控制基督教运动是在罗马皇帝狄奥多西的统治时期（公元400年之前），因此推算下来，世界末日预

期将于17世纪的最后10年的某一天降临，绝不晚于17世纪。

牛顿对这些说法的大部分内容强烈地表示了不赞同，依他看来，罗马天主教会的罪恶统治之始并非该教会最早建立的那一天，而是应该从它的极盛时期开始，而那个日期在他几次推算之下又再三变更。在一次算式中，他把那个日期定为公元800年，加上前面米德使用的1260年（取自《启示录》），结果世界末日就落在21世纪的某一天了。在另一个算式里，他把罗马天主教会的全盛期精确定为公元609年，自《但以理书》取用1290年的数字，于是犹太人重返耶路撒冷的日期就被定在1899年。依《但以理书》的另一则预言，在犹太人返回耶路撒冷整整49年之后，基督第二次降临（此时举行末日宣判），结果，世界末日会降临于1948年。

牛顿又进一步改良和采用不同的起算日期，以及取自各种预言所称的各样天数及年数，计算出许多世界末日的日期。[47]

乍看之下，以牛顿这样一位严格的理性主义者，会设法去解释那些预言是十分怪异的事，但他是做过谨慎考虑的。依循由帕拉切尔苏斯一脉相承的知识发展，牛顿看待那些预言和我们今天的看法不同。[48]在他看来，那些预言不是节庆中的噱头，也不是宴会里助兴的笑话，而是人类受上帝统治的明证。

长期以来，学者尝试仅用推理的方法来“证明”造物者确实是无所不在的，笛卡儿与苏格兰哲学家兼炼金术士杜里都曾提出许多论点以驳斥“怀疑论”（当时被认为通往无神论和地狱的隐伏祸患）的错误。笛卡儿使用数学方法来论证，杜里则和牛顿一样，倚赖《圣经》中的预言。[49]

重建所罗门王的圣殿

无论牛顿多么明显地专注于这项工作，他留下来的这方面论著仍是杂乱无章的（例如他那残破的《对但以理预言的观察》），然而牛顿在这方面的兴趣和那些似乎不合逻辑的研究，至死都徘徊在他的脑中。甚至在去世前的一个星期，他还在琢磨对预言的一贯想法以及对《圣经》的解释，一再重新计算末日宣判到来的时间，把末日看成注定要发生的事，世人只能设法预测它到来的日子。

这里显示出 17 世纪和 20 世纪的知识分子的看法有多么大的差异，或许更重要的是，它显示出牛顿自己有种恐惧感，因此他需要证明自己不同于常人。

牛顿以科学及炼金术为慰藉，以逃避这个他并不喜爱的世界，更在宗教范畴里建筑他的家。他全心相信上帝创造了世界，以神圣之手主控万物，可是他并不喜欢那结果，主要是因为在他看来，人类有不断玷污造物主的恶习。除了要证实自己独特天性的欲望，遁入《圣经》之中还可能让他发现一个比较清纯的世界，何况他也喜于预测当时整栋凶恶的世界大厦何时会倾倒。

他倾全力于重建所罗门王的圣殿①，将这圣殿认定为整个未来世

---

① 所罗门是以色列和犹太统一时期的最后一任君王，大卫王和拔示巴的儿子，于公元前 961 年开始统治王国。所罗门以其才智和巨富闻名，他在《旧约》和《新约》中屡次被提及，有关他在位的叙述可在《旧约·列王纪上》的 1~11 章找到。所罗门以伟大的建筑计划著称，其中最著名的是扩建耶路撒冷北部的大街旧城。他花了 13 年的时间来建筑华丽的王宫和圣殿，后者是王室礼拜堂、统一王国的主要宗教建筑和王国的中心，但这些建设的遗迹尚未被考古学家发掘。——译者注

界的典范。他将这个欲望展露无遗。

就像同时代的思想家一样，牛顿相信古代文明中的宗教大殿不是仅作为敬神之用，古人尽了极大的努力也不是单纯地只为保存他们的文化和世界观，他们建造庙宇和碑柱，将其作为宇宙在大地上的象征（现在还存在许多这样的例子，如欧洲各处的石头阵和埃及吉萨的巨型金字塔等）。[50]

牛顿认为最具深度的古人是所罗门王，他称他为“世界上最伟大的哲学家”[51]。所罗门王的圣殿最早建于公元前1000年，它位于当时已经是犹太人圣地的耶路撒冷城内，是智慧与信心的神圣象征。几乎从这座圣殿建成开始，一直到约3 000年之后的文化启蒙时期，它就和非基督徒所建的金字塔及石头阵同样受到崇敬。[52]不过，牛顿更添上了自己的意见，认为所罗门王的圣殿是得到上帝的指导，以不凡的观察力设计出来的，它不但是这个宇宙的模型，而且是未来世界的典范。于是，牛顿参照《以西结书》中的描述，阅读过不止一种，而是三种不同文字的版本，认真地描绘所罗门王圣殿的平面配置图，将它视为解读古人智慧的钥匙，以作为破解《圣经》预言的途径。经过一番努力，牛顿画出了详尽的设计图，他相信那就是未来世界的建筑计划。

牛顿认为这张平面设计图的尺寸和几何形态给《圣经》预言中许多伟大的宣告与日程提供了线索。他把设计图和他对《圣经》的阐释综合起来，重订过去和未来的《圣经》年代，得到了更详细的大纲，比如对于天主教会主导时期的终结、基督的第二次降临，以及最后的宣判等各个事件，都订立了新的日期。

所罗门王圣殿的建筑配置不仅为牛顿提供了许多阐释《圣经》

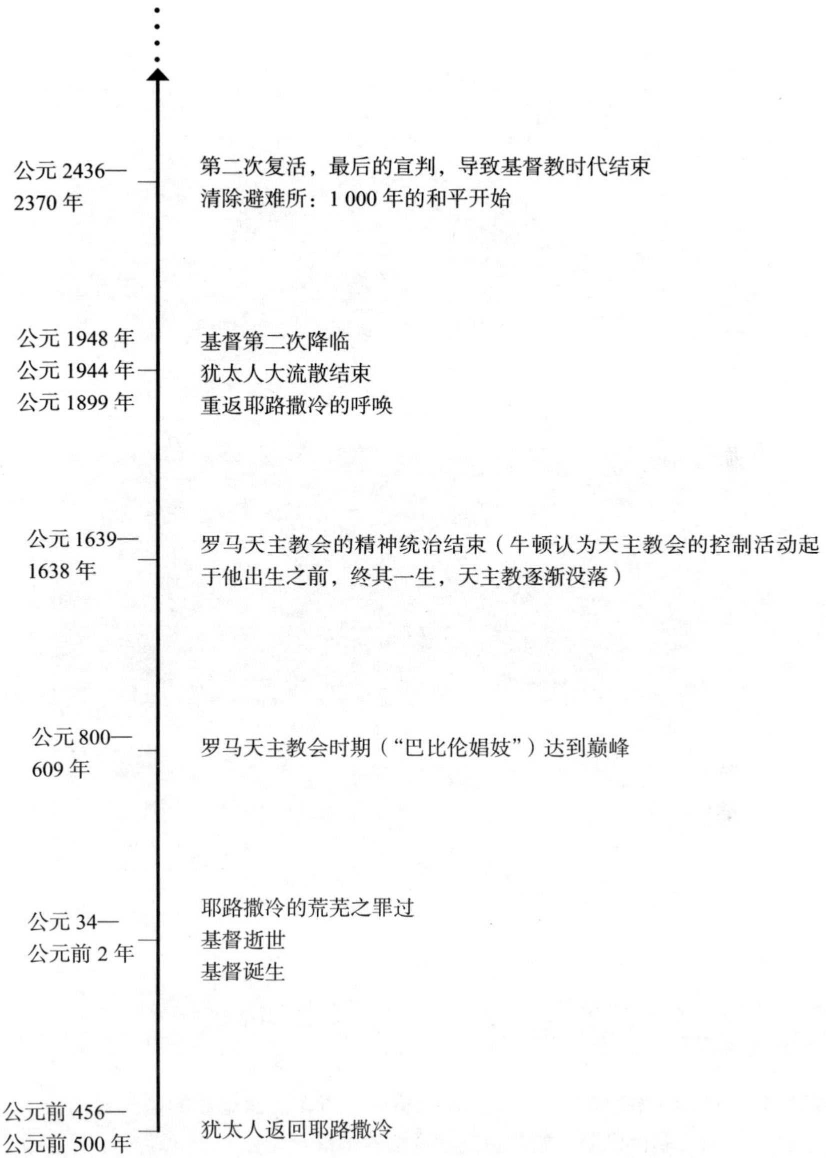

图 7–3　牛顿的《圣经》年代简要。虽然这项工作从 17 世纪 70 年代就已开始，但是直到 1727 年牛顿去世的当月，他仍然在陆续修订阅释

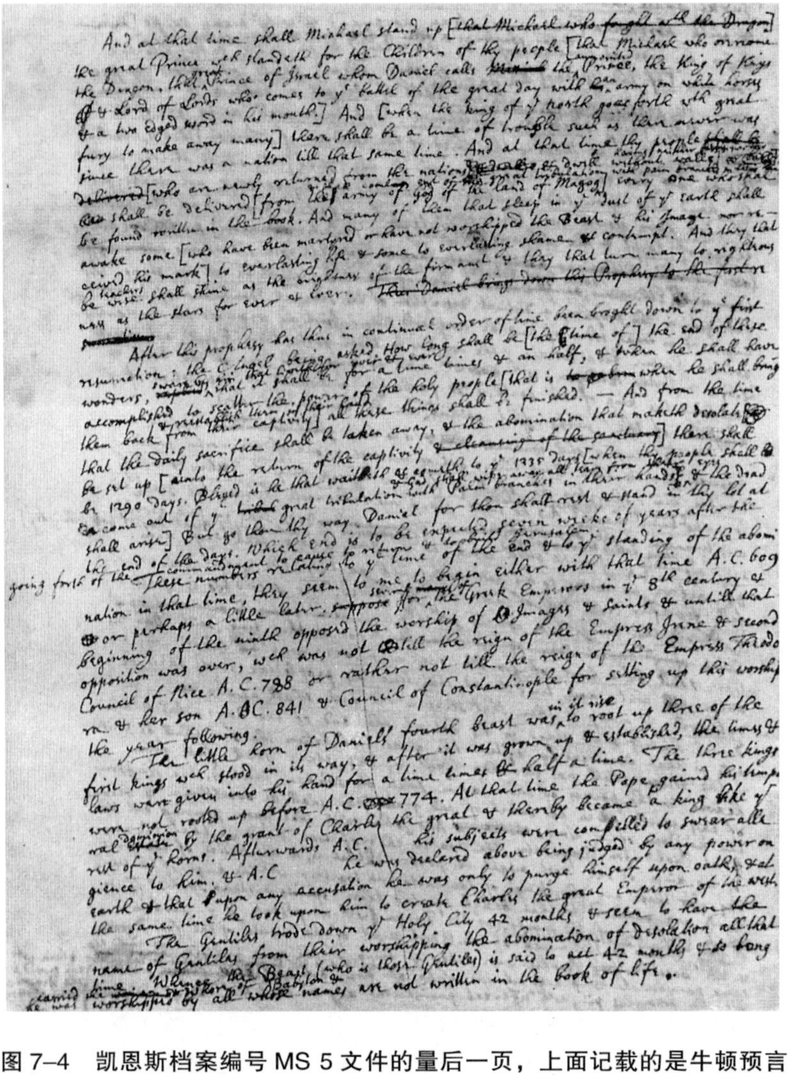

图 7–4　凯恩斯档案编号 MS 5 文件的量后一页，上面记载的是牛顿预言《圣经》上的大事件日期，如基督复活及世界末日

（ King’s College Library，Cambridge 提供 ）

预言的材料，也协助他塑造了万有引力概念的模型。

牛顿在他的阐释中指出，在这座圣殿的心脏位置，“有一团奉献祭品的火焰在神圣之地的中央永恒地燃烧”。[53] 试想一下众信徒环绕着圣火的画面。牛顿称这个地点为神坛，他以下面这段文字说明神坛即代表宇宙：“他们臆测整个天国是上帝真正而实在的圣殿，因而他们以最适当的形式设计它在地上的宫殿。它代表了天上的体系，才配得上被称为上帝的宫殿。”[54]

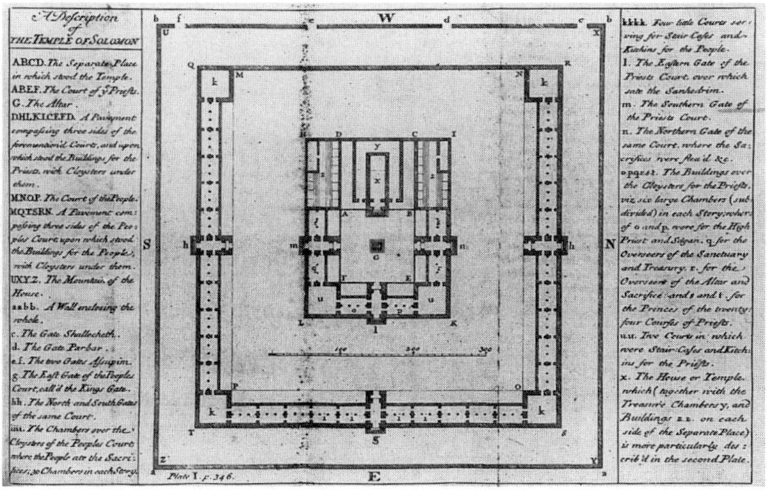

图 7–5 牛顿绘制的所罗门王圣殿平面配置图，他认为它可作为另一个世界历史的年代学图规

（The Bodleian Library，Oxford 提供）

牛顿并非很草率地把所罗门王圣殿的平面配置图认作宇宙在地上的模型，有至少一位专门研究牛顿生平的学者指出，圣殿中央的一团火焰和众信徒环绕火焰的形象，可能也是引发牛顿提出万有引力的灵感之一。[55] 牛顿产生引力概念的关键，可能是他把光线想象为吸引信徒聚向中央火焰的力量，而不是单纯地将其看作由中心向外辐射的物象。对牛顿而言，火焰的辐射和“轩辕十四锑”的“力线”极为相似，此概念之后潜藏在他的心里，挥之不去。如果从这个架构来看，太阳系和圣殿之间的相似处就极为明显了：行星犹如一群信徒，太阳即是圣殿中央的圣火（有时被称为“世界中心之火”）。[56]

上帝的使者

17 世纪 70 年代中期，牛顿开始研究古代知识时，他关于重力的概念十分简单，那与他 10 年后发表于《原理》之中的万有引力完善观念相去甚远。他当时已经得到利用平方反比律来计算图形轨道上行星受到的离心力这个结论，不过他还要得出关于此行星运行的吸引力特性详细原理。当时，牛顿正沉迷于炼金术实验，并追根究底地探索古代神学，所以这些工作必然影响了他的思想，使他接近更广阔的宇宙观，并且为他提供了超越正统教育范畴与传统哲学领域的机会。或许“轩辕十四锑”形状的启发以及所罗门王圣殿中央神坛的配置，尚不足以提供能够帮助他解释万有引力定律的数字资料，但它们或许就是牛顿迈向伟大科学理论道路上的路标。

就算这些路标在以后才稍微显露出来，牛顿最初也可能没有意识到它们的存在，就像引领他于 17 世纪 80 年代整合万有引力定律的原始概念一样，是后来才逐渐显现出来的。我们虽然没有从留传下来的文件中找到明确提出“轩辕十四锑”及所罗门王圣殿象征万有引力的记载，但万有引力的观念不可能是灵光一闪就领悟到的，它是历经牛顿 20 年的思维过程才逐渐成形的。另外，对于没有文件清楚地记载牛顿是直接从研究宗教而形成万有引力概念的这件事，我们也不必觉得惊讶，因为等到那潜伏着的意识触发并产生作用时（也许已经迟至 17 世纪 80 年代中期他开始撰写《原理》的时候），牛顿已经用严格的数学语言涵盖了全部理论基础，又以正统的术语表达出定律的意义，就再也没有打算也没有必要去说明那灵感的来源了。

牛顿可能自认为是新的所罗门王，他认为揭开大自然的秘密是上帝赋予他的任务，无论那个秘密是科学的、《圣经》里说的、炼金术的，还是上帝的。他生存的理由、活着的使命，就是要为它而奋斗，在梦想实现之前，他绝不休息。甚至在沉迷于炼金术和《圣经》的神秘世界的同时，他仍然抽身去从事正统科学的研究，因为那也是在展现上帝的意义和上帝的计划，结果它最终成为他发展出最重要见解的关键。

但是在一个更为现实的世界里，他流露出来的本性却将要遭遇意想不到的对抗，以及最不能接受的一些挑衅。

第八章

宿敌

对于胡克在《显微制图》中阐述的观念，牛顿无意给予任何恭维，也不承认《观察的讲演》中所述实验的灵感来自它。牛顿从不轻易把功劳归于他人，除非有绝对的必要，而且一旦被冒犯，他将永不原谅。

他奋力维护自己的珍藏不被人发现，不被流传。

——埃德尔[①]评论梭罗[1]

为人师表

牛顿担任卢卡斯讲座教授之后，第一次在三一学院授课是1670年1月。他最初以光学为主题，那是前任巴罗教授于上一学期结束时的讲授范围。巴罗竭尽其智慧才能授课，但他的光学课程仍是以大部分不正确的理论为基础的；牛顿则是以自己的发现加上严格的数学支持来展开的，所以他们俩的课程是在迥然不同的层次上。

> 近来发明的天文望远镜，为几何学家提供了大量使用的机会，以至于在光学上似乎没有什么可再让人尝试改进的东西了……如果我再参与这方面的研究，大概只是白费工夫而已。但是，我发现几何学家对于光的一种特殊性质（属于折射范围）的见解错误，因此不声不响地检查，从而验证了他们在推

---

① 埃德尔，美国文学评论家、传记作家。——译者注

> 理中的某些物理假说并不成立。我想，如果我将光学的这个原理做更严谨的测试，把多次验证为正确的部分补充到我可敬的前任教授的教材之中，这应该是可接受的事。[2]

尽管他自知是个天分很高的人，全心奉献于科学研究，大胆尝试，可是他那一小群学生则茫然不知，完全想不到牛顿所讲授的理论基础，正是他后来的著作《光学》中的材料，是他对物理世界伟大贡献的两大支柱之一。

牛顿第二次上课时没有一位学生来听，不但如此，甚至在其后的 17 年间，几乎每一次上课都一样（17 年之后，他索性不再假装教书，而是只坐领薪水）。他面向空荡荡的教室讲课，让回音在四壁回荡。据他的工读生助手汉弗莱 · 牛顿（1685 年才来到三一学院）说，每学年的每个学期，只要牛顿在学校里，他就会尽责地跨过大院去讲课，大多数的情形都是没有学生来听课的，那么他就会把原定为 30 分钟的课程缩短成 15 分钟，然后又匆匆赶回自己的房间做他认为实际的工作：烧熔炉、做他的炼金术和科学实验。汉弗莱说："很少有学生去听他的课，更难得有学生听得懂他的课。没有听众的时候，他就对着墙壁念讲义。"[3]

牛顿毫不在乎学生对他的课程持敬而远之的态度。事实上，牛顿只不过是尽他的教学责任而已。大学里学生缺课的情形不是只限于牛顿的课，他们甚至对最热门的课程也照逃不误。1666 年，首任亚当斯阿拉伯文讲座教授的卡斯特尔在他第一次上课时，教室内就空无一人，于是他在教室的门上钉上一张纸条，上头写道："明天，阿拉伯文教授将走入无人的荒野。"[4]

牛顿对着墙壁讲课，先是教光学，接着讲授一点儿数学，再接下来就是讲授将来让《原理》大放光芒的各项定律。牛顿依照巴罗的做法，在形式上遵照规定，每年交给大学图书馆十堂课分量的讲义，不过也无法百分之百遵守，可是他那些讲义的品质远超过欠缺的量。

牛顿担任教授后不久，就把讲授课程的时间减少为每年一个学期，他又开始逐渐拉长了不在校园内的时间，然后连出席讲堂的次数都减少了。他一向不喜欢教书，也不怎么喜欢学生，他和别的天赋才智者一样，总觉得难以与青年学生或是学识不足的人相处，哪怕是短短的时间也不行。

在他的学术生涯里，据我们所知，他一共只指导过三个学生，分别是在 1669—1696 年的不同时间段里。第一个学生是个自费研究生，他有一个很妙的名字，叫作圣莱杰·斯克罗普，他是在 1669 年春牛顿担任卢卡斯讲座教授之后不久追随他的。第二个学生是马卡姆，他只在 1680 年夏跟过牛顿很短一段时间。牛顿与第三个也是最后一个学生相处的时间同样极为短暂，他叫作萨谢弗雷尔，牛顿在 1687 年《原理》出版以后暂时指导了他几个月。这三个学生都没有在学术上取得什么成就，我们很少听说他们的事情。但是更奇怪的是，他们自己都没有记录下当牛顿的学生时的经历。试想这位卢卡斯讲座教授是 17 世纪后期世界上最伟大的科学家，那些在年轻时亲耳聆听他教诲的学子，几乎完全没有关于他的任何忆述，这的确是难以想象的事。我们只有下这样的结论：一般的剑桥学生，对牛顿教学内容感兴趣的平均程度，与他的教学能力成正比。

牛顿的光学实验

牛顿最关心他自己的研究工作，他在成为卢卡斯讲座教授之后所致力的第一项科学研究，就是把光学列为他第一套教学讲义的主题。17 世纪 60 年代中叶，牛顿已经能够用棱镜展现白色光是由多种颜色光混合而成的性质，光谱的一端是红色，另一端是蓝色。自 1669 年年末至 1670 年年初（同一时期他开始涉足炼金术），他又重做这些实验以澄清他早期的概念，以证明他的颜色理论绝无可疑之处。在重做的一组实验中，第一个实验只用到几张纸卡和两块玻璃棱镜，其简明的设备被后人尊称为“实验的十字架”①，这使科学界首次见识到他作为实验家的天赋。那实验除了简单得漂亮，也十分有效地展现了他的理论。

牛顿所做的实验是要证明白光是由有色光谱混合而成的，并且“纯”的太阳光会被棱镜“分离”，这是光谱中的各成分被“弯曲”或折射到不同区域的缘故。他早在 1664 年就已经使用棱镜做了实验，并且成功地证实了这些现象，也将他的见解写入哲学笔记簿里的“疑问”一栏中。接着，他把自第一块棱镜折射出来的光线引入第二块棱镜。在一篇名为《关于颜色》（写于 1666 年）的论文中，他说：“纯红色光在经过第二块棱镜折射之后，不会有除了红色的颜色光出现，而纯蓝色光在经过第二块棱镜折射之后，也不会有蓝色以外的颜色光出现。”[5]

当时盛行的看法是，光线在经过一个“黑暗”介质（例如玻

---

① “实验的十字架”应是取其既简明又有象征性的意味。——译者注

璃）之后，它的性质就会被改变或修正。但牛顿的光折射实验展示出来的结果却相反，光的性质未曾改变，只是因折射而分离出有色光来。可是这个简单的实验并没有让他满足，他要有一个更清楚且能够量化的方法来证明他的理论。

在第一个新的实验中（即“实验的十字架”，见图 8–1），牛顿让光线先通过第一块棱镜，把它所造成的光谱中的一部分射向靠近这块棱镜的一张卡纸，卡纸上有一个小孔，它仅可使光谱中的其中一种颜色光穿过。光线穿过第一张卡纸之后，再让它穿过第二张也开了小孔的卡纸，才使光线射入第二块棱镜。最后把从第二块棱镜折射出来的光线投射到一张白色卡纸上。牛顿发现，如果他仅容许光谱一端的光线（比如蓝色光）通过整个特意安排的装置，其产生折射的程度比另一端（红色）光线通过同样装置折弯得多。他写道：“我的见解因此更加明确，通过观察第一个例子，我发现在来自相同入射光源的单色光中，折射能力最强的是紫色和靛青色，折射能力最弱的是红色，而蓝色、绿色和黄色则有中等程度的折射能力。”[6]

牛顿仍然不满足，于是他另外安排了一个巧妙的实验。他先用一块棱镜产生光谱，将光谱投射到一面凸透镜上，然后移动凸透镜的位置，使通过凸透镜的光线聚焦在后面的墙壁上，再度显现出一个白色的光点。在被棱镜分离的光谱中，各种有色光在通过凸透镜之后，重新汇聚组合成白色的光点（见图 8–2）。

最后，他在凸透镜与背后墙壁之间架设一架特殊的齿轮，在一个恰当的位置上，慢慢转动齿轮，轮子上的凸齿挡住了一部分穿过透镜的光线，使之不能到达墙壁，于是焦点上就产生不出白色光点了，这是因为被齿轮阻挡的光线是组成白光的各成分光之一。他进一步加快齿轮的转动速度，使眼睛无法辨识出墙上各色光的变化，这时墙上的焦点又恢复成了白光（见图 8–3）。

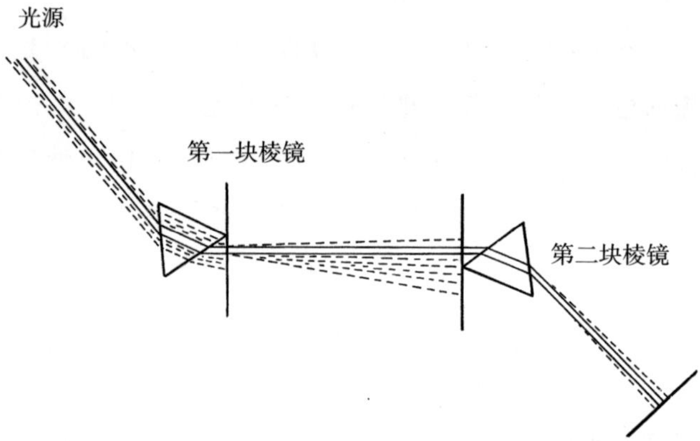

图 8–1　牛顿一系列实验中的第一个实验："实验的十字架"

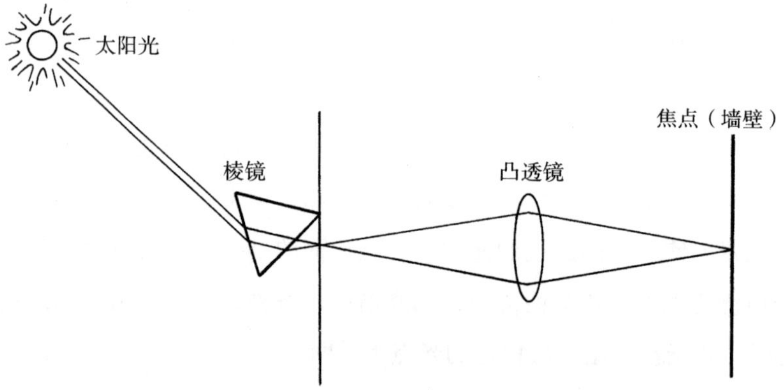

图 8–2　让通过棱镜之后的光穿过凸透镜

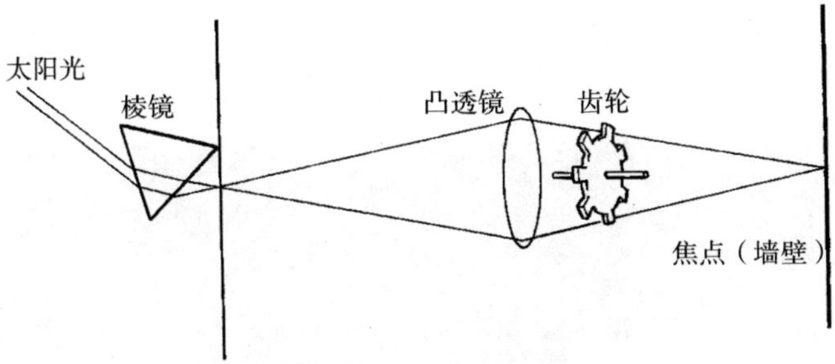

图 8–3　用齿轮制造单色光

样样自己来

尽管实验有了一连串的成就，牛顿仍没有把这件事告诉任何人，然而巴罗必定已觉察到牛顿的实验并鼓励他继续尝试。此时巴罗已经迁往伦敦（担任国王的牧师），只有当牛顿需要他的时候，这位对科学社会有影响力的前辈才出面替牛顿联系。但是牛顿此时还不打算公开他的实验，所以他还用不上巴罗帮忙。这时候，出版商柯林斯有心替他发表数学上的研究成果，然而牛顿也不愿意公开发表。

如今的科学家若是希望公开自己的研究成果，可以先写成论文，投寄给一家学术性刊物——例如《自然》《科学》——发表。然而，17 世纪末期，要想在英国发表科学论文，必须经过皇家学会，因此当时牛顿若想发表他的研究，只要通过巴罗与皇家学会的关系即可，不过他却保持沉默。剑桥大学以外的人第一次听说牛顿的名字是在他做“实验的十字架”两年多以后。那时，他制造了一架反射式天文望远镜，他于 1671 年 12 月底托人将其送去伦敦，交给皇家学会。

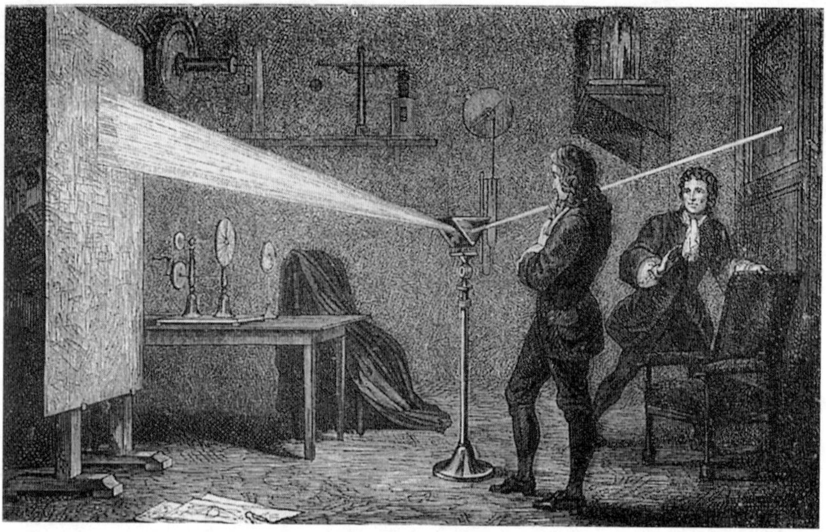

图 8–4　牛顿在三一学院的房间里做他最早的实验，来研究光的性质。图中的另一位人物是牛顿的室友——神秘的威金斯先生

（Mary Evans Picture Library 提供）

1669 年 2 月，牛顿在担任卢卡斯讲座教授前约 8 个月，就已经做好那架望远镜了。那时，巴罗还在剑桥。牛顿写了封信给一位姓名不详的朋友，他在信中形容那架反射式天文望远镜有能力将直径放大“几乎 40 倍，比任何 2 米长的折射式天文望远镜都强得多。我认为它的清晰度极佳，我曾经清楚地观测到圆圆的木星及其卫星群，也看到了金星的角”。[7]

令人不可思议的是，牛顿的那架反射式天文望远镜是完全由他独立做出来的。他从零件开始造起，用自己的配方做成合金制造反射镜，自己做模子，自己打光、做镜筒、装置部件、调整角度距离等。他老年时和康杜伊特谈起制造那架天文望远镜的经过，康杜伊特重述了这件事："我问他望远镜是在哪儿做的，他说是自己做的，我再问他从哪儿得来的工具，他说也是自己做的，并且还笑笑说，如果我要人家帮我做工具和制造仪器，那我永远也做不成什么东西。"[8]

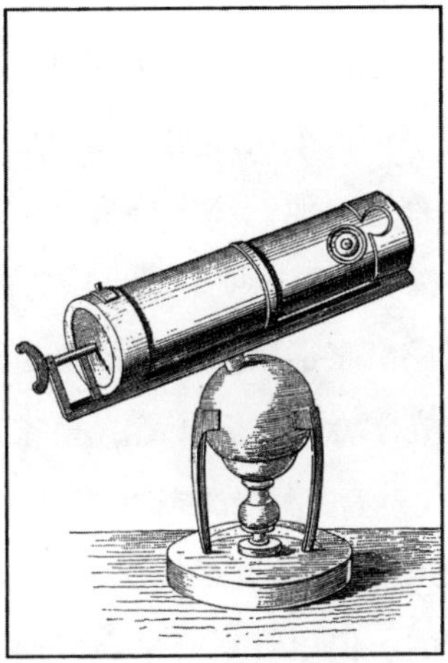

图 8–5 牛顿在 1671 年年底交给英国皇家学会的反射式望远镜描绘图

（Ann Ronan at Image Select 提供）

我们很难形容需要多高明的技巧和手法才能制造望远镜，只能说过了好几年以后，伦敦的工艺师们试图仿制一架可用来观测的反射式天文望远镜，结果统统失败了。苏格兰数学家詹姆斯·格雷果里于 1663 年发表的《提升光学》一书中，也有这样的一个设计，后来他聘请当时国内手艺最好的工匠，按照设计做一个实品，最后还是白费功夫。

在巴罗的一再坚持下，1671 年年底，牛顿才勉强同意让巴罗将天文望远镜带往皇家学会，在会议中展示给一小群会员观赏。那是一台设计巧妙、手工精致、大约半尺长的仪器。就如牛顿自己宣称的那样，它比体积大十几倍的折射式天文望远镜的威力大得多。第一次展示就引起了轰动，连不久前才获任命为皇室天文学家的约翰·弗拉姆斯蒂德都为之心折。于是雷恩、罗伯特·莫里和保罗·尼尔爵士等人代表皇家学会将天文望远镜带往英国政府为国王查理二世亲自演示。短短几天之内，牛顿就接到皇家学会的秘书奥尔登伯格一封极优雅的恭维信，信上说那架望远镜已经由“此地最杰出的光学家和仪器专家检查过，他们都十分赞赏”。奥尔登伯格又表示，皇家学会愿意代表牛顿“保护这项发明，以免被外国人侵占权利”[9]。

为了确立优先权，皇家学会给荷兰的惠更斯写信报告，因为他被认为是当时顶尖的光学专家。紧接着，皇家学会决议定制两架较大的复制品，一架长 1.3 米，另一架长 2 米。

牛顿制造的天文望远镜无疑是一大科技成就，其品质和威力在当时都是无可比拟的。但尽管皇家学会大肆宣传，牛顿却从不自称是第一个设计反射式天文望远镜的人。此设计的荣誉应属格雷果里，虽然它还称不上是实用的设计，但它的制造原理已存在超过一个世纪。

当选皇家学会院士

牛顿制造反射式望远镜的理由之一，是他无法忍受当时一般使用折射式望远镜所能达到的低劣品质，他想要做出有着更高品质的望远镜。折射式望远镜是1608年由利珀希发明的，因为镜筒内使用的是透镜，而透镜是借折射来成像的，因此会受到称为“色像差”的特性干扰。除非透镜的品质非常完美，否则不同波长的光线在通过透镜后，不太可能聚集在同一焦点上，结果会产生变形的影像。而反射式望远镜使用反射镜成像，如果做得好，就没有聚焦的问题，也没有色像差的问题。解释色像差的问题可以用白光是由光谱中各有色光混合而成的理论，可是当时除了牛顿，没有人懂得这个道理。后来，牛顿的同代人才逐渐明白，牛顿费了那么大的功夫制造那架望远镜，事实上是为了证明他所发现的理论。

收到奥尔登伯格的第一封来信之后，过了几天，牛顿回给他一封相当矫情的信：

> 读了你的来信之后，我十分惊讶于我那至今不觉得有什么价值的小东西，竟得到如此关怀，并且你们要为我取得发明权。由于皇家学会认为它值得保护，我必须承认学会的先生们远比我看重它（反射式望远镜）。我一向无意于把它公开，既然已经珍藏了多年，我想也许就继续藏起来吧。[10]

过了没几天，奥尔登伯格又传来进一步的消息，牛顿于12月底被皇家学会的创始人之一——天文学家沃德提名为皇家学会院士候选人。到1672年1月11日，牛顿顺理成章地当选院士。他当然十分高兴，胆子也壮起来了。1月19日，伦敦方面收到他的一封信，信中提到他制作的望远镜和他的光学理论之间的关系。

> 您下次来信时，我希望您能将学会每周例会的时间通知我，因为我准备在一次会议中，提出我发现的一种光学理论，供大家思考和质疑。这个理论是引发我制作该望远镜的原因，我深信公开这个理论比公开望远镜更加有意义。我认为到目前为止，对于大自然的运作而言，它如果不是最值得重视的理论，也可算是最奇特的现象。[11]

接着，由于自我膨胀的心理驱使，牛顿在2月6日写了一封长信给奥尔登伯格，详细说明他的光学理论，那封信的内容便是日后为人熟知的《光与颜色的新理论》。一个星期内，回信就来了，牛顿紧张地把信打开，因为他不知道大家对这个既复杂又极具革命性的理论做何反应，结果信中充满了赞美之词。奥尔登伯格说，牛顿的论文于2月8日就在皇家学会被宣读了，并且广受欢迎。

皇家学会是1648年在牛津大学沃德姆学院研究员威尔金斯的办公室里诞生的，很快就发展为包罗当时重要的自然科学家，例如波义耳、奥尔登伯格、沃德等知名人物的组织。波义耳给这个组织起了一个“隐形学院”的外号，因为他们会不定期地集会，讨论欧洲最新崛起的一些思想，以及他们各人在自己的学术圈中接触的事情。到1659年，这个社团有了较为稳定的规模，在伦敦主教门的格雷沙姆学院得到了一个定期会议的场所。那个学院原来是格雷沙姆爵士①的家，他在遗嘱中指定那些房子要作为研究的场所。又过了3年，当20岁的牛顿在三一学院大学部读二年级之际，皇家学会获得

① 格雷沙姆爵士是英国第一位数学教授。——译者注

了国王查理二世正式承认的皇家宪章而取得正式名称，翌年又在第二份皇家宪章中获得授权和箴言“Nullius in Verba”（出自古罗马诗人贺拉斯，大致是“不可轻信人言”的意思）。

17 世纪时，皇家学会的成员几乎全部都是牛津和剑桥两校的教授或研究员。在那个时代，瘟疫盛行，欧洲各国间争斗频发，有九成的老百姓生活在被我们今天视为赤贫的条件之下，其他幸运者则从事商业或研究学问，莫里哀和德赖登①就在那些年中获得了最大的成就，斯宾诺莎也于那时发表了《神学政治论》。同时期的一些英国哲学家模仿欧洲早期的社团组织——例如伽利略在帕多瓦大学设立的平纳利学园——成立同类型的学术团体。

皇家学会迁到格雷沙姆学院之后，有了较为正式的定期例会，例会以宣读论文为主，然后进行成员之间的讨论。后来，会议又增加了正式的论证。过了没多久，皇家学会成了伦敦所有科学的仲裁者，任何被认为在学术上有成就的人，都会被邀出席会议。

根据创始人之一的格兰维尔（英国自成一格的怀疑论者）所言，皇家学会最早期的信条是“防卫亚里士多德传统主义者的抨击，借观察与实验扩大知识领域”[12]。这是高尚且有远见的宣示，此宣示引导学会超过 3 个世纪。但是，在早期，此宣示必定是难以遵守的。

第一篇论文

学会的开放态度导致严肃的科学努力中混杂了怪诞的谬想：学

① 莫里哀，法国剧作家、演员。德赖登，英国诗人及剧作家。——译者注

会的成员进行粗劣的活体解剖实验，有一回还在乳酪中培养蛆（跟随流行的自然发生说[①]）。然而，有些自然哲学家被认定在不予接受的范围内。迪伊曾经在正规科学调查方面为世界做了很多贡献，却在死后被皇家学会贬斥，以致声名狼藉，甚至直到今日，他仍然被看作一个神经质的炼金术士。迪伊生前曾建立许多科学理论，他应该受到科学和炼金术方面追求者的肯定，就同牛顿一样。然而，只有牛顿不但被学会接受，后来还成了学会的主席。

皇家学会内部对宗教的容忍度很低，伟大的英国哲学家霍布斯就因为曾经公开承认物质主义者的观点而从未被邀请入会。另外，使牛顿的《原理》成书，并使它受到科学圈重视的天文学家哈雷，也只能收起无神论的主张。保持沉默才能加入皇家学会。

1666年9月，伦敦大火[②]被扑灭之后，因为伦敦的市政当局要用格雷沙姆学院作为重建伦敦的规划总部，皇家学会不得不暂时让出会议室。但是他们与高层的关系良好，又有国王的亲自赞助，很快地，这群睿智的绅士就找到了一个新家。霍华德（后来成为诺福克公爵）几乎于他们还未被要求迁出格雷沙姆学院之前，就把阿伦德尔市议院提供给他们使用了，同时附带给了他们第一座图书馆。如今，皇家学会的藏书约有20万册，就是自此座图书馆

① 自然发生说认为生物起源于无机物质。这是错误的过时观念。——译者注

② 1666年9月，伦敦发生大火，这场大火是英王查理二世在位初期的第二场灾难，第一场灾难是大瘟疫。在连续燃烧4天之后，大火毁了伦敦中心地区约4/5的面积，包括圣保罗大教堂及约1.32万所住房。但在国王的大力支持下，伦敦市容恢复快速，于1672年完成私人住宅重建，其他建筑也于1677年前重建。而圣保罗大教堂在雷恩的精心策划下，于1711年完工。——译者注

开始的。

牛顿被选为院士的时候，当时英国的许多著名人士都已经是皇家学会的成员了。雷恩那时也是院士，他后来在1681年也穿上了主席的斗篷；波义耳则是一个义务院士，他经常为学会提供论文和实验计划；那位完全不懂科学的佩皮斯也于1665年成了院士。[13]

皇家学会成为一个正式机构之后，发行《通信》是早期最重要的工作之一，那是一份让成员互相沟通理念的定期刊物。到1665年,《通信》演变为《皇家学会哲学通报》(下文简称《通报》)，它是现今科学期刊的最初模式，内容包括论文、通信和会议记录。

牛顿的《光与颜色的新理论》刊载于1672年2月号的《通报》上，它成了具有革命性意义的指标，因为在刊登那篇文章之前的第79期《通报》里，从来没有一篇是以实验为主、对一种已被接受的理论提出重大修正的文章。《通报》一向充斥着全然随意观察和臆测的妙文，各式各样的东西杂陈在一起，例如《观察从两只动物体内解剖出来的心脏》《太阳黑点的最新观测》等。还有文章讨论“狼人”“双头小犊”“雌雄同体”之类的事情，最为奇特的一篇是《一个在母体生存46年的胚胎》。总之，从来没有一篇挑战传统理论，提出可以用来验证理论的文章。

作为三一学院的卢卡斯讲座教授，牛顿想必在成为皇家学会院士之前就接触过《通报》，看过里面的文章，也必然会注意到当时自然哲学家的守旧作风，因此他应该早已有心理准备：要想建立他自己的独特方法，就会碰到许多困难。

图 8–6　于 18 世纪初期绘制的伦敦市风貌，这座被 1666 年伦敦大火毁坏殆尽的城市，此时已几乎完成重建

（Ann Renan at Image SeIect 提供）

选写及寄送《通信》《通报》这先后两份期刊的工作，本来都是皇家学会秘书的责任（牛顿当选院士时，学会已有两位秘书）。1665 年 3 月的那一期《通报》由奥尔登伯格总揽其事。在牛顿成为院士的最初几年，奥尔登伯格是他与学会间的联络者。奥尔登伯格是一个德国人，他成年之后的大部分时间都住在英国，1656 年以后定居在牛津。他长期支持牛顿的理念，用高超的外交技巧和极大的耐心，为过度敏感的剑桥教授牛顿与善用计谋的学会实验主任胡克之间的不睦关系打圆场。奥尔登伯格为他们所做的长时间协调，其价值真不可低估，因为牛顿在接到与高层科学精英见面的邀请之后不过几个星期，胡克就跟他杠上了。又过了 12 个月左右，牛顿连一次会议都没有参加，几乎就要辞去皇家学会会员的身份。

直到成为皇家学会的院士，牛顿在剑桥过的一直是隐居的生活，他不单在实际生活上与外界隔离，也极少接触那些和他程度相当的知识分子。他时常向长辈学者寻求指导，特别是巴宾顿、摩尔和巴罗这三位，除此之外，最常与他在一起的伙伴就是阿斯顿，以及他自己的室友威金斯。他进入了一个更广阔的科学天地，可是迎接他的却是一个与他事事对着干的胡克。

天才之间的争斗

胡克生于 1635 年，他是一位牧师的儿子，童年时期的艰难与他的对手牛顿十分相似。1648 年，当他才十多岁的时候，他的父亲上吊自杀了。童年时期的胡克就已经显露出了不凡的绘画天分，于是他在继承区区 100 英镑的遗产之后，收拾起行囊，前往伦敦追随画家莱利爵士。他的运气不错，得到威斯敏斯特公学老师巴斯比的注意，巴斯比觉得这个孩子的智慧和才能远不止做一个画匠。在巴斯比的教导下，胡克接受了当时所能得到的最好的教育，并获得了牛津基督教会学院的一个名额。学校记录中没有他取得学士学位的记载，不过却记有他于 1663 年被提名为文学硕士的记录。

胡克所过的大学生涯也和牛顿差不多，他同样不得不做童仆以贴补大学的费用。然而，少年丧父又加上穷困的学生生活，却使他形成了与牛顿完全不同的性格。牛顿的大学生活使他变得十分敏感和内向，胡克的个性完全相反，对于受到屈辱的反应也就相反；牛顿逃避与人做伴，胡克则喜欢群居到极点。

胡克自大学部毕业之后，在波义耳设于牛津的实验室中任职，做有薪俸的助理。他自那时起涉足“隐形学院”的事务，也结识了日后成为皇家学会创始人的许多极具影响力的思想家。由于波义耳的关系，胡克在1662年获得了在伦敦的皇家学会实验主任的职位。

实验主任的工作是为学会的每周例会准备和监督至少三个实验示范，也做一些临时通知的额外实验。胡克在压力之下工作得最好，在他的职位上表现得十分出色。他犹如文艺复兴时期的人物，样样都行，还不时地研究出力学、重力和光学的一些理论。他也在毫不相干的各个领域，例如地质学、植物学、制图学、解剖学、望远镜、显微镜，甚至机械运作等方面都发展了一些假说。他做出一些极具巧思的机械实验和化学仪器，甚至还制出飞行机器的很多设计图。

虽然胡克的数学天赋比不上牛顿，智慧也与牛顿无法相比，但是在某些方面的思考上，即使和牛顿完全不同，胡克也是同样杰出的。牛顿可以专注于一个问题达数十年，而胡克的无穷精力则体现在从一个问题跳到另一个问题。胡克无法长时间集中于一个问题上，因此有人认为他是个泛而不精的人。胡克有一本伟大的著作《显微制图》，自书名看来，那应该是有关显微镜技术的论著，事实上，它包括许多关于光的原始理论。该书出版于1665年，牛顿曾经详读该书，私底下十分钦佩。

因此，胡克与牛顿之间有双重冲突：性格上的冲突以及对自然科学做学问的方式的冲突。胡克喜欢泡在咖啡馆里，开一瓶甜酒和朋友随意聊天，经常带一个情妇相伴，甚至在日记中写下自己的性生活细节；牛顿则是躲在剑桥大学三一学院的围墙里面，过着极严谨的生活。在做学问的态度方面，牛顿轻视浅尝辄止的学习态度，不屑于那些不愿意为知识鞠躬尽瘁的人[14]；胡克则视牛顿如一个干果壳，毫无生活情趣可言，人固然很杰出，但却是一个满腹偏见、自作主张和自我陶醉的人。这样的两个人不可避免地会在工作上和性格方面发生冲突，而各自强大的自我意识更夸张了彼此之间的差异。他们都在无意识地维护自己的研究方法，并且完全不承认对方的成就。他们俩一直互相仇视，直到1703年胡克去世为止。

文字交锋

冲突的开端是因为胡克在处理牛顿的《光与颜色的新理论》时过于草率。皇家学会依惯例试图查证任何向他们提出的、具有分量的科学观念。与现代的科学期刊一样，论文发表之前，都必须经过一组裁判的评判与核实才行。胡克作为实验主任，在这件案子中的工作就是要分析牛顿的理论，然后写成报告向学会提出。问题的发生是他开始时只很草率地审阅了一遍牛顿的论文（他后来承认分析那篇相当复杂的文章只花了3个小时），这个原因到后来才被大家弄清楚，原来牛顿的理论与他自己极为看重的光学见解格格不入。胡克在他的报告中，一开头就这样说：

> 我已经拜读过牛顿先生的大作……且他的观察是如此新奇和完美，这令我非常高兴。虽然我完全同意他所陈述的都是事实，因为那些东西都已被测试过千百遍，产生的结果也都一样，但坦白地讲，对于将它用于解释颜色的假说，我尚未亲见

足以说服我、使我无法否认的雄辩证明。迄今为止，自我所从事的实验和观测，甚至从他所说的实验中，我完全可以证明光是一种脉冲，或者说它是在均匀、一致和透明的介质中传播的一种运动。[15]

牛顿从来没有让人如此公开地窥视过自己，因此，他被这份报告激怒也就不足为奇了。他的初步反应仍如先前一样经过奥尔登伯格的过滤，信中内容是坚定且谨慎的，起头是“我收到您 2 月 19 日的来函”，接着是“且细想以胡克先生这样严谨的反对者审阅我的论文的感受，很高兴他没有贬低其中的任何部分……我毫不怀疑，经过更严谨的检验之后，他将会发现我所言确属事实”。[16]

这封信的回应可能已经很谨慎了，但是牛顿信中那优越的语气却立即冒犯了胡克，或许胡克心知肚明，自己并未给予这位卢卡斯教授的论文以充分的思考，他唯恐这位年轻的教授在愤怒之下会给他惹出麻烦，于是先行发动攻击。

胡克是个老练的辩论能手，他知识丰富又才思敏捷，所以立刻就看出牛顿论文中的弱点，于是毫不客气地挑出来。他尽管对光的性质有不同的见解，却无法指责年轻的教授在观测和推理上有什么错误，但是他看出牛顿应用的方法存有矛盾，就把火力集中在了这一点上。

牛顿的论文一开头便立刻强调一点，他认为假说与可以验证的事实不是同一回事，然而他接下去显然就将它们混为一谈了。牛顿在仔细解说他的“实验的十字架”时，就宣称“已经不需要再争论……光是否为一种物质”[17]。这已清楚地表明光是一种粒子，而不具有波的性质。胡克不但对此持不同的看法，还认为牛顿此说不过是一项未经证实的假说。

牛顿明显犯了判断上的失误，当他收到一封指出他错误的信之后，他立即陷入了沉思的静默中，因为被人抓住毛病来攻击而生自己的气。此时，胡克想尽量占便宜。那年的 1 月，当皇家学会第一次展示牛顿的望远镜时，胡克就已经叫嚷着他在牛顿之前早做了一架相似的望远镜了。在会议上目睹这一幕的柯林斯后来回忆说：

> 胡克先生在众多会员面前强调，他早在 1664 年就做了一根约 3 厘米长的短管，里面装置了他设计的东西，其放大性能比一架用普通方法设计的 15 米长的望远镜还要强。但是瘟疫的发生使他离开伦敦，大火后的重建工作又需要他参与，并且他不愿意冒泄露秘密的危险，雇请玻璃工匠制造，以致忽略了这件事，没能继续完成计划。[18]

正当牛顿在三一学院舔舐他的伤口之时，胡克则企图声称自己是制作实用反射式望远镜的第一人。

起先，胡克的声明可能被人看作在自我陶醉而得不到重视，但是，他毕竟是皇家学会的实验主任，具备相当的实操技术。他又是个显微镜专家，虽然他还不能明白牛顿新设计的革新理念，也不及这位卢卡斯讲座教授所具备的丰富的数学知识和直觉天分，但是他绝对是个有才干的人。他自称做了一架强力望远镜，并且尺寸小到可以藏在他的怀表内，但那只是故弄玄虚，为的是让人印象深刻而已。不过以他的条件，他很有可能比牛顿早一两年制造出一架粗陋的反射式望远镜。

另外，胡克已经赢得了某种爱发表不实声明的坏名声。在某个场合里，他宣布已经研究出三十几种飞行的方法，但是他不能谈论细节，因为恐怕会被人家窃取技术。这一次，他又想在争取第一上说服皇家学会的同事（例如雷恩这位可敬的人物及学会主席布龙克尔）相信他，可是他既提不出书面证据，又无实体模型展示，完全白费力气，他的同事认为这只不过是他又一次的自吹自擂，反而对他更加反感。

迎头痛击

牛顿曾经有段时间根本不理会胡克的叫嚣。那个时候，他因为得到惠更斯的支持而得意起来。惠更斯在科学界远比胡克受人尊敬，影响力很大，牛顿对他十分敬佩。惠更斯不仅称赞牛顿的望远镜做得好，同时也（也许只是短暂性的）被牛顿发表在《通报》上的相关理论震撼了。他告诉皇家学会："牛顿先生有关光和颜色的理论，依我看来是了不得的智慧。"[19]

但是，自其他方面来的批评开始质疑牛顿的理论。一位巴黎的修辞学教授兼耶稣会教士帕底斯就指称牛顿"那非常不凡的假说"是不可接受的。[20] 帕底斯是一个传统主义者，他认为白色光被分离成个别的颜色是它进入棱镜的路线所造成的，并非因为入射光含有各种不同特性（不同波长）的光。他请奥尔登伯格转交给牛顿一封信以提出此论点，并很礼貌地请求解释。

牛顿当时正值被科学同僚的攻击弄得极不愉快的时候，于是对此信的反应不甚客气，他先将帕底斯贬损为一名门外汉，然后当这位修辞学教授再度为此问题写信和牛顿争辩时，牛顿索性给他上了一堂科学方法课以使他闭嘴。

> 关于这一点的答复，我要请你注意，我用于解释折射与颜色的相关讨论，只是包含某些光的性质，它与用于解释那些性质的任何假说无关。对事与物的推论，最好和最安全的方法似乎应该先聪明地寻求事物的性质，以实验来证实这些性质，再逐渐提出假说来解释。要知道假说只能用来辅助解释事物的性质，假说本身并非事物的性质。除非它可供做实验。因为如果假说的可能性也要作为事物的真实性来实验，那么我就不知道如何使科学得以确定了。[21]

经过几次详细说明牛顿的研究的信件往来之后，帕底斯终于接受了他的理论。可是胡克却一直在等候机会使他们俩的仇恨扩大，并十分留意《通报》中所刊载的两人之间的信函。他看到牛顿高高在上、以恩人自居的姿态对待耶稣会教士，心怀不平，便在 1672 年 4 月向奥尔登伯格表示不满，于是奥尔登伯格写信给牛顿，隐晦地指出其做法不太恰当。

1672 年 5 月，奥尔登伯格写信给牛顿，建议他把姿态放低一些。奥尔登伯格解释说皇家学会的功能是为对理论题材有不同意见者提供桥梁的，而《通报》尤其是个辩论的论坛。如果投稿人希望他们的意见能发表，就必须节制自己并遵守一些规则。之后，他规定今后所有的来函均不具名刊出。

那封信使牛顿愤愤不平，过了两个星期，他才稍微平静下来回信。信中他以更多的埋怨来回应胡克的刁难："我曾经告诉过您，我丝毫不在乎那些批评信是否具名刊登。"他又很生气地告诉奥尔登伯格，他决定把原本要寄给学会的许多资料搁置，他说："本来我有许多资料要寄给您，收到来函之后，我决定将它们延后，只给您一小部分我已准备好的东西。"[22]

他所指的资料是他从光学实验中新获得的结果，他故意不让奥尔登伯格刊载。他将那些资料扣住不放，一直到30年之后，他的另一巨著《光学》发表时才让它们公之于世。因此，他与胡克的冲突剥夺了科学世界知悉一组重要且完整理论的权利，直到这位理论的立论者觉得他在树立科学权威的争斗中获胜，把他最可恨的对手确实埋葬之后，他才将理论公布。

牛顿显然被日益升级的冲突弄得进退两难。一方面，他相信他所采取的应对行动可以克服那些对其成就的批评。若到头来他无法应付任何人以任何方式的找碴儿，便会决定退却，用绝对的沉默筑成藩篱来保护他的地位。可是另一方面，他又发觉难以使自己长时间隔离，他已经尝过扬名圈内的滋味了，纵然有时候会被不友善的批评冒犯，但他有时候仍然需要得到认可。

到1672年6月，他终于回应了胡克对他的批评。那篇文章是了不起的一击，将胡克反驳得哑口无言，将他的吹嘘击得粉碎。那封信先是在皇家学会的会议（胡克被迫出席）上被宣读，随后，会议记录被刊载在《通报》上。

牛顿在信的开始这么说：

> 头一件事是我最不能苟同的，最先来谈它是因为它最先被提起。胡克先生认为他只是非难我搁置了那些可改进光学理论的见解，也就是折射，但是他清楚地了解一个人不应为别人的研究立下范围，尤其是尚不知道别人的研究以何为基础时。假若他私下写信给我，要求为此说明，我当会告知我在那方面已有多次成功实验……[23]

他接着反驳胡克指称他的论文中包含了假说。他先承认他的确在论文中声称光具有粒子的性质，但是，“我并没有说绝对的肯定，我以‘或许’这两个字来表示，最多也只是暗示它导出这条原理的极佳结论，而不是以它为基本原理”。[24]

与对手的狼狈不堪形成鲜明对比的是，牛顿一页又一页地继续回应胡克的每一条批评，对事理的分析和推论十分轻快简明。等到会议结束之时，胡克被正式要求将牛顿原来的论文重做一次完整的评估，包括把牛顿文中详述的实验再做一次，以此验证牛顿提出的理论。对于所有要求，胡克都必须在短期内向皇家学会提出报告。

有一段时间，这场论战算是过去了。胡克吃了苦头之后，虽然一声不响，却也不是就让事情从此平静下去，这只不过是他有生之年全力争斗中的第一次流血。

再度封闭

胡克虽然在疗伤暂歇，牛顿却得不到安宁。惠更斯于一年前还对牛顿的见解显得无比热心，此时却变成了强烈的反对者。他从1672年秋到1673年年初，通过皇家学会给牛顿写了一连串的信。

惠更斯的反对和胡克的指责虽然如出一辙，但惠更斯的意见是以更周详的判断为基础的，也没有恶意，他认为牛顿的颜色理论是一种假说，不能称之为理论。

用现代的思维来看，这两位与牛顿持不同看法的异议者，在没有任何实验的支持之下，提出相同的论点来攻击，是件很奇怪的事。惠更斯和胡克一样无法接受一种全新的研究方法：用实验来测试一项假说，只有在实验证明该项假说不正确时，才能将它抛弃，再另做不同的假说。1673年年初，惠更斯未曾考虑使用任何实验来探讨牛顿的假说是对的还是错的，就贸然以过去的推理为依据质疑。

多年来，皇家学会一直倡导以观察来验证概念。17世纪的自然哲学家还未领悟到，如果一项假说获得了一系列实验支持，就可以将这些实验数据用数学的方法推演出一条运算定律，而这条定律便支配了相关的物理现象。20世纪的科学家都是以这种方法来研究科学的，这就是近代的科学方法，而牛顿是第一个充分使用这种方法的人。[25] 可是，17世纪70年代的自然哲学家虽然极力否认这一点，但他们其实在许多方面仍然缅怀亚里士多德。牛顿的伟业，正是自伽利略手中接下创新研究方法的领导权，担负起更大的领导责任，引领自然学者摆脱残余的烦琐哲学，走上现代科学之路。

今天，我们若提出一项假说，就必须用一些实验予以重复验证，这种做法已被普遍接受。若这些实验支持该项假说，那么假说就成为一则理论，更可能发展出一条展示其过程的定律。它可以用来推算和解释物理现象，或者再尝试用这条定律来解释相关的其他现象。如果各种实验都不能支持这项假说，那它仍然只是假说而已，不会被推广。[26]

奥尔登伯格尽他的责任将惠更斯的一封礼貌而周到的信转给牛顿。惠更斯固然明白牛顿的理论，但他更真诚地希望能得到前后连贯的解释，可是牛顿却以很恶劣的态度对待他的要求。1673 年 3 月底，奥尔登伯格才把信转出去没几天，剑桥那边就转来令他震惊的回信。牛顿劈头就说："先生，我要求您同意，我不愿意再做皇家学会的院士了。因为我虽然很尊重这个团体，却看不出我还能对它做什么贡献，何况我距离甚远，出席会议又无法使我获益，因此我想要求退会。"[27]

他用赶到伦敦出席会议距离甚远为理由，要求退出皇家学会，这是个差劲的借口。事实上，在他成为院士之后，的确是有 1 年多没有出席过会议。纵然牛顿的反应极为不当，但是如果我们不去追究他一向激动的情绪和鲁莽的处事方式，仅论此事的话，他是值得同情的。牛顿自信他所发现和证实的理论极为重要，却没有人愿意好好听他叙述；奥尔登伯格交代的实验示范，又因某种不明原因，胡克受命都过了 9 个月依旧毫无踪影（一直到 1676 年才在皇家学会的会议中示范）。然而，火上浇油的是，竟然连惠更斯这样让他尊敬的科学家都不能领会他的研究方法。对他而言，一切都没有变：即使他已经被上层的精英接受为其中一员，全世界也仍然在与他作对。

然而，还是要感谢奥尔登伯格的耐心，他有效地缓和了事情。他知道牛顿对此事件反应过度了，就提出愿意取消牛顿每季上缴会费的条件，那本来是牛顿疏忽忘记缴交的，因此也就平息了争执。

至于牛顿要放弃会籍的真正原因，在5月20日，事件发生后两个月，他在给柯林斯的一封信中坦白承认：

> 我认为我并没有受到不亲善的对待，因为我未曾遇到那类事件，这超出了我的预期。但愿我碰见过这类事，只是不要这么无理。因此，如果我为了防止将来发生类似的意外，免得再发表论文引起争执，你不觉得奇怪吧。[28]

牛顿要退出学会不过是在失望与气愤中叫嚷而已，不久之后，他控制住情绪，在不再那么难过的情绪下，给惠更斯写了一封既详细又礼貌的信，表示如果惠更斯仍然无法接受《光与颜色的新理论》的真实性，他将会亲自为惠更斯做一次示范。事情到此，这位荷兰科学家便退出了这场争论。

惠更斯不再质疑牛顿的理论了，牛顿与奥尔登伯格也一同忘了退会的风波，可是牛顿却如他所说，再度将自己和科学界间的联系切断，把自己关闭在剑桥大学之内，把自己包裹在隔离的毛毯之中，对距离仅约130千米的皇家学会中的讨论与争执，不闻不问。

牛顿继续与外界隔绝期间，于17世纪70年代前半期，更深入地从事炼金术的研习（在研究科学之余），也探讨了《旧约》中的神秘世界，这段时间也正是他自觉有必要为他的阿里乌信仰做辩护的准备，所以他搜集、研究了神学资料以对抗国王和宗教威权。然而这场争斗并未爆发，过了三年，1675年12月，他感觉到自己的教职已经安全无恙，是可以将他早先写好的新理论寄给奥尔登伯格的时候了。

新的著作是由两篇论文组成的，一篇是一项假说，另一篇是一组观测结果。第一篇是《解释光的性质的假说》，内容是说明光的粒子如何在不同的介质中改变方向和速率，以形成光线的反射、折射和散射。论文中明确指出颜色不是从这些效应中被制造的，又反复强调白色光是由各种颜色光混合而成的，这些反射、折射和散射现象只不过是光的效应，是光线的粒子发生变化的结果。

第二篇论文是《观察的讲演》，那写的是牛顿用来展示和证明他的假说的一组实验。这篇论文立即又引发了他与胡克间的争斗，胡克指责牛顿不但是从他的著作《显微制图》中获取灵感，还用它来展示一个与光的性质相反的理论。[29]

胡克向来喜欢说长道短和使用阴谋，此时他不再经由正式渠道去激怒牛顿，而是故意在伦敦的咖啡馆找来一群朋友开非正式的会议，然后就把那些闲言碎语透露出来，还设法传到牛顿那小小的公寓里，挑起牛顿和他之间的敌意。

对于胡克在《显微制图》中阐述的观念，牛顿无意给予任何恭维，也不承认《观察的讲演》中所述实验的灵感来自它。牛顿从不轻易把功劳归于他人，除非有绝对的必要，而且一旦被冒犯，他将永不原谅。于是一场巨大的自尊心冲突即将展开，不过牛顿再度免于落入公开的争论中，这次帮他挡开的却是胡克这位宿敌。

“巨人”的肩膀

奥尔登伯格和胡克两人对彼此很不友善，这在皇家学会中已经不是一个秘密，他们于 1675 年年初，为了一起知识的剽窃纠纷起了冲突。那次胡克声称自己比惠更斯更早发明了弹簧表。令胡克气愤的是，奥尔登伯格在争执中竟然站在惠更斯那边[30]，此外他还念念不忘 1672 年 6 月那场皇家学会会议，由于奥尔登伯格的处理方式，牛顿的反击让他感到无地自容。基于种种理由，他决定绕过奥尔登伯格，直接和牛顿通信。

虽然这种事情从未有过，而且这是有意给学会秘书难堪，可是奥尔登伯格却觉得并无不妥，因为他可以就此卸下对两位院士的责任，并且还能警告牛顿提防胡克的心机，告知他有关胡克的阴谋。牛顿回信给秘书，谢谢他“坦诚告知胡克先生（最近）的暗算”，然后继续说：

> 那不过是合理的正义，让我有机会对那无端向我抛来的污蔑做辩解，我要求胡克先生向我指出，到底哪些地方是如他所暗示的，取自他的巨著《显微制图》。[31]

在胡克把奥尔登伯格边缘化之后，他很奇怪地反而避免了一场公开的争辩。牛顿与胡克不是在《通报》中互相指责，也不是写信给第三者表达他们的愤怒，倒是遵循当年的习惯，绅士间的私函应该保持风度和彼此尊重，所以这两位对手在私函中把他们个人的声明和气话都用礼貌奉承的言辞升华了，但实际上，言语中却充满了厌恶与不信任。胡克为什么要采用这条途径，我们不太清楚，也许他觉得把奥尔登伯格驱逐出场，要比在这位老同事的注视之下挑战牛顿有利得多。

胡克于1676年1月挑起了这一次过招，他大言不惭地说："我完全不同意将论战或争辩刊载出来。"然后他又加上一句，"也十分不愿被牵进这样的一场争斗里"。接下来他就用糖衣包裹下的优雅文辞，做出一副施予恩惠的模样，他坚持：

> 我以公正的态度评估你那精彩的论文。我十分高兴地看到文中将我很久以前就提出却没有时间完成的观念改良和推广了。我确认你在这方面所下的功夫比我深得多，也确信无法找到比你更适合、更能干的人才来研究这些方向。你把我尚不成熟的工作在各方面都做到完善、有条有理、极具改革精神。如果我从事的职务容许的话，这都是我想自己完成的事，尽管我很清楚这只需要具有比你稍微低劣的才能就可以完成。[32]

牛顿于2月5日发出的回函中，充满了更为虚假的奉承，以及近乎做作得过分的友谊。他开头就表示同意胡克关于厌恶公开争辩的方式，他说："在哲学这方面，我最希望避免的事莫过于争辩；而在各种争辩中，我最希望避免的莫过于用白纸黑字的方式公开。"然后他又说："比起真理，在证人面前争辩，是很少不需要顾虑的；但是朋友之间的私人讨论，可以用探讨而非征服的姿态。我极希望你与我之间能证明这一点。"可是他接下来所写的语句就是常被后世引用，却是三个多世纪来一直被大部分人误解的话：

> 笛卡儿迈出了很好的一步，而你则推进了许多方面的发展，特别是将薄片间的色彩也引入哲学的考虑范围。假如我看

得比较远，那是因为我站在你们这些巨人的肩膀上。[33]

最后那句话真正显露出牛顿的骂人本领犹如刀锋般尖利。因为胡克曾经被人称为骗子和撒谎不脸红的人，也曾被称为“是我见过的世界上最大话连篇、最没信用的人”[34]。此外，他还是个驼背和体形扭曲的矮子，所以“站在你们这些巨人的肩膀上”那句话完全是双重意义的反讽——看来像是恭维，说胡克是个巨人，实际上牛顿在骂他是个矮子。[35]

即使胡克了解牛顿那句话的隐喻，他也没有什么表示。到1676年4月，皇家学会终于目睹了胡克演示牛顿《光与颜色的新理论》中的实验，那已是在学会收到论文之后4年的事情了。

独自航向科学时代

如果我们想精确地指出一个特殊的时间和地点，用来标志现代科学时代的降临，那么1676年4月27日的皇家学会会议应该可以作为起点，因为有一个精密的实验在那天得到了证实，那就是牛顿的“实验的十字架”，它的结果完全符合假说推论出来的现象，于是那项假说就转变为一个可被重复验证的光学理论。

这是牛顿与胡克那场争斗的结束，却不是牛顿对科学界心存不满的完结篇，更未曾终止三一学院的这位讲座教授与皇家学会的那些尊贵成员间发生的一连串的指责和反驳。

巴罗教授在皇家学会的那次验证演示之后一年，于1677年5月去世，牛顿可以说是变成孤单一人了。当年晚些时候，牛顿与皇家学会的接触点——奥尔登伯格秘书，也随着巴罗进入坟墓。他是那么高明的一位协调者和科学界的外交家，缺少了他，牛顿更加暴露在烽烟中。更无稽的是，《光与颜色的新理论》在1676年都已经公开验证过了，却仍然有很多批评者表示不同意牛顿的研究结果。当胡克继任了奥尔登伯格在皇家学会的秘书位置之后，极度敏感的牛顿感到整个气氛已到了不可忍受的地步。牛顿好不容易才建立的与广泛的科学界互相沟通的信心，在短时间内又崩溃了。牛顿再度切断外界的注视和批评，重新陷入静默之中。

此后，他有很长一段时间把自己隐藏起来，完全不理会外界多次将他请出来的企图。牛顿一个人躲在剑桥三一学院的实验室里，逐渐把《原理》中的各种理念结合起来。牛顿深深相信，在当时那不具善意的科学界注视之下，他根本不可能发展自己智慧结晶的巨作，更别提科学界的那些成员的知识落后到连他的方法都不能掌握了。于是，经过第一次与剑桥大学之外的世界接触之后，他满足于单独一人去探索知识海洋的彼岸，这种情形一直维持到他下一次暴露自己、再与他人发生冲突，并再一次获得荣耀为止。

第九章

迈向《原理》

牛顿从坩埚的底部和天体的运行中看到了吸引力和排斥力，他那跳跃般的想象力将这两种现象相连，建立了所有物体都能互相吸引的观念。对牛顿和全人类而言，《原理》即是传说中的长生不老药，是炼金术士的黄金，是令人寻寻觅觅的点金石。

机会只眷顾那些有准备的头脑。[1]

——巴斯德[①]

《自然哲学的数学原理》可能是从古至今最伟大的科学巨著，它的起源可追溯到当年伦敦的一间时尚咖啡馆里。虽然这本书的内涵是由萦绕在牛顿脑中的各种数学、炼金术和宗教的想象力所酝酿出来的，它却是经过他人不断催促，才来到这个世界的。如果一定要指出扮演这个促成者角色的人物，则首推天文学家哈雷。

缘起咖啡馆

深藏在牛顿脑中、从不曾显露的思想是如何与世人相见的？这个故事要从 1684 年 1 月讲起，当时有三个人约好在伦敦市内的一间咖啡馆见面，三人之一即是牛顿的死对头——那位爱吹嘘自己又喜欢议论他人的胡克，另外两人是雷恩爵士和哈雷。

他们一边啜饮着黑咖啡，一边谈论有关重力的问题。哈雷一向对行星运行的原理感兴趣，他向另外两位请教一个问题：行星环绕

① 巴斯德，法国细菌学家，创立微生物化学，证明生物不能自动起源（生物须由生物生出）。发明狂犬病疫苗、牛奶低温消毒法等。——译者注

太阳运转的作用力，会与其跟太阳距离的平方成反比吗？他本以为会换来一阵沉默，却没想到雷恩和胡克都哈哈大笑起来，哈雷不禁有点儿恼怒，最后胡克解释了他们有这种奇怪反应的原因。后来哈雷这样记述这件事情："胡克先生指出，根据此原理的所有天体的运动定律都有待证明。"[2]

同时雷恩也认为，用假说去获得这个结果并不困难，但要证明这个关系又是另一回事了。显然他曾经花费一番功夫去研究，却得不到什么有意义的结果。然后胡克又以他一贯的作风打岔，坚称他曾于几年前已经证明，但是不愿意向任何人透露这个秘密："胡克说他要将答案隐藏一段时间，等到别人也试过并且失败之后，他再公开，好让大家知道这个答案是有价值的。"[3]

现在，轮到哈雷和雷恩来驳斥胡克了。按照哈雷的记述，雷恩宣布愿意"给胡克先生或者我两个月的时间，去说服他做出令人信服的示范"，他又加上一句：如果他们中的任一人能于限期内完成任务，他将会酬谢得胜者一本价值 40 先令的书。[4]

很快，两个月过去了，没有人得到奖赏，他们三个人都提不出平方反比律的证明。雷恩逐渐对此问题失去兴趣，更是听厌了胡克的自我吹嘘，最后，他用一个典型的贬责结束了这次讨论，他说："我还没发现他（胡克）真像自己所说的那么好。"[5]

哈雷也渐渐觉得不耐烦，当 3 月自指缝间溜走、春天变成夏天的时候，他决定自己来处理这件事。他知道牛顿对重力素有研究，也拜读过这位卢卡斯讲座教授的光学和力学论文，不过他十分清楚这位教授的急躁脾气，以及他喜欢过修道士式生活的习惯。一开始，他考虑先给牛顿写一封信要求见面（我们从牛顿的"废纸簿"

记载中发现，牛顿于1682年见过哈雷，所以两人在这件事发生的前两年见过一次面），后来又决定不写了。他不再理会喜作狂言、仍然自称拥有秘密的胡克，其实那只不过是他不愿与人讨论、自吹自擂的大话而已。他又知道雷恩正忙于别的事情，就一个人收拾行囊前往剑桥，却没有料到这么一个行动会使他青史留名。

哈雷的报酬

哈雷出生于富贵人家，他是一个知进退、有教养的绅士，仪表英俊、头发乌黑、鼻子挺直，待人谦让有礼。他与牛顿的交往证明他精于察言观色，他能聪明地领悟与牛顿的相处之道。他自己也是受人尊敬的天文学家，才20岁出头就到南大西洋的圣赫勒拿岛（一个半世纪之后，拿破仑被送到该岛度过余生）住了两年，在岛上的观测台观察并搜集了许多精确的星象资料。

那时牛顿已经41岁了（哈雷才28岁），他的个子比哈雷矮些，头发则全部灰白了。他的垂肩长发是早就白了的，因此他半开玩笑地对威金斯说，由于做了太多的水银实验，头发很早就染上了水银的颜色[6]。哈雷很清楚牛顿与胡克之间的芥蒂，他知道卢卡斯讲座教授不喜欢与人讨论自己的理论。幸而哈雷事前不写信给牛顿的决定倒是对了，因为牛顿不可能在不听来意的情况下，就把远自伦敦来的访客赶走。后来牛顿的崇拜者棣莫弗记下了这件事情的经过：

> 1684年，哈雷博士到剑桥拜访艾萨克爵士。经过一段时间

的相处，哈雷博士有一天问牛顿，如果行星受太阳吸引，且它们之间的作用力和它们的距离平方成反比的话，依他看来，行星所走的路线是什么形状呢？艾萨克爵士不假思索就回答是椭圆形。哈雷博士既惊喜又诧异，连忙问他是怎么知道的？艾萨克爵士回答说："怎么，是我计算出来的呀！"博士当场要求指教计算的方法。艾萨克爵士也毫不迟疑地在纸堆中翻寻，可是他找不到计算的草稿，不过他答应重新计算，也答应以后会寄给哈雷博士。[7]

其实牛顿并未认真寻找那份草稿，因为他突然想到与外面世界打交道必须提高警觉，对于胡克犹有余悸，于是故作文件找不到的样子，好慎重一点儿，再计算一遍。牛顿很快就把哈雷看成半个亲信，由此态度看来，这位卢卡斯讲座教授确实很喜欢哈雷，远胜于其他许多和他打过交道的科学家。哈雷请教的是一个假说的数学查证方法，而这正是牛顿研究问题的程序，两人颇有投合之感。等到哈雷结束访问准备回伦敦时，他确信牛顿会很快为此事与他联系，并将行星运行的平方反比律的数学推导过程寄给他。

这是考验哈雷耐性的时候，他等了三个月，一直压制着与牛顿接触的念头，他晓得若是显现出过于热心的态度，反而可能坏事。终于，他的小心谨慎换来了丰厚的报酬。他准确地摸到了牛顿的脾气，得到了一本超过他期望的文稿，名为《绕转物体的研究》。这是一篇共计 9 页的论文稿，由他们俩的朋友、数学家佩吉特亲自送来。正是这篇论文稿在两年多之后，发展成了完整的《原理》初稿。

若要了解牛顿是如何达到集大成的境地，又继续细细琢磨，将一种概念发展到具备出版《原理》的程度，我们就必须回过头来将时间往前推 10 年，大约是哈雷去拜访他之前 6 年的光景，来审视饱受个人生活困扰的牛顿，以及引导他达到科学巅峰的多项研究兴趣，是如何交汇在一起的。

重返伍尔斯索普

17 世纪 70 年代中期，牛顿就已经着手研究行星环绕太阳的轨道了，那时他以数学方法算出行星所受的离心力是由平方反比律来控制（月球环绕地球亦然）的，并且可能也领悟到行星得以维持在轨道上运行，必定是受到一种吸引力的牵制。另外，他在炼金术、神秘学传统及古代神学上的研究和体会，可能也给了他这吸引力来源的线索。他所缺少的是某种形式的数学运算，或可用来验证的观测资料，来支持他的引力观念，也就是缺少一些实际证据，好让此观念不仅仅停留在想象的层次。而 17 世纪 80 年代，发生了一连串的事件，正好为他提供了证据。

对牛顿而言，17 世纪 70 年代的最后几年是有如死亡的岁月，巴罗和奥尔登伯格在 1677 年相继离他而去，使他更加与外界隔绝。仅有的几个朋友也极少见面。他不让任何人知道自己所想的事情和所害怕的东西，也许威金斯除外。可是到 1679 年，威金斯也时常从他身边溜走，不在剑桥的时间越来越多。到那年 5 月底时，牛顿去伦敦停留了 9 天，刚一回到剑桥就得到母亲病重的消息。

汉娜的小儿子本杰明得了一种热病，她去照顾儿子之后也生病了。儿子恢复了健康，汉娜却没能好起来。牛顿一接到消息，连向大学请假的手续都来不及办，就立即动身赶回伍尔斯索普去了。[8]

两天之后，他回到了农庄，以自己多年对医药的研究和经验亲自为母亲诊治。康杜伊特于若干年后留下这样的记述："他整晚坐在她的床边，亲自喂她吃药，用他著名的灵巧双手，为她剥落所有胞疮。"[9]

牛顿的精心照顾并没有奏效，汉娜于 5 月底或 6 月初去世，葬在离农庄 3 千米远的科尔斯特沃思教堂墓园，在她的第一位丈夫老艾萨克的墓旁。教堂记录记载着"汉娜·史密斯太太（寡妇），葬于 1679 年 6 月 4 日"[10]。她的官方死亡记录中仍然用史密斯的姓，不过至少有一点让牛顿感到满意，那就是眼看母亲被埋在生父的身旁，而不是和他讨厌的继父在一起。

我们当然想不到，深夜埋守在母亲病榻旁的牛顿的脑子里在想什么。尽管他具有过人的自信，也很可能早已知道她是救不活的了。当他自己的疗法治不好母亲的病时，牛顿对自己的失望与愤怒，应该更加深了他再度失去母亲的痛苦。

汉娜病故之后，牛顿变成了一位富有的绅士。汉娜的遗嘱于 1679 年 6 月 11 日由林肯郡核准，依照传统的习惯规定，要分赠给科尔斯特沃思和伍尔斯索普这两村的穷人一点儿钱，总共有 5 英镑。37 年前，老艾萨克·牛顿死后分赠给穷苦人家的数额，只有 40 先令（即 2 英镑），尚不及此次的一半，这证明 30 多年来汉娜的财产增加了很多。此外，每一个佣仆都得到了 40 先令，而汉娜那最老、最忠心的管家科特曼则获得了 5 英镑的慨赠。牛顿同母异父的弟弟妹妹们在他们的生父去世时，已经分得史密斯的大部分财产，所以这次只能分到很少的一部分，汉娜所有的土地、农具和家具全归长子继承。于是，才 37 岁的艾萨克 · 牛顿，已是一位绅士、一位学者，又兼任一个家族庄园的主人。

伍尔斯索普村子的人必定以很复杂的感情看待牛顿，一些人应该记得那个孤傲的少年，但是他 19 岁就从他们的世界消失了，回来的则是个非我族类、令人生厌的人。年轻的仆人觉得他既遥远又高贵，是个难以接近的出众人物。

他在伍尔斯索普停留了几个月，将庄园中的一些事务安排好，把农舍修葺整齐，顺利地把它租赁给新房客，并把一切账单付清。汉娜逝世是在暮春时节，因此艾萨克便留下来监督夏日的农耕与秋天的收成。此外，他还处理了一些家务事。汉娜逝世之前，最后的几年间疏于管理，好几个向她借债的人都拖欠不还，其中一位是药剂师克拉克先生的养子爱德华 · 斯托勒，另外一个欠了 100 英镑的是一个名为托德的人。牛顿积极追讨这些欠债，对斯托勒方面，也许因为他和克拉克多年朋友的关系，他没有过多打扰，而债款很快也清偿了。可是托德先生就不一样了，直到牛顿要威胁采取法律行动，这位先生才就范。牛顿在于 1679 年寄给他的一封信中说：

> 关于你声明你早已将该款准备妥当，又说我对你极不友善等各种托词，我已不想再向你提出忠告，只愿意通知你，我正准备去法院控告，因为我已经完全看穿你的手段。如果你不想背负更多罪名，就必须立刻还钱，我不愿再花时间做无谓的等待了。因此，我要你尽快将钱送至欧弗顿市集小镇，交给我的妹妹玛

丽·皮尔金顿，拿到她的收据之后，你才能免于被控告。[11]

胡克的还击

牛顿再次回到三一学院的时候已经是 11 月下旬了，位处平原的剑桥已寒风凛凛、冻彻骨髓。他与威金斯长期以来同住的公寓，此时已空荡冷清，等待他的只是一大堆邮件。其中有一封不久之前自皇家学会寄出的信，那是胡克为了打破他们之间三年来的沉默，特意亲笔去函致意。

起初，牛顿不愿再和胡克有所牵扯，也不想再浪费大量时间在严肃的科学通信上，可是这位新任的皇家学会秘书在学会成员的催促之下，不得不坚持邀请牛顿，最后还是成功地说服牛顿出山，又一次现身于聚光灯之下。

胡克在 1679 年 11 月的那封信里，很兴奋地报告他的最新计划，尤其是在研究行星运动的问题上征求牛顿的意见。同时，他也顺便请教这位卢卡斯讲座教授，有没有什么新发现可以和他分享，并承诺绝不会给别人看到那些内容。他说："因此我希望你一如既往地热心，继续施惠于学会，把你研究哲学的心得不吝赐知……你的来函只会给你指定的人看，不会做再多的公开。"接下来，他写下结论："如果你愿意来信对我的任何假说和意见提出不同的看法，我都会将其视为你对我的最大恩惠。"[12]

牛顿终于还是回信给胡克了，他解释近来除了庄园中的事情，没有时间去研究和关心哲学，他声称"我已经和那方面的事情完全脱节了”，所以不可能还有什么贡献。但是，如他后来告诉哈雷的，为了“在回信里表达一点儿善意，并阻止他再来信叨扰”，牛顿给了胡克一个科学小谜题的解答。他在信中声明：“那是我自己对于地球每日自转（地球绕着自己的轴线每日转动）的一个想象的演算。”[13]

牛顿演算的问题是个老掉牙的谜题，多年来，它时常在科学界里被提出来讨论。许多哲学家在想，如果一个物体自高塔上落下，它落到地面时，会因为地球自转而偏离塔的正下方吗？如果是这样，触地点是否在塔的西边呢？

牛顿所得到的结果是，若略去空气阻力，物体的触地点会稍微偏向塔的东边，他依据自己的计算画出一幅曲线图，表示物体落下时的途径是一条螺旋线，还附带一份详细说明，描述如何设计可供验证的实验。

胡克无意中搅起了一个蚂蚁窝。牛顿刻意避免与外界接触，以为胡克“不会再来信叨扰”，却粗心大意地敞开自己任人攻击。他在那小小的善意中严重失算，于是就被胡克的一记重拳迎面击来。这位秘书先生十分清楚，如果高塔恰巧坐落在赤道上，落体会在塔的偏东处着地；如果在伦敦，触地点则会偏离南边多于东边。更重要的一点是，胡克证明物体掉落的途径根本不是螺旋线，而是在轨道运动的影响下，落体沿着椭圆路径向下掉。

胡克随即破坏自己的承诺，在接下来的皇家学会例会中，他很高兴地大声宣读牛顿的信，然后在 12 月 9 日写信告诉卢卡斯讲座教授那次例会的经过情形。他说刚开始时大多数与会者都同意牛顿的意见，直到胡克指出其中的错误，又把正确的方法解释给出席的绅士们听为止。他耀武扬威地说：“我的圆形运动理论令我推算出非常不同的结果，那完全与螺旋线无关，而是一条比较像椭圆的路径。”[14]

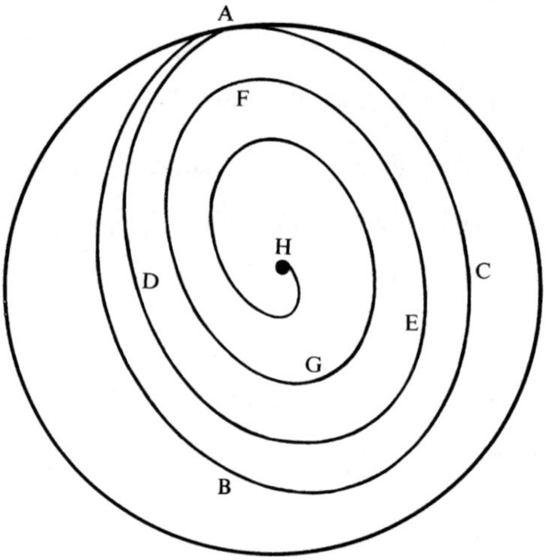

图 9–1 胡克领悟到，物体向地球表面坠落是沿着一条椭圆路径。图中以 ABC 标志的曲线是落体穿过真空中的路径。如果落下时受到介质（如空气）的阻力，物体落下的路径会如图中 ADEFGH

胡克如此公开宣扬牛顿的失误，不但破坏了牛顿对他的信任，更蓄意破坏了牛顿在学会成员面前的名誉。最糟糕的是，胡克的计算根本是基于臆测，运气好、猜对了而已。

那一年，牛顿在大部分时间里都为处理家里的事务而分心，而他在那之前将近十年都在勤于研究炼金术。同一时间，胡克则迷上了研究行星运动的性质，他花费了对他而言已是超量的时间去思考这些问题。可是，胡克和牛顿做研究的功夫不一样，当胡克对某一个观念感兴趣时，他不会拿起笔来做数学分析，而是毫无根由地直接下结论说行星运动是基于平方反比律，也不打算设法证明。他的研究是以伽利略的理论为基础的，导出看起来具有说服力，实际上却完全是错误的一套行星运动性质。他从这个理念出发，竟能臆测关于物体自高塔落下的问题。

更大的羞辱

胡克的一个名叫奥布里的崇拜者在17世纪90年代写过一本《短促的生命》，作者在其中引用了胡克所著的《利剑选粹》内的一段故事，述及他在天文学领域的成就。

> 我预备用不同于已知论说的几个细节来解释宇宙体系，并借此回答所有的问题，包括天体运动的通用定律。这是以三项假设为基础的。第一项假设是所有天体都受到一股拉向它们共同中心的吸引力或重力，这股力不只吸引天体本身，也防止它们飞离此天体系统。我们所观察到的地球就属于这种状况，并且它还吸引在它引力范围内的其他天体，因此不仅是太阳和月球影响地球的运行，反过来，地球也影响太阳和月球的运行。水星也是一样，它会被金星、火星、木星、土星等的引力影响运动，道理就和地球引力对其他行星的运动也构成影响一样。第二项假设为一旦使所有物体做直线、简单的运动之后，物体会继续向前做直线运动，等到它被外力偏折，路径才会弯曲变成圆形或椭圆形，或者其他一些不太复杂的曲线。第三项假设

是天体与中心的距离越近，引力的作用就越大（即它们在越近的象限里引力越大）。[15]

乍看之下，这套说法和牛顿才刚提出的重力理论十分近似，但事实上他们两人所进行的工作内容有极大的不同。你对这个世界做怎么样的臆测都可以，但要证明这个世界真正的面貌，则不是容易的事情。牛顿在1687年准备发表他的见解时，它已经得到了证明，是从他多年来的实际研究和他使用自己发展出来的数学认知做繁复的演算而获得的。他又从炼金术实验和古代神学的研究中产生了一些想法，建立了实用的天体力学，再设计出禁得起重复实验的完善流程，将他的重力观念拓展成万有引力的革命性学说。胡克在这一方面没有下过功夫，他不过是个中世纪的炼金术士，牛顿则是个实验主义的"科学家"。

凭着惊人的自制力，牛顿冷静地回应了胡克给他的信，承认了自己的错误。在1679年12月13日的回函中，我们可以从字里行间想象牛顿那咬牙切齿的模样。他说："如果在我们所处的纬度上，物体自高处落下，我同意其触地点会偏南比偏东多一些。"但是他依然坚持物体不会沿椭圆形的路径下坠，并附寄了一篇简单的说明以支持他的论点。他在信的结尾说了一句"请不必过分看重此事"，然后请胡克不吝赐教，如果他真错了的话。[16]

很不幸，牛顿又错了。胡克凭着他的运气和熟练的自我宣扬技巧，在折辱的仇恨驱使之下，在下一次皇家学会的例会上，当众对这位卢卡斯讲座教授加以毫不留情的污蔑，彻底摧毁了他的辩驳。

胡克采用了上个时代的自然哲学家所传承下来的两个数学关系

式，来得到他要的结论，这两个公式是依据伽利略的自静止开始的等加速度运动理论和开普勒的速度定律引导出来的。好笑的是，他虽然得到了这个谜题的正确解答，却将伽利略和开普勒两人的公式都用得不恰当，数学运算上也有错误。由于沉迷在自己复仇式的雄辩中，以及有着说服皇家学会的院士去相信牛顿犯下了严重错误的决心，胡克并没有理会那表里不一的错误。然而，他的运气不错，没有任何一位院士发现他的错误。[17]

胡克知道他能给牛顿带来极大的难堪，且沉溺其中、自鸣得意，因此他寄了第三封信去剑桥，详细指出牛顿的错误在哪里，并再次强调他是如何得到皇家学会院士的支持的，他们对他的谜题解答又如何表示赞同。这一次，牛顿被震惊得无法回信。

或许胡克觉得自己做得太过分了，于是一个星期后，他又写了第四封信给牛顿，大概是要缓和一下先前的态度。他在信中称赞牛顿在这次简短的意见交换中，提供了许多有价值的建议。他说，如果皇家学会要进行实验，必定会依照牛顿所提的高明指示去做。

然而这封信也被牛顿搁置不复了，他不但不回胡克的信，并且在一年多内没有写信给任何人。事实上，他根本没有被胡克的演算唬住，他的沉默倒是把许多人都蒙住了，而他在那段时间里正在策划一项报复行动。

宿敌助一臂之力

胡克虽然违背自己的承诺，公开宣扬了牛顿的错误，在他与牛顿的讨论中，引用的原理也不正确，但他无意中却正确地指出了一个很重要的科学论点——受到重力作用的物体是沿椭圆路径下落到地面的。也就是说，如果能写出精确的行星运动公式，那么与平方反比律相吻合的曲线当然就是椭圆形，而不是圆形，因为行星环绕太阳运动所受到的力，和物体坠落到地球上所受到的力同样都是重力，轨道都是椭圆形的。

早在那之前十多年，牛顿就使用过圆形轨道的近似算法，并把它搁置在那儿没再碰过。尽管胡克熟知任何应用于行星运动的重力理论必须以椭圆形运动为基准，却苦于不知从何下手用数学去表示。1680 年 1 月，他写信给牛顿说："我丝毫不会怀疑用你杰出的方法可以轻易算出该曲线（即椭圆形）是什么、有什么特性，并且还能为这个比例（即平方反比律）提出它的物理意义。"[18]

胡克显然没有能力解决这个问题的数学部分，尽管他在信中对牛顿有不少恭维之词，其实他心里肯定也怀疑牛顿是否能够解决。可是他这次完全错了，牛顿的《原理》将会给胡克一个清楚的答复，而牛顿也开始着手整理一些论据，从而导出他的万有引力理论。

牛顿在十多年前就导出了圆形运动的平方反比律的数学公式，后来他应用微积分证明一个物体以椭圆形路径环绕一个定位在焦点上、吸引它的物体运行时，也必须受限于平方反比律。在绝不对外人泄露他的工作的情况下，牛顿首先计算出轨道上的远日点（距引力中心最远之点），然后继续把轨道上的每一点对应的数学公式都计算出来。[19]

牛顿永远都无法原谅胡克这位皇家学会秘书在 1679 年的最后

几个星期里是如何处理他们之间的通信的。6 年半之后，牛顿将胡克的所作所为和他们之间的互相攻击告诉了哈雷。30 年后，牛顿已经垂垂老矣，而他的宿敌早已去世，牛顿却依然无法释怀。他向棣莫弗指出，他最初描绘物体自塔顶下坠的螺旋路径是一个“不小心的笔误”[20]，可是，他心里明白，他应该感谢胡克激发了他以椭圆形轨道的行星运动配合平方反比律的灵感，从而终于解决了问题。若干年之后，牛顿在给哈雷的信中承认：“胡克纠正我的螺旋路径，引发我重新探讨椭圆形轨道，才能使我发现这个理论。”[21]

观测彗星

牛顿的愤怒使他努力不懈，不过还有其他事件引导他归结出重力理论。1680 年 11 月，原先以为是多颗彗星的第一颗在欧洲的天空出现。能够看到一颗彗星已经是一件难得的天文盛事，一个月之后再看到第二颗彗星，这对皇家学会的院士和各地天文学家而言，可想而知，他们都异常震惊。

1680 年 11 月，胡克花了许多个夜晚注视伦敦的天空。彗星最早出现在他的日记中是在 11 月 12 日的晚上，然后他每晚都记下他的观测，直到 11 月底彗星似乎完全在天空中消失为止。[22]

哈雷对那些彗星也感兴趣，他在伦敦住宅的院子里进行观测，到 12 月又跑到法国。他以为在巴黎观测到的是第二颗彗星，便于圣诞节前夕将他的观测情形写信详细地告诉胡克。

同一时间，国王查理二世于 1675 年任命的皇室天文学家弗拉姆斯蒂德，也在格林尼治村的天文观测台观测到了这种天象，他是欧洲唯一发觉这先后两次看到的彗星其实是同一颗彗星的天文学家。1680年12月15日，弗拉姆斯蒂德写信把他的观测结果告诉他在剑桥耶稣学院的研究员朋友康普顿。

> 今晚我又看到了它的尾巴。我相信从来没有人见到过那么长的尾巴，比月球还要宽（意指自地球上看来显得比月球宽）。它的速度减慢了许多，我相信我们看到这颗彗星的时间应该比上次长些。[23]

图9–2 弗拉姆斯蒂德担任皇室天文学家时期的格林尼治村的天文观测台
（AKG，London 提供）

牛顿也不例外，在1680年年底的几个星期里，他完全被这奇观震慑住了，他立即以他独特的方式，发挥最大的耐力来研究那天象。他每个晚上都在“废纸簿”（继父留下来的精装笔记本）上详细地记录观测数据，包括彗星的运行和出现的时间。牛顿很不满意自己的观测地点，于是努力搜集全欧洲天文学家的观测数据，甚至向后来搬往美国马里兰州的阿瑟·斯托勒（童年在教堂后面打架的对手）写信索取观测报告。斯托勒的报告来自帕塔克申河岸，他描述彗星的情景好像“自地平线发射出来的剑芒”。[24]

康普顿的家离牛顿的公寓不远，他在 1681 年 1 月至 2 月间，不断地收到弗拉姆斯蒂德的来信。这位皇室天文学家曾在给康普顿的信中赞扬牛顿的观察和分析，康普顿于是将信中的有关部分摘录下来，送给这位卢卡斯讲座教授。

牛顿虽然感激信中的资料，但并没有认真接受弗拉姆斯蒂德所提的那两颗彗星是同一颗彗星的意见，他大概也从哈雷那儿听说过这位天文学家的见解，因为哈雷已经先收到皇室天文学家的详细理论内容了。弗拉姆斯蒂德认为先后的两颗彗星是同一颗，这个见解是了不起的开端，问题是后面加进了很牵强的臆测。

虽然弗拉姆斯蒂德向哈雷及康普顿相当正确地指出：“它（指彗星）划越过太阳，于 12 月在观测装置后方出现。”[25]可是他接着猜想彗星在很接近太阳的时候，会被一股尚未察知的巨大磁力效应拉入“旋涡”之中，然后很奇妙地将它的极性倒转，而被太阳驱逐回去。1681 年 2 月，弗拉姆斯蒂德写了一封信给哈雷，提出他的想法，以为彗星是来自“旋涡之中一颗已毁灭了的行星，因为行星和人类一样也会死亡”。[26]

牛顿一开始未能注意到弗拉姆斯蒂德论点的中心真理部分，只见到天文学家的旋涡假说而觉得无稽，然而他们两人却通过康普顿的关系互相切磋起来。牛顿开始回应弗拉姆斯蒂德的讨论，他用一种相当谦逊的态度写道：

> 炮弹从炮管射出，会保持同样的前进方向，这可能是炮手的传统见解，但是我看不出你的理论如何符合运动定律，因此我很冒昧地说，它不会成功地通过合理的实验，除非有意外发生。[27]

但是牛顿对彗星丝毫没有失去兴趣，他仍然想要解释它，甚至他在不采纳弗拉姆斯蒂德的见解之余，仍向皇家天文观测台索取观测资料。他已经导出行星运行的轨道是依据平方反比律的，不过他也和当时的其他天文学家一样，尚未能联想到彗星的运动同是受到太阳吸引力的影响。在继续分析天文台的资料之后，他才发觉维持行星环绕运行的引力，原来也决定了彗星的运行方式和路径。

拼凑出彗星轨道模型

如果没有来得正是时候的特殊天象，牛顿大概也未必解答得出那些问题。1682 年初秋，天空又出现了一颗彗星，它比 1680 年的那颗更亮。全欧洲的天文学家再一次将望远镜对准了它。牛顿每晚也都紧裹着毛毯，坐在三一学院宿舍的院子里观测。在不到两年的时间内，他三度逐个绘出一个天体的运行路径。

这一次的情况不同。牛顿、哈雷、弗拉姆斯蒂德和其他很多人立刻观测出来，这颗彗星乃逆向而行，正远离太阳而去。虽然这是观察者们所不愿看到的，但彗星的确已经绕过太阳，向着太阳系甚至更远的地方飞去了。

然而牛顿并没有停顿下来。在 1680 年和 1682 年两次的观测间隙，他费了一番功夫研究彗星的动态。1681 年春，也就是 1680 年的彗星消失之后还不到两个月，天文学家卡西尼[28]出版了一本《彗星的观测》，并发表了一个革命性的见解，他说那颗彗星事实上和第谷于 1577 年看到的是同一颗。但更具影响力的著作是胡克的《彗星》，他在书中尝试用经过若干世纪的无数次观测所得来的数据，提出了各式各样的问题。其中一个问题是："彗星做的是什么样的运动，是直线还是曲线？如果是曲线，它又是什么形状？是圆形的吗？是椭圆形的吗？还是别的更复杂的形状？"然后他又说，要解释彗星运动可能十分困难，"但是，和其他所有行星的运动相比的话，应该不会更困难"。[29]

一幅拼图正逐渐拼凑完成，最后的画面不仅能解释彗星的运动，彗星的路径更是为万有引力概念提供了进一步的线索。如果彗星的运动能够被精确地计算，它就有可能让我们全面了解行星运动和涉及天体力学的所有的力。

有了弗拉姆斯蒂德、卡西尼和胡克研究的指引，牛顿着手计算他新近才观测到的那颗彗星的轨道。他的应用早在 1666 年就发展出来，且在此之前才被用来计算行星环绕太阳的椭圆形轨道的方式。时至今日，尚有他当时写的一份草稿流传下来，我们仔细研读草稿，就可以发现牛顿的确花费了不少工夫，考虑了各式各样的轨道，最后选定彗星是环绕椭圆形轨道运行的，它受到存在于太阳中心和彗星中心之间的引力作用的影响。由此，他很自然地得到一项结论：彗星的运行与月球绕地球所遵循的一样，都是平方反比律。

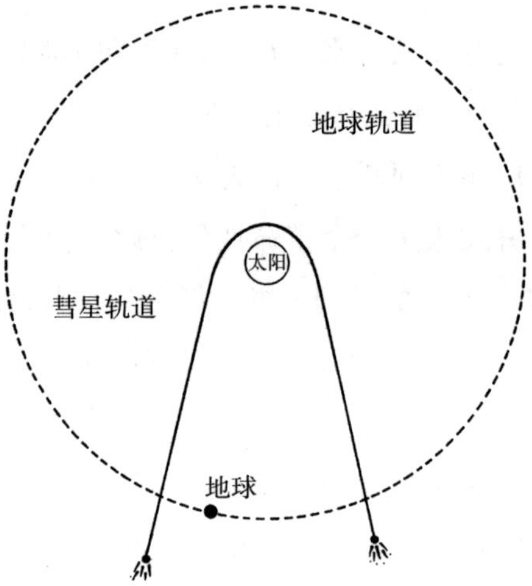

图 9–3　牛顿提出的彗星椭圆形轨道示意图

在牛顿的这一推理过程中，炼金术到底担任什么角色？牛顿一直没有中断过炼金术的研究，只是时间没有那么集中而已。他拿出零星的时间观测彗星与计算轨道，对炼金熔炉的沉迷却一如既往，并且从这个领域中发掘出最后的线索。

由自然之气到重力

17 世纪 80 年代，吸引力和排斥力的观念仍旧被视为一种"超自然现象"——在无接触状态、没有可见的介质或机制下，物体之间就能产生某种作用力。笛卡儿的机械理论依旧流行，那就是将重力形容为一团物质或旋转旋涡在以太中所引发的行为（以太是一种看不见、无重量、无物性的物质，充满宇宙的空间，作为各种作用力的媒介）。

此时牛顿业已摒弃笛卡儿机械理论中的一些论点，包括其重力观念。但无论如何，他一开始在 17 世纪 70 年代也曾经接受传统的看法，视以太为颗粒介质，这种介质与某种“力”存在密切关系。它能维持行星的运动。不过，他确信重力不是如笛卡儿所形容的是一种简单的机械过程，重力不是如旋涡般地将物体吸住，可是他当时又无法提出不同的理论。

1679 年与胡克的论战促使他提出了一些新的观念，加上研究彗星所下的功夫，到 17 世纪 80 年代初期，牛顿基本上已经逐渐发展出笛卡儿理论的替代品。他在完成巨著《原理》的时候，就已经彻底抛弃了传统的以太观念，转而偏向重力的作用是得自“超距引力”的观念（或许还需借用定义不清的以太形式的媒介作为能让神秘的重力发生作用的介质）。

然而，随着 17 世纪 80 年代时间的流逝，以太对牛顿而言的重要性在逐渐降低，而被炼金术士称为“发气原理”的观念则逐渐取得重要的分量，它使牛顿对于重力是如何作用的想法重新大胆评估，这种思维上的转变也许是牛顿迈向万有引力过程中最重要的一步。一位研究牛顿的学者甚至说，假若牛顿没有从事炼金术，他很可能不会想到物体间能有超距引力。[30]

“发气”的原理是古老时代的一种观念，它植根于炼金术，尽管炼金术士都很了解这个观念是用来破除因袭作风的。他们之中有些人相信天地间有一种“宇宙精气”存在，相信“气”与“物”是可以互相交换的。也有人主张物体与精气不是相通的东西，但是“气”能作用于“物”上。

牛顿早年在剑桥当学生的时候，摩尔教授曾经论及一种“自然之气”，它能隔空作用于物体之上，摩尔形容它是“我称为‘本源’的巨大影响及活力，以及‘本型’：它不但能孕育植物或自然界一些较为低等的生物，也能够为动物催生和助长”。[31] 他将单一的力或活力归结为一种多元现象的集中，再继续推论到生命本身的创造和维系是以某种方法经由这神秘而独特的力作用于物体上的。

炼金术士的发气原理也就是自然界中无所不在的精气，它和摩尔教授的观念并无不同。若干世纪以来，炼金术士观察化学反应如何发生，以及是什么促使它发生的，例如注意到有些物体需要加热，有些则不必。从这些超过 2 000 年的观察心得中，他们认为那是一种气的运作所造成的，因此他们觉得点金石能产生奇迹就是这个原因。在上帝指引之下的发气原理，经由炼金术士的实践，以气转变物。

我们研究牛顿于 1672 年至 1687 年写的笔记和论文，追踪他关于从以太到重力的思想演变，大致可看到他是如何探知重力是一种隔空的运作，属于超距作用的。这是无须传统哲学中以太物质的一种机制。

他有一篇早期（约于 1672 年）从事炼金术时写成的论文——约有 4 500 字的《植物生长本质的明显定律与过程》，其中已载录下他的一些想法，即有关金属或其他物质如何被巧妙的气（可能即是摩尔的自然之气）引发互相作用，他称之为“生长之气”，即是“生气”。他说“生长之气”是使物质在坩埚及炉火中产生转变的主要机制。

> 所以，除了较粗大和易于见到的组织发生变化，还有比较细致而神奇的巧妙方法在所有生命中运作，使每一样物种都与其他物种有别。如此的运作并非直接加于物体上，而是存于一种难以想象的精细东西，进而渗透躯干。如果将这气和物分离，剩余的不过是死物和不动的泥土。[32]

从此，气的观念——一种难以想象的精细东西渗透躯干，开始融于牛顿的脑子里并逐渐演变成为一幅重力拼图。现代物理学告诉我们，自然界有四种基本的力：强核力、弱核力、电磁力和重力，而炼金术士看自然界中的所有作用力统统都属独一的神力，即精气。牛顿接受了这个观念，他认为重力也是类似的一种运作方式——“自然之气”的一种（我们看作“吸引力”的发气原理），由维持潮汐涨退和宇宙运行的造物主以他的圣手来引导。

以太竟然不存在?

在炼金术的研究中，牛顿触类旁通地得出包罗万象的重力观念。他记录下从炼金术士萨恩迪沃基乌斯那儿得来的要点：“他们称铅为磁石，因为汞能吸引锑之芽，犹如磁石之吸引铁屑”，又因为“我们的水”是从铅里抽取出来的，“使用的是从铁矿的内部的铁找到的力”[33]。这是在现代化学观念出现之前的一种猜想，因为大多数化学元素都能与别的元素结合，但结合能力不同。在某些情形下，一种化学物质能够从溶液或混合物中萃取或提炼，是因为它和溶质结合成的键，比溶质和溶剂结合的键更强。这个现象对炼金术士而言，正是“发气原理”作用的显现。

在其他一些文稿中，牛顿也记下他是如何萃取或提炼金属和盐类的[34]，发生反应时物质是如何被“擒住”，以及当它们不能蒸发和升华时就会被“留下来”等现象。[35]

早自1675年起，牛顿就开始将他所了解的吸引力和排斥力予以具体化，他在那篇引爆对胡克第二回合论战的论文《解释光的性质的假说》中创造了一个新名词：神秘的不亲和定律[36]。他相信有一条会阻止某些物质互相混合的定律。在写这篇论文时，牛顿显然被坩埚内不停改变形态的化学物质影响了，他说：

> 因为大自然是个永恒的循环推动者，它把固体变成流体，又从流体中制造固体；用挥发来稳定物体，稳定的物体又会挥发；自粗大中长出细微，细微又长成粗大；将一些东西提升于地层高处，造成湖泊、河流与大气，再将另一些东西依序沉降，恢复原来的模样。[37]

即使有这样的见解，牛顿仍然相信传统的以太观念。三年之后，也就是1679年年初，他在写给波义耳的信中提到发气原理的概念时，还需以太来辅助解释。他在说明物质溶解的道理时，指那些现象是由于一种“未知的自然原理，使溶剂同某种物质亲和，同其他物质则不亲和”。在这封信中，他又形容“一种以太类型的物质，它能收缩，也能膨胀，弹性极强。总而言之，各方面都像空气一样，只是比空气微妙得多”。[38]

然而，尽管炼金术使牛顿产生了许多不同的想法，最后还是数学让牛顿摒弃了以太的观念，这成为他在推导重力理论过程中最重要的一环。

早在那之前60多年，德国天文学家开普勒先设立了一项假说，即行星的运行速率与它和太阳之间的距离成反比，然后由此创造出他的第三定律：行星在近日点（椭圆形轨道上最接近太阳的一点）的速度最快，在远日点的速度最慢[39]。后来的观测也支持这个论点。1684年，牛顿决定用微积分方法检验开普勒的第三定律，将行星在椭圆形轨道上若干不同位置的速率计算出来。这一连串的计算带给他极大的惊喜——他的数学精确地符合了观测到的事实。

这看来像是个完美的结果，但是对牛顿而言，这却意味着他一向最珍惜的一个自然哲学观念是彻底错误的。如果行星在太空中运行轨迹的计算结果（就真空中的运动而言）精确符合观测到的实况，那么它只能导出唯一的结论，即行星运动的空间里并无以太物质那样的东西，因为如果有的话，它必然会减缓行星在轨道上的运动。

其实，这项发现帮助牛顿解开了思想上的死结。多年来，他不断地努力用物质以太这个观念，来配合他以发气原理表达的重力机制的想法，可是没有成功。此时，他在数学运算中找到新的途径，并且有了新的发现，然而还是没能使他完全说服自己，所以他必须做一些实验去证明它，或者反证它。

完成《绕转物体的研究》

机械论哲学家都熟知的一项著名的臆想实验，是企图以之来证明以太的确存在的钟摆测试。这项实验的构思在于使钟摆运动缓慢下来的两点理由：空气的阻力，以及钟摆穿越空间时受到的以太的阻力。为了表明以太无处不在，实验就把钟摆安装在密闭的真空容器里，自外面观察钟摆的摆动，结果钟摆经过一段时间之后仍然会逐渐缓慢下来，最后终于停止。传统的结论是说，以太能够穿过任何物体并和它互相反应，于是就把钟摆的摆动减慢直到停止。为了证明以太并不存在，牛顿进一步做了一系列的钟摆实验。

他用一个中空的单摆做实验，将它安装在密封的真空玻璃箱里，由外面观测它摆动的减速率。之后，他在摆锤内填满不同分量的各种物质，比较它们的减速是否受到影响。考虑到每次摆锤的质量，他发觉单摆的减速率几乎毫无变化，这与钟摆在物质以太中摆动所预期的现象正好相反。若以太真的存在，它应该和摆锤内的物质发生反应。

这一系列的实验是牛顿在试图完成一篇论文《空气与以太》之际所进行的，实验证明了较早时候数学演算的正确，这使他逐渐觉悟到从前关于以太的论述都是多余的。在这篇论文前面，他说：

> 正如地球上的物体以分裂成粒子的形式转变成气体一样，粒子又会被某种破坏力再分裂成微小的粒子，以转变成更细微的气体。如果这种细微气体能穿透玻璃、水晶和其他地上物体中的孔洞，那么我们可以称它为空气之精，也就是所谓的以太。[40]

这篇论文写了几页之后就中断了，于是《空气与以太》成了一篇未竟之作。牛顿没有回过头来重写或续写，不过在 1684 年的另一篇文章《论流体的重力和平衡》中，他重新提起以太这个话题，这次他的说法就完全不同了。这篇文章是他写成《绕转物体的研究》（寄给哈雷的那一本）的最后一篇论文，也几乎能算是《原理》的初稿。在文中，他所下的结论是，如果以太确实存在，那它大部分都是真空的。

> 如果以太是一种完全没有洞隙的物质流体，它的各部分无论被分裂成多么细微的部分，其密度还是与其他流体一样，对于穿过它的物体一样会有阻碍。如果一物体有许多洞隙，那么阻碍的力必定更大，因为以太会钻入物体的孔隙内，使物体受到的阻力不只发生在表面，甚至发生在孔隙的内表面上。由于以太的阻力和水银的阻力相比实在太小，两者相差何止千百倍，那么就很有理由使人相信，到目前为止，大部分的以太空间是空无一物，它散布在以太粒子之间。[41]

换句话说，牛顿从实验中获知，如果以太真的存在，那么它造成的阻力非常小，这意味着它不可能是由物质或其他任何材料组成的，因为如果是一种物质，它必定会阻挠穿过它的物体。

由于手头拥有了许多资料，牛顿开始重写他当年 8 月答应给哈雷的论文，结果完成了《绕转物体的研究》。

哈雷的拜访具有催生牛顿想法的功效，使牛顿集中注意力于一个单一的问题，将他花费了将近 20 年在各个领域的研究分析所得的知识和观念汇总起来。很幸运，科学界出现了哈雷这个居于牛顿与外界之间的完美媒人，其他人如柯林斯、奥尔登伯格，以至巴罗等媒人都未能成功，而哈雷则显现出他的耐心，终于成功促使牛顿做出反应。

哈雷在获得《绕转物体的研究》之后，马上动身前往剑桥去见牛顿，要求牛顿允许他向皇家学会报告这些新的发现。他接着又赶回伦敦，像和时间赛跑似的赶在次日，也就是 12 月 10 日的会议上提出。因为他的迟到，这份来自卢卡斯讲座教授的论文被排在会议的最后宣读，轮到他上台时，许多院士都已经离席回家了。

仅有几位当时还在场的出席者认识到他们听到的报告十分重要。不过，尽管当时已经很晚，哈雷表现出来的兴奋还是极大地引起了院士们的兴趣，他们立即达成共识，一旦获得作者同意，学会就将论文发表公布。那次会议的记录中有这样的文句："哈雷先生提出报告，说他最近去剑桥见了牛顿先生，牛顿先生交给他一篇十分奇特的论文，题目叫作'绕转物体的研究'，哈雷先生说，牛顿先生应允他把论文送交学会登记注册。"会议记录接着写道："主席交代哈雷先生提醒牛顿先生，请他注意将这项发明保守秘密，直到他有机会将它发表为止。"[42]

不过，牛顿那时已经开始构思比较完整的长篇论文了。1685 年的大部分时间里，他把自己与外界隔绝，不和任何人通信，只离开剑桥住所两次，每次约两星期，都是回乡下的老家，第一次是在 4 月，第二次是在 6 月。在这段不停工作的日子里，与他日常相处的大概只有助理汉弗莱 · 牛顿一人。

焚膏继晷全心投入

威金斯终于在1683年离开了牛顿，而牛顿因为需要人协助他抄写文件和照顾锅炉，就找来了这个帮手——汉弗莱·牛顿。关于汉弗莱·牛顿到剑桥之前的身世，我们知道得很少，只知道他和他的主人一样是格兰瑟姆人，是国王学院里较为聪颖的学生，可能是由接替斯托克斯先生出任校长的沃克博士推荐来的。汉弗莱老年时曾向人提起他的学费由牛顿负责，所以他大概也是一个工读生，只是他未曾在三一学院注册。他为牛顿工作了5年。45年之后，他的回忆由斯蒂克利和康杜伊特两人记载下来，将牛顿创作《原理》（由汉弗莱·牛顿誊写的）那段时期的生活琐事描绘出一幅有趣的图画。

按照汉弗莱的说法，牛顿是一个做事严谨的人：他对自己的研究是如此专注和认真，以至于他吃得很少，时常还彻底忘记了要吃东西……他难得上床睡觉，直到凌晨两三点，甚至早上五六点才就寝，睡也仅睡四五个小时而已。特别是在春天和秋天，他经常把自己留在实验室里，有一回长达六个星期。炉火日夜不停地燃烧，他整夜坐守熔炉旁，然后下一夜就轮到汉弗莱看守，如此轮替，直到他完成化学实验为止。他的实验都是最精确、最严谨和最实在的，他的目的是什么，汉弗莱无法参透。[43]

牛顿此时不但是独自一人不停地工作，他与外面的通信也全限于与工作有关的事情上，主要是与皇室天文学家弗拉姆斯蒂德之间的联系。

他们的信函来往都在1684年12月至1685年1月，恰好一个月。牛顿显得特别有礼，因为他有求于人；弗拉姆斯蒂德则和蔼可亲，尽量为这位教授提供他想要的东西，包括恒星的方位和行星的位置，以及它们之间的互相关系，让牛顿得以精确地描绘 1680 年彗星经过的路径。

此时牛顿必定已经洞察到一个更为广泛的理论，那比平方反比律的单纯应用所涵盖的范围大得多。从弗拉姆斯蒂德给牛顿的书信内容中，可看到牛顿从事的研究走在了科学的最前端，这位皇室天文学家自然也是位非常能干的学者，不过他开始时也未能参透那位同行为何需要那些资料。

拿他们于 1685 年 1 月间讨论土星运动的一些信函为例，牛顿认为开普勒对土星轨道所观测到的数字太小了，就写信给弗拉姆斯蒂德，要求他提供土星和木星“合”（即这两颗行星抵达相同的黄经[44]之时）的相对速度。

> 这颗行星和木星“合”得如此频繁，它应该（由于木星的作用）会在正常轨道之外大约一至两个太阳半径或更远处运行，其余路径则几乎全都尽量维持在轨道上。[45]

被搞糊涂的弗拉姆斯蒂德回信说：

> 我无法想象一颗行星的运行会受另一颗行星的影响，它们和太阳相比是那么小，而太阳则是我们这个体系中最大且最强的磁石。所以那两颗行星间隔看来那么远，它们不可能会相互影响。[46]

然后，他继续提醒牛顿关于一些磁石的实验，表示他们示范过，即使最强大的磁石，也无法干扰 100 码[①] 之外的一根细针。

这两位哲学家的知识差距和洞察力的强弱在这里显露无遗，而牛顿坚持不透露任何线索。对于所要的特定资料，牛顿既不说明原因，也不告诉始终供应他数据和事实的弗拉姆斯蒂德，后者的资料验证了自己的新想法。牛顿在一封回信中还揶揄地说："你那关于开普勒的数据表有误的消息……让我排除了若干疑虑，我本来就怀疑数据表中可能有些问题，或是有些我不知道的东西。"[47]

由于牛顿不愿意在完全准备妥当之前透露他的构想，所以他几乎发狂地拼命工作。汉弗莱告诉康杜伊特：

> 我从来没见他做过任何运动或休闲活动，他既不骑马兜风、散步，也不玩滚木球或其他任何运动。他几乎从不离开书房，好像一分钟不做研究就要损失几小时的宝贵光阴。他既努力又认真……他吃得很少，时常还忘记了吃，我有时到他的书房里发现他完全没有碰过食物。当我提醒他时，他会问："我没吃吗？"然后走到食物旁边，站着吃一两口就算吃过了。我可以说，我从没看过他坐在餐桌旁吃饭。[48]

他若是有片刻离开熔炉边或书桌前的话，那也绝对是因为必要，而他的思绪依然紧系于研究的问题上。汉弗莱说：

① 1 码约为 0.9 米。——编者注

> 曾有很少几次，他打算上大餐厅吃饭。他出门之后立即向左转（而不是直走穿过大庭院），往大街走去。他在街上停下来，发觉自己走错了，就匆匆回头，可是他往往不是走去餐厅，而是回到自己的书房……他有时候会到自己的花园绕一两圈，但他会突然站着不动，转过身来又跑上楼去，像阿基米德一样大叫："我找到啦！"然后就站在书桌前写起来，连拉出椅子坐下来的时间都省了。[49]

艰涩难懂的三巨册

只有一件事情把牛顿从苦思中暂时拉了出来。1685 年 2 月初，国王查理二世在短暂卧病之后暴毙，英格兰立即陷入人人自危的气氛中，人们害怕那不得人心且顽固不仁的国王弟弟詹姆士二世会把英国变成天主教国家。

牛顿当然也惧怕那样的后果，他当时已经对詹姆士二世的许多政策不满，而对已逝的国王十分感恩。在牛顿看来，詹姆士二世简直就是魔鬼的化身。

从 1684 年 8 月哈雷前往剑桥拜访牛顿，到 1687 年 7 月《原理》出版为止，其间的三年，英国又几乎发生了内战。正当牛顿致力于万有引力和天体力学的撰述之际，詹姆士二世则在努力引进罗马教廷的权力，他希望那股力量能使国家变得更好。

英格兰到 17 世纪 80 年代的时候，清教徒的人数已减少到该宗教只能作为"农村宗教"了。1685 年，基督教教徒蒙茅斯公爵企图夺取詹姆士二世的大权，却轻易被镇压了。可是英国境内的天主教贵族都不愿意看到革命再起，如果任何人对于压制宗教极端分子的后果表示怀疑，只要放眼眺望英吉利海峡的对岸，看看法国的天主教政权所造成的恐怖惨状就可以了解了。

这段时间的混乱严重影响了牛顿，其程度更甚于他一生中所遭遇到的其他政治事件，且时间已逼近他所推算的世界末日，这更驱使他加倍努力。到 1686 年春，全书的内容已经大致成形，是由三册独立而互有关联的单元及一篇引言组合而成的。牛顿著名的三大运动定律在引言中陈述，第一册和第二册是讨论各种力和运动的——第一册的主要部分以《绕转物体的研究》为基础，牛顿在其中说明了例如向心力和机械阻力等观念。第三册解释了第一册和第二册中所列举的许多理论观念如何加以应用，包括牛顿的重力理论。

牛顿的伟大成就——万有引力的观念，像蛋糕上的那层糖霜。他在第三册内将伽利略的地面上的力学（与任何天体力学无关）和开普勒的定律（起先也以为它和平常地面上的万物无关）综合起来，这个了不起的成果就好比解决了现代物理学中正面临的难题——将相对论与量子力学统一起来。如今的数学与物理学的复杂可能以几何级数增加，但这个难题 50 年来毕竟也动员了全世界数以百计的科学家穷其毕生之力。反观牛顿则是完全独力统合了伽利略力学和开普勒力学，我们姑且将他研究的起始时间定在 1665 年，那么可以说，他只不过是花了 20 年多一点儿就完成了。

如今的科学家急于向社会大众说明他们的研究，他们至少有一点儿动机是要使他们的题材广受欢迎而获得经费支持。牛顿的态度则恰恰相反，他故意将文章写得只有精英分子才能看懂，他用古典拉丁文来写《原理》，且直至生命终结之年都禁止将其翻译成英文。尤有甚者，《原理》的写作方式是把许多定理集中起来一条接一条地叙述，因此必须将前一个理论彻底理解之后才能研读下一个理论——它不是一本让人随意阅读的书。

牛顿采用这种方法是可以理解的，因为他已经厌烦不合格的读者质疑他的伟大著作，更不希望若干年前的麻烦事再度发生。

为了防止没有足够理解力的一些人引发不必要的争论，也避免理会他们多年来积习的不正确的见解，我采取将本书的材料浓缩成一条条命题的形式（以数学表达）。只有对前面建立的原理完全了解的人，才能继续阅读后面的内容。[50]

他这是出于必要才说的客套话，他的真意可以从他的自夸言谈里窥知。多年之后，牛顿已身为世界闻名的科学家，他告诉一位朋友，之所以故意把《原理》弄得尽可能地艰涩难读，是“避免受到对数学一知半解的人的打扰”[51]。另外，当他的朋友本特利问他，阅读《原理》之前要做些什么准备的时候，他说：

先念完欧几里得的《几何原本》（应当是全套 14 册），然后就要设法了解圆锥曲线，想达到这个目的，你或许可以读狄魏特的《曲线原理》，不然就念哈雅的近著中锥体那几节所引用的巴罗博士的节录。

在代数方面，先读巴多林的简介，然后要熟读舒腾所著的《评笛卡儿几何学》及其他代数书籍，习题则散布于书中各处……天文学方面，先看伽桑狄的天文学书末的哥白尼体系简介，再看墨卡托的天文学中有关这个体系的部分，以及附录中说明用天文望远镜观测到天空中的新发现等。

具备了这些知识之后，你就可以了解我的书了，不过如果你买一本惠更斯的《时钟星座振荡》，将它熟读之后，你的准备必会更加完善。[52]

哈雷全力支持

当牛顿这边正尽全力写作时，另一边的哈雷则为他在皇家学会准备出版的工作。在前面两册将要完成之际，哈雷出现了经济困难，他不得不辞去皇家学会的院士身份，被迫担任学会的干事职务。这个变动意味着身份的下降，但就推动《原理》的出版来说，却来得正是时候，因为哈雷的职位正好可以影响学会，还可以过滤反对者的声音。

尽管如此，他面临的争取出版经费的工作还是十分困难的。接受一本书的出版和向之投入资金是皇家学会理事会的权责。那年春天，英国正处于政治纷攘的动荡之中，皇家学会的主席佩皮斯受新王的召唤进入宫廷服务，两位副主席又都在休假，学会于是变得群龙无首。更糟糕的是，学会正值经费拮据，因为它最近才出版了一本具有学术价值，却不具市场价值的书——博物学家威洛比的《鱼类志》，因此学会不愿重蹈覆辙。几个星期之后，哈雷知道他必须得赶快行动，而牛顿也希望能早些有个决定。在 5 月 19 日皇家学会的一次理事会上（由威廉森副主席主持，他刚休假回来），哈雷全力要求不必等候主席回来，请理事会立即做出决定。他成功了，可是，接下来又有其他问题酝酿着将要发生。

正当哈雷四处请托学会的理事同意出版牛顿的著作时，胡克又一次给这位卢卡斯讲座教授制造了麻烦。牛顿有一篇新论文是于 1686 年 4 月 21 日在学会上宣读过的，胡克在咖啡馆中嘲笑之余，又指责牛顿的论文中有一小段关于重力的观念竟没有提到他于 20 年前做过的重力研究。一个星期之后，当哈雷发言极力称赞牛顿以及即将完成的著作，并建议皇家学会应将全书出版时，胡克已经变得怒不可遏。哈雷于 5 月 22 日写给牛顿的信中，除了报告学会很赞赏地接受那些新理论并有意出版，还不得不冒着危险报告胡克的情绪。

> 还有一件事情，我应该向你说明，那就是胡克先生对于重力与距离平方成反比的定律有意见。他说你是从他那儿得来的概念，尽管他承认计算出来的曲线完全属于你的发明。这些话有多少是确事，你自己最清楚，同样地，也只有你自己知道如何处理此事，只是胡克先生似乎希望你在序言中做点儿声明……请你务必谅解这是我自作主张将此事告诉你的，因为我认为那是我的责任，让你知道之后好做回应。我深信一个最不需要借用他人名誉的人，最能做出最公正的事。[53]

牛顿并没有枪毙报信者，而是重新仔细检查了一遍手稿，把胡克的名字统统从文中删除。几天之后，他写信向哈雷解释，他不认为哈雷在此事上有任何不当，并且他今后完全不会再提起胡克的大名。

可是，牛顿发出此信之后又开始生起气来。那是他一生中感受到最大压力的时期，除了紧张地完成他的巨著《原理》，他还担心国家未来的变化和他自己的前途，又有那么一个他认为最卑鄙、最无耻的懦夫的不断攻击，使他难以压制自己的愤怒。6 月 20 日，哈雷终于获得理事会通过该书的出版计划了。牛顿才松了一口气，可过了不到 4 个星期，一阵来自剑桥的狂怒又使他倒抽了一口凉气。“胡克先生那些信（1679 年写的）里的内容，不过是讨论落体趋向地心降落的地点一事，他据以论断我对天体的理论是无知的。”牛顿激昂地说：

> 他所告诉我的二重比例（即指平方反比律）是错误的，那就是他说的物体会趋向地心而落下。如今要我为当年忽略了天体的二重比例而白纸黑字地承认自己无知，不为别的，只因为他告诉我落体的事，而且他甚至是建立在错误的基础上的，就指责我无知，这是非常不公平的事。[54]

牛顿接着详述各次事件的全部痛苦经过，以及关于造成胡克错误判断和他自己胜利的原因，任何人看到此信都会感受到从中反映出来的愤怒。

> 在回应他的第一封信中，我就拒绝和他讨论，告诉他我已

> 不再探讨理论了。不过只为了表达一点儿善意，附给他一个落体的实验（只做简短的提示，未带详细说明），希望就此打住，不再收到他的信。对于他的第二封信，我只能勉强自己回信给他，第三封信我就全然不理了。那时候我正忙着别的事情，没有进一步思考哲学上的问题，可是他的来信使我回到了对哲学的研究。所以，若非如此，我大概在那个时期不会将我的思维重新集中到哲学方面。[55]

哈雷当然感到伤透脑筋，不过给予他最重一击的，是牛顿信中的最后结论。牛顿指出他的著作将会包括三个单元之后，又回过头来愤愤不平地说：

> 对于第三个单元（最为重要的第三册），我现在决定将其压下。哲学犹如一个好争且无礼的女人，一个男人情愿打官司也不愿与她发生纠葛。[56]

哈雷隔了一个星期才回信，信中特别提及对卢卡斯讲座教授的冒犯感到十分遗憾，他使用了类似于奥尔登伯格的外交技巧。他在信中说：

> 我为此事衷心感到抱歉，由于全人类都应该知道他们亏欠于你，却让你遭受如此不安，使你感到如此厌烦，以致引一位女士来譬喻，你却就此作罢。其实这位女士对你的宠爱，你有各种理由可加以宣扬……不是她，而是你的敌人妒忌你的幸

福，致力于扰乱你的安宁。我请你再三考虑，希望你看清大局而改变此前扣压第三册的决定。[57]

在结论中，他继续报告他曾经和雷恩商议，雷恩表示将会全力支持牛顿，也不会理会胡克的愤怒叫嚣，并且透露，在学会的里里外外和咖啡馆内，大家都认为胡克是在自欺欺人。

我发觉他们都有相同的意见，他们认为既然没有出版物对此有过记载，学会的记录中也从未出现过，那么你就应当被认定是发明者。如果他真的比你先知道，他就不该责备别人，而应该责怪自己。[58]

开启工业革命的大门

哈雷的这段话对于安抚牛顿究竟发生了多大的功效，我们无以得知。就像牛顿之前威胁要退出皇家学会那样，他以后再也没有提起这件事情。到 1687 年 4 月，牛顿完成了第三个单元，4 月 4 日，文稿就到了哈雷手中。哈雷立刻回信给牛顿说："全世界都会为你能够如此深入地参透自然的奥秘而感到骄傲，人类的智慧都会因这杰出的思想而升华至更高的境界。"[59]

终于，经过 20 多年的努力，以及融会了多个不同领域的知识，这本 550 页的论著诞生于世。然而作者真正花在写作上的时间，不过 18 个月而已。

牛顿的《原理》不仅整合了伽利略和开普勒的理论，成为单一的、内聚的，用数学表达、用实验支持的整套理论，同时也打开了工业革命的大门。牛顿除了解决潮汐如何产生、彗星如何划越天空等种种困惑人类的古老问题，还引入了较新的观念，譬如解释地球自转时的“摇晃”或岁差是因为地球上各点有不同的重力强度。《原理》为力学和动力学的研究奠定了基础，在其后的一个世纪内，引发了持久且真实的人类文明演变。若没有这样的了解，大自然的各种力就不会获得利用，而这正是工业革命的成就：它将人类从黑暗中，从对大自然的奇想中，拉往科技时代，拉向操控宇宙之力的时代。

是全心的奉献、无可比拟的意志力、卓越的技术能力，以及探讨炼金术之类神秘事物的自发精神，筑成了这部巨著。牛顿从坩埚的底部和天体的运行中看到了吸引力和排斥力，他那跳跃般的想象力将这两种现象联结起来，确立了所有物体都能互相吸引的观念。对牛顿和全人类而言，《原理》即是传说中的长生不老药，是炼金术士的黄金，是令人寻寻觅觅的点金石。

第十章

崩溃

好像隐藏于牛顿脑中的仇敌都突然跳出来了，这和1662 年那本用于忏悔的“菲茨威廉笔记簿”有点儿相似。老妖怪统统出现了，它们包括君权主义、无神论、性压抑，以及对他以为是朋友的那些人产生的混乱感觉。

无论是什么减损了我们认知的能力，也无论是什么使过去的、远处的或未来的优越于现在的，我们都要以作为万物之灵的尊严向前迈进。[1]

——塞缪尔·约翰逊①

艾萨克·牛顿完成《原理》全书之后，还继续留在三一学院，直到 1696 年才离开剑桥，迁居伦敦。这十年是他一生中最忧虑、最多变的时期，其中有些变化是受到他的巨著出版的影响。不过，牛顿对自己的认知的改变，也是导致那些变化的原因。

《原理》旋风席卷整个欧洲

牛顿到那时为止的前半辈子，只住过两个地方，前面 19 年生活在格兰瑟姆附近一带，后面 1/4 个世纪就在剑桥的三一学院了。即使以当时的标准来衡量，他的交友圈子亦是十分有限的，他对学校的行政工作也毫无兴趣，不愿担任大学中的任何职务。到 17 世纪 80 年代后期，这种状况彻底改变了。此后的十年间，他在剑桥大

① 塞缪尔·约翰逊，英文评论家、传记作家、诗人、辞典编纂家及随笔作家，被誉为 18 世纪最伟大的文学界人物之一。——译者注

学和政府机构里都担任过一些临时的职务，那时他已经是一位国际知名人物，与那个时代最重要的学者和知识界权威多有交往。在个人方面，牛顿经历了他一生中几乎最能使他的情绪受影响的一些事件，这些事几乎把他推到发狂的边缘，于是他彻底改变了自己的人生规划，放弃他视为生存的主要目的——研究科学，转而过起一种公仆的生活。

走向这条路的第一步是《原理》的出版。尽管在发行之后的十年间，第一版的销量不超过数百套，可是到今日，《原理》已经发行了不止 100 版，它的译本几乎涵盖全世界每一种文字。

该书发行之初，很少有人能领悟它革新的实质，就像达尔文的《物种起源》及爱因斯坦的狭义相对论和广义相对论刚出版时世人未能完全了解的情形一样。各界对于该书的反应不一，并且争论很激烈。有个学生在剑桥校园中看见牛顿走过，便对同学说："方才走过去的那个人，写了一本别人看不懂而他自己也不懂的书。"[2] 另一个极端反应可以由法国自然哲学家洛必达身上看出。在读完《原理》之后，洛必达显然"佩服得大叫，老天爷，那书中竟然藏有那么多的学问呀"，然后他请教与他讨论的教授，询问有关艾萨克爵士的所有特征，甚至连头发的颜色都问了。最后他还问道："他吃饭吗？喝水吗？睡觉吗？像别人一样过日子吗？"[3]

《原理》受到了彻底的评审。哈雷是第一位评阅者，在该书出版前夕，他以不具名的方式在皇家学会的《通报》中发表书评。在随后的一年中，全欧洲大陆的学术刊物都陆续出现了书评，这些评论终于确立了牛顿的国际声誉。但是除了数学家和皇家学会的精英分子，一般人依然认为他的成就高深莫测。当时任爱丁堡大学数学教授的戴维·格雷果里（詹姆斯·格雷果里的侄儿）看了这本书之后深为感动，他写信给牛顿说："拜读过大作之后，我深深感到应当向你致以最大的谢意，你不畏艰难地教导世人应该知道的知识，而这些是我未曾想到的。"[4]同时，那位年轻的数学教师棣莫弗深为《原理》所迷，他将该书撕开来，一页页藏在身上，连往返家教学生住处的路上都拿出来阅读。棣莫弗后来成为牛顿暮年时的学生，曾为这位大师记述逸事。

当然也有不愿张开双臂欢迎《原理》的人。胡克继续不停地批评，私下贬低牛顿的成就，然而，他在公开的场合却也承认该书的重要性。从当时他日记的记述中可得知，牛顿的成功让他觉得非常难受。1689 年 2 月，胡克到朋友巴斯比博士家参加晚宴，他在日记中高兴地记下席间一位宾客希克曼博士批评牛顿为"全学会中最蛮横的人"。几个月之后，他又有更多记述："皇家学会开会的时候，看到霍斯金、亨肖、希尔、荷尔、牛顿及哈姆登先生等人鱼贯入场，我就立即离开，不到 7 点就回去了。"[5]

法国皇家科学院的期刊于前一年的 8 月登载了一篇对《原理》的恶评，这份书评的作者身份不详，不过很可能就是胡克本人，他使用了化名。文风显露出他的标记——由露骨的假意恭维和颇具水准的批评组合而成的一种奇异混合体。最明显的是，该文作者所攻击的重点正是胡克多年来激烈抨击的部分：牛顿的理论纯属一些假说。当时全欧洲没有人对牛顿怀有如此深重的恨意，同时又具有足够的学识能写出这样的书评。

预言统一场论

《原理》对世界的贡献远不止使牛顿闻名国际——它不单令世人对宇宙的认识有了革命性的转变，还对科学产生了革命性的影响。牛顿将物理从宗教和哲学的竞技场中抽离，不经意地创造了一个新的知识领域，尽管这个新的知识领域在一个半世纪之后才获得了“科学”的称号，但是促成工业革命的这一套学科，不是信仰和臆测，而是以坚实的数学计算和可验证的证据为基础的。牛顿的《原理》是第一部用这种方法来讨论宇宙的书，它成了实际应用力学理论的典范。因为它讨论的是有数学根据的原理，因此在哲学与机械工程的鸿沟之间搭起了一座桥梁。在随后的若干世纪中，发明家如瓦特和布鲁内尔①等人皆成功地应用了牛顿的原理。直到今天，牛顿《原理》中所阐释的定律和原理，在日常生活中几乎都在应用。

如果牛顿仅有《原理》这本书的成就，当然很难说明这对他日后的生涯有什么样的影响，无论这本著作如何具有革命性和国际性的震撼力，他毕竟可以如过去25年一样离群索居，继续他个人的奋斗。虽然《原理》是牛顿20多年努力的总结且被世人看作他学术成就的巅峰，他自己当时却不这么想，至少在17世纪90年代初期之前，他还没有这样的看法。直到书出版的时候，牛顿仍认为他有许多事尚待完成，因此他只把第一版的《原理》看作一项进行中的工作报告。有若干明显的迹象可以看出，牛顿在该书的完成阶段，正在认真思考我们今天称为“统一场论”的形式。

---

① 布鲁内尔，法国工程师、发明家，解决了水底隧道的挖掘难题。——译者注

牛顿原本为第一版写了一篇结论，不过后来他收回了，没有寄给哈雷。他在文中指出了一条通往引力理论的路径，它既可应用于宏观宇宙，也可应用于微观宇宙。

至此，我们已经解释了现有的这个宇宙，讨论了较容易测试的大型运动。任何促成大型运动的原因，同理也应该促成小型运动。前者是由较大型物体的较大吸引力所影响的。我猜想后者则有尚未测知的较小的力，作用于看不见的粒子上。既然我们由重力、磁力和电力认识了不同的自然力，就不应该轻率地否认有更多其他自然力的可能。既然我们已经十分清楚大型物体相互受到哪些力的作用，也就不能否认为什么小型物体不该有类似的力作用于彼此身上。[6]

我们在牛顿的文献中找到了两篇结论，它们都没有被附在《原理》书末，也没有看到他以任何形式发表过。当时牛顿对次原子力的想象还无法用数学或实验来支持，他也不愿再度引起批评，唯恐对著作造成不良影响。

今日的科学家可以经常到欧洲粒子物理实验室（CERN）和世界上各个高能物理研究中心，随心所欲地使用粒子加速器进行各种粒子实验，可是这些实验设备是最近几十年才制造出来的，更强有力的设备和技术尚在不断地研发中，目的是通过测试发现更多未知的粒子。牛顿那时毫无办法验证他的猜想，何况支持近代物理的数学架构——量子力学，是在他之后 200 多年才成形的。

牛顿在粒子研究方面所提出的理念只是假说，而将假说装饰成理论是他不屑为之的事[7]，尤其是他关于次原子力的想法源自炼金术传统和研究，这太明显了，他不能冒险暴露他想法的来源。

我深信牛顿之所以从事炼金术研究，是认为炼金术可以帮助他了解宏观宇宙，特别是重力方面的理论。他根本不会知道，他在炼金术方面的心得让他获取了物理学的果实，尽管后来他或许领悟到炼金术的修习是引导《原理》基本灵感的来源之一。因此到他把可验证的“现今可见的宇宙体系”，清晰地以数学和实验方法建构成形时，必然会开始产生这样的概念——认为在宏观宇宙中运作的原理或许会反射出坩埚内部的微观宇宙。

这种思想可能是在 1685 年至 1687 年、尚在完成第一版《原理》之时就盘踞在他的脑中了。但在先前的 17 世纪 70 年代，部分科学界人士对他的不公平对待，仍是他脑中挥之不去的记忆。因此，即使他能够证明这新的观念，也不愿意写文章发表。另外，当牛顿正准备一篇他觉得可以公之于世的论文的时候，外界却有一股想将他拉出学术围墙的力量正在酝酿。剑桥大学的象牙塔外，英格兰正处于政治变动的前夜，从此改变了牛顿的一生。

政教混乱

国王詹姆士二世执政还未满两年，由于受到法国的路易十四反新教运动的鼓舞，开始推出他忠于罗马教廷的政治行动。在了解真正的影响力在大学及那些替他培育高级仆人的教育体系后，詹姆士二世打算将势力延伸到知识界的高层人士。于是他更改了大学的章程，准许天主教教徒攻读学位，并废除了不许天主教人士担任高级职务的法令。

詹姆士二世将第一个目标对准牛津大学，他强迫学校通过任命一位名叫沃克的罗马天主教教徒为大学学院的院长，然后又试图将牛津的主教帕克（其实私底下是天主教教徒）升任为研究院院长。此事遭到了研究员的激烈抗议，这使得他不得不开除25个研究员才把命令贯彻下去。到1687年2月，牛顿正为《原理》第三册做最后润色的时候，剑桥大学也卷入了纷争之中。

詹姆士为了要在新教徒主导的剑桥大学当局插进一脚，要求准许圣本马会的弗朗西斯神父进入玛格达琳学院研修文学硕士学位。国王把意愿知会剑桥大学副校长兼玛格达琳学院院长皮契尔博士，该函于1687年2月9日送达。函中措辞凶狠，指示大学对于弗朗西斯神父“不必依照规定的程序让他宣誓为研究员，不必为他主持宣誓典礼和宣读誓词”。[8]

皮契尔博士生性怯懦并爱饮酒，是个无能的院长。他处于国王绕过规定的要求和院内研究员抗争的夹缝里，于是他想托宫廷中的朋友为他安排私下晋见国王，但是没能见到。然后他又向宫廷再次请愿，却只等来国王的第二封信，严命准许弗朗西斯神父入学，国王的回答以“抗命即自冒危险”为结论。[9]

皮契尔的道路都被堵死了，在无计可施的情况下，他只好通过他的朋友——剑桥大学名誉校长阿尔比马尔公爵召开大学咨议会，试图提出第二次请愿。但是不久之前，国王刚任命了一位天主教教徒巴西特担任索塞克斯学院院长，还让他兼任六人委员会委员之一，而大学咨议会的请愿必须由该委员会一致通过才能提出。皮契尔的选择只剩下一项：巴西特可以否决请愿，但他不能阻止咨议会辩论此案，以求找到摆平这一乱局的途径。

当时，这些消息传到牛顿的耳朵里，他就在 2 月 19 日写了一封信给一位姓名不详的记者。他在信中说："那些建议国王陛下强迫大学服从的人，不是我们真正的朋友……任何人如果不立下至尊及忠顺之誓言，副校长依法不得准许任何人入学，此事于大学章程第三条及第四条中已载明。"[10]

牛顿做出这样的批评时似乎没有意识到自己的虚伪，不久之后，他自己也卷入同样的困扰中。皮契尔于 3 月 11 日召开了一次咨议会，牛顿也出席了那次会议，那可能是他大学 20 余年生涯中的头一回。我们找不到他的发言记录，不过在会后，他成了副校长的两位顾问之一。

然而，咨议会还是无法为大学的困局找到解决方案，皮契尔只备妥了一封信，请阿尔比马尔校长面呈国王，陈述大学无法允许弗朗西斯神父入学的立场，可是这封信却把原来的争论激化成了危机。

詹姆士二世是个以脾气暴躁又无耐性著称的国王，他立即召唤刚成立不久的宗教事务特别法庭，下令皮契尔副校长及研究员代表出席并接受宗教事务特别法庭的调查。宗教事务特别法庭是由国王指派专司解决宗教纷争的机构，说穿了这只是在他的威胁恐吓遭遇失败时的御用掩护组织。

消息传来，剑桥大学咨议会再度紧急召集会议，1687 年 4 月 11 日，研究员在极度惊慌中集会讨论他们有限的选择。我们从大学的出席签到簿中发现，牛顿在那段时间时常请假离开剑桥。从留传下来的信函查出，牛顿送出《原理》全部文稿约一个星期之后，出去处理了一些极世俗的事务，比如呆账和房客这类问题[11]。但是他必定是在上一次咨议会中清楚地表现出他的强烈情绪和坚决参与的态度，因为尽管缺席，他仍然被推选为出席特别法庭的8位大学代表之一（巴宾顿也是其一）。一个星期之后，他回到学校得知承接这项任务的消息，立刻投入准备4月21日举行的调查听证会。

发觉科学之外的潜力

牛顿反天主教的狂热，可以从他自愿参与反抗中清楚地看出。但那是一件滑稽可笑的事，牛顿自己就曾经拒绝接受圣命，幸得查理二世的特别豁免，他才保住了位置。如今他却反对任何不愿宣誓的人取得研究员资格。整个事件中最奇怪的一点，是与大学立场相反的那一方，他们竟然没有人以卢卡斯讲座教授为把柄，指出其矛盾之处，原因很可能是国王的特别法庭只急着要迫使大学就范，完全没有注意到牛顿的双重标准。对牛顿而言，这无疑是极为幸运之事，如果他的隐秘过往被抖搂出来，不只是大学的抗议会立即息止，更会造成牛顿事业上无法弥补的损失。

詹姆士国王的七人特别法庭由臭名昭著的杰弗里斯大法官为首，当年查理二世去世之后，蒙茅斯公爵的背叛被迅速摆平，继之而来的一场“血腥巡回裁判”就是他的无情杰作。牛顿和杰弗里斯很可能在多年前有过一面之缘，这位首席大法官于1662年3月以自费生资格进入剑桥大学三一学院，不过他并未完成学业就离开了学校，赴伦敦任职于宫内教堂。因此，他当年吃完饭的脏盘碗，大有可能是由 19 岁的工读生艾萨克 · 牛顿端进厨房里的。

4 月 21 日，特别法庭第一次开庭，来了一大群听众，其中大部分都是国王的支持者。从记录上来看，牛顿未曾在那次开庭中发言，在其后的几次庭讯中也都没有发言（自 4 月 21 日至 5 月 12 日，共开了 4 次庭），不过他被指定为皮契尔准备了答辩书，并且他在幕后十分活跃，因为他是那群反对英王的剑桥代表中最极端的一个。

皮契尔在法庭中显得浑身不自在，加上酒精中毒的毛病，所以在杰弗里斯咄咄逼人的询问下，他完全崩溃了，几乎无法连着说出两句有意义的话来。大学代表团的其他人员帮不上忙，任何人插嘴都会被杰弗里斯冷峻的眼神制止，不然他就故意暗示，他们的争执只是为了在皮契尔被谪之后，获取他那件副校长的黑袍所做的表演而已。

果然，皮契尔被贬谪了。在 5 月 7 日的庭讯中，杰弗里斯已经对皮契尔失去了耐心，当众宣布褫夺他的职务，收回他的官舍，停发他的薪金。然后他下令两个星期之后再开最后一次庭，将大学代表团的其他人员处分完毕就结束全案。

就某方面而言，皮契尔被开除对他是个解脱，他既无能力对抗杰弗里斯，又无法充分表达研究员的感受，因此一旦皮契尔离开，他以前的同事至少能够一致表达他们的立场，以书面方式答复杰弗里斯的质问。他们聚在一起起草最后开庭时要提出来的正式答辩，其中又有无数个版本，其中 5 个版本在牛顿遗留下来的文件中被找到，这似乎表示牛顿在写答辩书的过程中居主导地位。这些答辩文稿都试图传达了大学代表团的无奈，他们表示繁复的规章将他们约束得动弹不得，纵然他们愿意，也无法接受一个天主教教徒。在一份留下来的遗稿中，牛顿用强硬的言辞在附录里如此说道：

他们（指咨议会）也被他们的宗教左右，被要求违背他们所建立和支持的法律。秉持罗马天主教信仰的人已经进入大学的学院，研究员申请资格也随之开放，一旦外人申请成功，他们就可以与其他人一样进来。在同一所大学里，让天主教教徒和新教教徒混杂，他们既不能一起愉快地生活，也无法长久地相处。[12]

不足为奇，这部分辩词没有在1687年5月12日特别法庭最后一次开庭的答辩书中被采用，即使放进去也无济于事，搞不好还会进一步伤害代表们的职业生涯。

杰弗里斯听完大学咨议会方面的正式答辩之后，就做了一个总结，他把大学不允许天主教教徒攻读硕士课程的法律条文统统扔到一边，只根据詹姆士国王赋予他的权力，命令大学允许弗朗西斯神父继续剑桥大学的学业，不受任何阻挠地完成学业。然后他转向那群如此大胆敢质疑王室权威的大学咨议会代表，宣布准备对他们进行惩罚。牛顿和其他代表的前途岌岌可危了！

但是，国王通过杰弗里斯无视皮契尔和大学的主张之后，对研究员宽大的态度令人惊讶，这群咨议会代表同感解脱的是，再没有任何人被开除，他们只是被点到为止地羞辱了一番，结论是他们不可再干涉。

各位绅士，你们将来最好服从国王陛下的命令。

为了补救他们已经留下的坏的影响，你们就以服从为将来树立新的好榜样吧。因此，我对你们说的是《圣经》上的话，毕竟你们大都是圣洁的。回去吧，别再犯下罪行了，否则你们会被惩罚的。[13]

至此，代表们已经做不了什么事情，可是在其后的 18 个月间，也就是牛顿的《原理》出版之后，他的声望蒸蒸日上之际，他的敌人的处境却是每况愈下。身兼英格兰及苏格兰国王的詹姆士二世和他的鹰犬杰弗里斯的命运急转直下，到 1688 年年底，詹姆士二世弃位逃亡到法国。1689 年 4 月，杰弗里斯抵达他的权力顶峰之后不过两年，即死在伦敦塔监牢里，当时仅 41 岁。政治风向的改变也波及弗朗西斯神父在剑桥大学的学业，1688 年 12 月“奥兰治的威廉”被英格兰人民和国会迎入成为国王的前夕①，弗朗西斯神父尚未毕业就离开了学校。（剑桥大学的宗教法规直到 1858 年为止仍维持不变，之后反对英国国教的学生也终于获准入学，而到 1871 年，所有宗教限制全部取消。）

对牛顿而言，这次事件具有深远的意义，他不只从中尝到负起公共事务职责的滋味，也使学校当局从此注意到他，看到他一向深藏不露的善辩能力和在坚定信仰之下表现出的领导能力。

这段插曲使牛顿对自己的形象有了深刻的认识，他感觉到在科学界之外，他可以找到另一个发挥才能的地方。到 1688 年，《原理》已经发表了，并且得到全欧洲精英知识分子的称赞。当著作受国际

① 威廉虽是英王，但他却出身荷兰海牙的奥兰治王室，而且奥兰治家族不是荷兰人，而是德国后裔。这个家族在 16 世纪荷兰的宗教争斗中，率领新教族对抗西班牙腓力二世的天主教势力。1688 年，英国发生“光荣革命”，国会罢黜了天主教教徒詹姆士二世，迎回信新教的女儿玛丽回来继承王位，身为玛丽夫婿的威廉因此得以入主英国王朝与玛丽共治。——译者注

承认之际，牛顿也渐渐意识到，他可以踏入更广阔的社会及政治环境中一试潜力。他知道如果要从隐居中现身，在任何形式的政治活动中扮演一个活跃角色，此刻正是时候，况且整个英国也正处在重大的政治转变中。

进入社交圈

“奥兰治的威廉”于1688年11月初率领600艘全副武装的军舰渡海自托贝登陆，詹姆士国王几个星期之后逃出伦敦，然后又被容许自海上溜走，不受阻挠地于圣诞日抵达法国海岸。12月间，一个叫作“传统国会”的特殊国会召集会议，商讨自斯图亚特王室转移权力至奥兰治王室的细节事宜。由于牛顿对抗杰弗里斯时居于幕后的领导，以及他在学术界迅速崛起的种种因素，他被大学当局指派为剑桥大学常驻威斯敏斯特（国会所在地）的代表。

牛顿担任国会议员的时间几乎正好一年，他对于新国会的议事似乎没有什么个人的贡献。他忠实且详尽地把会议的经过汇报给副校长，就算尽了责任。有一桩未经查实的逸闻说牛顿在议会长达一年的议程中只说过一句话——他觉得走廊吹进来的冷风灌进了他的脖子，就开口要求身旁的服务员把门关上。

但是，即使牛顿明显地处于被动位置，在如此广阔的舞台上，他依然接触了不少颇具影响力的人物，那是他自1661年成为工读生以来，首次经历令他珍视的事情。被选入国会后仅两天，牛顿就获得了与“奥兰治的威廉”共餐的机会，而威廉本人也只不过于一个多月前才来到英格兰。

在威廉的统治下，整个英国的政治和社会结构都改变了。虽然这个新王朝的头几年由托利党（今英国保守党的前身）当权，而牛顿却是一位极端的辉格党（后来改称为自由党）党员，不过他仍然能够与政治圈内较有经验的人士和受新宫廷喜爱的外国学者交往，积聚一些有用的关系。

最重要的新关系是与新授封的蒙茅斯伯爵往来友好，他是新政权的最大支持者，也是威廉的好朋友。还有弗朗西斯·马山爵士夫妇，这对夫妇与当时的政客和学者都有紧密的联系，他们在埃塞克斯郡的奥茨乡间别墅成了当朝权贵最爱聚会的场所。这个政治圈子的一些朋友是由蒙塔古召集的，蒙塔古曾于 1678 年以自费研究生资格进剑桥读书，当时便与牛顿认识。到“传统国会”时代，他们两人成为朋友，此时蒙塔古已是一颗逐渐升起的政治明星。

蒙塔古完成学位之后就留在三一学院担任研究员，他在发表一篇微言大义的打油诗之后，立刻赢得“文坛鬼才”的声誉。那篇诗作是根据桂冠诗人德赖登为谄媚詹姆士国王的天主教政权而作的《农夫与明君》改写而成的。蒙塔古的另一本讽刺小说《乡村老鼠和城市老鼠》，也很快就成了畅销书，这把他的地位提升为 17 世纪所谓的激进分子。

这是牛顿改变生活形态的一面，但同时他又有另一面的发展。当他踏进大都会的世界中，以剑桥大学政治代表的身份住在伦敦时，经过一年，他和知识圈的接触更广了，其中最重要的人物是英国哲学家洛克。我们知道，洛克是引领牛顿进入社交圈的关键人物。

洛克的提携

他们两人的第一次碰面是在1689年，且他们立刻发现彼此在理念上极为接近。洛克比牛顿大10岁，是牛津大学毕业生。虽然他从未攻读医学的学位，却取得了医师执照，担任沙夫茨伯里伯爵一世的家庭医师。1682年，沙夫茨伯里因被指控叛国重罪逃亡到荷兰，洛克追随伯爵并且成为他的政治顾问，自我放逐式地居留在欧洲大陆，直到1688年的光荣革命成功为止。威廉登陆托贝之后不久，洛克才回到英格兰。洛克曾经被任命为未来的英国女王玛丽的侍从，在她返回伦敦的旅途中护驾。

洛克在流亡时期即已读过牛顿的《原理》，他觉得该书与自己的哲学理念一致。他在1690年发表了一部巨著《人类理解论》，在序言中称牛顿为“无人可及的牛顿先生”[14]，由此可见两人很快便相知颇深。

洛克从未受过数学训练，他几乎无法了解书中的数学定理和计算过程。他请教惠更斯，就该书的论点及数学公式做一评价，这位荷兰数学家给予热烈而正面的支持，（据传闻）这使得“洛克在被告知可以信赖那些数学知识之后，就理所当然地完全接受，经过仔细研究自那数学引导出来的结果和推论，自己也几乎变成了一个物理大师，并且完全信服书中所涵盖的许多伟大发现”。[15]

如同传闻所点到的，洛克十分努力地阅读该书，想尽办法去理解它。但是，由于数学能力不够，他只能阅读文字叙述部分，略去数学演算不看，然而那并未妨碍他给《原理》撰写书评。那是欧洲大陆收到该书后的第一篇书评，它以不具名的方式被刊登在《世界图书馆》1688 年 3 月的期刊上。书评对《原理》赞誉有加，不过，书评的作者显然未能把握书中的中心思想——重力是每一个物体都能够感受到的，并且它是一种超距作用。洛克到了伦敦之后，请求牛顿协助他做进一步的了解，牛顿不得不为他写了一项简化的证明。

他们的友谊能够很快建立的理由十分简单，洛克的哲学思想（为英国经验主义的鼻祖）所持的基本理念，是认为知识自经验而来。他曾经这样说："假设我们的心灵犹如常说的像一张白纸，上面没有文字，也没有什么概念，那么它是怎么被充实的呢？"[16]他的答案是，知识自两种经验产生：第一种是感觉，它为我们提供外界的观念；第二种是反思，是心灵内部的运作，它能为我们提供知识。但是，他的结论是，因为我们无法认清事物，所得到的只是一些概念，事物的真正本质只有从数学运算中获得。

洛克也是一位极具影响力的政治思想家，他的政治主张比哲学思想流传得更为广泛和深远。他是一个辉格党员，被世人称为英国和美国的"自由主义之父"，所以洛克和牛顿有许多共同观点。大约在那之前半个世纪，霍布斯首创以物质主义为中心的政治哲学，那是一种否定精神独立存在的理论，而那是牛顿所痛恨的主张。洛克的看法与霍布斯相反，他认为任何政府的首要职责是服务人民，这个观点成了现代民主的基石，也是牛顿心中最珍视的信条。

洛克的哲学观、政治观和宗教观与牛顿的观点相当地契合[17]，除此之外，他也是一个和蔼可亲、心胸开阔的人，他具有如哈雷一般的缜密思维，又有如牛顿一般的高度智慧。洛克一直到 1704 年去世之前，从未中断与牛顿就广泛的问题交换意见，他们之间建立的友谊使牛顿毕生受益。过去从来没有人在这么多方面都能与牛顿契合。巴罗、巴宾顿、摩尔这几位给予牛顿类似父亲的形象，并在事业上提携牛顿；蒙塔古是个有力的支持者，但是他并没有与牛顿分享最珍贵的信仰；波义耳、哈雷、奥尔登伯格、雷恩这些人是科学上的同志，说不上是志同道合的朋友。然而，洛克所担任的角色是科学界与政界之间的桥梁，他不仅是牛顿知识上的伙伴，还帮助牛顿拓展前途。这两位大师被后世合称为构筑“理性时代”的两根支柱。他们的交往密切，牛顿对这位长者完全开放内心，甚至向他透露自己的极端宗教观和研习炼金术的秘密。

洛克成为一个社交圈的中心，这个圈子的成员有蒙塔古、马山夫妇、蒙茅斯伯爵和“奥兰治的威廉”本人等。洛克时常代表牛顿，毫不迟疑地做他的后盾，帮他物色合适的长期公职。牛顿也信任洛克，甚至接受他的建议，准备于1690年年底将他非正统的宗教观点结集出版，就如同阿里乌的宣言那样，不过他到最后一刻还是取消了计划。[18]

是挚友还是情人？

凡是谈论到牛顿的成人感情生活（这会儿就要谈到），就必定要提到两位可能和他有性关系的男人。第一个是那令人捉摸不清的威金斯，他和牛顿同居了将近20年。其实并没有确实的证据指出他们的关系本质上是基于性，大家只是从他们俩的亲密程度和他们分开时所表现出来的暧昧态度加以猜测的。另一个和牛顿有非常明显的感情纠结的，是一位名叫法蒂奥的瑞士青年数学家。

法蒂奥出生于一个富有的家庭，他的孩童时代的大部分岁月都极受宠爱而被惯坏。虽然他有一段时间在欧洲大陆和英国两地的知识圈里都颇有名气，但是这名声并没有维持很久。法蒂奥是如何攀识上牛顿的，其经过似乎暧昧不明。他在家里 12 个兄弟姐妹中排行第七，比牛顿年轻 22 岁。他的童年十分幸福，牛顿和他根本不能比。但是在 30 岁生日的时候，他就已经和这位剑桥大学的教授建立了亲密的私人关系。

法蒂奥在父母之间的意识矛盾中长大。他的父亲是一位富裕的瑞士地主，他希望儿子修习神学；母亲巴尔伯是一位才女，她对法蒂奥百般溺爱，坚持要送爱子去巴黎读书，然后到新教教徒的德国宫廷服务。法蒂奥在晚年时如此记述他的青年生活：

> 我的父亲认为我应该攻读神学，因此我在家里和在日内瓦的学校都学习拉丁语和希腊语，读了两三年哲学、数学及天文学，然后才开始学习希伯来语，开始研习神学的专门课程。[19]

1682 年法蒂奥 18 岁时，他实现了母亲的愿望，他带着一笔丰厚的生活费留学巴黎。当时的法蒂奥已经显现出他的早熟和自我宣扬的个性，他居然和当时伟大的科学家如惠更斯、莱布尼茨、巴黎的皇家天文台台长卡西尼等人通上了信。

法蒂奥显然有些数学和科学上的天赋，但很难衡量出底子有多深厚。他早熟的智慧也让许多睿智的哲学家印象深刻。1687 年他前往英国之前，历史学家伯内特形容他为“同龄的青年中最杰出的一个，好像生来就能背负比他所能获取的还要多的知识”[20]。可是到后来，特别是在伦敦的社会里，他被许多人觉得是个小丑，并很快就得到“牛顿的影子”的绰号。法蒂奥很可能是个不凡的青年，只是发出光芒的时间太短了，但也有可能他最大的本领只是自我宣扬。无论他的智慧才能包括什么，能令权贵之士对他心生好感，无疑是一项伟大的天赋，而且这些人物的年龄都比他大得多；当对他并无特殊兴趣的一般人已感厌烦之际，这些大人物却依然迷恋他。

法蒂奥就是凭他这方面的才干来到英国的。1685 年的英格兰正陷于革命的恐慌中，“奥兰治的威廉”也感受到法国方面的威胁。有一天，法蒂奥在他父亲的庄园里偶然遇见一位皮埃蒙特的贵族，听他讲起一桩关于把这位荷兰王子诱拐送给法国政府的阴谋。他立即把消息传给威廉，于是得到海牙方面的欢心，对方甚至要聘他为大学教授以做回报。然而他害怕吃了亏的法国政府对他进行报复，于是在 1687 年，正是牛顿等待《原理》出版的时候，他向威廉提出要求渡海到英国并且获得了同意。他说他要留在那里，“直到奥兰治的王子取得那些王国的全部权力为止”[21]。

法蒂奥凭着一封由法国自然哲学家朱斯特尔写的介绍信，于 1687 年 6 月（抵达英国才两个星期）就当选为皇家学会的院士。到 1689 年夏，威廉王子成为英格兰宪法规定的国王之后不过几个月，法蒂奥就获得了一项无上荣光的任务——为来自荷兰、将访问伦敦的著名学者惠更斯担任访问期间的陪同人员。这项工作使他在 1689 年 6 月 12 日，牛顿与惠更斯于皇家学会第一次会面时，获得了认识牛顿的机会。

牛顿与法蒂奥几乎马上就建立了熟络的关系，1689 年夏，他们经常见面。这位瑞士数学家作为惠更斯的导游，有许多机会与英国最杰出的学者接触，牛顿也参加过很多特别为惠更斯举行的活动。那年初夏，惠更斯在剑桥大学拜访并小住，牛顿听说国王学院的院长一职出缺，就陪同惠更斯一同前往伦敦寻求支持，使惠更斯担任此职位，此行当然也有法蒂奥陪伴。

坦诚以对，毫无保留

在现存的牛顿写给法蒂奥的信件中，最早一封的日期署于 1689 年 10 月。这封信被不明人士修改过，显然是在信写好之后才改的。有三处句子被删除了，虽然删除了这些部分，但我们依然可以明显地看出他们两人之间的亲密关系，不过这两个男人才刚认识仅仅几个月而已。信的开头是这样说的：

> 我非常高兴你是……（第一处被删）朋友，至为由衷地感谢你对我的好意，特地安排我与他结识。我计划于下周到伦敦，将会十分高兴能够和你同住一家旅舍，我会带着我的书和你写给我的那些信。[22]

牛顿接着提出他对朋友波义耳——当时最伟大的思想家之一——所做的一些批评：

> 波义耳先生有几次提议和我通信讨论这些问题，我没有同意，因为他的……（第二处被删）和各样人等交谈，依我看来

他是太过公开，太热衷于名利了。请你务必简短回答我，你是否能够安排我们两人都投宿到同一旅舍，或者你情愿要我先去别处投宿，过一阵子……（第三处被删）[23]

关于波义耳的事，他不会向任何人谈起，除了洛克。即使如此，那也是1691年波义耳去世之后，牛顿才告诉洛克的。

虽然事情已经相隔如此久远，几乎不可能将删除的句子还原，可是牛顿在第二处被删的前面说波义耳“提议和我通信讨论这些问题”，以及在后面又说“他是太过公开，太热衷于名利了”等，点出了那封信涉及炼金术。我们从牛顿写给奥尔登伯格的信件中知道，他并不认同波义耳要他改变对炼金术的态度。

牛顿显然很关心他和法蒂奥在哪里投宿的问题，在那么短的一封信里两度提起希望和这位朋友住进同一家旅舍。第三处被删的地方（第一处大概也一样）可能谈了些非常隐私的话，删改者（可能是牛顿自己）考虑到若是信被人看见，会十分尴尬。

到11月，两人的书信往来源源不绝，而法蒂奥更是在写给欧陆哲学家的函件中对牛顿赞不绝口。他去伦敦之前是笛卡儿的信徒，但他不久就被牛顿的机械宇宙论吸引了。他对朋友——日内瓦哲学教授艾特宣称：“牛顿是我认识的朋友中最诚实的一个，他是有史以来最杰出的数学家。”然后他把被他抛弃的笛卡儿体系批评为“一个空的幻想”。最后，他堆砌了一些十分抒情的语句，说要为伟大的牛顿建立纪念碑，以及他如何渴望能与这位教授为邻。[24]

法蒂奥当然知道与牛顿交往能够获益，此前他已经表现过这种早熟的投机天分，等待适当的时机认识适当的人来奠立事业。这样的事情发生在300多年前，我们现在很难评估那封信中所表达的感受的真实性究竟有多少，属于幻想型的吹嘘又有多少。法蒂奥在他们相识之后的头6个月中，企图要全世界知道他对《原理》了解得多么透彻，欲建立他是牛顿的得意门生的形象（他因此获得了“牛顿的影子”的绰号）。然而，他们的关系并不单是建立在对科学的共同兴趣之上。由于牛顿在1689年很想寻找一份剑桥以外的工作，而法蒂奥给了牛顿一个清晰的印象，说他能帮忙达成这个愿望。他动用了宫廷内许多熟人甚至威廉本人的关系。在1690年12月24日写给牛顿的信中，他说：“一个多星期之前，我见到了洛克，请他恳切地要求蒙茅斯爵爷推荐你，他答应会去做……”[25]

从法蒂奥信中的言语，我们可以清楚地看出他们之间的亲密程度正在增进。牛顿那时打算在下一周去伦敦看望法蒂奥，刚好法蒂奥正等候惠更斯寄给他一本自己的著作，书名以法文书写，即《光论》。他在信上说：“因为这本书是以法文写的，也许你愿意来和我一起阅读。”[26]这句话看来很单纯。但在当时的情况下，又有谁敢跟牛顿这样说呢？这句话意味着法蒂奥知道牛顿的法文程度较差，而他们可能在别的场合中以此开过玩笑。

暧昧

1690年6月初，法蒂奥开始了为期15个月的欧洲之旅。他一方面是要去各个主要的知识中心宣扬他的科学知识，另一方面则是回瑞士探望家人。他和牛顿在这段时间内的信函都不见了，可是到

10 月，法蒂奥才离开不过短短几个月，牛顿就写信向洛克打听法蒂奥的消息。我们又一次看到对别人而言极普通，对牛顿却未必如此的事。他几乎从来没有打听任何熟人的习惯，而特别有意思的是，1691 年 9 月法蒂奥回到英国时，牛顿急急忙忙地赶往伦敦看他，船一靠岸，他就到了。

他们于 9 月中旬在伦敦的相聚十分隐秘，甚至他们的共同友人都不知道牛顿到了伦敦。三一学院的签到簿中记载牛顿于 9 月 12 日离开，于 19 日返校，但是牛顿每次进城时总会去拜访的数学家朋友格雷果里却于 10 月写信通知牛顿，说他们的朋友法蒂奥已经回国"好几天了"。[27]

他们俩的交情经过这次聚会之后又提升了一个层次，虽然 1691 年 9 月至 1692 年 11 月这段日子，牛顿与法蒂奥之间的信函都已失踪，可是从法蒂奥写给惠更斯的信中则可看到一些端倪：牛顿和他的忠实信徒在后者回到英国之后经常见面。有一回，法蒂奥去剑桥拜访，牛顿拿出法蒂奥离开英国期间他所写的一些理论文稿与之分享。法蒂奥后来向惠更斯报告，说他"看到牛顿先生所完成的东西后，整个人被震慑住了"[28]。

法蒂奥从剑桥回到伦敦不久之后，1692 年 11 月 17 日，牛顿收到他的一封信，即刻陷入极度惊慌之中。法蒂奥在信中劈头就说："先生，我大概无望再见到你了。"他接着解释说：

自剑桥回来的途中，我得了严重的风寒，它一直侵入我的肺里。昨天我突然意识到它可能因由胃溃疡穿孔而造成腹膜炎，把我左肺的下部分感染了。因为我在横膈膜的位置上，会

> 间歇性地感受到有如拳头般大小的东西在激烈地蠕动。这种感觉在局部范围内是很清楚的，但它并没有造成痛苦，我只是觉得怪怪的。我坐在火炉旁时，会将身体向前弯曲，如此我就只会感到阵阵缓慢的心跳。今天早上我的脉搏正常，现在（下午6点）有一些发烧，一整天都是如此。感谢上帝，我的心灵平静，主要还是拜你所赐。我有一点儿晕眩，而我担心情况会越来越严重。今天我服用了4份较轻和1份较重的特效药粉，看来也没有什么效果。这使我相信胃穿孔的猜测是正确的，要不然就可能是疟疾。趁我发烧状况略微减轻之际，我要向你交代几件事情，如果我不幸离开尘世，我希望我的大哥能继承我们俩的友谊，他是一个很正直的人。然而我还未去看医生，也许替我放血就能救我一命，目前可能尚不致有生命危险，不过，如果我有任何事情发生，坎宁安先生将会立即通知你。[29]

这封很不寻常的信可以被认为是法蒂奥在发高烧、神志不清的状况下写的，不过这种处处谨小慎微的性格，不但在他遗留下来的信函中处处可见，甚至连牛顿也有这种忧郁症的表现。17世纪时，即使是富贵人家的人也时常为自己的健康忧虑，这点是可以理解的，但是法蒂奥做得太过分了，于是这引出了一些疑问，为什么他要这样做呢？是否为了引人注意而言过其实呢？我们知道他是个伟大的自我宣传家，那么这是否算得上他企图操纵他人的例子呢？他说假如他死了，希望由他的大哥填补他的位置，那又是为什么？是不是单纯为了更进一步、更幼稚地做戏呢？

另外有一段话很有意思，就是法蒂奥所说的："感谢上帝，我的心灵平静，主要还是拜你所赐。”这会不会意指他去看牛顿之前情绪感到不安，而见面之后就使得关系的伤口愈合，或者只不过又是另一种阿谀的姿态呢?

法蒂奥很可能一直都为了自己的利益而操纵牛顿，因为这位长者很明显地迷恋于他，同时法蒂奥在牛顿面前自觉学识不足，为了心理上的补救，他就以虚张声势的姿态掩饰其劣势的地位。他甚至在1690年一度毛遂自荐监督《原理》第二版的编辑工作。他偶尔被这种卖弄冲昏了头：在写给惠更斯的一封信中，他很高兴地宣布，由他所编辑的《原理》会比第一版内容多得多，因为他要增补很多东西。“不过，”他自我吹嘘道，“我的对开本可以花较少的时间去阅读和了解，不像牛顿先生的四开本要用那么多时间。”[30]

那一次，法蒂奥并未死去，反而又活了61年。他的那封信费了三天的时间才被送到剑桥，那时已过了他病情最重的时候。牛顿对法蒂奥的健康所表现出来的关切之情，从他马上以快递函来回复这封信可以证明。

> 我……昨晚接读来信之后，焦灼之情难以形容，请你务必尽速请医生诊治，你若缺少费用即请告知，我会立刻寄上。我深信你所形容的你长兄的个性，如果我与他的相识有助于他，我当乐于献上我的友谊，但愿你健康而能亲自促成此事。万一最不幸的事情发生，请告诉我如何与他联系，写信或（如有必要）我寄包裹给他……

他用对任何人都不曾使用的热情语句署名：“你最热情和最忠

心为你服务的朋友，艾·牛顿。”[31]

这又是一封令人迷惑的信。虽然牛顿在信中的第一行即已表达过他的关怀之切，并且一再重复期盼法蒂奥能够康复，但他却很奇怪地强调会重视法蒂奥的哥哥。纵然17世纪的人比我们现代人更容易感受到病与死难以逃避，牛顿那种保证会与法蒂奥哥哥联系的承诺，恐怕只能被看成两种情况之一：一种是他不知道病人的病情有多么严重，故意迁就病人的期望以安病人之心；另一种可能是“万一最不幸的事情发生，请告诉我如何与他联系，写信或（如有必要）我寄包裹给他”。这句话有特别的含意，这是否暗示他与法蒂奥之间有些东西或文件，若是法蒂奥果真不行之时必须保存起来的？这个想法可以从一封错过牛顿回信、就在次日抵达牛顿手里的信中得到支持。法蒂奥在信里说他最严重的病况已经度过，然后再次详述他哥哥的性格。他说：“先生，我的哥哥是我所知的人中最谨慎、最保守的一个。他不会干涉别人的思想，也从不辜负别人对他的信任。”[32]

迷恋

牛顿和法蒂奥在往来信函中深入讨论炼金术和宗教，法蒂奥寄给牛顿一页又一页论文，剖析宗教理念和炼金术理论。在现存的最早的一封信中，牛顿大概批评过波义耳涉身于炼金术。作为牛顿生活里最亲密的友伴，法蒂奥可能听牛顿谈过自己的困惑和秘密，或许他们在剑桥一同做过实验，在伦敦一起采购神秘书籍，然后一起阅读，就像他们讨论惠更斯较为传统的著作《光论》一样。法蒂奥是一个年轻、思想开放的数学家兼自然哲学家，他或许也乐于做一点儿实验，并认为由这位大师亲自为他启蒙炼金术是一种缘分。在牛顿这边，则更进一步说明他对法蒂奥的迷恋，因为他已经花了一辈子的光阴做研究和实验，几乎没有什么他没有遇到的事物需要向法蒂奥请教的。这种结合对牛顿而言，仅代表未来的危机。

过完 1693 年，新的一年开始了，牛顿和法蒂奥仍继续他们热情洋溢的通信，而法蒂奥有时仍然会嚷嚷病痛。除了牛顿偶尔去过几回伦敦，没有什么证据可看出两人时常会面，只是他们的信中依旧充斥着迷恋的言辞，他们在各自的祈祷文中也都记得祝福对方。

其实，1693 年年初，牛顿建议过法蒂奥考虑搬到剑桥去住。在一封 1 月 24 日的信里，他提出法蒂奥接连不断的微恙，可能与居住在伦敦有关。“我担心伦敦的空气造成了你的身体不适，”他继续写道，“因此希望一旦天气允许外出旅行，你就立即搬到我这里来，我相信这里的空气对你的健康比较好。”[33]

法蒂奥没有立即回信，过了几个星期之后，他通知牛顿他刚接到母亲去世的消息，打算回到瑞士定居。牛顿这下可着了慌，赶忙去信重申法蒂奥应该认真考虑搬来剑桥大学与他共同生活的建议。

法蒂奥的回信仍然持保留态度，不过他也提到如果他继承的遗产允许，他情愿留在英格兰，“尤其是剑桥，如果除了关心我的健康和节省，你还有别的更好的理由希望我去那里，那么我就考虑搬去。但是，我希望你在下一封信里把这件事情讲清楚”。[34]

同时，法蒂奥于 2 月写信给他在瑞士的哥哥，提起一些感情上的两难问题，这可能就与牛顿所建议的事情有关：“我的痛苦主要是由于一些不好在信上说的原因……我不能结婚的理由，也许会一直跟随着我直到我死去。”[35]

牛顿深信法蒂奥的问题是缺钱，于是汇给他 14 英镑，借口说那是一年前的秋天他们俩在剑桥一起做实验时，他采购过一些东西，这笔钱是还给他所垫付的费用。后来他们又谈了一些关于《圣经》中的预言（法蒂奥似乎过分着迷于这些预言，连牛顿都指责他“过于沉沦在某种幻想里”）等问题，又再回到探讨法蒂奥迁居剑桥的可能性。牛顿在 1693 年 3 月 14 日的信中说：“我隔壁的房子正好空出。你若身体不健康，就不可能过你想要的伦敦生活，我设法要做的事，就是帮你筹划你的收入，以及如何使你获得你所要的生活品质。”[36]

牛顿等了一个月才收到回信。法蒂奥在 1693 年 4 月 11 日的回信中说：“如有可能，我愿一辈子或大半辈子都和你住在一起，若有任何方法可以不造成你和你庄园的负担，我都十分乐意去做。”[37]

此后他们又通了几封信，一直到 5 月间，法蒂奥在一封信中透露他所分配到的遗产只有一点点，不过他有一个新的计划，说他要做一个医生，自己调配并生产一种长生药酒，信中还详细地叙述了这个计划的投资和经营，以及这种产品将要如何使他成功致富。而所有关于他迁居剑桥的话题，却很奇妙地再未出现过。

他们两人最后一次重要的接触是在几个星期之后。当年 5 月下旬至 6 月上旬，牛顿二度南下伦敦去看望法蒂奥。虽然牛顿于随后的几年内仍然就一些不紧要的事情与法蒂奥谈过话，间或也通过信，不过 1693 年 6 月的那次会面却是他们亲密关系的突然终结点，也是牛顿最黑暗时代的来临日。无论他们在那两次会面时说了些什么，他们后来近乎客套地相互应付显示出他们第二次的伦敦之会肯定发生了决裂。

从互相吸引到分手

那么，我们对于这一段关系能够做出什么样的结论呢？又是什么原因导致了如此突然的结束呢？

至少有一段时间，牛顿是迷恋法蒂奥的。在那几年里，一般知识界人士都觉得这个年轻的瑞士人十分聪明，但事实并非如此。牛顿也是一样深信法蒂奥的才华，也被法蒂奥迷惑，原因可以从许多方面看出来。

到那时为止，牛顿很少结交与他同年或者比他年轻的朋友，少数几位与他称得上朋友的年轻人或同事有威金斯、哈雷、蒙塔古等人。威金斯与他可能有亲属关系，哈雷得到牛顿的赏识是因为他勇于接受新的观念，并能认识到新创方法的价值。但是牛顿是个富有竞争心又过度敏感和内向的人，法蒂奥究竟靠什么本领能使这些障碍消失呢？

如果将法蒂奥年轻时的画像拿来评判（这幅画像悬挂在日内瓦大学的图书馆内），那绝不是因为他的外表赢得了牛顿的好感。他的相貌平凡。牛顿也不是轻易受到虚名或者家世影响的人，除非此人的社会地位真的很高，但法蒂奥显然不具备这些条件。

我们只能猜想，法蒂奥之所以能取悦较老的男人，是他兼具智慧、谄媚术和想象力，所以能引起长期压抑性乐趣和不成熟的牛顿极大的反应（法蒂奥大概已注意到而且加以挑逗，以达到目的）。时机也碰得恰到好处，若是他们早 10 年见面，法蒂奥的浑身本领大概还派不上用场。《原理》出版之后，随之而来的国际声誉正冲击着牛顿。一直处于政治中心、与伟大人物交往的牛顿，成了一位知名的学者，他已经不觉得法蒂奥会对他构成威胁，即使这个年轻的小伙子不断地自夸（例如他宣称自己创建了一个解释重力学说的理论），以及经常做些沽名钓誉的事。牛顿对法蒂奥的宠爱几乎有4年，与那些不容易受到迷惑，并很快对这个青年失去兴趣的人相比，这的确比任何人能预期的还要长久得多。

图 10–1　法蒂奥的画像

（Bibllothèque publique et universitaire，Geneva 提供）

要想知道法蒂奥的企图或感情几乎是不可能的，因为我们对他所知不多。有人说他是个情绪不稳定的天才，但也许说他是个躁郁症患者还比较适合一些。他在信件中表现出来的情绪，会从极度兴奋和热情一下跌入悲观消沉。他一次又一次为判断错误的计划而努力，能够在短短几星期之内从笛卡儿的信徒激变成为牛顿主义者，才认识牛顿短短几个月就自命为牛顿的继承人，他显然是从那新建立的关系中看到了明显的利益，于是想尽办法去维护它。他比任何人都更了解牛顿，部分原因是这位长辈在那时终于盼望为人所知。法蒂奥并非真正的科学天才，不过他实在是聪颖精明、狡猾且乐于服从，又爱大玩欲擒故纵的手法。

牛顿完全信任法蒂奥，在这之前，牛顿向来不需要和任何人交流他的理念，可是他一旦在大庭广众前亮相，性格中的某些方面就发生了改变。《原理》的成就逐渐改变了他，在支持剑桥大学对抗詹姆士二世的行动中，牛顿让自己反天主教的本色鲜明公开，他暂停炼金术的修行和数学的研究几乎一年，前往伦敦出席国会。这都是10年前的他不可能去做的事。随后又来了这么一个年轻人，此人看来是那么经验不足，不像会给他造成威胁。法蒂奥崇拜牛顿，要做他的“科学之子”，还可能令他感受到某种性的吸引或着迷。法蒂奥可能会给牛顿的声誉带来灾难，事实也几乎如此。

牛顿曾经一头冲进危险中，却于最后关头抽身退出。几年前，他接受洛克的建议，将他对阿里乌神学的论文整理发表，临到排印之前，他才意识到此举可能产生的后果。因此，我们不妨假设在1693年夏，法蒂奥也正要成为一种危险时，牛顿又一次从自己设下的陷阱中爬了出来，如此猜测似乎也合理。

法蒂奥变得很不谨慎，他开始用邮件把炼金术的秘密寄给朋友，也可能在他人面前公开讨论炼金术，做了一些牛顿曾经批评波义耳的事情。当然，牛顿的敌人一直都没有放松打击他的机会。胡克不喜欢法蒂奥，当他听说法蒂奥不自量力地要解释万有引力的成因时，就已经不客气地挖苦过他，他赠送给法蒂奥一个封号：永恒运动的人[38]。甚至连牛顿的朋友都视法蒂奥为小丑，并非所谓的天才。据格雷果里说，牛顿曾经至少有一次调侃这位年轻朋友的某些观念。他于 1691 年的回忆录中说："牛顿先生和哈雷先生曾讥讽法蒂奥先生解释重力的方法。"[39]

无论基于什么原因，牛顿终于逐渐看清了真相。1693 年初夏，他的情绪低落，并很快回到他那神经质的自我防卫状态中。

同居的计划完全不再被提起，且已经没有实现的可能。牛顿自以为可以借法蒂奥健康堪虑的理由提出此提议，但是如果那年轻人真的搬进三一学院的宿舍，牛顿的敌人必然会质疑他们之间的关系不单纯。牛顿一生的事业多半是在薄冰上滑过的，他应该感谢胡克这些敌人居然没能发现他深陷于炼金术的修习之中，也没能发现他奉行的异教徒的教义。最后当他开始认识到与法蒂奥交往的愚蠢时，他不可能再不自知这种蠢行会带给他多大的危险。

精神错乱

切断这种关系固然解决了实际的问题，但因此又衍生出另一个全新的问题。几个星期之后，牛顿被禁锢了的情绪泛滥了，这使他陷入了暂时性的精神错乱。

他精神错乱最早的病兆出现在 1693 年 9 月 13 日写给佩皮斯的信中，他说：

先生：

米林顿先生把你的信交给我之后，过了不久他就敦促我于下一次到伦敦时务必去拜访你。我虽不愿意，但在他一再强求之下，我没有多做思考就同意了。如今我身陷混乱，感到十分烦恼，在过去的 12 个月中，我既不能吃又不能睡，精神也不像以前那样集中。我从来没有打算用你的名义或者詹姆士国王的宠爱去谋求职务，但是我现在觉得必须收回我们的友谊。我不会再来看你，也不会去看任何朋友，我会尽量让他们清静。请原谅我说过再见。你最卑微、最遵从的仆人。

艾萨克·牛顿[40]

佩皮斯看了信之后吓了一跳，起先他以为发生了某种莫名其妙的误会。他已经不在政治圈里活动，并且有相当久的时间未与牛顿接触了，当然，他对牛顿在伦敦建立社会和政治关系的意图也毫无牵涉。他再仔细地读了一遍信之后，才发现其中神经质的征兆与思想上的混乱（毕竟詹姆士国王已被放逐将近 5 年了），于是他断定牛顿肯定是生病了。他迅即与当时在剑桥的外甥杰克逊联络，请杰克逊就近去看望牛顿，接着又写信给米林顿进一步了解这件事情，并要求米林顿尽快去拜访牛顿。他告诉米林顿，牛顿“头脑或心灵发生紊乱，或者两者都混乱。我一向十分敬重牛顿先生，不能让这种事情在我心中存有丝毫怀疑，而不尽快加以澄清”。[41]

米林顿很容易就把受托之事办妥了，他立刻就去拜访牛顿，发现这位卢卡斯讲座教授头脑清晰，并且主动谈起寄给佩皮斯的那封信（而不是米林顿先谈起），还说那封信写得奇怪，要求米林顿代他转达诚挚的歉意。这是由于一种“混乱占据了他的头脑，使他一连 5 个晚上没有睡着”。这是牛顿所做的解释。[42]

但是，当精神紊乱再度袭击他时，他又写了更加不知所云的一封信给朋友洛克，并且字迹歪斜：

先生：

由于有人告诉我，你极力想用士人或者别的方法困扰我，令我非常不满。因此当有人说你生病，并且已活不了多久时，我回答说如果你死了更好。我要请你原谅我如此无情，因为你的所作所为十分公正且令我满意，所以请你原谅我过去对你有这种念头，也请你原谅我误认你是个君权主义者。你坚持你的道德原则，将其记载于你的理念簿中，又打算再用另一本新簿子。最后更要请你原谅我说以为你企图卖一个职位给我，或者用它来困扰我。你最卑微也最不幸的仆人。

艾萨克·牛顿[43]

好像隐藏于牛顿脑中的仇敌都突然跳出来了，这和1662年那本用于忏悔的“菲茨威廉笔记簿”有点儿相似。老妖怪统统出现了，它们包括君权主义、无神论、性压抑，以及对他以为是朋友的那些人产生的混乱感觉。

从另外的方面来看，牛顿挑选的神经错乱攻击的对象是两位最绅士的朋友，那可算是他的运气。洛克甚至比佩皮斯更为慎重，他很快就给这位被困扰的朋友写了一封询问和关心的信。

请让我向你保证，我会比你希求的更加宽恕你，我这样做是出于完全的自愿，我愿意将此看成一个机会，来表现我可以受到你的信任。我是真正地敬爱你，仍然一如既往地对你友善，就如同此事从未发生。[44]

这封信寄出的日期是 10 月 5 日，接读它的是神清气爽的牛顿，但他却对自己所做的事备感难堪。在回给洛克的信中，他说：

> 由于前一个冬天，我时常靠在火炉边睡着，得了一种因不良的睡眠习惯导致的精神紊乱，造成这个夏天更进一步的生活失调。所以当我写那一封信给你的时候，已连续两个星期每晚都睡不足一小时，并且有 5 个晚上没有闭过眼。[45]

然而，其中有多少真正是因为“精神紊乱”呢？我们分析牛顿在 1693 年夏的精神状态，他发生精神崩溃的时间点非常重要，而这一时间正是他一生中几个情绪危机都同时达到高峰之际。

各方的猜疑

第一，自《原理》得到的学术声誉必定会使他怀疑是否已经达到了事业的顶峰，无法再自我超越。第二，虽然他继续致力于炼金术的研究，但是这份努力却产生不出他所期望的统一场论。1693 年春，他写了那篇名为《实践》的论文，总结了他在这方面的努力。但是，若说那篇文章是他的“化学理论”，不如说它是牛顿在 1693 年夏写出语无伦次信函的前奏。如今我们能清楚地认出《实践》是牛顿企图使用毫无关联的炼金术，作为引申出统一场论的最后尝试，不消说那篇论文纯粹是精神错乱和谬误判断的杂糅，是一个处于疯狂边缘的人写出来的东西而已。他在其中有这样的话：

> 阿提非亚思告诉我们，他的火焰既化解石头又赋予石头生命。同时（删除一字）庞第纳斯说他们的（几字难辨略去）火焰不能使他们的物质转变，因为那不是他们的物质，那火焰能将粪便转化成长生药，这点值得我们好好思考。因为他们说石头是由单一之物做成的，那是最好的解释。[46]

在这篇文章的前面，牛顿宣称他成功地做到了“倍增术”，那是炼金术士的美梦。

> 此时你可以将每块石头增至四倍。但也不能再多，因为再继续下去，它们就会变成黑得发亮的油质物，只合魔术之用。你可以用金棒搅拌以维持它成熔浆状态，一天之后将其投入金属模中，如此体积就会倍增。你也可以将预先做好的水银倍增，用三只或多只老鹰重量的水银和水，将石头汞齐化。如果你打算制造金子，你可以每加入三份黄金就加入一份那种石头，每做成一次倍增，其价值可增加十倍。如果使用第二轮或第三轮制成的水银来做，或许可以增为千倍，因此，你的倍增可达到无数倍。[47]

写了5个短章之后，他就放弃了全部工作。

第三个可能也是最重要的一个因素，就是他与法蒂奥之间的关系，牛顿的精神崩溃是紧随于他们俩的关系结束之后的。我们很难将这两桩事情看成纯属巧合，事实上，我们猜想他们关系的破裂重挫了牛顿早已脆弱的感情，使他患上暂时性的精神病，这应可算是公正平实的说法。

第四就是工作压力的问题了。牛顿担任卢卡斯讲座教授已将近25年，在走向1693年危机之前的几年中，他已经尝到过三一学院以外生活的滋味，在品味了多姿多彩的政治生活及广阔的人生开胃酒之后，再度回到孤单寂寞的剑桥大学时，他当然很难再适应，这使他十分难过。

种种因素综合起来解释牛顿的短暂精神崩溃已经足够，许多学者为了牛顿1693年那两封不幸的信和被戏称为“黑暗年月”的时期，还打算寻找更复杂的原因，从他在实验室中因使用化学药品中毒的说法到单纯的工作过度、疏于照顾自己等说法，不一而足。

从表面上看来，这些意见似乎都很合理，在当时对于生物化学效应十分无知的状况下，牛顿的确长期置身于有毒物质的环境中。但是在对病征做仔细的观察后，这样的解释缺乏某种程度的明确起因。

20世纪70年代，有两位研究工作者——斯帕戈和庞兹，分析了牛顿的毛发，他们指出样品中铅与汞的含量高得不寻常，这应该是造成牛顿精神崩溃的原因[48]。我们当然预料得到牛顿的毛发会含有高分量的实验室化学元素，因为经历了25年的炼金生活，不是这样的话，那才叫人吃惊呢！可是，并没有证据证明这两种物质是使他生病的元凶。虽然我们从他给洛克的信中只能看到有限的病征，但那些病征通常与铅中毒或水银中毒的病征没有关联，何况他的精神失衡都是很短暂的。他没有得黄疸病，没有皮肤脱落、过早衰老、体重减轻和指甲发黑等症状，也没有肾脏病、昏迷或者瘫痪，他甚至不曾患牙龈病而导致牙齿脱落。牛顿活至 84 岁，他逝世时还有一整排的好牙。

至于工作过度和工作压力的说法，牛顿在那段时期确实工作过度，但是他一辈子都是如此。也许他正巧在那个时候没有如往常那样抗得住工作压力，但是将它作为精神崩溃的最大原因，则不那么令人信服。

尽管佩皮斯和洛克两人都十分谨慎，牛顿生病的消息依然不胫而走，还被夸张得很厉害，很快到处就流传着卢卡斯讲座教授失去理智的谣言。一位德国哲学家写信给数学家沃利斯，说他听到谣传牛顿“心智十分混乱，已经病得很严重了”，甚至还有人报道（主要来自欧洲）牛顿已经过世。弗拉姆斯蒂德迟至 1695 年才写信告诉牛顿：“我收到你上一封信的第二天，韩威先生给我带来伦敦的消息，说你已经不在人世了，但是我把你的来信拿给他看，证明事实正好相反。”[49]

远离剑桥，成为公仆

纵然谣言不断，危机很快也就过去了。如果我们将此事的起始点定在 1693 年 5 月，同年 9 月下旬即是他心灵创伤终结的时候，那么牛顿大约只病了三四个月。当他重新出现时，一个曾经那么困扰他，甚至几乎将他推入万丈深渊的问题已获得了解决。

自从牛顿暂离教职一年，到伦敦担任国会议员以后，他着实为他的人生规划感到迷茫，连朋友们都为他担心。米林顿在写给佩皮斯的信中都会说道："连牛顿先生这样杰出的学者都被权贵们忽略，可见读书人是如何被对待的。"[50]

从 1690 年牛顿离开伦敦回到剑桥，至 1693 年的"黑暗年月"，大家几度为他寻找合适的工作。法蒂奥试过，但失败了，而最赞赏牛顿的洛克是给予他最大希望的朋友，他也尽了最大的努力帮牛顿谋求一个政府职位。

问题并不在牛顿本人，纯粹是由于时间不凑巧。自从"传统国会"于 1690 年结束之后，直到 1694 年，英国都由保守的托利党执政。但是 1694 年的选举改变了一切，辉格党全面控制政府，牛顿的朋友蒙塔古也被任命为财政大臣。

到 1695 年年底，伦敦开始流传牛顿即将担任皇家造币厂总监的谣言，这则消息迅速地从首都散布到科学界。在牛津大学的沃利斯于 11 月 26 日写信报告哈雷："我们听说……他担任造币厂的总监，如果属实，那我们应该向他道贺。"[51]

除了牛顿的几位好友，大家都不知道他于 9 月间已经和蒙塔古见过面了。蒙塔古确实聘请了牛顿到造币厂工作，但是当谣言传到剑桥大学的时候，牛顿依旧断然否认。几乎在他的正式任命抵达的当天，牛顿还是对同事坚称事情尚未成定局。一直拖延到 1696 年 3 月 14 日，他听到哈雷说谣言流传不断时，对这位忠实的朋友说：

> 关于我出任造币厂职务的谣言，应该是指霍埃先生（造币厂的审计长）去世后的遗缺，或者因此而做的人事调整。我求你尽力向你的朋友解释，我不会去争取造币厂的任何工作，而霍埃先生的职位即使给我，我也无意接受。[52]

5 天之后，期待已久的信终于到达。它的内容是这样的：

先生：

我十分高兴我终于向你证明了我的友谊[53]，以及转达国王对你的能力的敬重之意。造币厂的厂长奥弗顿先生已被任命为海关的关务司，国王也同意我任命牛顿先生为新的造币厂厂长，这是造币厂的首要长官，也是最合适你的职位，薪资约每年 500 或 600 英镑，业务量也不会多到你无法处理。我希望你能尽早上任，同时我会准备好你的任命状……请你一到伦敦就来看我，然后我可以带领你去见国王，吻手谢恩。我相信你会有一座靠近我的官邸。我是先生您卑微的仆人。

查尔斯·蒙塔古[54]

这不可能是件意外之喜，况且牛顿已经为终生的剧变完全准备妥当。他那时业已滑进失意的泥沼之中，或许他也领悟到他最高的科学成就已成过往云烟。他很清楚要创建所有自然力的统一解释不是此时的他能够做到的，因此眼前必须摒除过去的梦想，摆脱在剑桥停滞不前的气氛。

收到蒙塔古通知之后的第四天，牛顿就到达伦敦接受新职任命。4 月 20 日那天，他在三一学院的签到簿上签下最后一次名，然后从罗斯酒馆搭乘驿车离开了剑桥大学。在过去 30 年间，他不知做过多少次同样的事，但这次不一样了，这次被他留在身后的，是学术世界、科学世界和他的炼金世界。他将永远离开 35 年来所居住的小城，走向一个陌生的未来，成为国王陛下的一个卑微的仆人。

第十一章

转型

牛顿在孩童时代诚然受到痛苦煎熬，但是他对付这些痛苦的方法是攫取权力和掌控他人。他在科学上的动力是求知欲，在他的眼中，知识就是权力。同样地，在官场上，牛顿以打压弱者来争取权力，这驱使他成为一位成功的官僚。

前进，让我们跋涉远方，愿伟大的地球随着变化的环状刻痕旋转不息。[1]

——丁尼生

17 世纪后期的伦敦

牛顿决定离开学术界转往伦敦工作，这是他事业生涯的转型点，而他余生所居住的城市，也在那个时代经历了一次重大的转型。1666 年的大火毁灭了 13 000 户民宅和 87 座教堂，华丽的旧圣保罗大教堂也未能幸免。城内的莎士比亚、乔叟、罗利①、伊丽莎白一世和马洛②等著名人物的遗迹已不复存在，财物损失约达 1 000 万英镑，而那时的市政年收入只不过 12 000 英镑而已。

但是重建的工作几乎是即刻开始的。过了 20 多年，到威廉和玛丽就任之时，伦敦已重建或修复了 8 000 户民宅和 36 座教堂。约翰·伊夫林③曾于 1671 年在他的日记中做了如此叙述：

---

① 罗利，英国探险家、作家，女王伊丽莎白一世的宠臣。早期美洲殖民者，因被指控阴谋推翻詹姆士一世而被监禁在伦敦塔，后被处死。——译者注

② 马洛，英国剧作家。——译者注

③ 约翰·伊夫林，17 世纪美国日志作者，著书多达 30 本。——译者注

> 回到伦敦，我一上岸就立即看到了海关大楼，那是在可怕的大火灾之后新建的。重建好的基尔德大厅于11月被市长用以宴客，皇家交易所和布莱克威大厦已经落成，迁入营业的公司有温特纳、德瑞普尔、库珀、帕立希克勒克和斯金纳等。修复的范围一路到皇后码头的河梯和老天鹅等地。另外开工修建中的有4座新造教堂，还有舰队运河和鱼街冈，分布的范围从纪念碑到最后被大火吞噬的地方。[2]

新建筑与新街道的风格和过去完全不同。大火之前，伦敦市区充斥着一大片挤在圣保罗大教堂四周的木屋——一种东倒西歪、如火柴盒般的民居，其中有些老得可以追溯到亨利八世（1509—1547）的年代。新的宏大计划包括修造宽大的马路、路两边整齐排列的楼房、改良的卫生下水道设备，以及坚固的地基等。

到17世纪最后10年，距英国历史上最大的火灾才不过30年，伦敦已变成欧洲最大的城市，人口有75万（约占不列颠群岛居民总数的1/10），马上就会超越阿姆斯特丹成为商业中心。到接近威廉王朝的末期，奥格斯堡联盟战争（又称威廉王之战）牵动了英荷大同盟，将权力中心从荷兰移至英国[3]，这是让伦敦变得非常兴盛的部分原因。随着资金、银行和欧洲商业的涌入，伦敦成为富裕繁荣的城市，市政当局和巨商都因意识到这个国家即将进入一个更新、更繁盛的时代而受到鼓舞。

伦敦也是一个贫富悬殊的城市，整个大都会依赖下层阶级的劳工和佣仆，这些人大部分住在城市东面的“自由区”。自由区是市政府不管的地区，事实上，伦敦市市长大人的权力也不容易伸展进去。著名的弗利特监狱附近的弗利特自由区是个贫民区，那是无法无天的地狱，是大重建计划中最后才会融及的区域。这个地方住的是娼妓和窃盗，他们依靠数千米外富人区的丰富生活资源维生。入夜之后，这些不法之徒就“向西走”去上班，白天则睡在没有窗户的小屋里，底下的弗利特河潮水及人们的粪便淹没了街道。

在自由区几千米之外，则矗立着有钱银行家和商人的豪华大宅，还有肯辛顿和骑士桥各处的公园及空地。气氛优雅的咖啡馆则是既有钱又有闲的人花个几小时吃午餐和高谈阔论的地方。劳埃德保险公司的名字，就是起于伦敦城内一间同名的咖啡馆。缪斯咖啡馆是胡克、弗拉姆斯蒂德等人谈论天文学的聚所，而才子和哲学家如德赖登、佩皮斯，则喜欢到弓街的威尔咖啡室。

17 世纪后期的伦敦是个既拥挤又污染严重的都市，只有一座伦敦桥跨越泰晤士河。泰晤士河就像打了结的灰色绸带，河面上堵满了船只，船排出的污水使河水混浊。在冬天，轰隆响的褐色烟雾和厚重污浊的烟云，从 10 万根燃烧不良的烟囱里喷出来，笼罩整个都市。灰尘降落在豪华的住宅上，使这些豪宅变得和东区一样晦暗肮脏。

财政与币制混乱

牛顿到达首都之后，先花了一个星期安排私人事务，然后在 1696 年 5 月 2 日前往伦敦塔的新工作场所。在他去伦敦塔的途中，我们可以想象，在黎明的曙光里，他乘坐马车穿过新的伦敦市中心，沿着针线街经过 27 年前以 7 万英镑的天文数字造价建成的新皇家交易所正门。

然后马车调转方向驶到河边，我们可以看到伦敦塔城垛的深色轮廓映在泰晤士河及南岸区的荒地上。越过一道护城河（当时护城河还充满了水），马车进入一条圆石子小巷，马蹄声在穿过内外城墙之间时发出清晰的回音。最后来到面向两堵大石墙的四方形广场，一旁就是造币厂的厂房。伦敦塔自 1300 年起就作为造币厂的总部。在 1279 年德特迈尔被任命为英国铸币大臣之后不久，爱德华一世就设立了契约形式的总监职位，后来出任这个官职的人都把它看成拿钱不做事的肥缺。除了坐享高薪，总监还从进厂加工的黄金和白银上提取佣金。厂长一职原本应该是很重要且受人尊敬的职位，但是直到牛顿获任厂长之前，这项仅次于总监的职位仍是空有名衔，其本来的任务是监督造币厂日常运作的每一个细节，可是当时每日的大小事务都由一位审计长负责。

如果说牛顿到伦敦工作正符合他的意图，那么造币厂也同样正需要他来整顿，两者间的差别是牛顿知道他来伦敦是需要新的挑战，而造币厂方面则还未认识到它很快就会深深依赖牛顿的效劳。

即使牛顿的朋友蒙塔古是个颇具远见的人，他对于牛顿在这个职位上能做出多大的贡献，起先也毫无把握，甚至在财政大臣为全国重建金融架构草拟的计划中，也并不知道牛顿的贡献有多重要。直到事后回顾时，蒙塔古承认在重铸新币的成就中，牛顿有不可磨灭的功劳，而重铸新币是经济改革的重要基石。[4]

当时，重铸新币这项任务已到了火烧眉毛的地步，在市面上流通的金银硬币很多还是伊丽莎白时代（1558—1603）铸造的，甚至连爱德华六世时代（1547—1553）的钱币也不罕见，那已经是150年前的东西了。但是磨损了的旧钱币还不是大问题，最严重的威胁来自非法的剪钱和伪币。

英国铸造硬币的技术自中世纪以来就几乎没有什么改进，造币厂的制币过程中根本没有任何形式的品质管理，钱币的重量会有相当程度的差异，压印在币面上的图像大多是既粗糙又易于模仿的，而应用铣边加工制成较细致花纹的技术，要到17世纪60年代，才有小规模的引进。使用廉价的金属或者拼凑的方法制作伪币，是容易且利润丰厚的行业。剪钱是将硬币自边缘剪开，把中心部分拿掉之后，将其改造成廉价的伪币，所需的只是一把铁剪和足够的勇气。在自由区后街的小屋里，不乏绝望的人，愿意为了几个便士去冒受绞刑的危险。

牛顿到造币厂工作之前不久，财政部终于领悟到，如果要将国家从破产边缘拯救回来，重铸新币是必要的一步。英国的市场和银行的凌乱状况已到了生死存亡的关头，币制的信用已被完全破坏，市场崩溃，工商业不再以文明的方式进行，商店无法信赖顾客的现金，又要补偿收到伪币的损失，这一切都使得物价飞涨。工人每个星期拿到的工资尽是些假的锡币和被剪得难以辨认的先令，暴乱几乎每天都在发生。

财政部曾经于1662年尝试引进有铣边花纹的新币，来挽回日趋崩溃的情势，便从法国请来了铣床机器（法国已采用）的发明人——布隆多大师。可是这却徒然使问题更加恶化，因为伦敦当局在引进新币之前稍欠考虑，没有采取回收旧币的预防措施，于是毫不客气的炒钱客和金银匠（从事该行业的人非常多）将市场上的新币偷偷囤积起来，将它们熔化之后做成金砖银锭，再送到荷兰等欧洲大陆各国出售，因为那边的金银价格比英国财政部所定的还要高。所以在引进铣边的钱币 30 年之后，金融危机反而比任何时期都严重。屋漏偏逢连夜雨，英国自从于 1689 年与荷兰结盟，对抗法王路易十四的军队以来，即在欧洲大陆全面投入争斗，一直到 1697 年签订不满意且短命的《里斯维克条约》之前，8 年里连一次短暂的喘息都没有。到和约签订的时候，国家的库存几乎只差一点点就耗尽了，而国家公债（蒙塔古新创设的筹款工具）则膨胀到差点儿失去控制。

在牛顿获得造币厂的任命之前，重铸新币的工作已经着手推行，可是造币厂方面对于这项艰巨的任务，事前没有将实施的细节思虑周详。审计长霍尔是个能干的人，但是他缺少眼光和想象力。时任总监的尼尔是个懒惰的酒鬼和赌徒，他自满于不必劳心的工作和可观的收入，很少在伦敦塔出现。财政部因过度惊慌而变得盲目，在发动如此大规模且复杂的作业之前，竟然看不出由尼尔这种人掌舵，只会陷进更大的麻烦。

回收旧币铸新币

英国的货币重铸可能用不着像《原理》那么深的智慧，这件事也没有那么大的宇宙意义，但是如果它失败了，就会使英国的经济崩溃，到那时所引起的社会动荡将不亚于一场内战。因此可以说，造币厂、伦敦市，甚至威廉与玛丽本人，统统都感到十分幸运能找到牛顿为他们推动这项工作。牛顿是这样一位在任何工作上都能以同样的技巧和智慧力挽狂澜的人。几年之前，没有人会想得到，他竟也是个出色的行政官员。

到达造币厂的第一个早晨，牛顿举行宣誓，他的誓词包含如下几句：

> 你将宣誓，你不向任何个人或团体直接或间接地泄露或公布关于圆形钱币及制作钱币边缘文字、花纹的任何发明。你若承诺，愿上帝保佑你。[5]

结束这些正式程序之后，牛顿就开始视察他的新环境，研究钱币制作过程的每个细节。

我们可以想象，牛顿的到来给造币厂的领导带来了多大的震撼，因为他是所有人当中最勤快的一个。在开始的一段时间里，尼尔几乎完全漠视牛顿对工作的态度，而厂里的其他人员则立即体验到牛顿的干劲儿和能力。在头几个星期中，每天凌晨 4 点，当压制机开始启动时，牛顿就在厂房里了，夜班开工前他又赶回来监督。有一阵子，他甚至住在工厂旁边为他准备的带有一个小院子的宿舍里。在历任的厂长中，没有一人做过这些事。

这间宿舍狭窄而拥挤，院子也不过是一片延伸到城墙边的永远被阴影笼罩的草坪。宿舍内吵闹不堪，旁边的工厂日夜两班替换交接，只有每晚从午夜至凌晨 4 点这 4 个小时停工。每周工作 6 天，空气潮湿发霉，300 个工人和 20 多匹马（提供动力给压制机）散发出的难以忍受的臭味，令人无法久留。根据造币厂的记录，在重铸新币期间，仅是将马粪自厂中运走的费用就高达惊人的 700 英镑，[6] 无怪牛顿担任新职的第一个夏天就将宿舍出租，自己在时髦的威斯敏斯特郊区杰明街买了一户小住宅。

重铸新币推动程序的第一阶段，是要在发行新币之前收回旧币，这份工作主要是单纯地以旧币换新币来执行。自 1696 年 1 月 1 日起，所有被剪过的克朗（相当于 25 便士）和半克朗（相当于 12 便士）都不可在商业买卖中使用，但它们还可以用来交税和纳赋。被剪过的先令则可以用到 2 月 13 日，而 6 便士的硬币用到 3 月 2 日为止。到 4 月 2 日后，所有被剪过的钱币都将作废。

这个计划几乎又酿成了灾难，因为新的钱币流通得慢，而老百姓也未能完全了解法令。这使财政部不得不将截止期限后延了几次，以免社会发生动荡。造成情况愈加恶化的是动作迅速的炒钱客，他们欺骗穷人和不识字的人，用远低于钱币面值的价格收购他们的旧币，回过头来兑换全值的新币。市场交易进一步崩溃了。1696 年的春夏之交，英国一度采用酷似黑暗时代的以物易物的制度，代替传统的商业行为。伊夫林在他的日记中记述过这件事，尽管语气带点儿嘲弄味，却几乎是轻描淡写地带过："国会在改革钱币措施上的奇妙设计，把老百姓搞得糊里糊涂的。"[7]

自 1 月至 4 月的第一次截止期之间的 3 个月里，收回的旧币总值只有 30 多万英镑，但是当造币厂全力投入生产，它的压制机都快要被磨平时，新币亦开始在市面上流通，旧币在此时被大量回收。据那时的观察家勒特雷尔说，到 6 月 24 日，财政部收回的旧币总值已达 4 706 003 英镑。[8]

图 11–1　制造硬币是个非常缓慢且耗费大量人力的工作，直到牛顿进入皇家造币厂前不久，才开始有一点儿较新的改进

（Mary Erans Picture Library 提供）

于是造币厂成为旧币再生的机房，每件事都讲求效率——吃进旧币、吐出新币的效率。古老的方法是用人力锤击来制造硬币，这是一种劳动力密集的生产方式，工作进度缓慢且效率低；而新式的压制机原理是由法国的布隆多引进的，自查理二世时代开始即以小规模操作。在由 50 匹马供应动力的 10 个机房中，巨大的滚筒轧出厚度精确的金属薄片，自薄片剪下空白硬币送进压制机中，那台压制机是由几个工人推动的一根大转轴，轴两端各有一把重锤，一个无助的少年硬币工将空白硬币一次一个地送进压制机下的机槽内，然后那把重锤随即击下，把皇族的肖像压印在硬币面上。可怜的少年工做不了几天就会损失至少一根手指头。最后，再由铣工将硬币的边缘铣出不易剪开的花纹。

科学化的改革

牛顿最关心的事是提高工作效率。他仔细观察制作过程中的每一个步骤，制定工作系统的时间动作分析表，找出在何处以何种方法可以加以改善。他发现如果压制机的重锤运动与少年硬币工的动作相互配合适当，一个硬币工可以每分钟做 50~55 次入料和取出。他有几本记载造币厂工艺的记事簿，里面详细地记录分析了制造钱币的过程。

> 两间机房里有 4 部机器、12 匹马和 2 个马夫，3 台切割机、2 架平台、8 个量具、1 台钳床、3 座清洗台、2 个压印槽、2 台压制机，有 14 个工人共同操作这些设备。每班可以生产 1 000 枚或价值 3 000 英镑的钱币。[9]

据在造币厂工作的职员海恩斯所写的钱币铸造经过，他认为牛顿所下的功夫是使那项作业成功的根本原因。牛顿的数学技巧使生产的过程流畅，这大大地提升了工作效率，并且“他能评定工人的勤惰”[10]，这点可以想象得到。

为了减轻铸造钱币工作的负荷，牛顿在英国不同地区分别设立了 5 家规模较小的分厂，分别设置在布里斯托尔、约克、埃克塞特、诺威奇和切斯特，这在他抵达伦敦的第一个夏天和秋天就陆续完成了。可是结果令人失望，那些分厂全都没能达到预期的产量，原因是（我们可以做如此解释）它们不是由工作认真的厂长亲自率领的。

无能、欺骗和内讧是造成那5家分厂绩效不彰的原因，其中布里斯托尔分厂算是能力最好的一家。在英国钱币生产的巅峰时期（1697年夏），该分厂6月铸造的钱币不足7.7万英镑，仅达到产量的最低要求；同一个月，伦敦总厂的产量则为33万英镑（下个月更达到36万英镑）。

另外4家分厂的状况差得更多，最显著的例子是1697年整个夏天，它们每个月的产量只介于1.5万和2.5万英镑。切斯特厂是体制最不健全的一家，也是让第一个为牛顿出版《原理》的哈雷头痛的问题。原来，牛顿得知哈雷仍然有财务上的困难，终于设法将他安插在切斯特厂担任年薪90英镑的审计员，以酬谢他当年协助出版《原理》。而很不幸的是，哈雷立刻与一位名叫克拉克的代理总监卷入纠纷中。这位代理总监勾结了两个不诚实的职员，将回收旧币的金额灌水提高，把差额占有平分。哈雷起先十分感激牛顿给了他一个待遇不错的工作，让他有机会暂时离开伦敦，并且他相信会有时间继续从事科学研究。但是他很快就发现，为了补救低效能下属工作量的不足，他自己必须日夜不停地工作，同时，他企图将不法的顶头上司送去接受法律制裁，但这一举动也未能成功。因此当切斯特厂终于在1698年关闭时，哈雷十分高兴，他那短暂而痛苦的产业界经验从此成了回忆。

争取权力

牛顿之前的科学大师是不会这么做的。如果说牛顿对下属真的严格，那么他对自己比对下属要求更苛刻，他并不满足于把这个闲差职位变成全职的工作。就在到达弥漫着狂狷之气的造币厂和财政部之后，短短几个星期内，牛顿已成为这些机构中举足轻重的人物。尽管在生产高峰时期每天工作 16 个小时，牛顿仍然有时间和精力去取回本来属于他的职权——被他视为当仁不让的权力。

造币厂的总监尼尔并不是真正的阻碍，他极满意于他那终身任职的舒适工作，根本不在意牛顿逐渐加强自己的权责。在牛顿看来，多位前任厂长对工作的疏怠导致这个职位一度拥有的权力在逐渐失去。牛顿一生总是喜好权力与地位，他会去争夺或谋取，如今他既然握有了那一点儿权力，就会尽力再往上构筑。造币厂厂长的头衔只是踏脚石，是他攀登社会阶梯计划中的第一步。

虽然对牛顿这个将自己与外界隔绝 30 年、全心全力追求纯学术境界的人而言，往红尘不染的形象上涂抹竞逐社会地位和政治权力的妆彩，可能显得奇怪，但是我们可以把这些驱动力量看成和他穷究科学的干劲儿一样。牛顿对于长时间令他迷恋的研究工作已尽了他的所能，此时，在展开新生涯的初期，他把用在炼金术和自然哲学上的热情转而用在了新事业上。过去住在剑桥的 30 年中，他在大部分时光里可能是孤独的，但他仍和一般人一样熟知政治手腕的重要性，也很能运用心无旁骛的精力达成目的，犹如他以前揭开自然秘密时所做的努力一般。

为了达到这个目的，牛顿同时开始向两个方向行动。他先把旧的法令规章和政府文案找出来，以研究造币厂内部的职权划分。然后，他扩大了对职权的解释，只要曾经属于厂长职责的，他都不会放过。这里隐约可看见阿里乌的阴影作祟，他向“三位一体”的说法挑战时，即是先阅览一遍《启示录》，从《但以理书》中参悟出预言。此刻，他再度为需求寻找支持的证据，但这次不是为了圣言之战，而是为了权力之争。造币厂的文件中没有上帝，但确确实实有提高牛顿自我的东西。

他一找到事实真相之后，就立即将其呈送给财政部里受到蒙蔽的长官，向他们详细地解释造币厂的功能和组织，指出厂长应有的权力几十年来因无知而被剥夺。他甚至还研读了能拿到手的每一本经济学论著，吸取最先进的财政思想家的见解，包括布鲁斯特、朗兹、布瓦扎尔，以及他的朋友洛克。他特别珍惜由法国政府出版、装订成一套的《货币制作》，里面收录了 180 份官方文件。当后人整理牛顿的图书室、进行编目的时候，依工作人员所描述的书本状况，我们觉得它像是牛顿最常翻阅的书籍之一（在他去世后，人们归纳出他最常用的书籍中有 31 册属于经济方面的论著）。[11]

就如早年追寻点金石和追究“三位一体”论为谎言的时候一样，牛顿一旦收集到足够有用的资料就开始写作，用他有限的空闲时间写满一页页的经济史、商业理论、各国的钱币制度及原理等。他将造币厂里的组织系统和已被混淆的权责关系用图表来说明，并仿效他的哲学记事簿和实验室记录的做法，在每一页上都列出了不同门类，例如在“关于造币厂的观察”的大标题下，又有“成分分析”“熔融技术”“制造钱币”等副标题。他雇用了几个抄写员整理他的草稿，并将他写好的每一篇文章都做了副本。据康杜伊特说，18 世纪 20 年代，有一箱箱的文件被烧毁，其中有许多箱是牛顿与财政部的上司进行复杂争论时，所写的各种文件的副本。

可想而知，财政部当局一定被他的大量宣传品弄糊涂了，但当局并没有完全否认他所争取的权力。他们对尼尔的信任基本上可以确定已被新任厂长表现的高效率动摇了，因为很明显地，造币厂最近的成就和总监无关。牛顿也很可能得到了蒙塔古的勉励，蒙塔古则尽力为牛顿的许多请求铺平道路。

打击不法行为

牛顿于 1696 年年底向财政部呈递了第一份报告，名称为《造币厂的现状》。他在报告中清楚地表达了立场。

> 原来的体制设计是厂长监督三个行政单位，由它们为国王和陛下的子民履行责任，但是厂长的职权未被承认，因而无法执行。当造币厂的统辖权力被剥夺之后，这几个行政单位反其道而行之，要造币厂随它们之意为它们牟利。因此，唯有恢复原立法的精神，才能更适合并且更容易将此偏差纠正。[12]

牛顿认为另外一种收回权力的方法，是向每一个与造币厂有关联的高级官员直接挑战。在每一次争执中，他都能清楚地表现出他是为了保卫法令典章和财政部的声誉而战的，所以他能够将自己对政府的忠心与价值完全展露出来。

最先发生的冲突是在他对付贪婪的政府承包商时，他们是受雇来监督熔炼合金作业的人员的。经过多年使用各种不同的熔炉，牛顿积累了许多实际操作的经验，能够算出来每熔化一磅制造硬币的合金，就需要 7 个半便士的生产成本。因此当出纳员弗洛耶和谢勒斯来申请付款，声称每磅合金的费用支付 12 个半便士为公平价格时，牛顿指责他们虚报，要求他们降低价格。

但是在造币厂和他纠缠最久的对手，是一旁伦敦塔的督长卢卡斯。麻烦发生在铸造新币最紧张的那几个月，有许多工作不得不扩张到伦敦塔的守卫区去做，卢卡斯立刻对这样的侵犯表示不悦。尼尔对卢卡斯的抗议持不理不睬的态度，可是牛顿喜好冲突，每一回碰到卢卡斯都会剑拔弩张。

当伦敦塔的督长要强行搜捕厂中的主任刻模师罗提尔斯的工作室时，牛顿认为那是对他职权的侵犯，也可能给他们的作业带来危险，于是抓住卢卡斯的外套，把他拖出屋外，愤怒地说："如果我们任由军人不经我们同意就进来搜查，那我们不可能再为模具、舂具、压印机器等制造工具，以及散乱于屋内各处的金银材料负保管之责了。"[13]

当造币厂忙得不可开交的时候，任何再好性情的人都会被疲劳磨出脾气来。有一次，卢卡斯的一个士兵被指控攻击造币厂的工人，牛顿遂向财政部正式告状，而财政部也站在牛顿这边。因此卢卡斯十分不悦，对造币厂加以报复：借口安全有疏漏，将造币厂的大门封锁，连食物和饮水都不允许送入。愤怒的工人威胁要罢工，到了最后一刻，罢工的危机才得以化解。

牛顿把造币厂的作业细节及他与同事间冲突的经过都建成档案，目的是为了使事业更上一层楼。不过，在造币厂头几年的工作中，他的其他一些欲望也获得了满足：他亲自查获并起诉剪钱和造伪币的嫌犯，这些人应当首先对重铸新币的混乱和危机负一部分责任。

重铸新币阻碍了剪钱者的财路。新的钱币在边缘上铣了花纹，他们无法将铣过边、精心雕琢的钱币改造得既廉价又逼真。然而，伪造钱币的技巧则不太受到影响，于是牛顿转而热心于追查专门制造假钱的不法商人。

将冒犯皇家法令制造假钱和骗钱的罪犯缉获，送往司法审判是造币厂厂长的职责之一，但是正如其他厂长一样，这项权力很早以前就旁落到别的职员手上。财政部没有经费去执行这项任务，因此它只好依赖没收的钱，从中抽取佣金，但数量通常不多。一开始，牛顿对这件工作不太热心是可以理解的，因为这项任务既危险又得不到感激。尽管后来重铸新币的记录显示，回收的旧币熔化之后，实际重量只有法定重量的 54%，财政部仍然对遏止假钱的罪行不予重视。[14]

但是，不仅那些非法行为和回收账面上的损失令牛顿感到烦恼，新制定的打击假钱和诈骗的法案更产生了反作用，甚至使造币厂的官员沦为被嘲笑的对象。在开始重铸新币之前，国会匆忙通过了一条法律，规定提供线索并使得官方逮捕一个剪钱犯的任何人都可获得 40 英镑的奖金，并且如果一个剪钱犯检举两个同党的话，他就可以获得赦免。牛顿在写给财政部的报告书中，详细地说明了这条法律。

> 如今，法庭上的法官和陪审员都不愿相信证人，警方又刻意讨好陪审员，以致我的调查员和证人都很泄气。他们被诬指是为了绩效、为了奖金而告发罪犯的，他们对各种指责感到厌

倦。我的下属和证人所受到的嘲骂反射到我身上，这使我极为困窘，这些必须及时排除，否则我的声誉将遭受损害。

牛顿在结论中请求把指控罪犯的工作转移到国王的检察首长身上，他简略而唐突地说："他们担任这项工作最为理想。"[15]

这一次，财政部对他的意见不感兴趣，拒绝了他的请求，唯一的让步是准许他多雇用一个职员。牛顿气愤极了，这重新引燃了他的热情，使他全力反击。他激愤于权贵人物的无知，于是翻出一件久被遗忘的敕令，特别指明伦敦的行政司法长官现在抓在手中的，原是造币厂有权没收的东西。牛顿终于以这种手段获得了所要的缉查经费。在开销仍不足时，他甚至从自己的口袋中拿出来补贴。

这些斗争除了为他提供渠道以发挥新的热情，也刺激了他的欲望。他既然已经切断了连接学术的脐带，就索性将自己立足于高层的财政与经济理论之上，此时他进一步扮演了全新的角色——私家侦探兼检察官。

兼职私家侦探

重铸新币的高潮于 1698 年逐渐减退之后，牛顿逐渐花费更多的精力去追捕他的新敌人，他把搜寻罪犯当作个人的责任，在 11 个郡里布下天罗地网。这位老道学先生当年对同学的喧哗、酗酒、赌博和追逐女人感到不齿，如今却出现在首都最污浊的酒店里，在自由区的中心追查线索，到娼妓馆与线人秘密会晤。造币厂的记事簿中有这样一段记载："付给霍尔 5 英镑购买一套衣服，让他打扮成一个能被一群炒钱流氓信任的样子。"[16] 另外又有一段记载了报销 120 英镑的账目，这笔钱用于"租用马车，在小酒馆、监狱及其他一些地方缉捕剪钱犯和炒钱者"。[17] 还有一项记载：牛顿"花费数英镑把自己变成伦敦周围 7 个郡内的治安法官，以刺探一个有名的地下社会头子的活动情报"。[18]

侦察只不过是追缉罪犯的开始，从事伪装的侦探工作让他身处执法者的危险中，跟着而来的审讯疑犯，使他更加了解和印证了隐藏在伦敦偏僻街道中的堕落和污秽。然而，牛顿很认真地执行清扫罪犯的工作，他从很斯文的剑桥大学生涯轻易地转变，进入外面的恐怖世界的生活中。从 1698 年 6 月至 1699 年圣诞节，他一共与嫌犯、线人和证人交差质询不下 200 回；仅在 1699 年 2 月的其中一个星期内，他就出席了这类会谈 7 次，并下令让纽盖特监狱内的 10 名囚犯等候执行死刑。他对待小窃贼和江洋大盗都一视同仁，他曾经说："罪犯犹如狗，永远改不了吃屎的习惯。"[19]

这是他第一次有机会手握实权，而且这是一种生杀予夺之权，手一挥就能送一个人上绞架。不过，他对匍匐于他脚下求饶的人也会表现出恻隐之心，救人一命。

在如今保存于造币厂图书室中的供词记录簿（1697—1704）里，有每一次审问的详细记录，从中显示出牛顿全程参与了一小时又一小时的审讯和线人指证。这些指证的大部分是在造币厂内取得的，有些则是在纽盖特监狱一对一审讯被告、犯人而取得的口供，另外也有贪图奖金及黑吃黑的下层社会人物所做的报告，以及牛顿在小酒吧和兵营等地秘密会晤的记录。这些记录记述了千百个不幸的生命所遭遇的令人悲痛的故事，使人读后感慨不已。

1699 年 7 月 25 日，线人伊丽莎白 · 萨顿指控她的朋友伊丽莎白 · 皮尔金顿，其内情由一位调查员记录下来：

> 她说她被捕之前约 20 天，结识了一个名叫伊丽莎白 · 皮尔金顿的妇人，她在南华克的造币厂租了一间房间，那是在自己租得房间之后不久。她告诉这个线人，她必须撩起自己的裙子。[20]

这份口供透露出这个不幸的妇人被查到在她的内裤里藏有几个便士。

1699 年 8 月 19 日的记录中又有另外一段记载，塔芬指控皮尔斯伯里企图使用一枚伪造的 6 便士硬币，皮尔斯伯里的小女儿便被人全身检查。

> 这个线人带同一些人进入厂长的办公室，搜查皮尔斯伯里和她的小女儿，这个线人在该小女孩身上找到包在纸中的钱币，有总价值 5 便士的法寻①，还有 4 个 6 便士的钱币，其中有两个是伪币。[21]

反过来，邪恶的投机取巧者多半都能颠倒证据，或者钻法律的漏洞而逃过惩罚，但是他们最终还是会被自己的贪得无厌害惨。一

---

① 1 法寻等于 1/4 旧便士。——译者注

个名叫吉本斯的英国政府机关的佣仆，专以检举三流的剪钱犯和伪币犯而得享有钱的生活，那些被他举发的人通常都是来自贫穷家庭的单亲妈妈。

小贼大盗无一幸免

所有罪案中最著名的是牛顿与一个名叫查洛纳的坏蛋的斗智，他们之间的缠斗长达 3 年。查洛纳是一个外貌和善的恶棍，他是用罗曼蒂克的模子塑造出来的劫匪，用小说人物——维多利亚时代的神偷拉弗尔斯[①]来比拟或许更为贴切。他喜欢被追逐的刺激感，会尽可能地捋权威的虎须，胆量大到极点。

然而，在牛顿来到造币厂尚未满一年时，他就已经运用他超人的智慧，专门选择案底最多的罪犯下手。查洛纳在遇到这么一个讲求方法的对手时，他的余日就屈指可数了。牛顿于 1697 年 9 月以大规模伪造钱币的罪名，将查洛纳送进纽盖特监狱。但是令这位厂长又惊又怒的是，查洛纳通过他在司法体系内外的关系网，居然有办法获判无罪释放。18 个月之后，因为一个被囚于纽盖特监狱的犯人检举，查洛纳这位伪币大师在几个星期之内又被牛顿送回了铁牢。

在随后的两个月里，查洛纳在黑暗湿冷的纽盖特牢房里写了许多信给外面的朋友，不断地向他们吹嘘他不久之后就可以重获自

---

① 拉弗尔斯，侦探小说作家霍农笔下的业余神偷。拉弗尔斯的冒险传奇故事至今仍有许多人拜读，据说拉弗尔斯这个英雄角色，乃模仿福尔摩斯而来。——译者注

由。可是查洛纳这次并没能活着离开。1699年3月，他被执行死刑，在执行的前夕，他的意志崩溃了。他的最后一封信不再像以往那样自信，那是一封写给复仇者牛顿的信，求牛顿发发慈悲。牛顿在他位于伦敦塔里的办公室中阅读了这封信。

> 霍洛韦太太做了不利于我的假证，否则我不会去见伟大的上帝，同样地，若是阿博特不做假证陷害我的话，我也不至于蒙冤而死。全能的上帝知道我是冤枉的，所以我求求长官您也考虑我被冤枉的理由，以前从来没有人这样被判有罪。求您替我向大臣说情，不要把我处死。喔！敬爱的长官啊！[22]

没有人会听查洛纳的请求，因为牛顿总共搜集了34份口供详述这个人的恶行。他伪造钱币的操作过程，都由厂长那群无所不在的密探做成详尽记录，而这群人被牛顿的秘书海恩斯称为一群“无耻的逐利者”[23]。那些证词足以用最重的叛国罪来判刑，而不是尽属伪造钱币的轻罪名而已。3月22日，这个不幸的死囚被套上了枷锁，带到泰恩勃绞刑场[24]。他先被绞至几乎完全失去知觉，然后在仍有呼吸的情况下，被大刀劈成4块，开膛破肚而死，旁边围观着嘲笑和嗜血的群众。

牛顿的作为无怪乎他会被等候执行的死囚诅咒，被受追捕的非法买卖者恐吓和谩骂，也无怪乎他会收到知情者的警告和死亡威胁。1698年9月16日，有一封信寄到了造币厂，那是一位外科医师寄来的警告，他告诉牛顿在狱中医治囚犯时所听到的话。

> 他（指一个囚犯）说，约于一个月前，自己由于债务被关进纽盖特监狱，他在那儿听到一个姓鲍尔的人指责造币厂厂长对于钱币犯十分无情，还说："以我的血发咒，如果不是他，我现在还在外面。"另外一个叫作惠特菲尔德的囚犯接着咒骂造币厂厂长是个浑蛋，如果詹姆士国王回来，他就要射死他。鲍尔接着说："我以血发誓，我也要杀死他。虽然我不认得他，但我会找到他。"然后惠特菲尔德又说："那厂长也找我老婆的麻烦，他只不过在她的表里找到几枚剪过的硬币，我们花了500个几尼[①]，她才没被关起来。"[25]

不再孤独一人

除了从钻研科学的学者变成造币厂厂长，牛顿的生活还有了另一个重大的变化。迁居到伦敦之后没多久（可能就在1696年），就有一个女人来照顾他的生活，那是他同母异父妹妹的女儿，即他的外甥女凯瑟琳·巴顿。

1677年12月，牛顿的妹妹汉纳·史密斯嫁给了牧师巴顿。1693年，他不幸突然去世，留下汉纳和年幼的一子一女，家里穷得几乎不能生活。儿子好不容易长大成为一个陆军军官，后来不幸于1711年在加拿大的魁北克殉难，他的妹妹就是凯瑟琳·巴顿。

凯瑟琳出生于1679年，也就是她外祖母汉娜·艾斯库·牛

① 儿尼，英国昔日的一种金币，价值21先令。——译者注

顿·史密斯去世的那一年。她可能是在刚满 17 岁时，大约 1696 年年底到伦敦去的，那时牛顿已经买下杰明街的住宅好几个月了。事实上，没有确切的证据指出她抵达的日期，有些人认为她是满了 20 岁之后，于 1700 年才去伦敦的。然而有件不太重要的事件似乎指向更早的日期。1697 年 1 月，德国数学家莱布尼茨和瑞士数学家约翰·伯努利①基于妒忌心理，想要使被全世界公认为当代最伟大的数学家出丑，因此找出一个被后世称为“最速降线问题”，向全欧洲的数学家征求解答。他们并未提供任何奖金，只不过宣称“我们提供一个很合适赠予自由之人的奖品，这个奖品综合荣誉、赞美和喝彩而成……以此来庆贺我们具有如阿波罗般视野的慧眼”。[26]

牛顿于 1697 年 1 月底接到那有奖征答的题目，那时正是他在造币厂最繁忙的时候。他已经听说过莱布尼茨出了那样一道难题，也清楚他们背后的动机。起先，他不打算回应，然而我们在此要指出的是他收到题目时，凯瑟琳已经来到他身边。因为她告诉她后来所嫁的人康杜伊特，关于她的舅父对此挑战的反应。康杜伊特在 18 世纪 20 年代就开始搜集资料，计划写一本牛顿的传记，资料中有凯瑟琳的回忆：“艾萨克·牛顿爵士正忙着伟大的重铸新币工作，到下午 4 点才自伦敦塔返回家中，回来时已精疲力竭，但他还是工作至凌晨 4 点，把问题解答好了才去就寝。”[27]

---

① 约翰·伯努利，与同是著名数学家的哥哥——雅各布·伯努利为伯努利家族中的两位名人。创立物理学中著名的伯努利定律的，是约翰的次子丹尼尔·伯努利。“最速降线问题”（来自希腊语，代表“最短时间”）是在问：当一个质点因受地心引力而沿一曲线下滑时，什么样的曲线能使该质点滑得最快？伽利略曾试图解答这个问题，却误以为答案是圆弧。——译者注

她这一段故事显示出两件事情：首先，牛顿当时已经大幅领先于同时代的所有数学家。他早于12年以前就获得了能解算这类特殊问题的数学知识，而同期最杰出的数学家，例如格雷果里和沃利斯这两位，连着手的地方都找不到；莱布尼茨曾经试图解答，也应该有能力办到，但他却被自己的妒忌心态弄得难堪不已。程度较差的数学家则只敢稍做尝试就掷笔投降了。其次，有一点则与数学难题无关，这个故事还指出凯瑟琳必定于1697年1月就住在了牛顿家里，除非这个故事是牛顿后来告诉她的。

凯瑟琳的个性与她的舅父大为不同，她不喜欢离群索居。她自信，易激动，甚而有点儿卖弄风情，不过她聪明且求知欲强。传说她到伦敦的头一年中，牛顿亲自担任她的教师，但这并没有什么事实凭据。如果她初到伦敦的时候是17岁，那她应该已经接受过17世纪符合她妇女身份的教育了，而她并不像具备超过那个水准的教育程度。她在牛顿的生活中所扮演的角色，是其伦敦新居的管家，那给了她一个扩大社交范围的基础，也让她终于有机会遇到一位门当户对的丈夫。

虽然没有什么记载提到她来伦敦之前曾经与牛顿见面，可是他们很快就变得十分亲近，纵然两人的性格极为不同。他们之间的信函只有一封留存下来，那是在1700年夏，凯瑟琳染了天花回乡下疗养渐愈时，牛顿写给她的信。

我看了你的两封来信，很高兴知道那儿的空气对你适宜。虽然发烧还不退，但我相信情况会逐渐减轻，而残余的痘子也会迅速脱落。约瑟夫爵士将要离开托尔先生的家，而我很可能会去接替他。我打算用下一班驿车送些酒给你，我会请盖尔先生和他的夫人代收。诺里斯夫人以为你大概忘记曾经答应给她写信的事，希望你会写信给她。下次来信时，请告诉我你的脸孔怎么样了，还有你的烧是否全退了，也许挤出来的新鲜牛奶能助你退烧。

最疼爱你的舅舅[28]

凯瑟琳拓展社交圈

牛顿担心外甥女的脸孔，不单是因为他是个疼爱她的舅舅，凯瑟琳除了聪颖和灵巧，也是个出名的美人。注意到她容貌美丽的人绝不只有牛顿一个，一位来访的（且已婚的）法国政府官员德蒙莫尔到牛顿杰明街的寓所参加晚宴，头一眼见到凯瑟琳就立即爱上了她。他写信给一位朋友，英国皇家学会的院士泰勒时竟飘飘然地说："我一见到她，就深深爱上了她，不单是因为她那惊人的美丽令人晕眩，她的伶俐和机智也令人折服，我相信臣服于她是绝对无害的。如果我有幸能与她接近，我愿意从此变得像我们每一次相见时那样笨拙。"[29]

凯瑟琳没有留下画像[30]，但是经由她舅父介绍而认识凯瑟琳的朋友斯威夫特①在他所著的书中描写过她。斯威夫特约于1710年初

① 斯威夫特，爱尔兰讽刺文学家，著有《格列佛游记》《拉普他之旅》《致史黛拉书》。——译者注

识凯瑟琳的时候，已经是一位著名的作家了，他那时是伦敦学会的核心会员之一。两人之间虽然没有令人怀疑的、曾经彼此相爱的迹象[31]，但他们很快就过从甚密，这促使斯威夫特写下这样的句子："我爱她甚于这里的任何人，我必须时常去看她。"[32]

凯瑟琳的名字时常出现在斯威夫特的《致史黛拉书》中，那是他写给埃丝特·约翰逊（史黛拉）和她的女伴丽贝卡·丁利的书信集。斯威夫特在信中透露出凯瑟琳喜欢丰富的社交生活，她认识了那个时代各式各样有影响力的人物。她可能有一天被看到与沃斯利夫人或著名美女安妮·朗共进午餐，又在第二天与斯威夫特及伯克利伯爵的女儿杰曼小姐共同出现。总之，这位牧师的女儿非常跟得上潮流。

但是凯瑟琳的个性中也有较为粗犷、属于乡村姑娘的一面，斯威夫特显然更加欣赏这一点。他会一边喝茶一边随意和她闲谈，然后从她的故事中提炼出八卦新闻来。凯瑟琳有一次告诉他：

> 两个月之前，此地有一位很受人尊敬的妇人去世了，她在遗嘱中要求用 8 个男孩和 8 个女孩担任她的抬棺者，每人事后可获得 2 个几尼的酬劳，再另外赠送 10 个几尼给主持仪典的牧师、2 个几尼给教堂执事。可是附带一项条件：抬棺者、牧师和执事统统都必须是真正的处男和处女，他们在宣誓童贞之前，葬礼不可进行。这可怜的妇人至今尚未下葬，恐怕到世界末日还不能入土呢。[33]

在《致史黛拉书》中的某个地方，史黛拉在听到凯瑟琳略带诽谤的谣言时，就批评她，而斯威夫特则温言替她辩解，他开玩笑地说：“年轻的女士，你如此不礼貌地嘲笑巴顿夫人（当时称呼单身女士为夫人是很普遍的），我会马上把你的脑袋打破。”可是他后面又暗示，他有时候也怀疑凯瑟琳的态度，并补充说：“实话说，昨天我和她在一起时就在想，她是否能够撇清那些传闻，那的确十分损害我的想象力。”[34]

1711 年的一个晚上，当凯瑟琳得到她的哥哥在魁北克那场战役中不幸阵亡的消息时，她正与斯威夫特单独共进晚餐，他对那次聚会的记述透露出凯瑟琳性格的黑暗面。他说：“我让她感到相当愉快，我们花了 3 个小时辩论辉格党和托利党，她只是表面上为她的哥哥哀伤。他是条可怜的狗。”[35]

斯威夫特和凯瑟琳之间的关系虽然亲密但很短暂，他在伦敦居住了 4 年之后就返回爱尔兰故乡，其后几年里，他们只是偶尔通信。凯瑟琳与牛顿的朋友蒙塔古之间的关系倒是重要得多。

财政大臣也为之沉醉

蒙塔古初识凯瑟琳的时候，已经大约 40 岁了。从画像上看来，蒙塔古显然算不上英俊，甚至还是个圆脸胖子。但是身为财政大臣，又是威廉国王的亲信，蒙塔古算是英国最有权势的人物之一，他于 1700 年受封为哈利法克斯男爵。牛顿很喜欢他，据一位自法国来访的神父说，牛顿的房间里还挂了蒙塔古的画像[36]。蒙塔古是个富有且善解人意的人，他十分机智，喜欢结交女人。他在 30 岁左右时娶了一个年龄比他大两倍的有钱寡妇曼彻斯特女伯爵，而最近她才遗留了一大笔财产给他。蒙塔古和其他人一样，也是在第一次见到凯瑟琳的时候就被她的美貌冲昏了头。

他们是在什么时候经由什么方式认识的，已不可查考，但是蒙塔古时常到杰明街去拜访，而牛顿已经领会到上层社交的手段，大概深知家中有如此年轻美貌的亲属是值得炫耀的事。所以很有可能在凯瑟琳刚到伦敦没多久，两人就见面认识了，或许就是在牛顿的新居晚宴的场合中认识的。可以确定的是，到 1703 年，她与他已经是一对爱侣了。

财政大臣和凯瑟琳之间没有往来信函遗留下来，但是有充分的证据证明他们两人的关系极深，而且这种关系一直维持到 1715 年蒙塔古去世为止。关于这段恋情的最早迹象，是蒙塔古写的一首打油诗，它被刻在小猫俱乐部里他的一只玻璃酒杯上。小猫俱乐部是一个很喧闹的绅士俱乐部，当时流行的规矩是会员把他们的灵感写成诗句，在聚会敬酒之前，要先将几行诗用钻石刻在酒杯上。在 1703 年的一次晚宴上，轮到哈利法克斯男爵敬酒了，当时他写下了这样一首诗。

美丽与黠慧徒然地挣扎
被饮乐之神及其侍从彻底征伐
但是巴顿自箭袋内取出的武器
是那攻无不克战无不胜的魅力
无所适从的神献上他的藤蔓
挥手退让匍匐在地
这只平凡的酒杯印上她权力的印章

在酒国中有通行无阻之力
将人间的美丽薪火相传
将她的光艳影像压铸在我的心房[37]

蒙塔古向来以文思敏捷著称，可是在这种场合里，他的天分似乎完全不见了，要辨认他诗歌中的人物并不困难，“巴顿……那攻无不克战无不胜的魅力”不必再多做解释，甚至这句“将她的光艳影像压铸在我的心房”，也只能影射某一位“最疼爱你的舅舅”。

可是哈利法克斯男爵对牛顿那位美丽外甥女的爱慕之情，远比在餐桌上开的玩笑深得多。1706 年，在写了那首歌颂她的打油诗 3 年之后，哈利法克斯男爵用附加文书来修改他的遗嘱，使她能够因此获赠他死后遗留下来的全部珠宝，外加 3 000 英镑，“作为长久以来我对她的伟大爱情所给的小小纪念”。6 个月之后，他又为她增加了终生有效的年金 200 英镑。到 1713 年 2 月 1 日，他再度更改遗嘱，除了要遗赠牛顿 100 英镑，“作为我对这么一位伟大人物极大敬意的一点儿表示”，又把凯瑟琳的继承部分增加到 5 000 英镑，对于他在布希公园的庄园和萨里郡的阿普斯科特庄园，凯瑟琳都拥有终生保管权。遗嘱上这样写道：“这些礼物和遗产，作为长期以来我对她诚挚的爱情和尊敬的纪念，也是对我这一生得以享受有她做伴的欢乐及幸福，所愿奉上的小小酬谢。”[38]

现在大家都承认，凯瑟琳在担任牛顿管家的时期，至少有一段时间和哈利法克斯男爵同居。事实上，这件事在当时就已经不是秘密了。

《致史黛拉书》中曾经有无数次提到凯瑟琳的名字，但是斯威夫特从来没有提到哈利法克斯与她一起出席社交场合，这或许是为了保护他与凯瑟琳之间的情谊，同时也是顾及与蒙塔古及牛顿之间的友谊。[39] 事实上，在 1711 年的一封信中（那时凯瑟琳与哈利法克斯可能正在同居），斯威夫特竟然明确地指出她是“我的近邻”[40]，尽管他搬到莱斯特广场的圣马丁街只不过两个星期，这也是牛顿自 1710 年 9 月起的新地址。

在能显示凯瑟琳和蒙塔古同居的资料中，最有力的证据是一封短信，那是在凯瑟琳的爱人去世时，她写给她的舅父的。信上说：“我要知道您想要我在此地等候……还是想要我回家……听您话的外甥女和谦卑的仆人，凯·巴顿。”[41] 不过，即使如此，这还是有些模糊不清。凯瑟琳是在她爱人的病榻旁写的信吗？而她所说的“回家”是指回圣马丁街的家，还是指蒙塔古在伦敦的哈利法克斯男爵府呢？

不可戳破的私通关系

有一些人将蒙塔古与凯瑟琳的婚外情进一步绘声绘色地发挥，说他们曾经秘密结婚。到 19 世纪 80 年代，当各种利害关系都已经不存在之后，伦敦大学的数学教授德·摩根①写了一本书，叫作《牛顿：他的朋友和他的外甥女》[42]，德·摩根从牛顿的一封信中看到有那么一行，就用它创造出一个八卦说法，表示那位大臣与当时大数

① 德·摩根，逻辑学家，创立德·摩根定律，著有《形式逻辑》和《牛顿：他的朋友和他的外甥女》。——译者注

学家的外甥女，曾经在上帝面前恳求批准他们的关系。

这儿所指的牛顿那封信，是蒙塔古死后第四天，于1715年5月23日寄达牛顿的远房亲戚约翰·牛顿爵士手上的，那是牛顿因为缺席一场原定要参加的会议而写的致歉信。牛顿在信上说："此刻我因失去我的哈利法克斯男爵而难过，且我与他的家人关系亲密，在他的葬礼举行之前，我都不宜远行。"[43]

然而，牛顿与蒙塔古是大约35年的老朋友，他曾于早几年协助蒙塔古起草遗嘱，并得到这位前任大臣作为纪念的一点儿小遗赠。种种迹象皆足以表明他在信中的措辞中所透露出的一家人的味道。再说，当凯瑟琳于两年后宣誓成为康杜伊特太太时，她所签署的结婚证明书上也表明了她当时的身份为未婚。[44]

凯瑟琳与哈利法克斯男爵结过婚的说法，可以毫无疑虑地被排除，不过几乎可以确定的是，她不是他法律上的妻子。当时所有知情的人都守口如瓶，这一点不足为奇，因为他们两人乃出身于不同的社会阶层。哈利法克斯是不可能正式迎娶凯瑟琳的，尽管她是牛顿的外甥女，但她毕竟只是乡村牧师的女儿，而哈利法克斯男爵则是备受尊崇的蒙塔古伯爵一世的儿子。到哈利法克斯死后，真相仍然被掩盖，原因是牛顿不愿因这层关系而蒙受难堪。凯瑟琳方面也是一样的，在她的舅舅去世之后，她依然保守过去的秘密，为的是维护家族的名声，以及她的丈夫康杜伊特的名誉。

牛顿对于这件事的经过必定曾经与闻，但是维多利亚时代的一些出于善意的传记作家为了写出圣人的形象，把这些不甚光彩的事情都扫到了地毯下面，将棘手的问题和牛顿搞炼金术的怪事，用相同的手法处理，也就是故意忽略，因为这些事会引起太多的难堪。因此，连令人尊敬的20世纪历史学家希尔也表示，牛顿未曾被他的外甥女和他密友之间的不正常关系牵连，说他“只不过从未注意到而已”。[45]

舅舅与外甥女之间的关系并未因此被破坏。蒙塔古死后，凯瑟琳回到牛顿家住了一阵子，所以我们可以相信，即使牛顿不曾饶恕这起婚外情，为了种种原因，他也很可能一直容忍了下来。

作为一个虔诚的清教徒，牛顿应该很重视婚姻的神圣，不过他以往也曾经数度放松他坚持信仰的态度。早前正当他和卢卡斯斗争之际，他就曾捍卫酒醉工人的利益；为了调查伪币案件，他让调查员报销酒馆中的账单；在剑桥大学做研究生的时候，他还曾经短暂沉迷于赌博和饮酒，但很快又恢复斯巴达式的孤独生活。蒙塔古不但是牛顿最熟识、最要好的朋友之一，还是促成他出任造币厂厂长的权势人物，而他当时正值丧妻，凯瑟琳又未婚，在足够的理由之下，牛顿对于自己的道德规范给予了相当的回转空间。

曼纽尔在他充斥弗洛伊德观点的牛顿传记中指出，牛顿之所以容忍他的外甥女与哈利法克斯之间的关系，是因为那可以满足他内心深处的性欲[46]。凯瑟琳是他母亲的外孙女，借由准许他的好朋友与她发生肉体关系，他可以将此看成他恋母情结的代替，那是他自孩童时期遭受遗弃之后，一直深植于内心的潜意识。

无论我们是否信服弗洛伊德心理学，这种兜圈子论述的可靠性，就算以最低标准来衡量都成问题。牛顿在孩童时代诚然受到痛苦煎熬，但是他对付这些痛苦的方法是攫取权力和掌控他人。他在科学上的动力是求知欲，在他的眼中，知识就是权力。同样地，在官场上，牛顿以打压弱者来争取权力，这驱使他成为一位成功的官僚。显然，牛顿可以为了他所追求的更高使命而调整内心的道德标准。

恶意抹黑的肥皂剧

主角越想保守秘密，谣言就传得越凶。英国最受尊重、最守规矩的数学家牛顿，其外甥女与财政大臣之间的不正常关系，几乎在他们两个一见面后就成了人们茶余饭后的谈资。谣言随着关系的延续越来越夸张，它被各怀鬼胎的各方人士毫无顾忌地宣扬。

皇室天文学家弗拉姆斯蒂德在哈利法克斯男爵去世前后，正与牛顿进行一场恶斗（详情见第十二章），他公开讥笑前财政大臣的遗嘱受益人。在致朋友的一封信中，他说："如果传言属实，哈利法克斯的遗产值 15 万英镑的话，他从中赠予巴顿夫人（即牛顿爵士的外甥女）的 5 000 英镑、一栋房子连同土地，外加珠宝、银器、金钱和家具等，价值共达 2 万英镑，甚至还不止。这些赠予仅为了酬谢她'出色的谈吐'。"[47]

甚至连伏尔泰——牛顿科学的伟大支持者，也忍不住加入嚼舌行列。他一方面跑遍欧洲大陆传播牛顿力学，另一方面却又散布牛顿的谣言。而宣扬苹果下落故事的人，正是这位伏尔泰先生。他也应该对一些既恶毒又毫无依据的谣言负责，因为他居然说牛顿是因为蒙塔古和凯瑟琳之间的关系，才取得造币厂的官位。

> 我年轻的时候以为牛顿是因他伟大的功绩而获得财富的，我理所当然地认为宫廷和伦敦市是因敬佩而任命他为造币厂总监的。非也，乃因艾萨克·牛顿有一位美貌的外甥女——康杜伊特夫人，她尽全力去讨好财政大臣哈利法克斯爵士。若是没有一位美貌的外甥女，什么微积分、万有引力，统统都没用。[48]

这段叙述中的每一句话都是荒谬的。牛顿是被任命为造币厂的厂长，不是总监，一直到1699年尼尔去世之后，他才继任为总监。牛顿与哈利法克斯男爵是有了十几年的友谊之后，才担任造币厂厂长的，而他们两人在17世纪90年代的初期，就一起为牛顿争取过一个牢固的社会地位。最重要的一点是，牛顿得到厂长的任命时，哈利法克斯和凯瑟琳绝对还未见过面。

我们相信伏尔泰是被一本很没格调的书误导了，那是专门影射真人实事的小说，名为《欧洲旧事》[49]。那是1710年面市的书，作者是一个极端的托利党政治作家，叫作曼利。曼利的父亲是一个保王党人，而她自己非常厌恶辉格党人的统治，尤其痛恨哈利法克斯。她写了一系列略微加以掩饰的指桑骂槐的书，受到大众的欢迎，说穿了，她只是把一些极端的怪念头伪装成故事罢了。

她早年写过一本书，名为《几位高贵男女的举止和秘史》[50]，但书一出版，她就被捕了，被控以诽谤罪且不准保释。后来获释之后，她继续写出这本更具讽刺性的《欧洲旧事》。最为伤害牛顿的是曼利在她的新书中编造了一个配角，她使用哈利法克斯男爵的一首打油诗来嘲弄她书中主角的淫乱，甚至在索引中，她还特别列明主角为“芭蒂卡——艾萨克·牛顿的外甥女”和“索吉亚——哈利法克斯男爵”。

在书中较前面，有一段描写芭蒂卡和索吉亚在一起饮酒作乐的情节，然后另有一位人物叙述索吉亚如何形容他对芭蒂卡的爱。

> “我的索吉亚爵爷，”我继续说，渐渐地靠近他，“我想，在这有如天堂般的幸福中，爵爷您不可能是她唯一的爱人，那会

使妩媚的芭蒂卡受不了的。没有您在身旁，她能活一天吗？能活一小时吗？”“你说得我的眼睛充满泪水，亲爱的伯爵，”这位英雄饮泣着说，“她是个叛徒，是个口是心非的婊子，但是我深深地爱着她。我已经为她挥霍了无数金钱，还为她知名的父亲谋得了一个官职。”[51]

在另外一节里，曼利又利用非英雄人物的索吉亚，从他嘴里说出关于凯瑟琳的更难听的话。

她还另有盘算，并且越来越异想天开，她要我娶她，不然我就不能再拥有她。真的，“她一向是个骄傲的荡妇”是他告诉我的，如同把自己刺死一般的痛苦。他觉得她过于狡黠，决定不娶她。[52]

当然，真实的哈利法克斯绝对不是圣人，他喝酒、赌博、玩女人，并很容易就接受职权带来的馈赠和欢乐。他与上议院大臣萨默斯于 1701 年因渎职罪受到弹劾，不过后来又被宣判无罪。然而曼利把他描写成一个荒诞的卡通人物，那是为了政治而设计的。凯瑟琳的真正性格却缺乏可据以准确分析的资料。如果斯威夫特的书信可以作为参考的话，那么凯瑟琳应当算是个时髦且解放的女性，但是若指称她勾引哈利法克斯，利用他来达到目的，且她著名的舅舅也和她一样的话，那是完全没有事实根据的胡言。

另一则同样荒诞却也十分有趣的说法，指称牛顿于 18 世纪初和一位诺里斯夫人（本名为伊丽莎白·里德）有过罗曼蒂克的关系。这种猜测起自一封求婚信，据说该文件是康杜伊特从牛顿的原稿抄录下来的。文件的顶端写着："致诺里斯夫人的一封信的副本"，以及有另一种笔迹注着"由艾萨克－牛顿爵士致……的一封信"[53]。这情况看起来是康杜伊特发现了牛顿手写的一封求婚信，便将它抄录下来，但是旁加说明的字出于牛顿之手，那是后来被神秘地加上去的。

诺里斯夫人是牛顿的朋友，她做过几次寡妇。她的第三任丈夫诺里斯爵士，是牛顿在任三一学院教授时认识的，他于 1702 年去世。她就是本章前面牛顿给他的外甥女的信中提到的那位"诺里斯夫人"。

如果牛顿真向她求过婚，那么为何没有其他关于他们之间的关系的证据留下，是很奇怪的事。若牛顿的求婚是很明显地被拒绝的话，也很奇怪，因为当时的牛顿是个既富有又显赫的人物。这位世界闻名的数学家、后来的造币厂总监，与那位神秘的诺里斯夫人之间，会有些什么牵连呢？而一向行事低调的牛顿，又掩饰得了多少他们之间可能存在的关系呢？我们只能百思不得其解了。

政治权力下滑

当这些罗曼蒂克的喜剧陆续演出的时候，牛顿的事业有了新的进展。事实上，于 1699 年 12 月 23 日（牛顿 57 岁生日之前两天）尼尔去世之前，这位造币厂的厂长除了名衔，已经攫取了总监的全部权力与责任了，因此他要继任总监是一点儿问题都没有的，只是技术性问题。终于，牛顿得到了蒙塔古原来承诺他的年薪 500 英镑，此外他又可以赚取佣金，但佣金的数额是以造币厂能造出多少个硬币为准。然而到1700年时，钱币的需求量骤降。因此，很可笑的是，尼尔在总监任内无所事事捞进来的钱，比努力奉公的牛顿要多得多。

同时，在伦敦塔城墙之外，政治情况也在迅速改变。有了新的造币厂总监身份的牛顿，逐渐明确了自己在社会和政治上取得更高地位的野心。

他的第一个行动是代表剑桥大学竞选国会议员。1701 年 11 月，牛顿再度获选进入国会，三个星期之后，他辞去卢卡斯讲座教授的职务，切断了他一向珍惜的与学术界的联系。

但牛顿又一次在威斯敏斯特这个地方毫无建树，显然他只把国会看成攫取更大社会影响力的工具而已。辉格党仍然执政，议员拥有的权力与尊崇带给他更多机会。在他担任第一任议员期间，英国还是传统国会的年代。他是一位受尊敬的学者，在大学里担任教授，而他这次已经是有地位的政府官员，除了骄人的工作成就，他还有与权贵相交的关系及友谊。牛顿最大的资产仍是他不衰的学术声望，若加上小心经营的政治影响力，那么，建立一座无人能敌的跳台，并从那里跳到更高的权力之峰，也是指日可待的。

至少，那是一个计划。可是十分不幸的是，牛顿最新的政治进展受到了挫折，他的盟友威廉三世于 1702 年 3 月驾崩，继承王位的安妮女王却不认同辉格党的路线[54]。牛顿向来对政治潮流保持警觉，他立刻意识到这个变化可能会对他的前途产生影响，他甚至担心在造币厂的官位能否保得住。

虽然牛顿在 1700 年 12 月 23 日担任总监一周年时与政府签订了协议，但他还是害怕他那突然变得不合时宜的政治观点可能使自己受到排挤。1702 年 5 月，国会遭安妮女王解散，牛顿也就不再竞选连任，情愿采取较低的姿态应变。

这可能是牛顿的政治行动中决断最精明的一次。安妮女王是一个固执的宗教传统主义者，在那次选举中，辉格派的全部领袖[55]都落选了，这一点儿也不意外。一夜之间，托利党占据全部权力，以前曾是威廉最亲信的人的萨默斯，和曾任财政大臣的哈利法克斯男爵等重要人物，统统被逐到政治的荒野中（虽然哈利法克斯只是暂时丧失了政治权力）。

皇家学会向下沉沦

当政治舞台没有牛顿立足之地的时候，另外一个潜隐已久的机会却开始向他招手。他自从搬到伦敦定居以后，依然极少出席皇家学会的会议，他冠冕堂皇的借口是全力为造币厂拼搏，应付重铸新币的工作，可是他骨子里的原因是他的老敌人胡克一直占据着学会秘书的位置。

1703 年 3 月，牛顿的这位大仇敌去世，牛顿得到这则消息的时候有何反应，文献上没有记载，但若说他丝毫不感悲伤，似乎也不算太过分。事实上，他很快就领悟到这件事情发生得非常凑巧，他想攫取更多权力的希望因安妮女王当政而暂时落空，而造币厂的工作量又跌至重铸新币之前的水准，选择在此时重建与科学界的关系正是再好不过了。如今没有胡克从中作梗，在皇家学会取得影响力和权力的机会正等待着他，于是他毫不迟疑地采取了行动。

皇家学会到 1703 年时，状况令人担忧，学会从 17 世纪 70 年代平均有 200 位成员倾颓到该世纪末时成员几乎只剩下一半的凄凉景象，经营不善使学会走向破产边缘。还有更令人烦恼的事：院士们快要失去聚会的场所了，而设于格雷沙姆学院的图书室也几乎不保。已故的学会秘书胡克生前承诺将他的庄园馈赠给学会，可是由于他典型的作风，他在死前未立遗嘱，所以学会什么都得不到。

自 1688 年学会从阿伦德尔市议院搬到格雷沙姆学院之后，开会的会场就设在胡克的办公室里，庄严的学会图书室也设在同一幢大楼里。1701 年，格雷沙姆学院的董事会通过决议要拆除一栋伊丽莎白时代的老旧建筑物，在原地建造新的学院。他们跟学会里的博学之士协商，如果学会图书室一直可以让学院使用，那么将来它可以迁入新的大楼，不过胡克一人反对搬迁图书室，他便阻止国会立法授予权力。胡克去世之后，董事会的拆除计划重新提上日程，这使皇家学会突然面临了会址该何去何从的危机。幸得格雷沙姆学院的医学教授兼皇家学会院士伍德沃德博士交出他的办公室，学会图书室便暂时安置在那里。

无论胡克这一干人有多么热心，至少在过去的十年间，皇家学会因领导阶层无心于此而逐渐没落，学会的许多原始特色都慢慢失去了。一部分的原因是学会会议持有错误的实验观念，将学会的主席职务交给不谙科学的政坛领袖，打着经由他们的关系来筹措经费的如意算盘。没想到效果正好相反，蒙塔古自 1695 年至 1698 年担任主席以来，3 年间仅主持过一次会议。他的继任者是同为“辉格派”的萨默斯，在他担任主席的 5 年间，也只不过主持了 3 次会议（在他的政治事业突然倒台之时，主席的位子也跟着丢了）。

杰出院士之间不断发生的小争执，逐渐造成了分裂与相互反目，自然哲学领域也因院士们逐渐专注于伪医学研究而被排挤到一边。胡克于 17 世纪 90 年代担任秘书时，共有两位学会秘书，另外那位秘书斯隆是一位执业医师，他和学会的新房东伍德沃德博士一样热心于医学实验，再加上宫廷医师阿巴思诺特和米德那些人一起把皇家学会当作试验他们偏激观点的场所。如果牛顿早期在造币厂服务的时候．即在伦敦最忙乱的两年间，抽出一点儿时间到皇家学会去开一次会，或是工作之余随便翻阅《通报》中的一些文章，他就会发觉皇家学会已经完全变成医学系的兄弟会了，它被五花八门的怪异医疗古董充斥了。

《皇家学会日志》于 1699 年 5 月的期刊中发表了一篇报告，题为《饮用约一品脱的牛尿将使呕吐和腹泻更加容易》[56]，其结论引起医学界对于在医学上使用牛尿的兴趣。同期中还有一些文章讨论谋杀案中使用的毒药，用鳄鱼进行活体解剖，以及讨论一天中闻花香的最好时间等。[57]

《光学》出版

1703 年 11 月 30 日，皇家学会终于停止了继续沉沦，在当天的年度理事会改选中，牛顿先被选为理事，接着又当选皇家学会的新主席。这是早该采取的行动，过去由于人为的阻碍而无法办到，如今挡路的石头已经不在，并且外界对牛顿的吸引力也渐渐消失。另外，尽管牛顿为数众多的敌人中仍有许多人对此任命表示遗憾，但从历史学家的观点来看，这的确是皇家学会转衰为荣的一刻。假使选举当晚揭晓的是别人而不是牛顿，这个机构必定在 10 年之内完全解体。

当自大和嗜权的性格发挥于正面时，牛顿表现出了杰出的行政能力，而这使皇家学会得以获救。同时，因自己身为终身研究科学的模范，他几乎立刻就替学会定下了此后的走向。

在 1704 年 2 月 6 日的《皇家学会日志》中，有一则斯隆博士的报道："主席把他的《光学》送给学会，哈雷先生将于细读之后向学会提出摘要报告。学会为主席的慷慨赠书及出版此书的意愿，敬表谢忱。" [58]

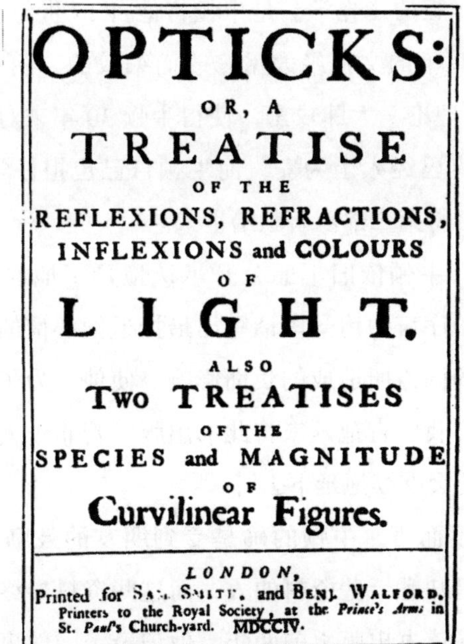
OPTICKS:
OR, A
TREATISE
OF THE
REFLEXIONS, REFRACTIONS,
INFLEXIONS and COLOURS
OF
LIGHT.
ALSO
Two TREATISES
OF THE
SPECIES and MAGNITUDE
OF
Curvilinear Figures.

LONDON,
Printed for SAM. SMITH, and BENJ. WALFORD.
Printers to the Royal Society, at the *Prince's Arms* in
St. *Paul's* Church-yard. MDCCIV.

图 11–2 牛顿的第二部巨著——《光学》的封面。该书于 1704 年出版

（Ann Ronan at Image Select）

《光学》中讨论的材料大部分都以30多年前的讲义为基础，它远远避开了那些由医学怪人所写的牛尿和变态的解剖学文章，这是大家愿意看到的。

《光学》的编纂和出版皆由牛顿一个人处理，他并没有大肆宣传，书的扉页上没有任何献词，既不奉献给学会，也不奉献给个人。不同于《原理》的是，牛顿是用英文而非拉丁文写成此书的，而且他在这本书里极少使用数学。洛克于1704年去世前不久才读完此书，他告诉牛顿他把那三册都看完了，“十分高兴……能了解书中所述的每件事”。[59]

不过，第一版的《光学》是牛顿将他自17世纪70年代到离开剑桥大学之前写下的文稿经大量修改而编成的。胡克在1672年对《光与颜色的新理论》大肆攻击，使得牛顿30年来对此题目保持缄默，此时，胡克已经入土为安，而牛顿自己也担任学会的主席了，他才终于有机会将第二部巨著献给世人。

纵然如此，牛顿依旧不愿公开承认拖延了他许多年的真正原因，他只在书的序言中用一段话写出最接近他心情的文字。他暗指那位才刚过世的同僚所造成的负面影响，使他“为了避免继续在这个题材上争论，我一直拖延未将此书出版，若非今天许多朋友再三劝我，我恐怕还会继续拖延下去”。[60]

就某种程度而言，牛顿的确是受到朋友的鼓励才出版这本书的。格雷果里是知悉一些资料的人，而这些资料最终也成为该书内容的一部分。在该书出版之前两年，他记录了一件事，说牛顿“曾经答应罗伯茨先生、法蒂奥先生、哈雷先生和我，出版他的积分学（计算曲线之下涵盖的面积）、光学论文，以及他的二次方程曲线的论文”。[61] 即使如此，当牛顿决定出版此书之时，还是有两个理由使他对已有的文稿做出重大删减和修改。

第一，他自从 1684 年做了那组钟摆实验之后，即了解了重力的作用不需要借以太才可产生效果，这点让他在光的理论中，摒除以太作为传播光线的介质。然而，在他那个时代，这是无法验证的假说。第二，也是该书定型的关键，牛顿想建立物质与力的统一场理论完全失败，他为此转而将 1/4 个世纪的光阴，花费在炼金炉边。

原来的《光学》共有四册，第四册原定把前面三册所介绍的光学现象、《原理》所讨论的力学理论和全部的已知自然力综合起来，成为统一的理论。牛顿于 1687 年到 1696 年，没能成功创造综合所有微观宇宙和宏观宇宙的全能理论，这意味着他的第四册只是提出假说．不具备可作验证的理论，这是他自己绝对无法接受的事。正如他在新著的开头几页里所说的：“在这本书中，我不打算用假说来解释光的性质，而是用说理和实验来证明我所指出的属于光的性质。”[62]

量子力学呼之欲出

牛顿将炼金术、数学和物理学融会贯通，业已展现出万有引力是如何运作的，但是他无法解释万有引力运作的机制是什么。[63] 他预期《光学》第四册能够说明所有的自然现象，说明它们是如何以一些基本力场为基础互相作用的。他在《原理》结论的片段中提出了发展方向：

> 地球、太阳、月球和一颗颗行星，这些庞大的个体如何彼此相吸，它们在远近不同距离下的吸引力、所依据的定律，以及这些物体的所有运动如何受重力的规范等疑问，我都已经在我的《自然哲学的数学原理》中为读者一一给出满意的说明。如果大自然是最单纯且又完全一致的，它对大物体所遵行的方法，会和规范小物体（也包括光的粒子）时一样。[64]

牛顿那惊人的假说认为，规范较大尺度、宏观宇宙物体的力和定律，应该可以反映出次原子粒子（牛顿称之为较小颗粒）、微观宇宙之力的行为，但那些论说和他的炼金术论文，以及他对宗教及神秘主义的大部分推测文稿一样，都有着相同的命运，即失传于世约达 250 年，只有一些由追随者保存的核心文件，流传了下来。在 1693 年较晚时，牛顿为《光学》第四册写了一些资料，才写完就将其藏起来了，当时几乎没有人知道。1694 年 5 月，格雷果里到剑桥拜访牛顿，只看到了那部巨著的前三册，不过，即使只有三册，他也立即反应“如果将它发表，应可与《原理》媲美”[65]。

尽管《原理》是最重要的科学巨著之一，《光学》则因其普遍化、可以眼见的题材和较少包含难懂、令人不快的数学，也带给后来若干世纪极为深远的影响。

它从解释反射和折射开始，接下来是彩虹和干涉的现象，以及镜子和棱镜的作用。这些全都以牛顿自 1664 年开始做的一系列实验为基础，并迅速扩大讨论范围，囊括了各种不同的问题，例如重力现象、新陈代谢、感觉器官、眼球的功能，最后甚至还出现如大洪水和上帝创造宇宙等题外话。

然而，不管牛顿有多大的决心绝不提纯属假说的论点，也不谈他尚未成功达成的统一场论梦想，牛顿还是不禁叙及他猜测出来的一些东西。在遗留下来的三册《光学》里面，他在一些不太显著的地方加入了随意的判断，他认为光和万有引力一样，有超距作用的力。在第二册（主要是讨论反射与折射）中，针对光可能是由看不见的粒子组成的观点，他提出了辩解：

> 此一问题殆无他法可以解释，只能说光线的反射不是只受到反射物体上一个点的影响，而是受到该物体均匀扩散于整个表面的某种力，它隔空作用于光线上。关于物体对光线可发生超距作用力的部分，将于此后证明。[66]

尽管还存有这些明显的失误，牛顿已经在全书的内容上谨守着戒条，只叙述可以验证的假设。但是如他自己在书中所言，“我此时无法思考这些问题”[67]，而决定在第四册中将所有问题集中起来，写成被他称为“质疑”的部分。

“质疑”的目的是方便他提出较为极端的看法，不至于将它们写成普通问题的形式，而遭受批评者嘲笑。在第一版《光学》的附录中，他一共列举了16则质疑。第一则质疑中，他直奔会被许多人认为属于半秘术的论点：

> 质疑一，物体能有超距作用，而此作用会使光线弯折吗？若是如此，此作用在距离最短时会最强吗？[68]

对于18世纪早期的人而言，这种观点可能令人觉得有些秘术的味道，可是在几乎整整两个世纪之后，恒星的重力效应使光线偏折的说法，已成为爱因斯坦广义相对论的核心。根据广义相对论，时空的扭曲造成了光线沿曲线前进。[69]

接下来，牛顿又问：

> 质疑五，物体与光线不是互相作用的吗？也就是说，物体以射出、反射、折射和偏射作用于光，而光则加热于物体，以及使发热的部分产生振动而作用于物体，是吗？[70]

这种思想与量子力学（物理学的一支，专门讨论原子以下层次的物质与能量的关系）的基本观念相去不远。量子力学于20世纪之初开始发展，如今，在次原子的层次中，光与物质的相互作用已是量子力学的基本教义了。

1905年，就在第一版《光学》出版之后整整200年，爱因斯坦提出了光电效应的理论，他指出光线如何能影响原子内部的构造。光电效应也让我们认识到，物体所表现的颜色的一部分是由物体内部的分子结构决定的。这些都证明了，牛顿质疑“物体与光线不是互相作用的吗”是非常具有远见的。

英文版《光学》发行两年之后，又发行了拉丁文版，在拉丁文版中，牛顿有机会增加了一些质疑。除了增加了7则质疑，他更在附录中增添了3项推测。过了几年，英文版第二版发行，这个版本有牛顿最后的8则新质疑。[71]在这些新加入的资料中，最令人感到震撼的，也是牛顿允许发表的最前卫的预测，乃1706年出的拉丁文版中的第 31 则质疑：

> 物体内部的小粒子是不是具有某些力，凭借它们，物体可以有超距作用，这不仅使得光线发生反射、折射和偏折，还会让光线互相作用以致产生大部分的自然现象？犹如我们熟知的，物体因地心引力、磁力和电力而互相作用。这些例子显示出大自然的旨意和方法。除了上述，有更多的吸引力存在，是十分可能的，因为大自然是恒常不变且自我保持一致的。[72]

单独这一段就完整地涵盖了牛顿的统一场论观念，也就是我们今天所知的统一场论的理念，那就是将所有微观宇宙（通过量子力学的例证）和宏观宇宙（由相对论予以规范）的全部线索绑在一起。这是牛顿说过的话中最接近他的期望的，也就是希望能找到一个各种力的简单集合体，除了能说明重力现象，它也对这个看得见的宇宙中的几乎所有物理现象负责。

后世的赞誉与批评

《光学》一书的影响超越了科学范围。博学的伊拉兹马斯·达尔文（查尔斯·达尔文的祖父）在诗人的科学万神殿（他将历史上的智者组成了一个虚拟社团）中，将牛顿放在首位，他说：

> 看牛顿的眼睛正在闪烁，

这标示时代的巨轮走进最辉煌的周期；
在大自然的景观中不断搜索，
它潜隐着的原因与效应，
一一显耀出天赋的定律。[73]

诗人蒲柏也对牛顿将宇宙系统化的才智印象深刻，但他却担心人类下一步将走往何处。蒲柏在 1733 年发表了他的《人论》，那时牛顿去世已经 6 年。他说有人认为牛顿代表人类的最高优越性，但他却认为在众神的眼中，牛顿仅比猿猴好些：

至上的天神，他们最近看到，
一个凡人将自然之律揭晓，
他们赞美着如此智慧，尘世终于可求，
一个牛顿的出现，犹如一只猿猴的露面。[74]

蒲柏反对牛顿主义纯粹是出于宗教的理由，他认为《原理》中的数学推演、《光学》中的实验说明及数十则质疑属于纯理性主义，它们摧毁了人类存在的精神和意义。18 世纪和 19 世纪初期，许多文艺作家和艺术家也都持有类似的观念。贝克莱主教①和柯勒律治②

① 贝克莱主教，爱尔兰哲学家，他最著名的观点是：只有被感知的事物才会存在。——译者注

② 柯勒律治，英国浪漫时期的诗人、哲学家兼评论家，反对实证主义，主张一种理想主义，认为思想应当利用幻想力主动地去创造。——译者注

两人都是反牛顿主义者，而威廉·布莱克①则是牛顿死后，敌人中名声最大的一个。布莱克在诗作《耶路撒冷》中写道：

> 我看……人性已经沉睡不醒……
> 因为培根和牛顿，纵然覆盖于阴郁的钢壳下，
> 他们的恐怖犹如鞭笞阿尔比恩的铁器悬挂。
> 我遥望欧洲各大学的校园里，
> 见到洛克的纺车受牛顿的水车冲洗，
> 染成悲惨的污黑织布，
> 一圈圈地将每一个国家包住。
> 我见到许多巨轮无情地运行，
> 被暴君的轮齿，一轮又一轮地推着不停。
> 那是逼迫，那是胁从，
> 不再像是伊甸园中，
> 那里的一轮牵动一轮，
> 在和谐与平静中自由地转动。[75]

然而，布莱克私底下也赞美牛顿在创造18世纪的“时代精神”中所担任的关键角色。他的诸多画作《牛顿》自从展出之后，招来了大量的批评，主要是由于它的内在矛盾。在一幅画中，布莱克将牛顿画成藏在一块巨石里（应该是隐喻无法撼动的理性主义障碍），而另有一幅画描写的是这位科学家坐在海边。每一幅画

---

① 布莱克，美国诗人、画家、梦幻诗人。——译者注

里的牛顿手中都拿着一把圆规在量不明就里的尺度。另有一幅图，似是从《光学》第一册抽取出来的，画中的牛顿虽然被塑造成坚毅的形象，象征纯理性主义者不屈不挠的精神，但是他也被画成一副高贵，甚至美丽的模样，有人指出，他脸孔的神韵极似布莱克自己年轻时的相貌。[76]

布莱克对教授古物很有兴趣，这从他的许多蚀刻中可以看出。他的作品《亚利马太的约瑟》，就被认为是受到斯蒂克利的《巨石阵：复原不列颠德鲁伊教派的庙宇》[77]一书引发的灵感。最近替这位诗人写传的作者为他描绘出令人惊奇的熟悉面貌，这位作者说："布莱克一生都信服远古的鬼魂信念，经常有意或无意地谈论古代的传说和密学的迷思，他认为可以从那儿发现失落已久的真理。"[78]

于是，牛顿的个人世界不断地扩张，从僧侣般的剑桥学术生活到活跃于伦敦社交圈的宴席上，跟随他而至伦敦的巨大影响力，在对话已经静止、剪币者及君王的幻梦消退之后，仍继续存在至少两个世纪。牛顿在不到十年的时间里，实现了转型，从被世人行将遗忘的边缘回过头来，全心全力投入新的生活。取出尘封已久的《光学》并加以重整，使他得到更高层次的尊敬和声誉，大步跨入第七个十年。面对前程，他未曾踌躇，他还要攀登数座大山，还有更多的历史等待他去创造。牛顿已经拥有他冀求的权力和影响力了，再往上升至圣者的地位，显然已经无人可挡。

第十二章

老人之间的争斗

“许多人一开始做出坏事之后，做更坏的事情也就不会脸红了。狡猾的牛顿更是如此，他会继续做下去，也准备好新的借口和谎言来掩饰他极虚伪、极恶劣的性格。”

每逢角声一响，他说啊哈；他从远处闻到争斗的气息，听见军官如雷的吼声和呐喊。

——《旧约·约伯记》39:25

牛顿肖像

艾萨克·牛顿不是一个长相英俊的人，他脸部的皱纹随着年龄的增长而日益变深，尖长的鼻子和深邃的目光完全透露出他严肃的个性，只是中年之后发福的身躯使那印象略微柔和了一些。权力和尊崇的累积也能从他脸上的表情表现出来，特别是由那双黑而幽深的眼睛发射出来的严峻光芒。从他踏进官场开始，一直到逝世前几年，这期间他有许多画像，自那些画像中，我们不妨追溯一下他面孔的变化。

从 1689 年的第一幅画像开始，那时 47 岁的牛顿才刚刚破茧而出，直到他 80 岁之后如神般的英雄式画像，每幅画中的神态都反映出他在世界范围内的地位持续不断地攀升。牛顿的第一幅画像是由奈勒爵士为他画的（后来牛顿大概还给他了），那幅画像展现出一个纯然睿智的学者，他的头顶不戴假发，身披学者的简单黑袍，那是永恒的牛顿相貌、教科书中的形象——《原理》的创作者、大自然最深处奥秘的发掘者。他的眼睛望着远方，略带心不在焉的神态，像是不耐久坐（这种印象可能距事实不远）。厚厚的灰白卷发垂落在有棱有角的脸庞外沿，眼睛与鼻子像一只猎捕食物的鸷鹰，这是一幅神经质且略带困惑的容貌。

渐渐地，牛顿的面貌起了微妙的变化，奈勒于 1702 年再一次为他画像，画中看来是一个富裕的、衣食无忧的人，他仍旧穿着一件黑袍，不过戴上了假发并且表情严肃，是个受人尊敬的高官模样。接着一年之后，主角在生理上又有了转变。1703 年杰瓦士为他画的全身像，是牛顿被封为爵士的前两年完成的，它表现出一位前途似锦的贵族形象。牛顿头戴华丽的假发，身上罩着锦袍，体形又胖了许多，那就是后来展示在一英镑纸币上的高贵绅士，也是世界各地的崇拜者用来制作邮票的画像。

然而，在最后的几幅画中，我们看到繁华渐退的牛顿。从桑希尔爵士于 1710 年画的像看来，牛顿又回到了奈勒所绘的老实样子，那时他已经 68 岁，他用手紧握住朴实的黑袍，白发稀疏，黑色的眼睛再度凝视正前方的远处，像是神游太虚一般。奈勒所画的第三幅像，也是他画的最后一幅像，与别的画像比较之下，几乎可说是漫画，画中展现出一个微笑的牛顿，那的确是很难得的事。最后，加上范德班于 1726 年所画的那一幅像（见图 12–1），牛顿的一系列画像就到此为止。那时牛顿已届 84 岁高龄，时值逝世前一年，画像里这位做高官的科学家正在读一本自己的著作，刻满皱纹的脸孔慈祥可亲，像一个老祖父为围绕膝前的一群孙儿孙女念童话故事。

图 12–1　牛顿的晚年画像，由范德班绘制
（Hulton Getty 提供）

受封爵士

17 世纪的最后几天里，牛顿升任为造币厂的总监，但在那之前，他早已穿上了属于富裕的都市绅士所穿戴的服饰。他的房子装修得很优雅，家具也很华丽，现在尚存有他购置 4 棵庭树和 12 只代尔夫特盘子①的收据。[1] 牛顿自己拥有马车和马匹，那是富人阶级才有的，人们时常还可以看见他坐马车出外兜风：有一段时期，他

① 当 china 成为英文瓷器的代名词的同时，仿造明瓷上的青花绘画的泥烧上釉陶盘、墙壁贴片或图画挂饰，也开始在荷兰工匠的手中源源不断地生产。这些器具或装饰品统称 tin-glazede arthware，或以制造此类仿明瓷产品著称的荷兰地名代尔夫特（Delft）为名的 delftware。——译者注

雇用了 6 名佣仆做家务事（由此看来凯瑟琳的“管家”工作分量并不重）。在他死后的遗产清单中，我们看到有一套 40 件的瓷器餐具、一套完整的银器、约两打的玻璃酒杯和 6 打半的餐巾[2]。这些都证实了康杜伊特所描述的：“他一直过着富裕舒适的生活，可是并非夸张或豪华。他对客人招待周到，适当的时候也能提供精彩的娱乐。”[3]

然而，夸张与豪华却展现在他的卫生设备上——清单中列有两个纯银实心的盛水器。牛顿在三一学院做研究生的时候就爱上了深红色，也很奇妙地终生都保有这项爱好。在他的家具和日常用品中，深红色可说是无处不见，这也是他的遗物清单中唯一提到的颜色，以致一位牛顿传记作家特别指出牛顿“生活在深红色的环境中”。[4]

康杜伊特提到牛顿“也能提供精彩的娱乐”不过根据来自法王路易十五宫廷的使者阿拉里的回忆，他于 1725 年在牛顿家做客时所遇到的是：餐桌上的所有东西都令人失望，端上桌的食物简直“可怕”，酒大概是别人赠送的礼物，也非常糟糕。[5] 如果牛顿对酒的知识很有限，他显然对纯艺术和当代文学也没有兴趣。依照康杜伊特的说法，牛顿从未对音乐和艺术感兴趣，当然这是夸大的说法，因为牛顿曾经告诉斯蒂克利他去看过最新的歌剧，虽然仅有那么一次。牛顿回忆说：“第一幕给我最大的享受，第二幕令我相当厌烦，到第三幕时，我就逃之夭夭了。”[6]

他也没有花费心思在诗作上，有一项报告指出牛顿曾经引用巴罗的一句批评：“诗不过是一种看似精巧的无聊东西。”[7] 他似乎很同意这个说法。后来牛顿又批评他的朋友彭布罗克伯爵，一位全欧洲闻名的石像收藏家，说伯爵是个“石头娃娃的爱好者”[8]。这很令人惊讶，因为牛顿年轻时曾爱好写诗，大家也都知道他是喜欢画图的人。如果他图书室内的藏书被认为可以准确地反映出他的阅读习惯，那么很显然，他对古典文学毫无兴趣，遗物清单中没有莎士比亚、乔叟、斯宾塞、弥尔顿等人的名字。事实上，图书室内的所有小说都属于同时代作家的作品，而它们被认为是凯瑟琳的消闲嗜好。[9]

18 世纪的头 10 年，是这位英国最著名的科学家的另一个事业阶段。1702 年，安妮女王即位，英国的政治气氛重新转向与牛顿的理念相同的方向。虽然马尔伯勒公爵于 1704 年在上巴伐利亚的布莱尼姆获得了伟大的胜利，却于次年春因托利党人与法国的争斗而分裂，得不到奥援，以致失去政治控制。安妮女王立即觉察到她必须拥抱辉格党才能避免政治麻烦，于是没过多久，人们就看到她与那些曾经被她罢黜的政治领袖人物一起参加欢宴，如前辉格党里的杰出成员罗素。她也了解，要想将政治上的两翼拉拢，最有效的办法是把最高荣誉赐给杰出的辉格党领导人物，故而牛顿于 1705 年 5 月受封为爵士。这场赐封仪式在剑桥举行，同时受封爵位的是詹姆斯·蒙塔古，他是查理·蒙塔古的兄弟，而三年前安妮女王曾把查理排挤至政治边缘。

然而，在牛顿的衣橱里仍然躲藏着幽灵，如果他不亲自将那些幽灵压制，或者至少由他那日渐壮大且贴近核心的门徒所代劳的话，总有一天，这些幽灵会损害他的声誉。

法蒂奥名誉扫地

法蒂奥和牛顿分手之后仍然住在英国，继续游走于上流社会的边缘，偶尔会出席皇家学会的会议，在会上有时候提出一些怪异的想法或创见，邀请大家批评和指教。他曾经在1704年展示一组镶了宝石的钟表，那是他亲自以宝石取代部分金属零件来改善机械性能的手工制品。他从中挑选了两件送给牛顿，这位皇家学会的主席称赞他做得“非常好”[10]。

他们两人极少在公开场合中交谈，虽然格雷果里曾于1702年在日记中有一段记载包括牛顿、法蒂奥和他自己三人的谈话，内容不过是围绕着皇家学会的正式事务。[11]牛顿与法蒂奥在1693年分开之后，唯一留存下来的信件是由法蒂奥写给牛顿的，内容完全关乎他制作钟表时所下的功夫，但是他们之间的来往也未完全终止。因为我们知道至少迟至1706年，两人还曾经私下讨论《圣经》预言的问题。[12]最后，最终终结他们复合的，是法蒂奥于1707年涉入一个被称为卡米撒派或“法国先知”的社团。

卡米撒派主要是一群被放逐的胡格诺教徒，他们为了逃避路易十四的追捕，纷纷渡海来到英国。他们相信末日审判即将来临，又自称能够使用舌语及使死人站立，这与更早期的玫瑰十字会的所作所为相差不多。这个团体的名称“卡米撒”，来自法国农民下田时穿着的工作服。

法蒂奥一向附和牛顿的阿里乌教义，也有亲近反天主教和神秘主义的倾向。所以，对他而言，这群“先知”犹如一块吸铁石般将他吸住。他们抵达伦敦才不过数星期，法蒂奥就参加了这个组织，还很轻易地攀升到秘书兼出纳的职务。此外，他也为这个社团编制了一系列小报及传单。当时有一份流传很广的反卡米撒派小报，指责法蒂奥驱使卡米撒派作为他自创宗教的第一步。那位匿名的作者说，法蒂奥把他的宗教当作“精神的万灵丹”，即任何教派的教义，只要是合他意的，都被他取过来混合成一个怪异的综合体。[13]

法蒂奥身为这个教派组织中唯一有社会地位的哲学家，当然受到了更多的嘲笑，当时一篇由名叫金斯顿的人所写的社论，直指法蒂奥的信仰可疑。

> 我非常不喜欢“骑士的实验”，任何稍具常识者会受其蛊惑都将使我极感惊讶，更不必说见到法蒂奥先生竟然不厌其烦地报道里面的每一件事，如同报道来自西奈山的消息一样尽心。[14]

不久之后，科学界有地位的人物都认为法蒂奥真是一个无赖汉了。古物研究家赫恩是学术圈中著名的爱嚼舌的人，他对法蒂奥进行了一次凶狠的人身攻击。

> 我们一直觉得他对宗教持有怀疑的态度，是个毫无道德感的放荡之徒。他在牛津大学莫德林学院的时候，曾担任贝德福德公爵身边的一个主管，他使公爵染上了奇怪的恶习，变成既嗜赌又嗜钱的人，可是法蒂奥却能运用他的机智和奉承，从公爵手中诈取了大笔金钱，将所有的规章都修改得对他的未来有利。[15]

虽然那些指责都没有什么依据，但它显示出学术圈里对这整个事件的感受有多深，不只是“法国先知”被认为是一群败德之徒，法蒂奥加入他们并且可能成为他们的领袖，更是威胁了科学界的信誉。由此看来，我们不难想象这群人加诸民众思想的迷惑和困扰的效应有多大。在那个时代仅有的宣传方法是印发小册子或口耳相传，卡米撒派徒众则是采取大街游行、当众表演痉挛倒地等手法，至少曾有一段时间搅起了社会巨大的骚动。他们又自称拥有《旧约》所说的古代先知的能力，并且爱做狂妄宣言以激怒权贵。在某一次聚会中，他们预言审判长霍尔特爵士将在法庭审判时全身流血爆裂而死。

民间则有各种小册子迅速流传着，包括正反两派。当时著名的剧作家德菲编写了一部嘲讽剧，叫《摩登预言家》，它吸引大批观众长达数月。然而，在当时敏感的宗教环境中，极端分子造成这样的骚动，已经引起了当局的不快。在大多数英国百姓看来，卡米撒派只是他们嘲笑的对象，但是对于同时自法国逃到英国寻求庇护的温和的新教教徒而言，卡米撒派信徒却与他们日渐疏远。于是到1707年秋，“法国先知”向公众宣布有一场大火将于不久之后二度吞噬伦敦时，女王不得不采取激烈的行动了。

极力撇清

当局的天罗地网正向法蒂奥及他的同党逐渐收紧之时，他的朋友则设法拯救法蒂奥的名誉，劝他赶快逃回瑞士。可是他完全不接受劝告，故乡日内瓦的家人听到自英国传来的消息，感到既担心又羞耻。法蒂奥的一个兄弟让－克里斯多弗也是皇家学会的院士，法蒂奥在一年前才推荐他入选，他也提醒法蒂奥应该注意《圣经》里关于假预言的训示，但法蒂奥依然把他的话当作耳边风。

1707 年 11 月，教派的头子被控以散布恐怖谣言于女王子民之罪，而法庭也判决其有罪。那些首领包括多德、马里恩和法蒂奥，刑罚是套上枷锁、站在查林十字街接受两天污辱。他们的身上挂着告示牌，上面详细地列出罪行，任何经过他们身旁的人，都可以朝他们扔任何东西。从此以后，“法国先知”再也没有制造什么消息了。可是，法蒂奥至死都未改变他的信仰。

牛顿并没有设法帮助他的老朋友，或者他认为法蒂奥应该好汉做事好汉当，但是最有可能的理由是他为了撇清自己，何况他已经被人检举私下同情法蒂奥和卡米撒派所奉行的信条。在一本于 1820 年出版的书中，斯彭斯牧师提出两件佐证，他指出牛顿和卡米撒派在 1707 年几件不寻常的事中同声同气。第一件佐证是洛基尔博士的一封信，他是彼得伯勒的地方主教，他在信中说：

> 艾萨克·牛顿爵士虽然如此伟大，但这却并不代表他对“法国先知”丝毫没有爱慕之心。他有一段时期做过占星术一类的古老蠢事，又在另一时期研究那些不合理的化学，追求点金石。

第二件佐证来自追随牛顿的许多年轻人，某人的一个朋友拉姆齐的报告是这样的：

> 艾萨克·牛顿爵士自己有强烈的意愿要去聆听那些先知的讲话，可是他被一些朋友劝止了。他们费了很大力气才没有让

他去，因为他们害怕他会如法蒂奥一样被先知感染。[16]

然而，第二件报告的内容颇值得怀疑。牛顿向来视他的公众形象高于一切，所以很难想象他会认真打算参加“法国先知”的聚会，但这种夸张的说法中也许存在几分事实根据，因为牛顿天生就容易被新奇的想法触动，于是他会希望去听听他们怎么说，但又晓得那样做十分愚笨，所以他不单是赶快脱身，而且要反方向弹回安全的距离。

怀着对预言的狂热兴趣与反对天主教的强烈情绪，牛顿起先可能觉得“法国先知”的基本想法很吸引他，也有可能与法蒂奥私下讨论过那些徒众的活动，甚至还有过参与群众大会的念头（只是出于好奇）。后来他被一些朋友好意相劝，他们提醒他10年前与法蒂奥的不睦关系，这使牛顿立即醒悟过来，看清了前面的危险并立即切断联系，将早已迷失的法蒂奥自心中逐出，甚至当这位一度关系密切的密友站在敌视的民众面前，整整两天受鸡蛋、番茄、烂蔬菜涂污时，他依然无动于衷。

此后，法蒂奥又活了半个世纪，对已经消逝的“先知”梦想，他一直怀有热情，终于成为科学界的弃儿。他于1753年在贫困中去世，却依旧幻想自己是一名学术精英，不断地向周围的人叙述过去与牛顿、哈雷和洛克等名人亲密交往的经历。

然而，牛顿总是害怕他非正统的个人观点再度曝光，这种担心并未因法蒂奥受辱而消失。果然，在公众对“法国先知”丑闻的指责声浪稍微平息一点儿之时，牛顿又面临了另一位过去的追随者带给他的更大麻烦。

再度见死不救

1694 年，一位 27 岁的青年数学家惠斯顿以一篇题为“地球的新理论”的论文令牛顿印象深刻，前者不久就获聘为三一学院卢卡斯讲座教授的助理。后来，牛顿于 1701 年正式离开剑桥大学的时候，协助惠斯顿继任卢卡斯讲座教授的职务。

早在惠斯顿担任助理之后不久，他对阿里乌教义就发生了兴趣，也受到牛顿的鼓励和指导。可是两人虽然有共同的宗教观，却在信仰的态度上南辕北辙。牛顿一向所持的宗教态度是守密和自保，惠斯顿则一旦在导师的热情和保护下引入原始的基督教义之后，就变成了一个积极的传道者。牛顿所采取的态度是不将其宗教理念公开，而惠斯顿却粗心大意，于是很快就得到了恶名。到 1708 年，法蒂奥受辱事件才过去不到一年，惠斯顿即因公开宣扬阿里乌教义而受到学校当局谴责，这带给他的朋友不少困扰。

1710 年 10 月，这位年轻的教授终于受到惩罚，剑桥大学解除了他的职务。惠斯顿让全家搬往伦敦，依赖他微薄的积蓄和兼职数学教师的薪水补贴生活，但他继续传播极端的宗教理念。他的几个朋友，例如皮尔斯牧师、剑桥大学同事兼阿里乌同修的本利等都在背后帮助他，给予他精神和物质上的支援，可是把他带往毁灭之路的人——他所崇拜的知识偶像牛顿，却默不作声。

牛顿害怕遭到牵连，完全不敢为惠斯顿辩护。他自己挑选的继任者被解除了卢卡斯讲座教授的职务，而他也置之不理；在惠斯顿反抗剑桥大学的宗教权势和其后反抗伦敦当局的宗教斗争中，牛顿仍旧不出面为他说一句话。他这样做似乎还不放心，到 1716 年，牛顿更以消极的与我无关之态度，变本加厉地转为积极地卖友。那一年，惠斯顿申请加入皇家学会成为院士，牛顿不准学会接受提名，还以辞去主席的职位为要挟。[17]事后，惠斯顿挖苦地说："如果我早懂得这位大人物的心，我就绝不会做出任何让我可能带着他的白发，连同我的忧伤进入坟墓的事了。"[18]

惠斯顿全然清楚自己的行为会将他抛到科学界的荒野、社会的边缘，对于牛顿害怕公开承认其宗教观一事，也不再做幻想。他在于牛顿死后才写的回忆录里说："在他认清我不会像他那些朋友奉承他之后，到老年时就受不了矛盾的心情，于是在他死前有 13 年，他都很怕我。"[19]

惠斯顿对这位英国皇家学会主席不再有感情是可想而知的，他把牛顿形容为"我所认识的人之中最胆怯、最小心和最多疑的一个"，他在一本于 1733 年发表的《对（圣经）预言的观察》中，解释他于牛顿尚在世时将牛顿有关《圣经》年代的研究公开，是"因为我熟知牛顿的脾气，我那样做是打算把他气死"。[20]

但是，惠斯顿形容的牛顿的胆怯，在他身上同样看得到，即使他因传播阿里乌教义这单纯的事而弄得前途毁灭、一生潦倒，他仍旧不敢背叛这位造成他不幸的人。牛顿的"信徒"中有许多人都知道他的宗教信仰，却没有一人说过或写出一句有关牛顿倾向阿里乌教派的事，直到 1727 年他去世为止。而惠斯顿最多能做的背叛，也不过是将自己写的、内容具异教徒理念的《宗教、自然和启示的天文原理》，奉献给牛顿和皇家学会理事会。

就某种程度而言，我们能够理解牛顿如此的反应。他一向不愿公开自己的宗教理念，因为阿里乌教派被视为异教，它仍被 1689 年通过的《宽容法》特别排除，该法案指明除了天主教义和阿里乌教义不得信奉，其他任何信仰都享有宗教自由。牛顿觉得麻烦总是不断，先有法蒂奥的丑闻让他提心吊胆，接着惠斯顿又冲进科学和社会的荒野，再过不久，牛顿的另一个追随者，哲学家克拉克也被人指出是个阿里乌信徒（1714 年的一次教士会议审判庭中，克拉克公开宣布摈弃异教思想，才避免受到与惠斯顿相同的命运）。

专制与偏爱

在惠斯顿及法蒂奥这两桩不名誉事件中，无可否认地，牛顿的反应有种让人替他代罪的感觉，这种迹象并不陌生，因为我们常常见到，与他接近的人会自愿跳向火坑。我们从这些事件可以想到，牛顿一生的大部分时间都走在社会的钢丝上，那不仅是心理偏激所造成的，也不单纯如拉姆齐所说的“如法蒂奥一样被先知感染”。牛顿有很多真正的敌人，其中确实有人怀疑他的兴趣所在，也很乐意将这位杰出的皇家学会主席的秘密暴露出来，让公众对他进行无情的指责。赫恩，那位在“法国先知”风光日子过后不久即强烈批评法蒂奥的古物学家，曾隐约提出他所知的关于牛顿的秘密，不过也是到牛顿死后，他才公开：“艾萨克爵士虽然是位伟大的科学家，却是个缺乏信仰的人，是那个年代中曲解教义之徒中的佼佼者。”[21]

在一次皇家学会的争执之中，牛顿指责弗拉姆斯蒂德说他是个无神论者，其后这位皇室天文学家愤怒地在日记中写道：“我从来没有那样说过，不过我知道别人是怎样批评他在《光学》中的那一段话的，那段话似乎有那种意思……但我希望他完全不是（无神论者）。"[22] 弗拉姆斯蒂德所指的那一段话，是书中第 28 项质疑的结论，其中牛顿说无尽的空间是“上帝的感觉中枢”。牛顿认为那样说是将大自然添加一些神圣，但是别人则曲解牛顿暗喻上帝并非全能，需要一些感觉器官来协助他了解事物。

牛顿的另一个敌人是莱布尼茨，他怀疑牛顿所有的重力观念，讥笑它为“更甚于罗马天主教教徒的神学在英国重生，并且是学究式的哲学，因为牛顿先生和他的信徒，用引力的概念使学府的秘术本质获得了重生”[23]。

关于牛顿的非正统宗教信仰，虽然没有人公开指控，背地里却是谣言不断，那是因为他与法蒂奥、惠斯顿和克拉克等异议者有众人皆知的密切关系。1719 年，有一份作者不详的阿里乌信徒小册子《伟大的亚塔纳修派历史》，许多人以为那是牛顿写的，但是真正与他接近的人都不会这么想，因为皇家学会的主席不可能冒险发表那种文章。事实上，我们知道牛顿必然刻意、小心地改善被抹黑的形象，尤其在他有生之年，若有人要打击他的名誉，他更是会全力反击的。所以，他才会越步入年迈越表现出独裁的作风。

牛顿在哲学界的声望日隆，他对皇家学会的控制则越来越严酷，如此产生的效应有正面的，也有反面的。《光学》的出版及伴随而来的学会复兴，都是牛顿带来的正面效应，但这却也造成他身为主席的专制态度，由此引发了一连串争执。自 18 世纪初期，一直到牛顿死前共约 30 年，他的生活完全被路线斗争和狠毒的相互攻讦填满了。

他的专制很快就在皇家学会里显现出来。他提拔亲信朋友，压制不受他青睐的院士，这使得他在担任主席的短短几年间，将决策机构的理事会完全控制，几乎整个理事会的成员都听命于他一人，很少有人能够勇于提出自己的意见。其中敢说话的一个就是弗拉姆斯蒂德，他在描述牛顿如何操控时说："牛顿爵士晓得大家都懂他的意思了。"[24]

牛顿提拔人的权力，也延伸到皇家学会的所在地格雷沙姆学院以外。1704 年，哈雷（曾经在切斯特造币厂吃过两年苦头）因为全力促成《原理》的出版及发行，终于获得了应有的报酬，由牛顿发出一道命令而受聘为牛津大学的萨维尔几何学讲座教授。弗拉姆斯蒂德瞧不起哈雷，兜着圈子指评他说："艾萨克·牛顿爵士偏爱哈雷，而这使得皇家学会陷入混乱之中。"[25]

牛顿即使知道弗拉姆斯蒂德的意思，也丝毫不予理会。两年之后，剑桥大学设置新的普鲁米安教授讲席，章程的大部分是依照牛顿的意思拟订的。剑桥大学接着就把讲席授予年轻的数学家科茨，科茨后来担任第二版《原理》的编辑。牛顿的其余一些追随者也纷纷得到了很好的职务：三一学院的研究员佩吉特被任命为基督公学（伦敦一家知名的慈善学校）数学学院院长，格雷果里被聘为牛津大学的萨维尔天文学讲座教授。他们都得到了牛顿的推荐。

这样提拔年轻追随者的做法，被牛顿视为职权的一部分，而近代的任何高级官吏也都不会例外，如果牛顿不使用这项权力倒是件不正常的事，所以并没有人认为此举不妥。引人注意的是，牛顿在皇家学会内部表现的强悍个性和他的操控方式，既招来了赞赏，也招来了批评。

搬迁至“丹鹤庭”

20世纪60年代的牛顿传记学者曼纽尔曾得出十分独特的见解，他说任何机构被牛顿控制过后，就变成了牛顿性格的延伸。[26]造币厂如此，由他担任主席期间的皇家学会更是明显如此。

自从牛顿接任皇家学会的主席职务之后，他极想推动的工作之一就是完全切断对格雷沙姆学院的依赖，自行购置一处会所，可是这件事谈何容易。1703年他掌舵之初，皇家学会正濒临破产边缘，由于这位新主席是个有钱人，暂时也就勉强支持过去了。到1706年，他和当时的秘书斯隆促使理事会通过了一项筹款方案，向院士索取以契约为保证的入会费，并追溯回前一年。虽然此举招来不少非议，但是用一个专任的雇员催收欠费之后，“任何时候只要一接到主席的指示”，会费就能收到。[27]

理事会也做了一些不动产的投资（可惜出租之后都要经过法律诉讼才收得到租金），又在东印度公司和东非洲公司出售皇家学会的债券来充裕金库。于是到1710年9月，学会的财务状况完全改善，牛顿和秘书斯隆于9月16日召集了一次特别理事会，提议将会所迁移至他们选中的房子——丹鹤庭。

如果理事会的任何成员在此之前未曾领教牛顿主持会议的专横和权力运作，在这次非常会议结束的时候，他们必定不再质疑他的技巧。他为英国皇家学会取得永久会所的意志，可以从一份由不明人士在会后散发给院士的匿名文件中看出，那是题目为“皇家学会理事会一次特别会议内情：为了将会址从格雷沙姆学院迁往弗利特街的丹鹤庭——给朋友的一封信”[28]、共32页的小册子，其中严厉地批评那次会议只是为了替主席的伟大计划盖上“批准”的橡皮图章。上面写着：“主席并不准备让大家讨论此案，他只不过轻描淡写地说（我认为很不礼貌），他有充分的理由将会址迁移，可是他不认为在此场合讨论是恰当的。”[29]

图 12–2 皇家学会的第一处永久会所丹鹤庭，购于 1710 年
（The Royal Society 提供）

斯隆接着指出格雷沙姆的教授不想让学会继续在他们的学院开会，而且新的会所能够提供学会将来扩展的空间。会议中有人反映说如此重要的事情不可轻率决定，应该让大家有时间研究一下，等到 11 月再开一次讨论会，但牛顿完全听不进去。小册子继续说：

“他的决心无法动摇，于是一些人很不高兴地问他，既然如此何必找他们来开会？”[30] 至此，主席就站起来宣布散会，几个星期之后，理事会把那栋房子买了下来。

会议记录印证了小册子的真实性，并且小册子于 1710 年 11 月下旬分发之后，有关方面从未否认过其中内容，从而更增加了它的分量。

新购置的房子需要重新装修，它本身的价钱是 1 450 英镑，修缮的花费是 310 英镑，并由雷恩设计了一个展示厅，建造装潢又花了 400 英镑。理事会以 6 分利息借贷了 900 英镑来支付房价，可是这笔贷款于 6 年之后还清，用的是有钱院士所捐赠的款项。其中牛顿捐赠了 120 英镑。另外，理事会又接受了一个名叫亨特的职员所提出的 464 英镑贷款。[31]

新的会所建筑相当朴实，它坐落在一个狭长天井的尽头，是当时相当时尚的式样，它有足够的空间供院士使用，也能容纳扩充中的图书馆。雷恩的展示厅虽然做不到如他最初设计的那样富丽堂皇，也算是有用的附属建筑。有趣的是，描写这栋新会所建筑[32]的最详细资料，却是出自反对搬迁者的抗议小册子。

> 我承认，自正门望进去是相当美观的，先要穿过长长的前院，只是从马路到院子里头都没有房子，大雨之下就没有人能够穿过这前院而不全身湿透的。屋子正面向花园的一边约 13 米长，向丹鹤庭的一边则不会超过 9 米。楼下有一个小接待厅，一条通道自楼梯通往花园，约有 1.5 米宽；通道两侧各有一间厢房，约 4 米半长、5 米宽。楼梯不很陡，通上二楼，二

楼面向庭院的前方，即楼下接待厅的正上方，那里有一个房间，就和接待厅一样大。向花园的一边有一间会议室，8米长、5米宽。会议室的旁边（也是面向花园的那边）另外有一间4米长、5米宽的房间。三楼有3个房间，格局和刚才讲的二楼的格局一样。[33]

内部斗争

会所的搬迁一直拖延到1711年8月，因为需要修缮的地方很多，可是在院士将他们的老会所腾空准备搬家之前，牛顿就已经为这个机构的内部管理和外表形象进行了许多构思。他要雇用穿制服的门卫，将老年的工役遣散，还起草了一套《理事会会议规则》以建立程序，这套规则于1711年1月20日的理事会中首次宣读，其内容如下：

（1）除了主席坐在首位，两位秘书坐在另一端，任何人不得坐于会议桌旁，特殊贵宾则由主席裁定。

（2）在学会宣读的任何论文，都要列入记录。论文中的要点均应登载于会刊上，这些都要在下一次会议上宣读，以便让学会成员有机会就某些问题互相辩论。

（3）会议上不该有人交谈，以免影响会议的进行，有事可向主席提出要求。[34]

在某一时间，可能就在那次会议中，牛顿引进了使用“仪式权杖”的规矩，每当主席亲自主持会议时，他即将权杖置放在会议桌上（斯隆于 1727 年接替牛顿获选为主席之后，第一个行动就是取消这项规定）。

贯彻了购置丹鹤庭的计划显然使学会获益，牛顿潜意识里的愿望也得以满足，以往的伤痕与疙瘩已经一扫而空。他的老仇敌胡克虽然已过世多年，但是对牛顿而言，胡克的阴魂仍旧在格雷沙姆学院里作祟，牛顿想要有一个崭新的开始，要把痛苦的回忆连根拔除。有一件事也许纯粹是巧合，胡克仅存于学会唯一的画像，连同他担任实验主任时购置的仪器设备，都于搬迁时神秘失踪了，以后再也没有出现过。

可以想象的是，牛顿不会以赋予皇家学会新风貌为满足，也不会以全面控制学会、不许异议者发出声音而得意。他还希望直到他卸任之后，自己苦心经营的形象能长久地让人记忆和怀念。例如，一向忠心于他的斯蒂克利为他描绘了一幅美丽得令人生疑的写照。

> 他在主持皇家学会会议的时候，以独特平易的作风执行职务，既优雅又高贵，全心配合这个机构的超然形象，这本来就是他性格的一部分……艾萨克爵士对于任何能增进自然哲学的努力都小心维护，不使之受到打击。会议中没有人会窃窃私语或交谈，更不会有人高声喧哗。如果发生任何争议，他说大家是为了追求真理，不应该做人身攻击，每桩事情都经过谨慎严肃的讨论。事实上，他的出现令整个会场产生了一种自然的敬畏，他们看来真像高尚的“大自然的顾问团”，

没有丝毫失态之处。[35]

斯蒂克利虽然是唯一认识牛顿本人的传记作者，不过我们别忘记他也是追随牛顿的信徒之一，以上的那一段记述正是牛顿想要在历史上留下的任职作为的记载。当然，另外有一些人无论如何也要跟牛顿作对，他们所看见的牛顿就没有那么“自然的敬畏”了。

格雷沙姆的伍德沃德教授（他的办公室于胡克死后被学会占用）是个脾气暴躁的人，牛顿认为伍德沃德企图在学会中建立自己的权力基础。伍德沃德的确是个脾气难以捉摸又好辩解的人（他后来与牛顿的朋友米德博士发生了著名的决斗），但是，究竟他真是一个威胁，或者只是一个在这位明显是偏执狂的主席权力之下的牺牲品，便是让人猜测的问题了。伍德沃德尊重牛顿的学术成就，他甚至把自己有关化石分类的论文奉献给牛顿，可是他不喜欢牛顿个性一事，也是众人皆知。然而，若说伍德沃德不齿牛顿为人的话，他对斯隆便是绝对地厌恶了。

剔除眼中钉

嫌隙的缘由是什么，我们并不清楚，但是事件的爆发是在 1710 年 3 月 8 日的会议中，那次皇家学会的理事会并不是由牛顿主持的，那是他绝少缺席的其中一次。[36]

那次理事会围绕一篇以胆结石为主题的论文展开，那篇论文是从法国科学院的论文翻译过来的。依据学会的记录，当斯隆朗读那篇论文的时候，伍德沃德插嘴请他“说英文或一些有意义的东西，我们才能听得懂。如果你懂解剖学，那你就比较明了了”。接着他们彼此讽刺，据官方的说法，这段时间里斯隆始终保持绅士风度，而伍德沃德则在怒吼。于是，记录里写道，斯隆只好“开个玩笑装装怪脸”[37]，可是伍德沃德和支持他的人则反讥斯隆，说这位博士的愤怒是由于斯隆挑拨而被激怒的，而且任何稍有医学常识的人，都不会接受斯隆所提的胆结石会导致疝气的说法。

无论伍德沃德攻击的本意是什么，大错已经铸成。当时没有人知道（也许斯隆晓得内幕），牛顿于该次会议之后列出了一份“黑名单”，那是他打算在下次改选理事会时予以击败的理事[38]，名单上总共有7位，统统都是在那次事件中支持伍德沃德的人，这不可能纯属巧合（伍德沃德当时也是理事之一）。

同年5月底，理事会举行会议，听取对伍德沃德的控诉，牛顿特别通知全体理事出席，结果那次会议的出席率是学会成立以来最高的一次，21席理事中只有3位缺席。诉状是由牛顿在会前亲自仔细执笔的，他在会议上将其念给伍德沃德听。[39]傲慢的伍德沃德不愿向理事会道歉，而这正中了牛顿的圈套，根据会议结束前的投票结果，伍德沃德被逐出理事会。会议记录中这样写着：“伍德沃德博士在稍前依照斥退条例被规劝之后，仍旧以上述言辞造成纷扰，遂被解除理事职务以维护本学会之安宁。”[40]

牛顿逐走了敌人之后仍然未觉满足，在会议结束致辞中故做超然地说：“在这里，我们让你研究自然哲学，但若你缺少道德的话，就请你离开。”[41]

愤怒且自负的伍德沃德采取了法律行动，他要求法庭强迫皇家学会让他复职，可是女王陛下的法庭驳回了他的上诉。

其他与牛顿作对的人也都遭遇了相同的命运。伍德沃德的朋友哈里斯原来于1709年当选为第二秘书，他在开会时坐在斯隆的旁边，却因与斯隆无法相处，又错误地支持伍德沃德对抗斯隆，于是成为牛顿"黑名单"里另一个被打压的名字。在1710年11月的改选中，他同时失去了秘书职位和理事席位。

很快地，弗拉姆斯蒂德再次做出回应，他告诉一个朋友说："由于一些我不便在此明说的作为，哈里斯失去了全部荣誉。"[42] 在另一个场合中，弗拉姆斯蒂德以揶揄的口吻来夸张主席的政治手腕，说牛顿常教人"谈论，但并不都是对他有利的话，我们学会被他那秘密的、谋略性的和狡猾的预言破坏，我害怕……真是不堪回首"。[43]

到1710年11月，牛顿和斯隆为了购置丹鹤庭新会所而把理事会踩在脚下之后约两个月，理事会改选，"黑名单"上的全部7名理事，若非辞职就是没再当选理事，其中包括名气又大、资格又老的克拉维尔、科伯恩博士和珀西瓦尔爵士。他们都在不同场合中与牛顿有过过节，不是提出了轻微的批评，就是支持了牛顿不喜欢或不信任的那些院士。

皇室天文学家弗拉姆斯蒂德

牛顿一方面为了报答朋友亲信，而安插他们到著名的大学教书或担任皇家学会的理事，另一方面则在进行两场历时将近20年的斗争，一场是打击弗拉姆斯蒂德，一场是对抗莱布尼茨。

牛顿与弗拉姆斯蒂德都出身于同一社会阶层，他们的童年生活相似得令人吃惊，这引起了许多作家特别的注意。一位传记作家说他们是“两个麻烦的人，一个是小生意人的儿子，另一个是小官吏的儿子，而如今他们都成了当朝高官，同时又是竞逐世界声望的宿敌”[44]。弗拉姆斯蒂德在自传里开门见山地回应牛顿自己对生命的体认：

> 懒散的人不会使上帝难过，虽然他终日沉浸在欢乐之中。因为当上帝将自己的身形（即亚当）放在包罗万物（且注满善意）的乐园时，同时也赋予人享受食物和喜悦，使这两样事物在世界上都容易生产。上帝（为了不致让他过于懒散）教他如何耕种粮食、栽植水果和修缮绿色的家园，还（如果可能）将家园修饰得优雅和便利，家园和人一样都从造物主那儿导出其原型。[45]

弗拉姆斯蒂德比牛顿小 4 岁，他老实、有条理、做事认真，年老时较易激动。对他影响最深的是他母亲于他 3 岁时去世，这和他的对手牛顿一样，心中被烙下深深的伤痕。其少年时期的心态与牛顿如出一辙，弗拉姆斯蒂德永远不能原谅他父亲的再娶，在他自己写的《弗拉姆斯蒂德的自我检查》中，他曾经刻薄地批评父亲：“我的父亲居然消化（他妻子的去世）得如此彻底，以致能接受第二次婚姻。”[46]

弗拉姆斯蒂德在 15 岁时遭遇了他生命中的另一次重大转折，那一年他感染了急性关节风湿症，躺在病榻数个月，最后造成他瘸腿，可是长期的卧病使他和牛顿一样打开了自学之门。年轻时的弗拉姆斯蒂德就已经着迷于天文学，甚至于1670年进入剑桥大学耶稣学院之前就写了一篇论文。他把论文寄给皇家学会的秘书奥尔登伯格，奥尔登伯格看过之后觉得很了不起，又将论文转送给王室敕命大臣穆尔爵士。

穆尔惊异于这个青年的才华，于是密切地注意弗拉姆斯蒂德在大学中的学习情形，最后说服注重科学的国王查理二世，为这个年轻人新设立一个天文观测员的职位，不久这个职位就成了众人皆知的“皇室天文学家”。国王发放了520英镑在格林尼治村建立了一座天文观测台。1675年夏，弗拉姆斯蒂德就接任了这座天文观测台的职位。

不幸的是，查理的慷慨在建立完观测台之后就用光了，弗拉姆斯蒂德只能依赖每年100英镑的经费来维持。更有甚者，观测台虽然由雷恩设计得美轮美奂，并且很理想地建立在俯瞰格林尼治村的山坡上，却只不过是个空壳子。弗拉姆斯蒂德不得不去32千米外索立郡的伯斯陶担任教师，以教书的收入购置设备和支付其中一位助理的薪水。

纵然有这种种限制，弗拉姆斯蒂德在天文观测台的头15年，依旧完成了超过两万次的观测，创造了有史以来的第一本精确的天象目录。

牛顿和弗拉姆斯蒂德可能在剑桥时就见过面，但机会不多，最可能的接触地点是在牛顿那几乎空无一人的教室里。弗拉姆斯蒂德是在牛顿成为卢卡斯讲座教授之后才成为大学部新生的，但是没有资料显示，他们两人在17世纪70年代末期以皇家学会院士的身份参加大会之前，被正式介绍过。到 1681 年，两人有过频繁的书信来往，那时牛顿从皇室天文学家那儿取得了最新出现的彗星观测资料。

弗拉姆斯蒂德对第一版的《原理》颇有微词，他觉得自己慷慨地提供观测资料以协助牛顿发现新的理论，多少也有功劳，牛顿应该提及。在约 20 年之后写的回忆录中，弗拉姆斯蒂德指出："1687 年，他的《原理》出版了，书中没有提到女王的天文观测台（只在致谢中稍微提及他从观测台那儿获得了一些观测数据）。"[47] 那本回忆录是在 1705 年他们争辩最激烈的时候写的，字里行间充满了痛苦的回忆，但弗拉姆斯蒂德在为牛顿提供资料之时，却没有说什么。

弗拉姆斯蒂德的牢骚是否传到了《原理》的作者那儿，就不得而知了，但是自 1694 年 9 月开始，他们两人间来往的信件共有 42 封，时间一直延伸到 1696 年 1 月，那些信的内容都环绕着一个主题，那是弗拉姆斯蒂德花了无数个漫漫长夜守着望远镜所搜集到的月球环绕地球运行的数据。牛顿需要那些数据以印证他的重力理论中有关月球轨道的推算，那是他筹划加在第二版的部分核心论点。

刚开始，那些信函谦逊有礼，互相说一些恭维和仰慕的话。弗拉姆斯蒂德想要讨好一位公认正在升起的明星，牛顿则回过头来为了取得他需要的数据，毫无忌惮地利用弗拉姆斯蒂德的虚荣心。

> 关于我这部分，依我看来，你的观测公开之后，可以引导一项理论进入这世界，并使你的名声显扬，这远比你将结果收藏起来直到死去有用得多，也比仅是公开观测结果，却没有理论相伴更佳。因为这个理论也证实了你观测的正确性，让你很

容易就被公认为世界上最精确的观测者。反之，你若没有这样可以印证的理论相伴，你的数据最后不过是埋入天文学家所观测的数据堆里，等到一个人出现，改进了月球的理论之后，他才有可能发现你的观测原来比别人的更精确。[48]

弗拉姆斯蒂德并不反对与牛顿合作，并且在那个时期，他也没有不信任卢卡斯讲座教授的理由。不过，他很讨厌哈雷，也知道哈雷是牛顿的亲信。

只是利用的工具

弗拉姆斯蒂德与哈雷之间的嫌隙，部分起因于17世纪70年代后期，那时两人同时进行一样的研究。弗拉姆斯蒂德发表了一份潮汐表，它被哈雷发现有一连串的错误，其后，哈雷在皇家学会的《通报》上，也发表了一份与之抗衡的新数据。但是，弗拉姆斯蒂德并非纯然基于学术上的妒忌而不喜欢哈雷，性格刻板而朴实的弗拉姆斯蒂德厌恶哈雷浮夸的作风，对他出名的放荡不羁的生活态度也极不欣赏。这位皇室天文学家毫不掩饰他的感觉，他在1692年给牛顿的信中说：

我看不起一个只会用愚蠢方法讨人喜欢又笨拙地搬弄是非的人，他既无才干也不正直……我认为他的虚伪一文不值，他那不信神的一伙，如果看见基督和他的信徒重临这个世界的话，必定十分高兴，他们就不必隐藏他们狠毒的谣言了。[49]

虽然他对哈雷如此不满，也知道他给牛顿的任何资料最终都会落入哈雷的手中，弗拉姆斯蒂德仍然是牛顿要什么就给什么，自己的利益和共享荣耀的希望，仍超过了对哈雷的顾忌。

那简直是加诸弗拉姆斯蒂德的考验，他已经被公务紧绷到近乎撕裂的程度：能力不足的助理在拖后腿，自己又要兼做两份工作来支付观测台的费用，同时为了满足牛顿越来越多的要求，他需要不断地提供特定的月球运行数据，即使他全力应付，仍不可避免地会发生错误。

同样不可避免的是牛顿的反应，他从不忘记要求自己绝对准确，因此也期待别人给他的东西能近乎完美。牛顿毫不理会弗拉姆斯蒂德一再解释是疏忽的助理造成的失误，仍然指责和讽刺弗拉姆斯蒂德没有尽到责任。几乎从合作一开始，牛顿就在考验他们俩的伙伴关系，但在不停地批评弗拉姆斯蒂德的数据之余，他又要求更多的资料。

终于，弗拉姆斯蒂德被激怒而逆反起来，不过他仍然不敢开罪牛顿，唯恐失去在历史留名的机会，只敢转而指控哈雷无礼："我从不曾因提供技术服务或辛勤工作而取得报酬，除非是那些强要我花费大量时间的工作……因此请你不要对我有偏见，因为可能有人恶意对我攻讦而造成你的误会。"[50]

弗拉姆斯蒂德是个不易相处的人，他多疑、自私，对批评过于敏感，可是又不断地自怜。然而，正如一位传记学家指出的："无论弗拉姆斯蒂德错在哪里，牛顿总归是引发每次不愉快事件的源头。"[51]

事情发展到此，一场耗费两人大量精力的争执本来是有机会避免的，因为弗拉姆斯蒂德显然已经觉得厌倦，但是，这位卢卡斯讲座教授很没有外交手腕，他气势凌人又不替合作的伙伴着想，做出的反应叫人无法忍受。牛顿一方面认定弗拉姆斯蒂德不是偷懒就是草率，另一方面又提出要付钱给皇室天文学家，这点他可是大错特错。可以预料的是，弗拉姆斯蒂德对于钱的反应是嫌恶的，他为此而埋怨说："所有我可允许的酬劳，或说我对于服务对象的所有期待，只是希望无偿地分享他们研究的成果，犹如我毫无所求地将我辛苦得来的工作成果奉献一样。"[52]

我们从这一点可以看出弗拉姆斯蒂德和牛顿的不同之处。弗拉姆斯蒂德开始对牛顿怀有崇高敬意，不单是对一个科学家的敬佩，对其品格也十分尊敬。他极小心地维护彼此的关系，希望能攀附他而获得荣耀。弗拉姆斯蒂德一直盼望和牛顿成为朋友，不愿与他为敌，直到他们的关系破坏到无法弥补之后，弗拉姆斯蒂德才逐渐鄙视他，甚至到 1700 年在他给朋友的信中还说："我相信他的内心深处是个好人。"[53] 他们进入公开攻击阶段的时期，弗拉姆斯蒂德仍然从不质疑他的对手身为科学家的伟大。直到他死的那一天，他纵然对牛顿心怀不满，对他的尊敬却仍旧丝毫不减。

至于牛顿那一方面，他视弗拉姆斯蒂德不过是比技术员略高一筹，只能做做搜集数据供牛顿随意使用的工作。他自认是天才，要将观测到的不成熟资料，转变为完全消化过、足以改变人类思维方式的理论，要把历史的层层外衣剥开，揭露失落了的古老秘密。而弗拉姆斯蒂德的责任，应该是毫不怀疑、毫无怨言地奉献他从观测中发现的东西。

互相攻讦

弗拉姆斯蒂德被牛顿侮辱而怒气未消之际，进一步又把关系弄得更糟。他为了证明自己的实力，自行推算出一些结果，而不是单纯地把观测数据送给牛顿。不幸的是，他或他的一个助理却把计算过程完全搞错了。牛顿丝毫不在乎他们早已恶化变质的关系，冷峻地回信说：

> 我只要你的观测数据，而不是你的计算，如果你同意这个提议，那么请你先寄给我 1692 年的观测资料，我将它们计算好之后，会套进一份结果给你。但假若你不同意，我希望你另提可行的办法，以便你继续将观测资料提供给我。或者我必须甘愿损失到此为止花费于月球理论的全部努力和时间，请你坦白告诉我……[54]

弗拉姆斯蒂德受到了责骂，当然十分难过，可是他的再度反击，只能使他们俩的关系再度崩塌。两人在往返的信函中都使用赤裸裸的尖刻言辞，弗拉姆斯蒂德坚持称他已经做了牛顿要求他做的所有事，牛顿则愤怒地回应说他亲自给予皇室天文学家的材料“比许多观测更有价值”[55]。弗拉姆斯蒂德在私人笔记中形容牛顿为人“急躁、做作、残酷、傲慢”[56]。

后来，这些互责互骂就如冲突的突然开始一样，突然停止了。到 1695 年，牛顿显然对月球失去了兴趣。他把弗拉姆斯蒂德最新的一封信搁置了大约两个月都没有回应，一直到 9 月初才告诉对方："我一直找不到时间去思考月球的理论，在这个月里或者甚至以后都不会有时间去想它，我认为应该通知你，以免你觉得我的沉默奇怪。"[57]

除了最接近牛顿的朋友，没有人知道这位卢卡斯讲座教授已将注意力从月球转移到伦敦和造币厂去了。然而尽管月球理论的研究之后被搁置了10年，牛顿对弗拉姆斯蒂德的无能和失望，只有随着时间继续增加，而不会减少。

他们两人终于又在皇家学会碰面了，表面上，他们很少公开说话，私底下彼此间的不和却逐渐加剧。弗拉姆斯蒂德不喜欢的另一个人——曾被他称为"不是我的朋友"[58]的皇家学会院士格雷果里，则明显附和牛顿，他很不公平地指称："由于弗拉姆斯蒂德的暴躁，月球理论不能获得结论，弗拉姆斯蒂德的名字将不再被提起。不过，如果弗拉姆斯蒂德把观测资料给牛顿的话，牛顿只差两分钟就可以完成了，如今他还需要四分钟。"[59]

格雷果里是牛顿可以商议私事的忠实死党之一，他参与了《原理》发行新版的筹划，那是在1703年牛顿在当选皇家学会主席后重新提出的。但是，为了让花在出版新书上的大量功夫值得，牛顿想要在第二版中加入月球运行的数据以及一份详细的星座图表，以它为背景，可以更准确地画出月球的运行。牛顿很快就想到弗拉姆斯蒂德的手中就握有他希望得到的全部资料，而且全英格兰只有他一人才有。当然他知道他们之间有过太多的互相污蔑，要取得那些资料的唯一方法便是使用权谋，那是再明显不过的事了。

牛顿的阴谋

牛顿的影响力在1704年时已经可以触及很远了，那位与世界接触时曾只限于和胡克之类的人物互相攻击的内向的数学教授，已经一去不复返了。此时的牛顿，影响力已延及宫廷之内，甚至能够左右女王的丈夫乔治亲王的意志。

乔治亲王的智慧并不很有名（在他死后150年，维多利亚女王曾说他是“安妮女王那愚笨且无足轻重的丈夫”[60]），但牛顿从哈利法克斯那里听到亲王近来对天文学颇感兴趣，于是牛顿立刻得出一项结论：最自然的方法莫过于让皇室天文学家以呈献给热心的亲王为名，出版一本星座目录及行星运行的详细图说。乔治亲王的命令当然不得拒绝，再说由皇家学会监督亦属合理。结果，弗拉姆斯蒂德的终生心血结晶，就这样任由主席选用了。

从纸面计划看来，过程十分简单，但事实却并非如此，主要是牛顿过于低估弗拉姆斯蒂德的智慧和忽略他多疑的性格了。这是令人吃惊的事，因为牛顿自己天生就不相信别人，所以这只能归咎于牛顿对月球资料事件表现得太过轻率，这与他日后在其他事件上所采取的行动方式简直无法相比。

工作进行得很不顺利，因为弗拉姆斯蒂德不愿将不完善的资料写成著作公开，这一点牛顿应该了解。可是牛顿想要利用观测数据来佐证其著作的企图太过迫切了，这使他可能从未想到如此要求同事出书太过矫情。

然而弗拉姆斯蒂德毕竟无法逃出牛顿的圈套，一旦乔治亲王同意授命该书出版，也就没有回旋的可能。他最多只能希望将内容准备得尽量和他心目中原本的版本接近，按照自己的方法和进程去进行。被逼至墙角的弗拉姆斯蒂德唯一可采取的报复，是使牛顿每从该书撷取一丝一毫的资料时，都要确确实实付出代价。出版工作从1705年着手，且一开始就证明它必定是场灾难。牛顿的第一步就是成立完全由他控制的编辑委员会，以皇家学会的院士为主，包括格雷果里、雷恩、罗伯茨、阿巴斯诺特和他自己，却故意将作者弗拉姆斯蒂德排除在外，难过的弗拉姆斯蒂德说："牛顿开始演他的戏，执行他的阴谋。"[61]

新书《不列颠天空的历史》是弗拉姆斯蒂德构想的一本完整的天球图表，他把从地球观测到的每一颗星都标示出了位置。开始着手的时候，他宣称乔治亲王支持此计划，并出资1 200英镑（是30多年前建筑天文观测台费用的两倍）[62]，但是牛顿立刻就质疑弗拉姆斯蒂德的昂贵计划，他认为（或许持有依据）若是按照那样大的规模，就会妨碍计划的完成。其实，牛顿只需要弗拉姆斯蒂德未来巨著中最基础的部分，于是他说服乔治亲王将投资减到863英镑，以削减预算迫使弗拉姆斯蒂德缩小范围，降低期待。这样，完成工作的时间就会快得多。

如果牛顿的做法还不足以使心存不满的弗拉姆斯蒂德更为光火的话，那他更进一步雇用一个昂贵的出版商，使每页的编印费高达1英镑14先令，就足可令弗拉姆斯蒂德大为懊恼了。另外，弗拉姆斯蒂德本来深信王室会颁给他2 000英镑作为酬劳工资，却没料到他最后被告知连一个便士都没有。当你听到弗拉姆斯蒂德哀怨地说"那是绝不公平又令人难受的事，从我辛苦工作得来的任何可以设想的好处，都给了书商和他的伙伴，对于我30多年来从事这项工作所投入的巨额费用，却没有人给我任何补偿”，都必然会寄予同情。[63]

弗拉姆斯蒂德已是缚手缚脚，动弹不得，但是他在每一个回合都发出抱怨，每印好一页让他校对时，他必定加以批评，又在日记中写满针对牛顿、哈雷和格雷果里的讥讽。他狡猾地提供适合这个计划用的材料，却不给牛顿他最需要的东西——星座目录。[64]

其后的两年间，双方继续纠缠不已，出版的事务则被冻结了。直到 1708 年 10 月，所有的互相攻讦突然停止了，因为弗拉姆斯蒂德的赞助者及牛顿的傀儡乔治亲王突然去世，享年才不过 55 岁。

至少有一段时间，牛顿的计谋中断了。但到 1711 年年初，他又发动了新一波的攻击，也许是受到不久之前成功运作使皇家学会购下丹鹤庭一事的鼓励。为了获取他急要的观测数据，牛顿又展开最后一次双管齐下的努力。

互不相让，冲突持续加剧

牛顿经由宫廷的渠道，说服了安妮女王替代她丈夫赞助《不列颠天空的历史》未完成的工作，同时，他再说服女王设立一个以他为首的委员会，负起监督皇家天文观测台工作之责，让他达到向弗拉姆斯蒂德施压的目的。

起先，牛顿故意和这见不得人的阴谋保持一段距离，他聘请皇家学会院士朋友兼皇室医师阿巴思诺特做他的代理人。于是阿巴思诺特前往格林尼治村拜访弗拉姆斯蒂德，带给他关于委员会的消息，同时也尝试给这位天文学家一点儿催促，向他强调女王坚持要用最快的速度出版他的巨著。

可是弗拉姆斯蒂德对于阿巴思诺特的虚伪显得毫不在乎，他立即看穿了这个计谋，并愤怒地在日记中如此记述："我刚刚又被牛顿爵士的新发明弄得烦恼不堪。"[65] 他不理会阿巴思诺特企图提升他责任感的好意，反而告诉这位大夫他已经无法再快了，然后立即向国务大臣圣约翰抗议牛顿干扰天文观测台的工作。但是，弗拉姆斯蒂德又慢了一步，他的愤怒只换来一封短笺，命令他"女王的命令务必服从"[66]。

牛顿大概不知道弗拉姆斯蒂德已向国务院抗议并招来了训斥，他为了确保弗拉姆斯蒂德服从，又交代阿巴思诺特写给弗拉姆斯蒂德一封言辞委婉的信，希望能激起这位皇室天文学家的爱国心与责任感："我深信你会遵从这样理智的一个要求，为了你对亲王的怀念和敬意，也为了你个人的名誉，把工作完成对那些都是有利的。"[67]

这样恶劣的手法只会令弗拉姆斯蒂德更为生气，反而得不到牛顿想要的效果。弗拉姆斯蒂德发誓要让隐藏在幕后的傀儡操纵者现身，因此回了一封信给阿巴思诺特，邀请他到格林尼治来吃饭，讨论如何进行出书的事宜，"避开以前妨碍和拖延工作的那些路障"。[68]

如果弗拉姆斯蒂德那样做的目的是为了要将牛顿引到前台来，那么他是成功了，牛顿被皇室天文学家指责为出书障碍，这令他大为恼火，他匆匆写了一封信给弗拉姆斯蒂德，信中就差没有称对方为叛国贼了。

> 天文观测台设立的目的是要把从格林尼治观测到的天象资料编成一本完整的恒星目录，你的责任是在那里进行观

> 测……因此，我要求你将目录的剩余部分交给阿巴思诺特带回，不然至少也应将尚待完成的观测结果给他，这才能使编印顺利进行。如果你不立刻照办，又提出其他任何建议，或者制造任何借口，故意毫无必要地拖延，你将被判以间接违抗女王陛下命令之罪。我等待你最快的、直接的答复，也期待你的遵从。[69]

于是，书本开始编印了，争执也跟着拖扯到1711年夏。弗拉姆斯蒂德虽然遵从命令，却显得步履蹒跚，他对牛顿的攻击则以牙还牙，尽可能地延缓供应牛顿需要的资料。弗拉姆斯蒂德知道自己处于劣势，牛顿不但使科学界的上层人物臣服，他在宫廷中也有了极大的影响力。弗拉姆斯蒂德唯一感到安慰的是，他拥有牛顿想得要命的东西，只要他仍然握有那些东西，他就不会如别人一样被牛顿踩在脚底。然而那已经是一盘死棋，只不过多拖延了短短几个月而已。

1711年5月，因为即将来临的7月4日日食，牛顿以皇家学会的名义命令皇室天文学家报告为观测所做的准备。弗拉姆斯蒂德故意忽视命令，于是他被叫到理事会来说明原因。那次会议在丹鹤庭举行。他多年来的挫折与痛苦，终于在这公开的场合上尽情倾吐出来。那是皇家学会从未有过的景象，弗拉姆斯蒂德在回忆录中重述了事情的经过。

> 我到达会所的时候，哈雷博士出来迎接我，邀我先去喝一杯咖啡，我拒绝了。我直接走进屋里，我的仆人扶我走上楼梯（为严重的痛风所苦）。到了楼上，我见到牛顿爵士、米德博士

和斯隆博士，这三位就是我所看到的全部理事，而后面两人在任何情形之下都是前面那人的应声虫，无论是对还是错。[70]

接着就是有关天文观测台的讨论，那是一场简短而激烈的争执，在结尾时，弗拉姆斯蒂德不客气地说，他认为皇家学会的责任是为他的辛劳给予鼓励，而不是来妨碍他的工作。

牛顿问斯隆博士我说些什么，他回答说我提到关于鼓励的事情，此时我告诉他我的成果被劫夺了，我付出了超过 2 000 英镑购置仪器和雇用助理。这位容易冲动的先生因此大怒，他说："那么我们是你劳动的劫匪吗？"我回答说："我很抱歉你们使自己看来如此！"之后他就不停地骂，用许多难听的名字称呼我，"榆木脑袋"是其中最好听的一个。我告诉他我对女王陛下的命令和国家的荣誉是绝对尊敬和服从的，但是以那种方式利用我并非国家的荣誉，也不是女王陛下和这个学会的荣誉（更不是主席自己的荣誉）。最后他用最凶狠的态度（一再如此）命令我不可搬走观测台的任何仪器，因为我在前面曾经说如果我被调离观测台，我就会带走我的六分仪。我一直都要求他保持冷静，控制他的脾气，我说谢谢的次数与他喊我难听名字的次数一样多。临走出门之前，我告诉他，上帝一直保佑我努力工作，将来上帝也会继续保佑我。我说上帝的智慧高于凡人的智慧。[71]

经过这一场争吵，双方不再公开冲突，但是才淡化的争执终于又陷入更厉害的拼斗中。

弗拉姆斯蒂德的平反

安妮女王于 1714 年去世，牛顿的观测台管理委员会也随之解散。但牛顿早先于 1713 年视察观测台的时候，便恶意地批评仪器保养不善，他指示把仪器送至内务部修理。可是弗拉姆斯蒂德也再度指称仪器属他私人所有，他绝不准这种事情发生。牛顿还曾借了弗拉姆斯蒂德几本书，过了 6 年仍拒绝归还，弗拉姆斯蒂德因此对牛顿采取了法律行动。而当弗拉姆斯蒂德于 1709 年逾期未缴皇家学会的会费时，牛顿立刻将他从院士名册中除名。

未被作者授权的《不列颠天空的历史》终于在哈雷有经验地引导下，于 1712 年出版了，牛顿自该书中取得的材料也成功地被用于证实他的月球理论，其刊载于一年之后出版的第二版《原理》中。但是，弗拉姆斯蒂德宣称 1712 年版的《不列颠天空的历史》是“走样且被糟蹋了的”，嘲笑哈雷是个“既懒惰又恶劣的小偷”。[72]

该书的出版对弗拉姆斯蒂德而言毫无所得，而且牛顿在他的第二版巨著中，将这位天文学家的名字统统删掉，一处也不留。

弗拉姆斯蒂德最后还是得到了稍许安慰。哈利法克斯男爵于 1715 年去世之后，牛顿失去了最有力的宫廷关系，再加上自 1714 年安妮女王逝世以来所发生的政治变化，弗拉姆斯蒂德的行情看涨，特别是他成了御前大臣博尔顿公爵二世波利特的朋友。这位御前大臣允许他将所有可以买得到的《不列颠天空的历史》收回，弗拉姆斯蒂德大为高兴，立即将全部约 300 本市场上的存书一起买下，拿到天文观测台高高叠起，“为至上的真理做祭品”[73]。

弗拉姆斯蒂德死于 1719 年的新年前夕，他在死前还亲自为他自己的《不列颠天空的历史》版本加以润饰，但是书的出版是由两位朋友克罗思韦特和夏普代他完成的，全书共三部，第一部于 1725 年出版。

弗拉姆斯蒂德死前也为该书写了一篇序，其中有一段对皇家学会的主席提出了严厉的批评。

> 他的用意……要我追随他……强迫我像哈雷博士和格雷果里博士那样有求于他、谄媚他和曲意奉承他……他又想用一些特别的刁难来迫使我就范。许多人一开始做出坏事之后，做更坏的事情也就不会脸红了。狡猾的牛顿更是如此，他会继续做下去，也准备好新的借口和谎言来掩饰他极虚伪、极恶劣的性格。我的心中无它，唯有诚实和荣誉，我用诚恳和实在的态度来回应他的狡诈……我不想和他缠斗……因为诚实的牛顿爵士（引用他自称的话）将所有事物置于他的权力之下，会破坏甚至埋葬它们，也可能迫使我屈从他、赞美他。可是诚实的人是决不会做那样的事的，感谢上帝，在他的庇佑之下，我始终没有必要去做。[74]

到 1725 年时，牛顿的身体状况虽然迅速恶化，但他仍旧可以主持皇家学会的事务，弗拉姆斯蒂德所称的“诚实”尚非皇家学会所能容忍。于是这篇序言被压制了，更有甚者，连英国天文学家贝利所写的弗拉姆斯蒂德传记在 1835 年出书时，仍然有人郑重要求作者删除那些有损牛顿人格的记述，那时已经是牛顿逝世 100 多年之后了。

这场争斗从头到尾都由牛顿主宰。他占据了主动。弗拉姆斯蒂德纵或是牛顿身旁的芒刺，妨碍了牛顿科学研究工作的进展，但他却从来不曾构成威胁，更别说有哪一个地方减损了牛顿的声誉。即便如此，牛顿一面对弗拉姆斯蒂德从误会发展到公开敌对，又在另一面发动了新的斗争。斗争源自内心深处的敌意和偏见，之后演变成威胁他身为世界第一思想家的地位，冲击和挑战到他付出一辈子心血所建立的权威。

第十三章

谁先发明了微积分

牛顿比任何人都清楚，科学与数学是放之四海而皆准的永恒，它们远非过眼烟云的帝王权力所能比拟，也超过普通人的技艺以及不起眼的自娱之作。牛顿相信只有如神一般崇高的人，始能获致这些发现，唯有接受了宇宙智慧之人，才能得到如此成就，这智慧比神授君权更为珍贵。

不与逝者为敌。[1]

——麦考莱[①]

德国数学家兼自然哲学家莱布尼茨于1646年生于莱比锡，其父是一位伦理学教授。他成长于一个严谨、虔诚的路德教派家庭中，终生维持着传统的宗教热忱。他也是早年丧父，并和牛顿、弗拉姆斯蒂德以及那时期的许多知识精英一样，在接受正规教育之前先读书自修。他进入莱比锡大学修习法律学位，成绩优异，未满20岁就已经通过博士资格鉴定。然而，按照该大学的规定，莱布尼茨因为太年轻而不能被颁授博士学位。他一气之下离开莱比锡，去自由之都纽伦堡，于1666年在纽伦堡的大学完成博士论文《论繁杂案件》。由于立论精辟，他不但获得了博士学位，同时还被邀请担任教授。莱布尼茨婉拒了教授职位，转而选择了他感兴趣的科学研究。

莱布尼茨在进入莱比锡大学之前，就对数学及科学很感兴趣，他已经熟读了伽利略、开普勒和笛卡儿等大学者的经典名著。他和牛顿一样，在整个大学里的正规课程修习期间，不断地私下进行研究工作。他特别感兴趣的是逻辑学，他在十几岁的时候就写了一篇论文，题目为“论结合的艺术”，许多学者认为这篇论文为现代的

---

① 麦考莱，英国历史学者、评论家、政治家，著有《英国史》。——译者注

电脑提供了理论雏形。

有些人认为，莱布尼茨可以和牛顿并肩。牛顿的一位传记作者甚至说："他们两人是全欧洲最了不起的天才，不只是在他们的年代，甚至包括历史长河中的各个时代。"[2]另有一位作家也形容莱布尼茨为"历史中最伟大的通才之一"[3]。

莱布尼茨和牛顿一样具有多方面的才能。他精于行政管理，曾有一个短暂时期受雇于美因茨的选侯[4]舍恩博恩，担任律师兼驻巴黎的外交代表。他的手艺精巧，自制了一台实用的计算机器，这使他在 1673 年第一次游历伦敦时，就被推荐为皇家学会院士。但最重要的是，他是一位逻辑学及数学大师。

山雨欲来

牛顿和莱布尼茨之间所发生的冲突，并非如牛顿和弗拉姆斯蒂德那样，为了争夺使用科学资料的权限，让两位实力不匹配的科学家发生了龃龉；也不是由于嫉妒而变成仇敌，莱布尼茨很年轻时就已经扬名于世，是一位世界级的天才，当惠更斯的分析能力逐渐衰退之际，莱布尼茨起而代之，成为英国之外自然哲学界的领袖，有"大陆的牛顿"之美誉。有人指出，因为同一时期内无法容纳两位如此杰出的天才，冲突是不可避免的，即使他们不在微积分上发生争执，也会在别的方面产生问题。

莱布尼茨访问伦敦之后，返回了巴黎，他本来就是被派到那里工作的，可是回去之后工作没有了，因为在他离开的那段时间里，舍恩博恩去世了。他并没有立即回莱比锡或美因茨另觅工作，反而决定给自己多一点儿时间追求更丰富的知识，他情愿留在巴黎过贫穷的生活，也不愿再去为地方官僚或当地权贵服务。

于是他开始了自我修行，从 1673 年至 1675 年，他几乎都是独自工作。这期间的莱布尼茨简直是 10 年前牛顿的写照，他创建了高等数学的革新领域，包括一种被称为无穷级数的运算技巧，并且最重要的是，它是微积分学的另一版本。

1673 年，莱布尼茨在拜访皇家学会时，被介绍与奥尔登伯格见面，经由奥尔登伯格又开始与收藏家兼出版家柯林斯通信。那时柯林斯正希望有一天能出版卢卡斯讲座教授的著作，遂与牛顿保持着零星的接触。莱布尼茨与柯林斯从未谋面，但是当他孤坐在巴黎的一间阁楼里、埋首于现代数学的重建工作时，他颇需要一条管道获取外面科学世界的信息。虽然他已经时常和惠更斯通信，但经由柯林斯和奥尔登伯格，莱布尼茨可以触及那些常和皇家学会通信的欧洲数学家、哲学家所交织的网络。

莱布尼茨一有了灵感，就会写下来寄给柯林斯。尽管柯林斯不是数学家，但是他足够了解（在奥尔登伯格的协助下）这位年轻德国人的研究正向前推进。柯林斯给予他鼓励，并寄给他一些在皇家学会内流传的最新思潮。这种做法后来被牛顿指责为舞弊，而当时那些通信也变成其后这两位数学家争执的重要文件。牛顿将它们当作莱布尼茨偷窃他理念的证据，可是那些资料的大部分，不过是当时数学界辩论的非技术性概要，对实质研究并无太多帮助。虽然柯林斯在 1675 年曾寄给莱布尼茨一份最新的无穷级数进展目录，其中涉及牛顿、格雷果里及其他人的研究，但内容中却没有一个数学公式，而且这也是发生在莱布尼茨发展出自己的方法之后的事。由于柯林斯未受过数学训练，所以他的信件内容只是些流言和传闻，只不过偶然提起某些数学家的研究内容。[5]

牛顿没有在伦敦会见过莱布尼茨，他大概到 1675 年才听说有这样一位对手，但是在莱布尼茨拜会皇家学会后约 12 个月内，柯林斯与奥尔登伯格两人都开始嗅出潜在的冲突已在酝酿。他们两位都熟悉牛顿的数学研究，知道牛顿早于 17 世纪 60 年代即发展过一些无穷级数的算法及微积分学，虽然莱布尼茨使用的是不同的符号，但是他们清楚，莱布尼茨和牛顿所做的东西基本上是一样的。从早前牛顿与胡克的冲突中，他们深知牛顿是多么易于冲动的人，奥尔登伯格还记得牛顿于 1673 年威胁退出皇家学会的事，至少知道他容易生气的天性。柯林斯与奥尔登伯格在确知莱布尼茨行将发表他的最新心得后，就尝试怂恿牛顿先一步发表。

著名的密码谜题

柯林斯把自己逼到了墙角，他不能把他传送资料给莱布尼茨的事告诉牛顿，即使那些资料几乎没什么用。要承认他把牛顿的想法在未经允许之下告诉别人，必定会引起牛顿暴怒，甚而极可能切断与他的所有联系。可是，以最新的情形看来，这件事却也可能变成天赐良机，如果牛顿不知道他与莱布尼茨之间的联系，并接受他的建议同意出版新书，那么他必定会委托自己出版新书的。

对柯林斯以及之后的整个科学界而言，很不幸的是，这出戏的揭幕正遇到牛顿与胡克为了《光与颜色的新理论》发生争执，因此卢卡斯讲座教授完全没有打算让柯林斯或任何人将他的数学研究发表。柯林斯再三请求的结果不是石沉大海就是遭到拒绝。

大约在那之前 5 年，柯林斯企图说服牛顿把他那时刚成形的微积分概念拿出来发表，失败之后，他很生气地写信给詹姆斯·格雷果里（戴维·格雷果里的叔叔），向他宣布“我断了此念，再也不会去打扰他（牛顿）了”[6]。到 1675 年 9 月，柯林斯重提此事，告诉格雷果里：“我有 11~12 个月没见过牛顿，也不写信给他，不想扰乱他专心研究化学和做实验。看来他和巴罗博士都开始认为数学的前途若不是毫无希望，就是十分枯燥无味了。”[7]

终于，只剩下奥尔登伯格一个人可以劝说牛顿直接与莱布尼茨通信了，借口是那位德国青年有些数学问题，只有牛顿才够资格回答，于是牛顿勉强同意。

牛顿所回应的远不只是些简短的信。在他回应的信中，最重要的有两封，是后来被称为“首函”（1676 年 6 月写的，共 11 页）和“后函”（稍后的 10 月写的，长达 19 页）的信。信中详述了牛顿的数学创见，特别要让莱布尼茨知道他于多年前就已经获得无穷级数的方法和其他突破了。即便如此，他仍然故意不去提微积分的事，紧张兮兮地就怕别人连他脑子里的构思都偷窃，但他将微积分的部分内容用一些不含意义的字母和数字写成一串，就像今天的密码通信一样。他写道：“我不能进一步解释流数（即微积分），宁愿把它像这样隐藏起来：6accdael 3eff7i319n404qrr4s8t12x。”这串字码解读出来的意思是：已知一个包含若干流量（不固定的意思）的方程式，求流数；或是反过来，已知流数，求流量[8]。换句话说，这段字码传达的信息界定的是微积分的意义，它就是数学家所称的微分和积分的技巧，用以计算曲线的极大值、极小值、梯度、曲线下的面积，以及其他各种量。（参阅第四章及第五章。）

牛顿对于用这种借口要他给莱布尼茨写信不以为然，就在回复奥尔登伯格的信中表示他的不悦："我希望这封信能满足莱布尼茨至此为止的需求，我便不需要再继续写了……因为我的脑子还在想一些别的事情，此时此刻，我不欢迎任何人打扰我思考。"[9] 那时，即使牛顿尚未深知莱布尼茨的成就，但也已经疑心重重了。在"后函"才寄出两天之后，他立即又补了一封信给奥尔登伯格，再度叮咛他："千万不能未经我的允许，就将我的数学论文刊印。"[10]

因为当时欧洲的通信服务还很差，那封"后函"直到 1677 年才送达莱布尼茨手中，而那时距离信件寄出已经 8 个月了。在这期间，莱布尼茨已经在汉诺威找到了一个官职，在吕内堡布伦斯威克公爵的宫廷里工作。他又去了伦敦一趟，和柯林斯第一次会面。

在这一次拜访中，柯林斯允许这位客人随意翻阅他收藏的论文和信函。同年稍晚的时候，牛顿发觉了这件事情，于是又一次指责莱布尼茨剽窃，而柯林斯则是共犯。今天，一般人都认为，莱布尼茨没有从柯林斯的收藏品中看到任何他还未知的东西，特别重要的是，他根本忽略了有关微积分的论文，这件事更令人相信莱布尼茨可能在早些时候已发展出了自己的一套方法。[11]

奥尔登伯格在那年晚些时候去世了，其后有相当长的一段时间，牛顿与莱布尼茨停止了通信来往，那时卢卡斯讲座教授正专注于炼金术，并于哈雷来访剑桥后开始撰写《原理》。于是，微积分的问题，以及那位由奥尔登伯格推到聚光灯下的、来路不明的德国数学家，统统被他丢到脑后。但是在哈雷重新燃起牛顿对天体力学的兴趣之后约两个月，也就是 1684 年 10 月，莱布尼茨发表了他讨论微积分的第一篇论文，将其刊载于莱比锡大学的学术刊物《学术论文集》上。

历史上并没有关于牛顿当时如何反应的记载，但是那篇论文的内容和他自己研究的范围如此相近（他当然认为那是直接抄袭的），必使他万分震惊并产生错怪之意。他疯狂地工作，也许是想要靠完成《原理》来减轻他的感受，可是这两位数学家之间从此的通信就不再保持礼貌了。牛顿为了宣称他优先所采取的第一步，就是在《原理》的书稿中加上一段叙述，那是写在第二册第二节命题七的旁注。

> 10 年前，我在和那位最杰出的几何学家莱布尼茨之间的函件里，表示我知道一种方法能够计算曲线的极大值、极小值、切线和这类特性的其他数值，我将这段话隐含在变造过的文字里（指那封“后函”中的密码）……那位最杰出的先生回信告诉我，他也发现了差不多的东西，并且将他的方法寄给我看。我们的方法几乎毫无差异，除了他用以说明的方法和代表的符号。[12]

同时，牛顿开始把他的方法一点一点地透露给数学界，为的是再三让大家注意到他所做的声明。

因独特而造成封闭

莱布尼茨并没有因牛顿的论文在剑桥发表而生气，他对于“谁先发明微积分”的看法除了豁达，并不觉得有任何理由会影响他的情绪。1684 年 7 月，他的论文首度刊出之前两三个月，莱布尼茨接到了朋友孟可的来信。孟可是莱比锡大学的哲学教授，他警告莱布尼茨，外面可能将微积分的发明认定是牛顿教授的贡献[13]。莱布尼茨却丝毫不在乎，他觉得这项发明可能会被宣布为他们俩各自努力的成果。他说：

> 就牛顿而言，他和已故的奥尔登伯格先生都曾给我写信，并没有和我争论我的求面积（计算曲线之下的面积）方法，唯有同意而已，我并不以为牛顿先生会把它完全据为己有。德国人墨卡托先生是第一个想到这些方法的，而牛顿先生则做了进一步的发展。但我是采用不同的方法而得到相同的结果的。我承认牛顿先生已经创造出某些原理，而那些原理也可以发展出求面积的方法。但是，一个人不会一下子就能获得所有的成果，所以，是由一个人做了部分贡献，再由他人做另一部分贡献才是。[14]

非常不幸的是，“是由一个人做了部分贡献，再由他人做另一部分贡献”这种观念，对牛顿而言是完全陌生的。他一向尽全力保护自己的专利权，不断地攻击对手。从表面上看来，这项冲突之所以发生，是因为莱布尼茨想发表研究成果的欲望，恰与牛顿恐惧发表的心态正面冲撞。然而，骨子里的问题则复杂而深远得多。

早在 1668 年，牛顿因数学家墨卡托发表了《对数的技巧》而心存不满，因为那篇论文里包含了他早已推导出来的东西。这样的反应并非只有一次。多年之后，牛顿又愤愤地提起惠更斯关于离心力的研究，他说："惠更斯先生已经出版了……关于离心力，我想这大概又在我之前吧！"[15]

牛顿始终过分迷信于自我的独特性：他坚信在任何一个时期，世界上只有一个如基督般的诠释者能解读神意，而他就是那位中选者，他对此未曾有丝毫怀疑，也就无法接受别人也能够独力产生同样具有突破性的想法。照此推理，莱布尼茨无疑是个窃取牛顿知识的小偷，然后他又肆无忌惮地向全世界展示他偷到手的东西。

当牛顿获悉莱布尼茨论文的内容时，他自然而然地就把此事与多年前他透露给奥尔登伯格和柯林斯的资料联想在一起，因此他得到一个结论——自己的构思已经被秘密地传到敌人手中。因此，他的当下反应是攻击敌人，想尽办法去诋毁敌人。

牛顿的一群年轻追随者在尚未了解这位大师原来对莱布尼茨的反应是基于更深层的理由时，就迫不及待地加入争斗，宛如他们企图把不幸的弗拉姆斯蒂德打倒在地一样。在这场纠缠长达 40 年、直到 1716 年莱布尼茨去世才罢休的争执中，伦敦的牛顿维护者和欧洲大陆的敌对者之间，发展成了意识和流派的阵营之争。开始时，不过是两位数学家谁率先发明微积分的问题，结果却导致哲学思想和数学应用两方面的分裂长达数代。莱布尼茨因使用较佳的记号，他的发现很快在全欧洲得到广泛应用，却遭受了英国科学家与数学家的漠视。[16] 牛顿时期的英国数学家领先于全世界，但他们在拒绝使用莱布尼茨的记号之后，便在接下来的 50 年失去了优势。

冲突白热化

《原理》出版之后，很快地，牛顿的声望就如日中天，于是关于是谁率先发明微积分的争议也成了最热门的话题。英国的数学家如沃利斯等人宣称，牛顿显然是率先发明微积分的人，这更使争议火上浇油。1693 年，沃利斯出版了三册的《数学文集》，他在第一册里仅约略提及了微积分的争议。但是他不久后听到了来自欧洲有关此纷争的最新传言，就后悔没有在书中多谈一些。他写信给牛顿，请求准许他在第二册的序言中把“首函”及“后函”一齐刊出，他还语带尖酸地说：“我有一些来自荷兰的消息……说你的流数观念在那里受到赞赏，但使用的名称却是莱布尼茨的‘微积分’。”[17]

牛顿当然同意他使用“首函”及“后函”，但是这一点儿用都没有，它们不但没能说服牛顿的欧洲敌人，更激怒了对方。莱布尼茨的朋友兼支持者伯努利激动得甚至写信给莱布尼茨，指责牛顿才是剽窃者[18]——这个观点连莱布尼茨也渐渐认同了。他写信给过度热心的伯努利说：“我可以轻易相信那时（1676 年）牛顿已经拥有某项十分出色的数学知识，但以他向来的风格，他会在之后再加琢磨，让它发亮。”[19]

法蒂奥也发出响应支持牛顿的声音。1699 年，当他还在努力维持作为哲学家应有的名声，希冀攀附于上流社会阶层的边缘时，也曾公开攻击莱布尼茨。

12 年前，莱布尼茨这位德国数学家曾经贬斥法蒂奥版的微积分，于是法蒂奥决定借此时机展开报复。他写了一篇冠以堂皇标题的数学论文，在其中说：

> 但是我现在基于一些物证，相信牛顿是这微积分学的第一位发明者，而且领先了许多年。至于第二位发明者莱布尼茨是否有借用他资料的可能性，我宁可留给那些看过牛顿信函和手稿的人自己去判断。任何与我一般检视过那些文件的人，都不会被谦逊的牛顿的沉默态度误导，也不会被到处喧哗、自称发明微积分学的莱布尼茨蒙蔽。[20]

至于牛顿有无可能唆使这样的攻击，以及会到何种程度，不少人都表示怀疑，但是法蒂奥这段挖苦的话应是自己讲的。在那段时期，牛顿与法蒂奥已无亲密关系，或者仅在皇家学会中才有机会见面。他们那段时间的信函没有遗留下来，不过有些迹象显示牛顿并未因那样的攻击而兴奋或高兴，事实上他反而显得难堪。虽然法蒂奥仅是稍微表示个人或一些人私下的意见，但那绝非牛顿的想法。在那个阶段，法蒂奥的攻击似乎未免过于激烈。

经历了几个世代的许多冲突后，那个时代的科学家彼此都遵守一条不变的规则，就是在私函中应矫饰礼节。牛顿和他的对手在争斗尚未公开化之前，至少都互相尊称为"尊敬的朋友"或"荣耀的同人"等，信函的结尾也多使用"我极为重视您的友谊……"之类的恭维话[21]，虽然掩盖在那层表皮之下的是张牙舞爪、情绪沸腾的心态，为了在世时的名声及死后的形象，不绝缠斗。牛顿和他的大多数同僚一样，在直接写信给敌人的时候，会避免使用尖利的大刀，情愿使用隐藏的匕首绞杀。法蒂奥的攻击不够细腻，但因为是写在出版的著作之内，所以不必具备传统的优雅。但是他太过分了，也说得太早了。

如果说法蒂奥是最浮夸的牛顿拥护者，那么最喧嚣有力的牛顿支持者，则非数学家基尔莫属了。他是牛津大学由格雷果里指导的年轻讲师，英国第一个教授实验哲学的讲师，他完全信服牛顿的主张。他以牛顿的两部著作为课本，讲授流体静力学、动力学和光学现象等。1708 年，格雷果里去世，基尔不久就引起了牛顿的注意，他有一篇论文刊登在《通报》上，其中出现了直接驳斥莱布尼茨的文字："这些（定律）都依据此时业已著名的流数算术，那些数学知识毫无疑问是牛顿先生首先发明的，任何人只要读过沃利斯先生公布的牛顿的信件都不难判断。然而后来，同样的算术却由莱布尼茨先生用不同的名称、不同的符号，在《学术论文集》上发表。"[22]

这篇文章虽然也在重复强调牛顿是发明微积分的第一人，却避免了法蒂奥式的粗野，因为基尔克制自己不去影射莱布尼茨是个窃贼，况且那时已经是法蒂奥诽谤他人约 10 年以后，人们对那种只蒙上薄纱的攻击也都司空见惯了——因为莱布尼茨在 1705 年已经提升火力，以匿名方式在 1 月的《学术论文集》中评论《光学》，还很鲁莽地指控牛顿剽窃。就如下词句而言，莱布尼茨的掩饰身份是愚弄不了大众的。

> 牛顿先生后来采用流数，而不采用莱布尼茨的微积分，但在他的《自然哲学的数学原理》及其他文献中，这两种方法他都一直用得很好。就像法布利在他的《几何概要》里，以所谓的运动序列法来代替卡瓦利埃里①的方法一样。[23]

① 卡瓦利埃里为伽利略的学生，他把平面区域看成由没有宽度的平行线条组成，体积则由没有厚度的平行平面区域组成，然后比较等高处的截线长或截面积，而得出以其为名的积分原理。而中国南北朝的祖冲之早在 1 000 多年前已有此认识，这被称为祖氏原理。——译者注

这篇书评真正激怒牛顿和他的信徒的，是此文利用法布利来影射牛顿，而法布利是当时最臭名昭著的剽窃者。这种指责后来被莱布尼茨斥为“一个专门找碴的人所做的恶意解释”[24]。

成立“自己的”委员会来裁决

虽然基尔的论文刊载于1708年的《通报》上，但莱布尼茨则一直到1710年年底才读到它，他读到这篇论文时的愤怒不比牛顿读到他批评《光学》时的愤怒来得轻。他随即写信给皇家学会要求道歉。莱布尼茨的愤愤不平在1711年4月5日的皇家学会会议上散布开来，当时他派来的使者在会场上公开宣读这封信，并要求基尔写信道歉。

这时，牛顿有可能开始注意到，他可以利用基尔的热心而得到好处。而基尔也同牛顿其他年轻的信徒一样急于讨好，事实上他已经成为格雷果里的后继者，又担任牛津大学的萨维尔讲座教授一职，但他却也是心甘情愿地任由伟大的艾萨克·牛顿摆布。基尔的道歉信在那次会议之后6个星期到达莱布尼茨手中，因此当然是得到大师首肯的。

> 我只不过指出牛顿先生发现了流数算法，也就是微积分学的第一人，然而，他曾经在写给奥尔登伯格的两封信中（由奥尔登伯格再转给莱布尼茨），很清楚地向那位具有最高智慧的先生说明他的发现，那时莱布尼茨已导出一些微积分的原理，

或至少可能导出，但是那位杰出的先生有自己的理由不去使用牛顿的符号，而用他自己的符号。[25]

当然，基尔信中的所有甜言蜜语一点儿也称不上道歉，我们从这里可以看出牛顿的恨意甚深。信中明白地指出莱布尼茨不可能单独创立微积分，而完全是因奥尔登伯格提供的基本概念才使他推导出成果的（反正奥尔登伯格已死，不能否认这项指控）。信中主要的意思还是宣称莱布尼茨不过是将资料重新整合，然后加上“他自己的符号”罢了。

毫无疑问，莱布尼茨完全无法接受这种“道歉”。他的回信在1712年年初被寄达皇家学会，并于1月31日的会议上被宣读。信里说：“基尔先生所写的……甚至比以前更加公开否定我的诚实。没有一个公平且具正义感的人会认为以我现在的年龄和我如此丰富的人生经历，仍应该要求正式道歉，就像被迫上法庭打官司似的。”[26]

终于，牛顿亲自出马了，那是将事情推向高潮的最好机会，他运用主席权力的手段达到了极致。也许是由于莱布尼茨的“像上法庭打官司”那句话带给他的灵感，牛顿决定成立一个委员会来调查这次争执。

情况从一开始就对莱布尼茨十分不利，牛顿用“正式”和“公平”为外表包装，私下则以自己长期主宰事务的经验指挥傀儡。名义上，这是由“国内几位公正人士组成的一个多人委员会”[27]，事实上他的调查委员共有11人，其中至少一半是他的忠仆，特别是哈雷博士、阿巴思诺特医师和棣莫弗等人[28]。牛顿还亲自监督调查过程中的每一个阶段，并撰写委员会的报告。在委员会成立只有6个月时，报告就发表了，其中有三位最后任命的委员，才上任不过一周。事实上，从调查到报告统统都在作假，甚至委员会的委员都未在报告上签字，委员的身份直到 19 世纪学会的档案被翻出来之后才被世人知道。[29]

报告里详细地记载了牛顿的陈述和理由，关于莱布尼茨的贡献则声称证据不实，最后的结论是："依照这些理由，我们认为牛顿先生是第一个发明者，且根据我们的意见，基尔先生在论文里提出的是相同的主张，未曾伤害莱布尼茨先生……"[30]

无所不用其极

几年之后，牛顿还刻意否认和该委员会有任何瓜葛。他于 1719 年写信给瓦里尼翁说："印制《委员会报告》的时候，我特意远远回避，因此我不可能监视报告的印制，唯恐被人觉得我为自己的案件做证人。"[31] 也许，牛顿自己欺骗了自己，以为情况真是如此。无论如何，那是牛顿这位最敬神的人所撇下的既罕见又公然的大谎。我们不用四处寻觅证据，因为证据就在他所写的《委员会报告的陈述》中。那是在争执过去了好几年之后，以不具名的方式刊载于 1715 年 1 月与 2 月的《通报》中，它几乎占了全部篇幅，除了 3 页[32]。我们也找到了牛顿拟写的报告草稿，草稿证实那些坏事都是牛顿所为[33]。

牛顿的手段反映出其决心之深和用力之猛，从《委员会报告的陈述》一文中透露出来的，比其他任何文章都更多，他要摧毁一切挡路的人。莱布尼茨正是牛顿最痛恨的敌人，他所做的声明损害牛顿自塑的形象和个人尊严尤甚。如果说《委员会报告》是对莱布尼茨不实的打击，那么《委员会报告的陈述》就是对莱布尼茨进行的人格暗杀了。牛顿将控诉堆满全文，从各处找来证据，再无所不用其极地利用这些证据。他愤恨莱布尼茨的情绪好像完全无法控制，这不由自主地暴露出他的伪善，一写到他的敌人，牛顿的恨意就会沸腾到极点。“但是，没有人是他自己动机的目击者”[34]，牛顿也是，他从来看不见自己做得有多过分，看不出他若用审判别人的苛刻言辞来裁判自己则更为适合。

即使莱布尼茨进了坟墓，牛顿也不愿放过这个可怜人。在那篇《委员会报告的陈述》的起草文稿中，他还加上如“第二个发明者无效”这类话。[35] 这类文件有些曾经起草数十次，总共超过 500 页，如今被分别收藏于剑桥大学图书馆、造币厂档案库和锡伯恩堡的私人珍藏中。《委员会报告》和《委员会报告的陈述》这两份文件是牛顿打击莱布尼茨的两根巨棒，而后者手上缺乏这些武器。即便如此，牛顿仍然未能摧毁莱布尼茨的意志，也无法独自重写历史，但他却自以为都做到了。在牛顿生命只剩几个月之时，他还很得意地告诉他的医生，也就是哲学家克拉克，“他对莱布尼茨的回应击碎了那个人的心”。[36]

然而，事实却并非如此！与牛顿所期待的恰恰相反，莱布尼茨在获得《委员会报告》的有关消息时，只是冷静地将其暗暗吞下。该文件是在 1713 年 1 月公布的，它立刻就被分送到英国及全欧洲的各个学术中心，莱布尼茨则是在约两个月之后才第一次听说此事的。当时伯努利刚获得侄子尼克劳斯 · 伯努利于巴黎取得的一份资料，他便写信给莱布尼茨详述报告的内容："……你马上会在一个审判团前被提诉，该审判团看来全是由参与者和证人自己组成的。"伯努利在信中如此说："……接着不利于你的文件就那样出来了，他们通过了对你的判决。你输了，你被谴责了。"[37]

莱布尼茨觉得这次是受到侵犯了，而不再是被压制或被羞辱。皇家学会曾经以他为荣，乐于接受他的见解和成果，如今他眼看皇家学会背他而去，不禁深感难过。但逐渐地，伤害转变为愤怒，他回信给伯努利说："我还没有读到英国攻击我的小册子，他们那些愚蠢的论调（我自你的来信中得到的印象），我想最多只能当笑话看待吧！"然后他不再含蓄，把牛顿的微积分专利权撕得粉碎。"他以前只知道流数，而不是流数的微积分，且是在我们发表之后，他晚一步才拼凑起来的。如此看来，我对他太过客气了，这正是我为我的仁慈所付出的代价。"[38]

莱布尼茨的还击

三个月之内，莱布尼茨和伯努利开始反击（只要不出面，伯努利是很乐意帮这个忙的）。他们两个合写了一份传单，叫作《弗兰声明》，该传单于 1713 年 7 月 29 日印妥，按照《委员会报告》的方式分寄到全欧洲各个学术中心。传单上虽然没有署名，也没标示从哪里发行，但其来源是不会被猜错的。莱布尼茨多少得到了"匿名"作者的名声，这样的文章在提到自己时，都写成第三人称，这么明显的线索瞒不过人，特别瞒不过他所攻击的目标。

"牛顿把属于他人的荣誉占为己有，"《弗兰声明》的作者说，"……他受到谄媚者过度的影响，而这些人对早期事件的经过毫无所知，并且他也过于追求名利。胡克在有关行星的假说上也曾做此抱怨，弗拉姆斯蒂德也因他的观测数据被利用而愤愤不平。"[39]

任何人都可以想象，当牛顿拿到这张传单时，他每读到一段被攻击的话时必怒火中烧的画面。但是，莱布尼茨的身体已经支持不住了，他的病很快就发展为不治之症，这让他的头脑不再灵活。于是，这样一位在智慧上可与牛顿相提并论的天才，却在其他方面稍逊一筹，无力争斗下去了。

牛顿犹如一个"不朽的独裁者"般统治着皇家学会[40]，底下的一大群追随者和年轻的信徒，凡事皆唯他马首是瞻。我们回过来比较莱布尼茨与牛顿，前者只是汉诺威选侯（未来的英王乔治一世）辖下被忽视的一个档案管理员，他虽也担任过学术团体的主席，但那只是在文化落后的柏林。他并非没有追随者，并且即使是他最坚定的支持者伯努利，也只愿意以不具名的方式攻击牛顿，或者狡猾地在他的背后挖苦几句，不敢正面冒犯。

莱布尼茨委身于汉诺威的宫廷中，为了菲薄的薪俸去写那无穷无尽的布伦斯威克－汉诺威贵族的家史。无论他是否具有多方面的才能和天赋，他都得不到高职位或学术性的工作，甚至当他的主子、詹姆士一世的曾孙于1714年返回英格兰接任英王时，莱布尼茨请求跟去英国担任皇家历史学家，也不幸遭到拒绝，被迫留在已被弃置的汉诺威宫廷度过余生。他写信给朋友说："我们犹如住在荒郊野外，因为我们的朝廷已经全搬去英国了。"[41]

此外，在他的伤口上又撒了一把盐的，是莱布尼茨原先的学生卡罗琳公主，英王乔治的妻子。她到英国之后曾定期拜访皇家学会，并数度与牛顿长谈，然后竟背弃了启蒙老师的哲学，转而变成牛顿的信徒。[42]

曾经有些人想出力和平解决这件纠纷，为首的一个协调者是贵族出身的神职人员兼哲学家康蒂。1714 年，他身为观测日食的欧洲哲学家代表团的一员访问伦敦，事后他决定留下来，并逐渐与牛顿及皇家学会的一些院士相熟。

他虽然属于有权势的人（是莱布尼茨及卡罗琳公主的朋友），并且声称能让牛顿听他的话，但这似乎是出于自吹自擂和沽名钓誉。他虽然获得了牛顿某种程度的信任，但他要使双方和解，并因此为自己赢得和平使者美名的企图，则完全失败了。莱布尼茨和牛顿的争执一直没有平息，最多也只能说在最后几年，因双方的年华渐逝，以及莱布尼茨的健康日衰，两人间的争吵终于逐渐减少。

强争独一无二

牛顿的性格中最异于常人的一点，是他的愤怒不会随着岁月而消失，反而越来越激烈。对他而言，时间不能使伤口愈合，而是让伤口腐烂。牛顿几乎毫无恕人的度量，特别是关于会影响他个人形象的事。如今，莱布尼茨的东家已经是英国的国王，两人不应该在公众场合下继续争论。1716 年，英王乔治指示牛顿写一封道歉信并由康蒂带给莱布尼茨，从表面上看来，争论就此结束。

可是，英王能命令他的臣仆写信，却无法令他们写出自己不相信的事，何况牛顿在 1716 年 2 月那封信里的内容，只不过是以较和缓的语气来重复《委员会报告》的论点。他写道："但因为莱布尼茨最近还以剽窃的罪名来攻击我，如果他继续对我做这种指控，依照任何国家的法律，他的指控都应构成诬告的罪名。"他仍然不予宽恕地坚持皇家学会的作为是公正的："《委员会报告》里包含从前的信件和论文……是由皇家学会任命好几个国家的绅士，组成许多委员会所搜集和出版的。"[43]

实际上，莱布尼茨则近乎孤独地留在汉诺威的宫廷中，他已身染重病，再没有精力对那封信做任何批评，只是把牛顿的那封信称作"一种反抗行动"[44]。

虽然涉及私人的攻击渐渐平静下来，争论却从未平息，它超越了信函及恶言的攻击。莱布尼茨于 1716 年 11 月去世，给他送葬的只有留在汉诺威宫廷中照顾他的一个仆人。纵然官方没有给予他应有的重视，莱布尼茨的支持者在他身后所表现出的忠心与热情并不亚于牛顿的信徒。欧洲大陆的学者为了使大师的著作长留于世，乃至历经了几个世纪，一直拒绝接受牛顿是微积分的发明人，直到 19 世纪中叶，双方才达成一种形式上的协议。从此以后，这两位为了孰先孰后争执了半辈子的对手，终于被后世认定，这项自我标榜为独创的伟大数学突破，是各自独立发明的成就。

牛顿绝不承认莱布尼茨在微积分上的贡献，也绝不原谅莱布尼茨侵入他自认属于他的神圣使命和领域的罪行，于是莱布尼茨受到了和胡克及弗拉姆斯蒂德同样的惩罚，在 1726 年出版的第三版《原理》中，书中莱布尼茨的名字全被删除了。

衡量牛顿一生中所经过的几次重大冲突，最后的结果都是牛顿占上风。17世纪七八十年代与胡克的一连串争辩，到结尾时牛顿的研究成果被彻底阐明了，《原理》的发行更令胡克在各方面都失去了信誉。在与弗拉姆斯蒂德历经20年的争斗中，皇室天文学家顽强抵抗皇家学会之主宰者对他的贪婪掠夺，但仍遭受巨棒重击，终于屈服。弗拉姆斯蒂德出版了《不列颠天空的历史》，只是最后如愿完成了他自己的版本而稍获尊严，但是这个版本是在他身后才得以发行的。反观牛顿则如意取得资料，以证明他的月球力学，并刊载于第二版《原理》中。正是这些资料成为现今美国国家航空航天局（NASA）电脑的核心知识，供科学家使用，并在牛顿死后将近300年的如今，成就了第一艘太空船登上月球的创举。弗拉姆斯蒂德为此所做的贡献，现在已被大多数人遗忘了。

依照我们的观察：牛顿与莱布尼茨长达40年的决斗，最后是打成了平手。牛顿被公平地视为第一位创造微积分学的发明者，莱布尼茨也清洗了剽窃者的恶名，而且他的微积分记号被全世界采纳使用。但是，牛顿一直认为他受到了亏待，仅作为第一位是不能满足他的。他比任何人都清楚，科学与数学是放之四海而皆准的永恒，它们远非过眼烟云的帝王权力所能比拟，也超过普通人的技艺以及不起眼的自娱之作。牛顿相信这些是如神一般崇高的人始能获得的发现，是接受了宇宙的智慧才得来的发现，这智慧比神授君权更为珍贵。牛顿的上帝知道，是谁创造和赐给了世界微积分，然而，仅拥有这样的自信心尚不足以令他感到满足和安慰，他还要继续不停地强迫别人也跟着相信。也许这就是为何在生命的最后一些日子里，牛顿还坚持说他击碎了莱布尼茨的心。这是他在面对神经官能症与他其实并非独占的事实时，唯一赖以生存的方式。

第十四章

与先贤同列

牛顿将万有引力作用的机制描绘得干净利落：上帝和物质世界直接接触，却不玷污他的双手，而他能够掌控他所创造的万物。

> 我不知道世人把我看成什么。在我自己看来，我只不过是个在海滩玩耍的小男孩，在嬉戏中偶然找到一颗比较平滑的石头，或者是比较美丽的贝壳。但是，伸展在我面前的却是我所不知的真理大海。[1]
>
> ——艾萨克·牛顿

牛顿即使在他一生中几场争斗火拼最激烈之时，也未曾忽略他生活中的其他部分。皇家学会和造币厂可能是牛顿日常生活的两大主轴，但他依然进行神学的研究，也维持与朋友故旧之间的社交活动。同时，当他越老越富有，请求他协助和指导的亲戚也越来越多的时候，牛顿似乎也颇享受身为一族之长的身份的乐趣。从前曾经一度被母亲丢开，不得不依赖外祖父外祖母长大的小男孩，如今受到家族的崇敬，终于变成家族倚靠的大山。

慷慨解囊

亲戚中有些是来淘金的，他们仰慕牛顿的声名，觊觎他的财富。令人感到意外的是，牛顿对那些求助者与他过去对剪钱犯和科学宿敌间的容忍度相比，可说具有无限的耐心。他的外甥罗伯特·巴顿（汉纳·史密斯的儿子、凯瑟琳·巴顿的哥哥，与他们的父亲同名）在1711年战死加拿大之后，牛顿以4 000英镑为罗伯特的遗孀和3个孩子买下了一座庄园（只是后来才发现那座庄园的价值尚不足他所付金额的一半）。至于他母亲娘家的后代，牛顿则送给拉尔夫·艾斯库500英镑，借给托马斯·艾斯库100英镑，后来也不要他们归还。另外据一位亲戚说，他还给了另一个姓艾斯库的家人800英镑。[2]

1714年，牛顿的舅父威廉的女儿凯瑟琳·拉斯托在穷困绝望中写信给牛顿，向他哀求说："爵爷，我求求您，请您让（这封信的）送信人带一些东西来给我……爵爷，我谦卑地恳求您的施舍，请您务必答应，我永远是您卑下的仆人。"[3] 牛顿对于这个请求回以极大的恩惠，我们可以从凯瑟琳后来再次写信给牛顿感激他的慷慨时所表现出来的发乎内心的程度上看出来。[4]

我们从留传下来的信函中发现，牛顿对不属于自己家族的借贷者也很大方，有些甚至是和牛顿仅有一面之缘的人写来的，更有崇拜这位英国文明基石的奠立者寄来的信，尽管他们对牛顿伟大的发现可能一个字都不懂。

有一位戴维斯小姐大概在剑桥大学见过牛顿，她于1723年写信给牛顿，感谢他的协助。

爵士阁下：

十分冒昧打扰您，用这短简的几行字以表达我对阁下慷慨赐赠两个几尼的谢意。阁下盛情派遣人送来钱和信，请爵爷原谅我的无礼，没在早先给阁下请安，我的母亲和我的健康状况都不佳，因此没能尽早给阁下回信。[5]

另外有些人则不断要求小额济助。一个名叫威廉·牛顿的人，自称他的父亲也叫作艾萨克，他曾在1716年写信给牛顿，谢谢牛顿的援助。可是他在8个月之后又写来一封信（这次是在监狱里写的），请求除了已积欠的3英镑4先令6便士，再多借1英镑。两年之后，他又写来一封信求助，那时候他在约克夏的惠特比工作，却仍然不能自给自足。

作为皇家造币厂的负责人，又管理着皇家学会，牛顿在处理私人事务上却常表现出惊人的无知。在南海泡沫的财务灾难中，大家都知道他损失了两万英镑，当时他投资南海公司的股票变得一文不值[6]。又有一次，约在1710年和1715年之中的某一段时间，他助理惠斯顿的侄儿住在牛顿家里，有100几尼从他的抽屉里失踪。虽然那个年轻人有极大嫌疑，并且过后牛顿也曾私下对人谈起，他认为是那个年轻人从他的裤袋偷取了抽屉的钥匙，但牛顿却坚决不采取法律行动，情愿保持沉默，大概生怕事情声张会遭人嘲笑。[7]

外甥女嫁出门

自1717年夏开始，牛顿家中出现了一位颇受欢迎的客人，就是康杜伊特。后来他和凯瑟琳结婚之后，康杜伊特在为后人提供有关牛顿一生事迹的工作上，扮演了非常重要的角色。

康杜伊特是个富裕的农家子弟，他在西班牙王位继承争斗之后不久，曾在驻直布罗陀英军中服役，担任军官。就在服役期间，他发现了喀提亚罗马古城的遗址，并将此消息报告伦敦的皇家学会。

1717 年，他回到伦敦，应邀出席皇家学会会议发表演说，于是有了和学会主席的第一次见面。当时牛顿仍然致力于研究和修正他的古年代学，于是他邀请康杜伊特到他家中讨论。在牛顿家里，康杜伊特遇见了凯瑟琳，当时她才结束对蒙塔古的哀悼期没多久。他们的罗曼史必定是如旋风般地一触即发：康杜伊特于 6 月抵达伦敦，8 月 26 日就和凯瑟琳结婚了。还有一点不寻常之处，康杜伊特结婚时才 29 岁，而凯瑟琳虽然在各方面而言依然美丽有致，却比他大了几乎 10 岁。

但是，如果说康杜伊特爱他的新婚妻子，那他崇拜新娘的舅舅更是不在话下。康杜伊特发现喀提亚遗址是他学术生涯的开始，却也是事业生涯的结束，但几乎是从与牛顿初次见面的那一瞬间起，他就计划要将自己与牛顿的谈话记录下来，关于牛顿的任何琐碎事件，只要能够获得，他都加以搜集。在康杜伊特与牛顿建立关系的最早阶段，他就决定要为这位杰出的亲戚立传，不过最后只完成了一个轮廓（如今保存在剑桥大学国王学院的图书馆中）。他另外写了一篇怀念牛顿的短文，将其寄给法国科学家丰特奈尔[①]，作为法国科学研究院 1728 年大会开幕典礼之赞词。

当时的传统是可以让新婚夫妇在牛顿家里短住，然后他们就回到康杜伊特在温切斯特附近克兰伯里公园的庄园居住。凯瑟琳结婚

---

① 丰特奈尔做过法国科学院几乎长达半个世纪的秘书，是法国启蒙运动中的中心人物。1686 年著有《关于多重世界的对话》，阐明并支持哥白尼的地动学说（地球绕日动而非日绕地球动）。当时，哥白尼学说还未被完全接受。虽然丰特奈尔的理论基于笛卡儿的旋涡论，此理论于次年被牛顿的力学击得体无完肤，可是丰特奈尔的书还是很成功。——译者注

时获得了她舅舅赠送的一笔金额很大但为数不详的礼金。可是哈利法克斯男爵答应给她的遗赠受到了这位前财政大臣极有权势的家族的愤怒反对，她输了官司，没有获得男爵的一分一文。牛顿于 1715 年至 1716 年花费了好些时间为外甥女申请辩护，但最后还是失败了，凯瑟琳应该继承的乡下产业和 5 000 英镑仍由蒙塔古的家族掌控。

康杜伊特自己就出身富裕人家，他成了惠特彻奇的国会议员，并在牛顿生命接近终点的最后几年，接下了造币厂的一部分职务，又在 1727 年自牛顿手中继承了总监的位置。凯瑟琳轮流居住在汉普郡的家庭庄园和伦敦自购的一栋住宅里，生活十分安逸，且在婚后两年生下一个女儿，取名为吉蒂。吉蒂于 1740 年嫁给了利明顿子爵，他是第一代朴次茅斯伯爵的长子（牛顿的文献就是经由此渠道保存下来，最后成为著名的朴次茅斯文献收藏品，其中大部分由剑桥大学的凯恩斯于 1936 年买下）。牛顿的家族，自牛顿本人降生于卑微的伍尔斯索普自耕农家庭开始，经过这些关系，才不过三代就爬上陡坡成了贵族。

探求科学与信仰的结合

虽然凯瑟琳结婚之后在牛顿生活中所担任的角色逐渐减轻，牛顿在莱斯特广场家中的其他事务则没有什么显著的变化。他越来越专注于古王国的年代学，不停地修改他在半个世纪前就开始订立的年谱，又从头到尾增加了许多细节，但他仍然不愿公开这些研究。

很显然地，牛顿一辈子都无意发表他在这方面的思想，康杜伊特甚至在牛顿死后故意轻描淡写地描述牛顿的这项研究，称这项癖好为“消遣”[8]。

从全世界收藏品中找出的大量关于牛顿的资料，其中有许多是他最后 10 年对于年代学的研究，其中的大部分文稿从来未被后人分析和阐释过。凯恩斯把这些资料都存放在剑桥大学国王学院的图书馆中。伊金斯家族（由 19 世纪的伊金斯牧师所收藏，之后遗留给家族）捐赠了 4 大卷、共 1 000 多页的文件给牛津大学新学院，如今存放在博德利图书馆中。

对于牛顿不断下功夫研究古年代学及宗教历史，有些学者说那只是他的“日常沉思”——一种心灵深处寻求的满足[9]。事实上，除了在造币厂工作的头 10 年，牛顿从未停止过比较神学和古代历史的研究，到老年，这项研究更成为他的日常作业。牛顿的文稿显示他没完没了地一直修改、重算日期计法，重新厘清他对于预言的意义和《圣经》理念。这种活动是牛顿内心驱策力的表达，是他渴望分析事物的一种心理，就如同他在完成《原理》和《光学》时所利用的研究方式，把性质不同的各种现象拼凑起来。他也有一种欲望，要寻找不可驳斥的证据，以支持他的宗教直觉。在他的科学活动日渐减少的暮年岁月里，年代学是他精神的依托，这也给他提供了揭露古代神秘的快慰，使他的思维保持敏锐，在知识斗争的刺激过去之后的若干年间，成为他在平衡造币厂及皇家学会俗务之间的精神补给。

牛顿内心所持的宗教观和一些无论是科学、炼金术，还是神学的不可证实的理念，他都不愿意广为人知，但他在这些方面的兴趣却是大家都已知的事，尽管起先只有他最信任的小圈子（在不同的时间，有法蒂奥、惠斯顿和克拉克等）里的朋友才了解。

牛顿沉迷于命理学、年代算法，甚至《圣经》预言这件事，这在 18 世纪初期招来了不少批评，甚至被学术界极具敌意地指责，可是却没有人怀疑他深层的动机。事实上，康杜伊特在牛顿死后说过，他妻子的舅舅在接近生命的末尾时，对未来的英王乔治二世及王妃都非常友好，曾经和他们私下有数小时的谈话。卡罗琳对牛顿的年代学特别感兴趣，她显然也珍藏了一份牛顿手写的年代谱，那是应王妃之请而做的[10]。对牛顿而言，他一向重视、保守自己的秘密，这几乎成了他的一种本能。他为卡罗琳降低了自我保护，想必十分勉为其难，若非为了那么重要的人物，这种事情想都别想。

最重要的是在《原理》完成之后，牛顿的阿里乌信仰获得了新的意义，他信心倍增，内心深藏的宗教信仰开始与他的科学理念会合。

牛顿所创造的科学无疑兼具革命性和实用性，但是对于与他的发现相关的另外一些问题，他则一直无法获得解答。随着岁月逝去，牛顿试图建立能涵盖宇宙一切的理论模式，他一再尝试却一再失败，这令他苦恼不已。他无法把微观宇宙现象和宏观宇宙现象两者结合起来，用一种伟大的理论来解释大自然所有的力。每一次再版《光学》时，他都会就此问题写下一项项疑问，希望能将问题解决，然而他必定早已知晓，统一力场的理论是他无法达到的梦想。但是在牛顿生命的最后 10 年，有一个问题对他来说越来越重要，因为他相信那在自己能力所及的范围内——解释万有引力的机制，说明重力是如何作用的。

在写作《原理》之时，牛顿得到的结论是重力遵循平方反比律而作用，是经由一种未知的机制使重力成为超距作用力的，它不限于行星运动或彗星运行，而是一种使所有物体都互相作用的万有引力。假如有一种“以太”存在而促成万有引力的话，那么“以太”的性质几乎是真空而无形的，这一点令他感到非常困惑。这无形的“以太”究竟是什么东西，它又如何能使重力作用呢？

牛顿对这个问题的思索一直稳定地演变，从《原理》出版之后直至他去世，他的思想变得越来越神秘，越来越和他的阿里乌信仰产生密切共鸣。

基督是宇宙中所有作用的媒介？

17 世纪 90 年代，牛顿认为古希腊哲学家兼数学家毕达哥拉斯已经悟到平方反比律的关系，并且也运用它来说明行星的运动如何受到控制。他是从毕达哥拉斯著作里所主张的和谐与数字的观念而得到这个结论的。这位古希腊哲学家认为宇宙遵从数字间的严格关系来运作，在他看来，数字就是一切。

牛顿相信，毕达哥拉斯为音阶和某些音符的和声所发展出来的模型就是宇宙的一种模型，或者是它的转型，并且毕达哥拉斯事先获得了行星运动依循的是平方反比律，才按照同一模型创造出建构乐音的符阶的。牛顿指出：“把琴弦的长度比作行星间的距离，他（毕达哥拉斯）知道借由天上诸物和谐的本质可知，行星受制于太阳的重力，与距太阳距离的平方成反比。”[11]

这说明了牛顿已经证实古代哲人早已掌握他耗一生之力去重新发现的知识，可是仍无法解答重力是如何运作这个最让他关切的问题的。毕达哥拉斯和所有踏着这位伟人脚印的人，都认为行星运动是单纯地全部由神力所支配。依照古罗马历史学家游斯丁的说法，毕达哥拉斯相信：

神只有一体，他不是如某些人以为的，身在我们世界的外面，他身在这个世界里面。因为他就在整个圈子里照顾世世代代，他是所有年代的混合体，自己权力和事务的执行者，是万物之始，是天上的光，万物之父，宇宙的智慧和活力之源，所有天上物体的启动之本。[12]

可是牛顿不以这个答案为满足，就重力而言，那是既神秘又奇怪的事，他不得不找到既能满足他的求知欲，又能符合他宗教信仰的答案。

到18世纪初期，牛顿仍然为求得此答案继续努力，这可以从他打算为《光学》新增内容而拟定的草稿中看到他的失望（但是那些质疑在出版之前又统统被删除了）。1706年版《光学》中的“质疑二十三”，原先的文字是这样的：

物体是通过什么方法得以产生超距作用的呢？古代哲学家相信原子和虚空，他们将重力归因于原子，却未说明作用的方法，他们只给了我们一些形象：称神为和谐，以原野之神和风笛代表他和物质……那看来像是自古以来就知道物体的运动法则和它们的存在一样，都属于神的意旨。[13]

我们大致可以认为牛顿自那时起，开始把重力作用的方法和他的阿里乌信仰互相联结。18 世纪初的头几年，他开始探讨一个课题：在成为地上凡人肉身之前和之后的基督，他的身体和形象有无变化？牛顿曾写下关于这个问题的片段见解。

> 他复活之后的身体和成为凡人之前是相同的，因此他借由复活，将他可朽（自然）的身体变成不朽的身体，同样地，他将不朽的身体借由下凡变成可朽的身体。这一个就是那一个，就那么简单。[14]

依照阿里乌的教义，基督在宇宙间的位置介于上帝和凡人之间。耶稣是不朽的，也是“第一个被创造”的，但在谈到基督的形象时，神学的说法却暧昧不明。他是一个采用凡人肉身为外壳而存在的精灵呢，还是他本就是一个凡人的肉体？当牛顿进入晚年时，他开始接受基督具有一个“精灵身体”的说法。17 世纪一二十年代之交的某段时间，他写道：

> 他借由复活将他可朽的身体变成不朽的精灵身体，同样地，他可以借由下凡将不朽的精灵身体变成血肉身体。由于天父是一位不可见的上帝，没有凡人见到过他，也不得见到他，故而他是完全没有身体形象的。圣子于下凡之前和圣灵都曾在某些场合以可见的形象出现过，因此他们有精灵身体。[15]

牛顿在别的文章里也重复说过："上帝不亲自动手，他能借用他人动手。"[16] 所以他论定上帝不是直接操控能维持行星运动的万有引力，也不直接提供一种介质以应万有引力所需。反之，造成万有引力现象（可能也包括其他作用力现象）的是不具实体的以太，事实上即是耶稣基督的身体或精灵的化身。

当然，牛顿无法证明这个假说，那主要是基于一种信仰，是他迷信于阿里乌教义所延伸出来的概念。但是他描绘得干净利落：上帝和物质世界直接接触，却不玷污他的双手，而他能够掌控他所创造的万物。基督是宇宙中所有作用的媒介，通过这个媒介以维持宇宙体系；基督是上帝的"总司令"，是上帝派遣的总督。

为了厘清这方面的思想，牛顿于 1720 年的某一天写下他的个人信条，这是将科学和宗教混合的一种合成体，或者说是一份引领后世探索者的指南。其中包括他将宇宙万物做位置上的编排，耶稣基督所担任的角色清晰明确。耶稣的精灵身体不仅具备了维持天体力学的介质功能，他写道："在创造世界之前，耶稣就是上帝的至爱，与天父共享世界开始前的荣耀。他也是宇宙的准则……上帝以他为媒介来创造世界万物。"[17]

总而言之，耶稣的精灵身体既是第一个被创造的，也是创造这个物质宇宙的促成者，他提供能使宇宙不断机械性运动的工具，并且也作为一种介质，使物体在看不见、触摸不到、测量不到的机制下产生超距作用。

这是牛顿在他晚年阶段精炼得到的理念，虽然没有可资证明的方法加以阐明，甚至他自己有时对这一套体系的细节仍有许多怀疑，这却是他所能做到的解释万有引力最彻底的论述。别说科学，这一套解释什么都称不上，既然如此，就把它看成一个空空的框架吧。令人欣慰的是，它是一个既不能验证也不能被反证的模型，但对于在实际和验证方面都十分成功的牛顿宇宙模型而言，它却可以用来填补这尚未完整的模型中的小小空隙。

老而未衰

牛顿在生命中的最后几年里把自己塑造成皇家学会的大家长、科学的权威。在欧洲大陆，人们称他为“伟大的牛顿”（即使是在微积分争执的高潮时期）。可是，在与莱布尼茨和弗拉姆斯蒂德的争斗结束之后，他那一向敏锐的分析能力也迅速钝化，他很少再去钻研数学问题，大部分的时间和创造力都花在宗教的嗜好上。过了 80 岁的牛顿仍能维持良好的健康状况，直到去世前的几个星期，他还继续参加皇家学会的会议，几乎从不缺席。

为了某些哲学问题，他仍然持续有些零星争斗，对手是像伯努利之类的莱布尼茨的坚定支持者，可是争斗的规模远不及当年和胡克、莱布尼茨及弗拉姆斯蒂德的争斗那么大。然而，牛顿的勇猛却不减当年，甚至牛顿的朋友和支持者都不时感受到狮子尾巴轻轻一拂的威力。斯蒂克利应征去担任皇家学会秘书的时候，由于事先没有咨询牛顿，“艾萨克爵士长达两三年都对我冷冷的”，斯蒂克利后来在回忆时这样说。[18]

连牛顿的老朋友哈雷对他的尊敬也特别夸张。1725 年，哈雷已经受命继承弗拉姆斯蒂德在格林尼治村的工作，并且也在此工作了好几年了，牛顿要求他以1680年至1681年那次观测彗星运行的资料为基础来计算，好供他在第三版《原理》中使用。这位已68岁的皇室天文学家心甘情愿地进行这项工作，但最后他把结果送出去不久，就发现计算有误而为此大为惊慌，他连忙以近乎诚惶诚恐的谦卑向牛顿认罪：

> 我很惊讶地发现，我竟犯下了不可饶恕的错误，我希望你原谅我比我原谅自己更容易一些。此刻，我正冒着一个危险，害怕这世界上最让我尊敬的人可能会认为我不服从，因此请求您不要动念另找他人重新计算，容许我使用本周剩余的时间完成它。[19]

虽然牛顿没有另找他人重算，但是他决定连哈雷的补算也不放进新版中。

重编《原理》和《光学》的工作在18世纪的头25年间进行得非常顺利，并且从此发行出版的都是根据这两个新编的版本。这两本书自从第一版出版之后，接下来再出版的所有相关工作，都落入年轻一辈的牛顿的追随者手中，他们热切希望借此在历史上留下他们的印记。三一学院的院长本特利成为第二版《原理》的发行人，那本书是于1713年发行的。较早些时候，牛顿跳过包括格雷果里之流的重要人物，他们其实也都渴望获得这份荣耀，但牛顿却将编辑新版的工作交给了较无名气的科茨主持。同样地，到1726年，牛顿又把第三版《原理》的编辑工作赋予更年轻的数学家彭伯顿。

彭伯顿在欧洲大陆住过相当一段时期，到1722年才回到伦敦。

他回国之前受到牛顿敌对阵营的人士警告，说皇家学会的主席已经失去了智力，并且替他做事会成为无法忍受的折磨。然而彭伯顿发现 80 岁高龄的牛顿仍旧得心应手地应用他半个世纪以前发明的数学体系来做研究，他对此评论道："虽然他的记忆力减退了很多，但我发觉他完全明白他自己所写的东西，恰与我时常从许多人的谈话中得来的印象相反。"他又说："他的高龄和他的举世声誉都未曾使他囿于成见，他也没有自傲的样子。"[20]

焚纸事件

康杜伊特形容老年的牛顿展现出"一种朴实和单纯"，又说"上帝保佑他健康又快乐"[21]。但即使是知识的巨人也仍是血肉之躯，当牛顿步入他的第 9 个 10 年时，他开始得了一连串的病，这使他的身体十分衰弱。接近 1722 年年底之时，牛顿的病况愈加严重，而 1723 年的头三个月里，他仅能出席两次皇家学会的会议了。

在著名的学会医师米德和切泽尔登两位的协助诊治之下，牛顿很快就被确诊患有括约肌松弛病，这使他便溺失禁，尤其是在运动过后。后来他又患了肾结石的毛病，健康更趋恶化，这终于迫使他平常都要使用巴斯椅①。但是据康杜伊特说，他的固执性格常常使他不肯听从医师的规劝，坚持要尽可能地走路。他的外甥女婿说，牛

① 巴斯椅，一种轮椅，首见于英国巴斯，供病人或伤残人使用，有的带有篷盖或玻璃罩。——译者注

顿认为“用脚，才有脚”[22]。

到1724年，牛顿的健康已经恶化到不能执行造币厂的任务了，他只好把大部分工作转交到康杜伊特的手上。皇家学会主席的日常职责，也因他只能间断出席、主持会议，而大多由副主席福克斯接管。牛顿为他自己已经不能紧握权力而生气，在他不得不搬往空气较清爽的伦敦西郊肯辛顿的乡下居住时，他往往会找一些借口长途跋涉进城。他通常不预先通知就亲临造币厂和皇家学会，然后在别人的搀扶之下，缓缓地巡视他的老属地，或坐着轮椅被推进学会的理事会议中，要不就坐在他的巴斯椅里待在伦敦塔的压铸工厂。

1727年年初，也就是牛顿去世之前的几个星期，在一次这类临时决定的巡视中，康杜伊特陪同他到莱斯特广场的旧宅中烧毁一大堆文件。康杜伊特后来在回忆这件事时，形容烧了“一箱箱资料”[23]。正统的历史学家声称，那一箱箱文件不过是造币厂公文的一些副本，或是一些会议记录、账单和收条而已。但一个很明显的问题是：那些被焚毁的东西里，有没有更重要的文件？

我们检视牛顿的文稿时，常常看到单独的某一种文件会有20~30份草稿留传下来，我们不免产生一个疑问，牛顿到底是以什么标准来决定文件不予保留而加以烧毁的？被烧毁的文件也有可能是与家人间的往来书信，但事实上，牛顿很少保留和他家族亲人之间的信件，他一生中任何时期的家书都极少遗留下来：他母亲给他的信保存下来的只有一封，或许她还给牛顿写过另外一些信，但经过漫长的三个半世纪，它们很可能就这样遗失了。牛顿与凯瑟琳之间也极少有书信往来，说来可能叫人奇怪，但是想想她与牛顿住在同一个屋檐下长达 20 年，这也就没什么令人诧异的了。若再深入一点儿思考，若牛顿果真焚毁的是自己的家书，那么保存那些对他的形象十分不利的与弗拉姆斯蒂德相互指责的信函，便是很奇怪的事了。

我们大概永远不会知道烧毁的文件到底是些什么，但那一把火却可能使我们看见了牛顿的秘密。那一天在场的还有牛顿的另一个朋友库瑞尔，他是个索齐尼教徒[24]，他从欧洲逃亡到英国，不久之前牛顿还给过他金钱上的援助。虽然康杜伊特不愿说明那许多箱被焚文件的内容，但在焚纸事件过了几个月之后，也就是 1727 年 7 月，库瑞尔写信给一个名叫德拉克罗兹的朋友，特别提起被焚的文件中包括一些文稿[25]。然而牛顿把他从事炼金术、研究年代学和《圣经》预言等这类破除因袭的研究资料留传给我们，却要毁弃某类文稿，实在是让人难以理解的事。如果他真的欲烧毁一些文件，那么这些东西必定是他对炼金术的更极端的见解。

还有一个牛顿的文献中关于崇拜的问题，焚纸事件可能蕴涵一些线索，使我们得出这个结论。牛顿是否不只从事炼金术，还走上了更远、更危险的路径，即我们今天视为纯魔法、纯异教之路？他是否涉身于所谓的“妖术”之中？

牛顿在 1693 年曾精神崩溃，虽然时间很短暂，但如同我们看到的，那次经历其实相当严重，那使他虚脱了几个星期。过了三年，他把科学研究和炼金术实验一齐放弃。传统学者对牛顿精神崩溃的原因有意见分歧，从化学中毒到无力创立统一场论以致情绪不宁等各种解释都有，当然与法蒂奥的关系破裂所引起的情绪失衡，也可能导致了他的崩溃。

法蒂奥的煽惑？

牛顿与法蒂奥在剑桥大学的时候，必定一起做过炼金术实验。1692 年法蒂奥生病时，他们俩的通信就提到过，他们急于保护一些累积的资料，或者一套具备实质结果的文件，还提到他们俩共同参与的实验和炼金参考文献，以及对《圣经》预言的探讨。例如，法蒂奥在 1693 年 5 月他们最后分手前的几个星期，写了一封信来描述他称之为“矿树”的制造方法，那大概是由几种金属和无机化合物合成的特殊混合物，在正确的条件下，会像扭曲的树枝或树干的形状。法蒂奥在信中说：

> 将这些材料放在密封的空蛋壳里，置于热沙之中，就可见到它逐渐鼓胀起来，然后蹦开、变黑，于 7 天之内历经各样点金石的颜色。过了这种转变之后，从那物体内会长出一堆树枝来……就这样，一个生命与一个酵素便蕴含在那混合物内。[26]

牛顿与法蒂奥的亲密关系结束多年之后，法蒂奥参加了极端神秘的“法国先知”团体，最后以穷困潦倒和近乎疯癫的晚年过完了他的一生。如果我们说在他们的关系瓦解之前，法蒂奥企图鼓动牛顿用他超人的智慧去探究妖术，这样的联想是否合理呢？法蒂奥的所有过错，都归咎于他拥有一股冒险的精神，这导致他一生太容易接受各种极端意识。我们可以有根据地指出他也是一位易被欺骗的人，但他也确实是个有才能和魅力的高级知识分子，他和牛顿一样认为追求知识是他们的责任。法蒂奥可能更有意愿挣脱正统宗教的枷锁，而牛顿则是在时机合宜时，破除了传统和宗教的桎梏。

年轻时的牛顿由于内心深处的需求，摒除了“三位一体”的教义，接着他表现出一位优秀科学家的样子，能够不去理会已被大众接受的与宇宙本质有关的教条，并且做出了伟大的发现。稍后，当时机与他的雄心恰巧配合时，牛顿对于他的好友和他最钟爱的亲人成为情侣一事，故作不知；当他和造币厂的助手需要乔装以缉捕剪钱犯和伪币犯时，他也能够收起他的道德洁癖，与赌徒及酒鬼厮混。牛顿还有撒谎的本领，就像在他与莱布尼茨的争执中，至少在某个重要场合里曾经如此。

然而，牛顿的内心隐藏着一种危险的不和谐心态，他有强烈的欲望去发现（或许他自己认为是重新发现）和尝试任何途径，以寻觅更多的知识。但对于与他具有相似理念的法蒂奥所鼓励的险路，他仍不免觉得太过极端，这与他的清教徒信仰有所冲突。教皇是魔鬼的化身，阿里乌教徒才是真正的基督徒这一点，仍有待考虑，而要同时跨越基督教和自然哲学的极限，以异端和妖术来从事实验，那就是更难踏出的步子了。

牛顿不相信妖魔鬼怪，但他似乎觉察到人类心中有一股邪恶的力量，甚至也可能体会出宗教仪式的潜力。并不是说宗教仪式可以招来妖魔鬼怪，而是这种动作可以集中能量，这与炼金术中的膜拜等仪式不可不谓有几分相似。世代相传的炼金术士即使未必完全明白，对于仪式能使超自然能量集中的观念也了然于胸。

法蒂奥有可能看到牛顿因无法完成统一场论的解释而失望，便尝试说服他另起炉灶，探索一条可能通往重新发现的途径，同时也看看他能否学到一点儿新的东西。如果确实如此，那么牛顿心里产生的压力，可能会比任何由同性恋情感，或害怕自己异教徒言行曝光而产生的心里负荷强得多。会不会是这种紧张情绪，把牛顿推向了暂时性的精神错乱呢？

这又让我们回到1727年年初焚烧文件这件事上头。那被焚烧的一箱又一箱文件，可能不过是无聊的账单和琐碎的公文副本罢了，不过也有可能是牛顿与法蒂奥共同合作的一些较为偏激的实验记录。

正统的解释无法回答焚纸事件里的两个困难问题：为什么要在那个特定时间焚烧造币厂的文件？为什么要亲自监督焚烧过程？

从不同的方向思考，可为这两个问题提供部分解答。时间的选择十分重要，显然牛顿对那些资料一向非常敏感，他自知死期日渐接近，为保护身后的名誉，他才坚持亲自监督烧个干净。况且，又有谁比康杜伊特和库瑞尔更令他信任能去执行这项工作的呢？任何受过科学训练的人，只要在这些文稿被点燃之前瞄上一眼，大概都会感到好奇，但康杜伊特比不上哈雷及斯蒂克利那群忠诚死士，其科学素养不足，而库瑞尔更是和牛顿一样是个异教徒，只不过据我们所知他不是炼金术士。牛顿有许多事情需要隐瞒，这两位助手不会对此事造成什么威胁。

暮年的牛顿

不同于这本传记的中心（即牛顿获得重力理论的部分启示得自他探索炼金术和古代《圣经》神学），那些指称牛顿越界进入妖术的揣测，则缺乏了坚实的证据支持。但是，一些偶然发现的旁证，倒也提供了有趣的可能性。

康杜伊特在牛顿的余生腾出许多时间陪伴牛顿，他的记事簿提供了关于牛顿晚年时的许多内情。除了焚稿事件，还有许多记载了关于牛顿身体日渐衰弱的经过，那是现今能见到的最好资料。记事簿中这样写道：

> 他不吃肉，主要是靠肉汤、青菜和水果维生，胃口也不好。1724 年 8 月，他毫无痛苦地排出如豆子一般大的结石，分成两粒一先一后排出，之间还隔了相当长的时间。1724 年年底至 1725 年 1 月，他患了肺炎，咳嗽得厉害，因此我们费了极大唇舌劝动他搬到肯辛顿租屋居住。他在那儿度过了第 84 个年头，并受痛风折磨。几年前他害过一次轻微的痛风。这回他痊愈了之后，身体明显比近几年来都好。他发现肯辛顿的空气对他的身体有益，便保留那栋房子直到他死为止。[27]

尽管他的病痛越来越厉害，但到最后的几个月，牛顿甚至还抱着回来做科学研究的念头。有一次，他和哈雷谈话，提到他与弗拉姆斯蒂德争论的往事，他说他正考虑“再碰一次月球”[28]。他的一个侄儿本杰明·史密斯（他同母异父弟弟本杰明·史密斯的儿子）有时会来伦敦陪他住一段时间。有一回，他对这个侄子说，他仍然会去“摸摸各样金属”[29]。不过，那些也许只是一位老人的梦想而已。

牛顿也有迁回伍尔斯索普老家居住的念头。1726 年 4 月，当斯蒂克利告诉牛顿他正计划搬到那儿去时，牛顿表示很有兴趣，甚至请斯蒂克利打听一下，教堂东边文森特太太（儿时玩伴凯瑟琳·斯托勒）住过的房子，现在是否租得到。

根据一些说法，暮年的牛顿变得多愁善感。一个亲戚记得他“十分喜爱小孩与他做伴”[30]。康杜伊特也说过：“悲哀的故事常常引他落泪，对人或对动物的残暴行为都令他震惊，他喜欢把对待人和动物应该慈悲之类的话挂在嘴边。”[31]

然而，甚至到1724年8月，牛顿仍然把造假钱的罪犯送上绞架，丝毫没有怜悯的意思。当一位姓汤森的政府官员问他，是否要依照原定程序将伪币犯梅特卡夫执行绞刑时，他回函说：

> 我不十分清楚梅特卡夫在德贝巡回审判中被诉伪造钱币罪的情形，但是很显然，他已经被判有罪了。因此，我的谦卑想法是最好送他去受刑，这远胜于冒险释放他而让他继续制造假钱，或者教别人制造假钱，直到他再度被捕定罪为止。这种人很少会改邪归正，况且又很难缉查他们。[32]

这种既温情又无情，同时具有正反两面情绪的人，在权贵人物中是很常见的。

巨星的陨落

结局随着1727年春终于到来。牛顿在3月2日前往伦敦丹鹤庭出席会议，康杜伊特在会所迎候牛顿，还告诉他看来气色不错，牛顿笑着回答他前一个星期都睡得很好，从晚上11点一直睡到第二天早晨 8 点，中间都没有醒过。[33] 但是往返伦敦的旅途劳顿显然是过度了，牛顿一回到肯辛顿的家里就生病了，只好躺到床上。米德医师被请来了，康杜伊特也赶到牛顿床前。

接下来的两个星期，牛顿时而处于半昏睡状态，时而相当清醒。清醒的时候，他能够和来访的亲朋好友谈话，"虽然汗水一滴滴流下他的脸孔"，但他的外甥女婿告诉别人："他从来不会埋怨，也不呻吟，更没有显露出一点儿暴躁和不耐烦的样子。在剧痛之间的短暂间隙中，他还强作笑颜，用平常的愉快样子谈话。"[34]

有一次在神志稍微清醒的时候，牛顿告诉他的外甥女婿，说他不打算接受临终的宗教仪式了，此事令康杜伊特感到非常困扰，他不得不为他的英雄编织理由。后来他写道："他的一生可说都是为了下一阶段做准备。"[35] 换句话说，他相信牛顿和常人不一样，其一生与造物主的关系良好，故而没有什么可以忏悔的。康杜伊特自己可能没有发觉，他这样的宣告等于为牛顿身后故意歪曲的历史定调。牛顿内心的冲突，被这位伟人的亲信从一开始就加以掩盖，此后牛顿的追随者继续制造各种传说，不久它们都成为不朽的牛顿传奇——传说中道德严谨、如神一般的天才，只应用他纯净的智慧，成就了历史上最伟大的科学突破。

牛顿于 1727 年 3 月 20 日逝世，三天之后，《皇家学会日志》中记载："由于艾萨克·牛顿爵士去世，主席职位空缺，本日会议取消。"[36]

康杜伊特成了牛顿遗嘱的执行人，牛顿的流动资产大约值 3.2 万英镑，平均分配给他的 8 个侄儿侄女和外甥，伍尔斯索普的庄园则留给"最亲的家族"。邻近的科尔斯特沃思的一位牧师梅森替他找到了这样的一个家族，那是老艾萨克·牛顿的亲戚，另一个叫作约翰·牛顿的人。梅森将此人的详细资料通知康杜伊特，但是这样形容此人："上帝知道他是如此伟大人物的不合格代表，可是这种情形屡见不鲜。"[37] 这次梅森也真的说对了，约翰是个赌徒兼酒鬼，继承的这么一笔财产正好让他挥霍精光，他最后死于非命。他在一个喝得烂醉的夜晚，于回家途中跌了一跤，被他自己的烟斗插进喉咙，窒息而死。

1727 年 4 月 4 日，艾萨克·牛顿下葬于威斯敏斯特大教堂，扶棺者是一群显赫人物，包括首席大法官蒙特罗斯公爵、罗克斯伯勒公爵，以及彭布罗克伯爵、萨塞克斯伯爵及麦克尔斯菲尔德伯爵等。1731 年，牛顿的后人为他建立了一座巴洛克式的纪念碑，它至今仍耸立在大教堂的一侧。纪念碑所在的园地从此成为著名科学家的最后安息之地，除了牛顿，还包括达尔文、麦克斯韦①、法拉第及其他杰出的英国科学家。

纪念碑是由肯特（英国建筑师、造园家、画家）设计的，它表现出牛顿一生多方面的工作与成就。景观中有一群小天使，其中一个玩弄棱镜、一个玩弄望远镜，还有一个手拿一枚新铸的金币。有一个天球上标示出 1681 年彗星的运行轨道。牛顿的浮雕是整个纪念碑的主体，他被一群小天使围绕着。他严肃地倚着四本成垒的书，书名是《神学》《年代学》《光学》《原理》。令人瞩目的是，名为《炼金术》的书却缺席了。

① 麦克斯韦，英国物理学家，剑桥大学第一位实验物理教师，对电磁学和气体运动论有重要贡献。他把 18 世纪所有在电磁方面的研究结果归纳成一套电磁方程组，是终结的古典电磁理论。他根据理论推断有电磁波，物理学家认为这是 19 世纪最伟大的理论。爱因斯坦说过，麦克斯韦的理论是自牛顿以来，最出色、最有影响力的理论。——译者注

附　录

牛顿一生大事年谱

1642 年 12月25日，生于英国林肯郡伍尔斯索普农村，父亲老艾萨克已于同年10月去世。

1646 年 1月27日，母亲汉娜改嫁邻村牧师史密斯，牛顿由外祖父外祖母抚养。

1653 年 史密斯去世，母亲汉娜携三个异姓弟弟妹妹回伍尔斯索普。

1654 年 离家至格兰瑟姆国王中学读书。

1659 年 奉母命退学回家。

1660 年 返格兰瑟姆国王中学复学。

1661 年 6月5日，进入剑桥大学三一学院。

1663 年 结识威金斯，随后成为室友，此关系一直维持了20年。

1665年 春天取得剑桥大学学士学位，夏天回伍尔斯索普躲避伦敦瘟疫。｜发展微积分、平方反比律。

1666年 重力观念形成，并着手计算行星运行的轨道。｜夏天前往格兰瑟姆的身份登记处依法改变身份，成为绅士。｜利用棱镜做实验完成《关于颜色》的论文，但并未发表。

1667年 开始修习化学。｜返三一学院获选为研究员。

1668年 3月取得硕士学位并升为正研究员。｜完成论文《无限级数的分析》，但并未发表。

1669年 10月29日，成为剑桥大学卢卡斯讲座教授。｜设计光学实验“实验的十字架”。｜年底着手炼金实验。

1670年 第一次成功做出“轩辕十四锑”。

1671年 12月托人将自制的反射式天文望远镜送交皇家学会，即被皇家学会提名为院士候选人。

1672年 1月11日当选皇家学会院士。｜发表论文《光与颜色的新理论》，刊载于二月号的《通报》，并展开与胡克的论战，直到胡克1703年去世为止。｜开始从事《圣经》预言、古年代学、“三位一体”论的研究，身后出版《古王国的年代学补正》（1728）、《对但以理预言的观察》（1733）。

1675年 完成1 200字左右的《实验之论》，乃研究炼金术前5年的精华。

1676年 因莱布尼茨发展微积分而对他心怀芥蒂，两人开始在信件往返与在期刊中公开论战，一直持续到1716年莱布尼茨去世为止。

1677年 冬天实验室大火，烧毁许多科学文献和炼金术文献。

1680年 对观测彗星显露出兴趣。

1682年 建立彗星运行轨道的模型。

1684 年 发表论文《绕转物体的研究》。|因钟摆实验，摒弃光线传播是利用以太为介质的观念。

1685 年 开始写作巨著《自然哲学的数学原理》，只花了18个月就完成了，该书共550页。

1687 年 《原理》初版发行，包含了万有引力理论。

1688 年 担任国会议员一年。

1689 年 6月12日在皇家学会结识了法蒂奥。

1693 年 短期的精神崩溃。

1694 年 9月开启与弗拉姆斯蒂德之间长达多年的争执，并于1705年达到高峰。

1696 年 离开剑桥。接受皇家造币厂厂长新职，迁居伦敦。|外甥女凯瑟琳前来伦敦同住，担任管家。

1698 年 充当私家侦探兼检察官。

1699 年 升任皇家造币厂总监。

1701 年 11月再度担任国会议员。|12月正式辞去卢卡斯讲座教授职务。

1703 年 11月30日当选皇家学会主席。

1704 年 出版第二本巨著《光学》，终于将沉寂了30年的理论发表。

1705 年 被册封为爵士。

1713 年 《原理》第二版发行。

1722 年 年底便溺失禁与肾结石的病况加剧。

1724 年 放弃造币厂总监与皇家学会主席职务，并移居伦敦西郊肯辛顿的乡下居住。

1726 年 《原理》第三版发行。

1727 年 3月20日病逝于伦敦，4月4日下葬威斯敏斯特大教堂。

注　释

序　言　真相出现

1. 此文收录于 Maynard Keynes, “Newton the Man”, in Royal Society. Newton Tercentenary Celebrations (Cambridge: Cambridge University Press, 1947), p.27–34。
2. Michael Hart, *The 100* (London: Simon & Schuster, 1993).
3. 斯蒂克利的著作一直到1936年才完全出版，ed. A. Hastings White (London：Taylor & Francis)。它的原稿现由英国皇家学会保管。
4. David Brewster, *Memoirs of The Life, Writings, and Discoveries of Sir Isaac Newton*, Vol.2 (Edinburgh, 1855). p. 371–6.
5. Keynes, “Newton the Man”, p. 27–34.
6. Christopher Wren, *Parentalia* (London, 1700), p. 201.
7.《牛顿炼金术的基础》(1975),《天才的两张面孔：炼金术在牛顿思想中所扮演的角色》(1991)。
8. 特别参考 David Castillejo，The Expanding Force in Newton's Cosmos: “As Shown in his Unpublished Papers” (Madrid：Ediciones deArtey Bibliofilia, 1981) and T. G. Cowling，*Isaac Newton and Astrology*：*The Eighteenth Selig Brodetsky Memorial Lecture* (Leeds：Leeds University Press，1977)。
9. Isaac Newton. *Sir Isaac Newton's Theological Manuscripts,* ed. HMcLachlan (Liverpool: Liverpool University Press, 1950), p. 17.

第一章 离弃

1. 蒲柏，英国诗人、小说家。此段话取自 Alexander Pope. “Epitaph Intended for Sir Isaac Newton，In Westminster-Abbey” (730)。
2. William Stukeley, *Memoirs of Sir Isaac Newton's Life,* ed. A. Hastings White (London: Taylor & Francis,1936), 11–16.
3. 英国历史学家富勒曾研究英国内战时期的社会阶层。他记述道：“在英国、法国和意大利，自耕农是很特殊的一个阶层，他们处于贵族与农民之间。我们用一枚骰子来做比较，那骰子除了一点和六点，其余各面空白，就如同自耕农，其中有许多阶层。自耕农穿着黄褐色土布表服，可是收入很高，衣服的纽扣是金属做的，他们的口袋中有很多银子……他们在各自的国度里，是陪审团的必然成员。他们很少离开自己的国家，而声望可以远超其足迹所至之处。”取自 Thomas Fuller, as quoted in G. M. Trevelyan. *A Shortened History of England* (New York: Longman, 1942), p.316。
4. Canon C. W. Foster, “Sir Isaac Newton's Family”, Reports and Papers of the Architectural Societies of the County of Lincoln, County of York, Archdeaconries of Northampton and Oakham, and County of Leicester, Vol.39, pt 1(1928), p.13–15.
5. 这栋房子呈一个 T 字的构形，是一个有两间卧室的住宅，用当地出产的灰石建造而成。偏离中心的大门开在 T 形交叉处。进门后有一条狭窄的走廊，走廊两边各有一个房间，都设置有房门。中间的楼梯通往二楼的卧室。牛顿就在那里出生。传说中著名的苹果树位于向西的院子里，如今那棵树的后代据说依然挺立在那儿。
6. 出处同注释 4。
7. Thomas Maude, Viator, a Poem: or, A Journey from London to Srarborough by the Way of York (London 1782) p.iv–v.
8. 牛顿交给赫劳兹学院的族谱原稿，现收藏于美国麻省的 Babson College Library。
9. King's College Library, Keynes MSS 130 (10)，p.1.

10. David Brewster, *Memoirs of The Life, Writings, and Discoveries of Sir Isaac Newton,* Vol 1 (Edinburgh. 1855), p. 4.
11. King's College Library, Keynes MS 130, p.9–10.
12. 汉娜的遗嘱（年份写的是 1672 年）后来证明是在 1679 年 6 月 11 日完成的。"Sir Isaac Newton's Family", p.50–53.
13. *The Correspondence of Isaac Newton* (Cambridge: Cambridge University Press), ed. H. Tumbull (1959), Vols.1, p. 2.
14. R. S. Westfall, "Short-Writing and the State of Newton's Conscience, 1662(1)", Notes and Records of the Royal Society of London, Vol.18 (1963), p.10–11.
15. Benjamin为"宠儿"的意思，所以牛顿这里所指的是一个溺爱宠儿本杰明的人，即本杰明的祖护者。
16. The Pierpont Morgan Library, New York, Notebook of Sir Isaac Newton.
17. 取自牛顿学校里的拉丁文练习簿，这本簿子现在被私人收藏于美国洛杉矶。
18. Stukeley, *Memoirs,* p. 44.
19. 同上。
20. Edmund Tumor (ed.), Collections for the History of the Town and Soke of Grantham (London, 1806), p. 178, 180.
21. King's College Library, Keynes MS 136, p.5. 事实上，这首诗是牛顿从当时一本广为阅读的书 *Eikon Basilike*：*The Portraiture of His Sacred Majesty in His Solitudes and Sufferings* 中抄下来的。
22. King's College Library, Keynes MS 130 (2), p.18.
23. University Library, Cambridge, Add. MS 3975, p. 178.
24. 我在此所说的"初级化学"与世称的"炼金术"完全不同。克拉克使用的化学以商业为目的，配制日常供应的医疗药品；炼金术自古以来就是一种秘术，用神秘的仪式做掩护，通常以制炼仙丹为目的，例如"点金石""长生不老药"等。克拉克是个生意人，大概也是害怕秘术和炼金术的，不然就是认为那是诈人的骗术。读者想要更深入地了解炼金术和旧传统化学间的差异，可参阅第六章"寻找点金石"。

25. 凯瑟琳·斯托勒结过两次婚，先成为贝肯夫人，后来又成为文森特夫人。
26. Stukdey, *Memoirs*, p.19, 22.
27. King's College Library, Keynes MS 136, p. 6.
28. King's College Library, Keyaes MS 136, p. 7.
29. Tumor family archive，Lincoln，Lincoln Shire，as quoted in R.g.Wesffall. *Never At Rest: A Biography of Isaac Newton*. Cambridge：Cambridge University Press, 1980，p.63.（这位被罚款的艾萨克·牛顿，有可能不是汉娜的儿子，而是当时住在那一地区某个同名同姓的人。）
30. King's College Library，Keyaes MS 136. p. 6–7.

第二章　物质及能量观念的改变

1. Charles Singer (ed.), *Studies in the History and Methods of Science* (Oxford: Oxford University Press, 1917), p.240.
2. W. C. Dampier, *A History of Science* [Cambridge: Cambridge University Press, 1984(first published 1929)] , p. 35.
3. 颇具影响力的英籍科学哲学家波普尔爵士对这个制度很有意见，他支持另外一种探讨科学的方法，就是借由试图证明观念的不实，而不是找出证据来支持假说。以此方式，凡是经得起考验的观念就可以提升为理论。虽然这种哲学被部分当代科学家接受和支持，但是自从牛顿的时代以来，我们在此所叙述的“科学方法”就一直保持主宰的地位。
4. 斯多葛学派思想的起源是季蒂昂的芝诺。芝诺生于塞浦路斯，他提出一套严苛的道德哲学，以维护尊严和理性为每个人的责任这种主张为基础。芝诺教诲说每一个人都分享了规范宇宙的理性或逻辑。
5. W. C. Dampier, *A History of Science* [Cambridge: Cambridge University Press, 1984 (first published 1929)], p.28.
6. 即 *Opus Majus, Opus Minor, Opus Tertium*。
7. 阿斯科里的杰罗姆，后来成为教皇尼古拉四世。
8. Ambrosian Library, Milan, “Codex Atlanticus”. fol.109v–a.
9.《论学术的进展》(1605),《新工具》(1620),《新大西岛》(1627)。

10. 摘自 A. N. Whitehead, *Science and the Modern World* (Cambridge：Cambridge University Press, 1927), p.218。
11. Burtt, *Metaphysical Foundations of Modern Science* (London and NewYork, 1925), p.154.

第三章　学院生涯

1. King's College Library, Cambridge. Keynes MS 130 (7).
2. Rowland Parker, *Town and Gown: The 700 Years' War in Cambridge* (Cambridge: Patrick Stephens, 1983), p.134.
3. C. H. Cooper, *Annals of Cambridge:* Vol. 3, 1603—1688 (Cambridge, 1845), p.506.
4. Parker, Town and Gown, p. 121.
5. Parker, Town and Gown, p. 132.
6. William Stukeley, *Memoirs of Sir Isaac Newton's Life,* ed. A. Hastings White (London: Taylor & Francis, 1936), p.50–51.
7. James HuRon, "New Anecdotes of Sir Isaac Newton", Annual Register, Vol.19 (1776). p. 24.
8. R. S. Westfall, "Short-Writing and the State of Newton's Conscience,1662 (I)", Notes of the Royal Society of London,Vol. 18 (1963), p. 10–16.
9. *The Correspondence of Isaac Newton* (Cambridge：Cambridge University Press)：Vol I, ed. H. Tumbull (1959), p.12. 这封信很有可能从未寄出，现存的副本是在"摩根笔记簿"中发现的。然而，这即使只是牛顿练习用的，还是说明了这个 19 岁的学生对于世俗娱乐的态度。
10. Westfall, "Short-Writing and the State of Newton's Conscience, 1662 (1)", p. 11.
11. Trinity College Library, Cambridge, Trinity Notebook, ref. 53(c).
12. King's College Library, Cambridge, Keynes MS 137.
13. 同上。
14. *The Correspondence of Isaac Newton* (Cambridge Cambridge University Press): Vols.7, ed. Ruperl Hall and Laura Tilling (1997). p. 368.

15. University Library, Cambridge, Add MS 3996, fols. 88–135.
16. University Library, Cambridge, Add.MS 3996, fols.111–112.
17. University Library, Cambridge, Add. MS 3996. fol.121.
18. 这两本书的书名原文为：*Dialogue Concerning the Two Chief World Systems* 和 *Dialogue Concerning Two New Sciences*。
19. University Library, Cambridge, Add. MS 3996, fols.88–89.
20. University Library, Cambridge, Add. MS 3996． fol. 89.
21. R. S. Westfall, *Never At Rest: A Biography of Isaac Newton* (Cambridge：Cambridge University Press, 1980), p. 97. 有一种普遍的观点认为，像摩尔这么杰出的人物，不会和牛顿这个年轻小伙子深谈，且当时牛顿还是个学生，摩尔根本不会知道他是谁。这样的观点并无证据支持，反之，克拉克和巴宾顿可能在牛顿进入剑桥之前或之后，就把牛顿引荐给摩尔认识了。
22. University Library, Cambridge, Add. MS 3996, fol. 101v.
23. King's College Library, Cambridge, Keynes MS 130 (4), p. 9.
24. Cooper, *Annals of Cambridge,* p. 517.
25. L. T. More. *Isaac Newton: A Biography* (New York: Sedbner's, 1934), p. 40.
26. *The Correspondence of Isaac Newton* (Cambridge: Cambridge University Press): Vol. 1. ed. H. Turnbull (1959), p. 92 (Newton to Oldenburg, 6 February 1672).
27. University Library, Cambridge, Add. MS 3996. fol. 122.
28. 这种说法忽略了人脑辨色的功能。颜色做不同的混合之后能被人脑辨识，产生如绿色或紫色等不同印象。这种辨识出来的颜色被称为“生理的颜色”，该文中所指的颜色是“物理的颜色”。
29. Trinity Notebook, ref. 53 (c), fol. 103.
30. Trinity Notebook, ref. 53 (c), fol. 133.
31. *The Correspondence of Isaac Newton* (Cambridge: Cambridge University Press): Vol. 3 ed. H. Turnbull (1961). p. 153 (Newton to John Locke).
32. 从笔记簿中那一栏的绘图看来，那竟是一把利如匕首的裁纸刀，这实在令人震惊。

33. University Library, Cambridge, Add. MS 3975, p. 15.
34. University Library, Cambridge, Add. MS 4004.
35. Isaac Newton, *The Mathematical Paper of Isaac Newton,* Vol.1, ed. D. T. Whiteside (Cambridge: Cambridge University Press, 1967), p. 5.
36. 欧几里得，古希腊数学家，曾编《几何原本》。
37. University Library, Cambridge, Add. MS 4007, fols. 706–707.
38. King's College Library, Cambridge, Keynes MS 130 (10), fol. 2v.
39. "输掉银币者"是指当时的一个传统。学生要向考试官缴纳 9 枚银币，如果学生考得好，考完之后银币就发还给他；如果考得不好，钱就被没收了。King's College Library, Cambridge, Keynes MS 136, p. 8.

第四章 牛顿之前的天文学与数学

1. 摘自 Michael Church, *The Independent*, 24 August l996。
2. John North, *Stonehenge: Neolithic Man and the Cosmos* (London Harper Collins. 1996).
3. W. C. Dampier, *A History oy Science* [Cambridge: Cambridge University Press, 1984 (first published 1929)]. p.15.
4. 根据传说，毕达哥拉斯有一次走过一家铜匠铺，听到大小铁锤打击铁杵的敲击声，而领悟出音乐的音符间存在着数学关系。于是他用弦的振动做实验，导出了音符间精确的数学关系。
5. 20 世纪初，爱因斯坦引用"非欧几何学"，使他的时空观念得以用数学验证。
6. Arthur Koestler, *The Sleepwalkers: A History of Man's Changing Vision of the Universe* (Harmonds worth: Penguin, 1964).
7. 同上 , p. 72。
8. 同上。
9. Ptolemy, Almagest. Book 111, Ch. 2.
10. Nicholas Copernicus, *On the Revolutions of the Heavenly Spheres*, Book l. Ch.10.

11. 摘自 Dampier，*A History of Science,* p.130。

第五章 啼声初试

1. Werner Heisenberg, *Physics and Philosophy* (London: Allen & Unwin, 1963).

2. *The Correspondence of Isaac Newton* (Cambridge: Cambridge University Press): Vols. 1, ed. H. Tumbull (1959). p. 9–10.

3. Frank E. Manuel. *A Portrait of Isaac Newton* (New York: Da Capo, 1968), p. 99.

4. Daniel Defoe, *A Visitation of the Plague* (London: Penguin, 1995), p. 28–29.

5. Samuel Pepys, *The Shormr Pepys* (London: Penguin, 1993), p.486, 497.

6. C. H. *Cooper Annals of Cambridge:* Vol 3, 1603—1688 (Cambridge, 1845), p. 517.

7. Fitzwilliam Museum. Cambridge. Fitzwilliam Notebook.

8. "Isaac Newton" entry in Biographical Britannica, Vol 5(London， 1760), p.32–41.

9. William Stukeley, *Memoirs of Sir Isaac Newton's Life*, ed. A. Hastings White (London: Taylor & Francis, 1936), p. 19–20.

10. Voltaire, *Elements of Newton's Philosophy* (London, 1738), p. 289

11. Henry Pembeaon, *A View of Sir lssac Newton's Philosophy* (London, 1728), Preface.

12. University Library, Cambridge, Add. MS 3968. 41, fol. 85r.

13. University Library, Cambridge, Add MS 4000, fol.14v.

14. 牛顿也像那个年代所有的天文学者一样，已经熟稔开普勒的发现：行星环绕太阳运行所走的是椭圆形的轨道。但是在那个阶段，他只能把轨道当作圆形来计算，因为椭圆形运动的数学尚有未能超越的障碍。*The Correspondence of Isaac Newton* (Cambridge: Cambridge University Press): Vols.1，cd. H. Tunlbull (1959), Vol. 1, p.300.

15. University Library, Cambridge, Add. MS 3958.2, fol.45r.

16. University Library, Cambridge, Add. MS 3968.41, fol. 85r.

17. Sir Edward Bysshe, The Visitation of the County of Lincoln made by Sir Edward Bysshe, Knight, Clarenceux King of Arms in the Year of Our Lord

1666, ed. Everard Green (Horncastle: printed for the Lincoln Record Society by W. K. Morton & Sons, 1917)，p. 44.

18. Isaac Newton, *Correspondence of Sir Isaac Newton and Professor Cotes*, ed. J. Edleston (London, 1850), p. xlii–xliii.

19. 牛顿除了从三一学院领取微薄的津贴，还可以从他继承的产业中每年收取大约 80 英镑。他也有资格分到三一学院基金的红利，当时大约为每年 25 英镑。此外，他母亲每年也给他若干零用钱。

20. Fitzwilliam Notebook.

21. 依照大学的记录，牛顿从未迁入大学拨给他供副研究员住的宿舍，而是如同当时一般的研究员那样将房间转租出去。根据他那本记载银钱收支的“菲茨威廉笔记簿”，他在 1668 年曾收了一笔 1 英镑 11 先令的房租。

22. “A true and perfect inventory [sic]of aIl and singular the Goods，Chattels and Credits of Sir Isaac Newton”, reproduced in Richard de Villamil, *Newton: The Man* (London: G. D. Knox, 1931), p. 50–61.

23. The Pierpont Morgan Library, New York, Notebook of Sir Isaac Newton.

24. King’s College Library. Cambridge, Keynes MS 135.

25. Sir Isaac Newton, *Principia Mathematica* (London, 2ad edn, 1713). “Scholium Genefale”.

26. *The Correspondence of Isaac Newton* (Cambridge: Cambridge University Press): Vols.1. ed. H. Tumbull (1959). p.13.

27. 同上，p. 14。

28. 同上，p. 14–15。

29. Isaac Barrow, Lectiones XVIII Cantabrigiae in Scholis Publicis Habitae: Inquibus Opticorum Phaenomen Genuinae Rationes lnvestigantur, ac Exponuhtur (London, 1669).

第六章 寻找点金石

1. Isaac Newton, *Opticks or A Treatise of the Reflections*, *Refactions*, *Inflections & Colours of Light,* Book Ⅲ, Pt 1, Query 30 (London,1706; NewYork: Dover

Publications, 1952), p. 373.

2. 特别引用 Kenelm Digby, *Powder of Sympathy, and of Vegetation of Plants* (London，1669)，此书于 17 世纪 50 年代后期出版于欧洲大陆。

3. Jewish Natural and University Library, Jerusalem, Yahuda MS 41, fols.6–7.

4. David Hume, “Natural History of Religion”, in Four Dissertations (London, 1757), p. 172.

5. 本书所述的是关于在欧洲流传的炼金术，在中国及印度流行的东方炼金术最早出现于地中海东部沿岸地区，也在同一时期独立发展。

6. Bodleian Library, Oxford, MS Don, b.15, fol. 3.

7. 到 20 世纪末都还有人相信炼金术，这不免令我们感到惊奇。虽然实验科学的来临使炼金术被认为是不足信的，但经过启蒙时代之后，它依然存在，骗过了维多利亚时代的理性主义，以后原子论和科技渐渐发展。

8. From Corpus Hereticum, attributed to Hermes Trismegistus，quoted in Jack Lindsay, *The Origins of Alchemy in Graeco-Roman Egypt* (London: Frederick Muller, 1970), p. 28.

9. Hermetica The Ancient Greek and Latin Writings Which Contain Religious of Philosophical Teachings Ascribed to Hermes Trismegistus, Vol 1，tralls .Walter Scott (Boston: Shambhala, 1985), p.96.

10. Charles Mackay, *The Alchymists: From Memoirs of Extraordinary Popular Delusions* (London, 1841), p.106.

11. Elias Ashmole, *Theatrum Chemicum Britannicum* (London，1652，reprinted in facsimile, London and New York, 1967), p. 443.

12. 迪伊甚至在死后仍然受到毁谤，他被具有政治意识的皇家学会注销了会籍。他在科学方面极有贡献，是欧几里得的《几何原本》英文译本编辑之一，又有航海和历法改革方面的著作。

13. Frances A. Rates，*The Rosicrucian Enlightenment* (London and New York: Routledge, 1972), p. 200–202.

14. 同上，p. 30–40。

15. 取自 The Alchymists：From Memoirs of Extraordinary Popular Delusions，p. 189。

16. 同上，p. 192–193。
17. 根据一些神秘学学者的说法，玫瑰十字会会员后来可能以一种变了形的方式继续存在。有些人认为他们暗中行事，持续影响着世界政治，但玫瑰十字会终究是彻底分裂了。它比起那些起不了大作用的前辈，四散的程度有过之而无不及。
18. 出处同注释 13，p.222。
19. 很重要的一点必须要注意，当时化学及炼金术之间的分际十分模糊。哈里森在《牛顿的图书室》（1978）中说，里面有 138 册可以归类为"纯炼金术"书籍，其余 31 册属于"化学"读本。牛顿在剑桥的时候还有更多炼金术的书籍．但在 1696 年迁居伦敦时都卖掉或送人了。
20.《金色的泰美斯神》《十二祭台的金饰象征》。欲看牛顿批注之全文，请参 阅 Ian Macphail，*Alchemy and the Occult*：*Catalogue of Books* from the Collection of Paul and Mary Mellon Given to Yale University Library, Vol.3 (New Haven: Yale University Press, 1968)．p. 102。
21. 勒尔和培根是同时代的人。瓦伦丁纳斯是一位与伯纳德同辈的天主教本笃会修士。
22. Paracelsus, Alchemy, *The Third Column of Medicine*, ed. A. E. Waite (London, 1897), p. 44.
23. Sir David Brewster, *Memoirs of The Life, Writings, and Discoveries of Sir Isaac Newton* (Edinburgh, 1855).
24. King's College Library, Cambridge, Keynes MS 130, "A Conduitt Notebook".
25. Maynard Keynes, "Newton the Man", in Royal Society, Newton Tercentenary Celebrations (Cambridge: Cambridge University Press, 1947), p. 29.
26. 很多人都认为炼金术士之所以常表现出怪异行为，是因为吸入太多炼金时产生的蒸汽（特别是水银蒸汽），有些历史学家甚至认为牛顿的精神崩溃（于本书第十章详述），也是因为在实验中吸入过量水银蒸汽。
27.《化学的婚礼》原来的书名为《罗森克鲁茨的化学婚礼》，初版于 1616 年在伦敦发行。罗森克鲁茨是一位身份不十分明确的人，传说他就是发起玫瑰十字会运动的半虚构人物。
28. Lindsay, *The Origins of Alchemy,* p. 216.

29. Cornelius Agrippa, *Three Rooks of Occult Philosophy,* trans "J.F" (London, 1651).
30. Carl Jung, *Memories, Dreams and Reflections* (London: Collins and Routledge & Kegan Paul, 1963), p. 147.
31. Carl G. Jung, *Man and His Symbols* (London: Aldus Books, 1964), p.210.
32. King's College Library, Cambridge. Keynes MS 27, fol. 4.
33. King's College Library, Cambridge, Keynes MS 39, fol. 2.

第七章　巫师的学徒

1. 这句名言是自爱因斯坦在 1921 年 5 月 9 日于普林斯顿所发表的谈话中摘录出来的。之后不久，这句话的德文原文便被刻在普林斯顿高等研究院的教授休息室壁炉上。
2. King's College Library, Cambridge, Keynes MS 137.
3. Stanford University MS 538.
4. University Library, Cambridge, Add MS 3975, p. 181–182.
5. Thomas Norton，*The Ordinall of Alchimy* (1477)。英文版初版于 1652 年在伦敦发行，第 143 页。
6. Bodleian Library, Oxford, MS Don. b. 15.
7. 这些未注定义的空缺，当然也有可能是他当时尚未了解这些名词的意思。
8. 或许他们在 1675 年之前在炼金术同好的秘密会议中见过。那次会议是在康韦子爵夫人安·芬奇于沃里克郡拉格雷乡下的家里举行的，会议主持人是摩尔。
9. *The Correspondence of Isaac Newton* (Cambridge: Cambridge University Press), ed. H. Turnbull (1960), Vol. 2, p. 2.
10. 一直到 20 世纪才证实菲拉利塔斯原来是伦敦炼金术士斯塔基的化名，他是英国知名教育与农业改革者哈特里布的好友，17 世纪 60 年代之前还一直从事炼金术活动。
11. 迪格比爵士即第六章一开始提到的美国炼金术士，他的《哲学中稀有的秘密和实验之选择》由库珀于 1682 年发行。

12. 然而，这是牛顿一连串书信往返中的一段不寻常的空白，这显示出可能有一批书信的保存出了问题。
13. B. J. Dobbs, *The Foundations of Newton's Alchemy, or The Hunting of the Greene Lyon* (Cambridge: Cambridge University Press, 1975), p.112.
14. King's College Library, Cambridge, Keynes MS 33, fol.5r.
15. 同上，fol. 5v。
16. Univefity Library, Cambridge, Add. MS 3975.
17. 我们在这里讨论一下牛顿在文稿上落款日期的问题。牛顿极少在他炼金术的文稿上注明日期，文稿上最能显示出日期的特征是他手写字体的大小与形状。学者德布斯将牛顿的手写字迹区分成六个时期：（1）“极早期”，1667—1669 年，这期间的字体垂直且规则，但细得几乎看不见。（2）“中早期”，1670—1675 年，字体较粗也较圆浑。（3）“后早期”，1675—1680 年，字体更粗、更圆浑。（4）“劣质墨水期”，1680—1681 年，牛顿在这段时期使用一种质量很差的墨水，他的手稿几乎无法辨认。（5）“中自信期”，1682—1692 年，字很大，倾斜但显得自信。（6）“晚年期”，1693—1727 年，字体重新变小，但与“极早期”的韵味和意义不一样了。
18. Charles Nicholl, *The Chemical Theatre* (New York: Routledge & Kegan Paul, 1980), p.10.
19. F1ias Ashmole (ed.), *Theatrum Chemicum Britannicum* (London, 1652), p. 446–447.
20. 老子,《道德经》，第二十五章，trans. D. C Lau (Harmondsworth: Penguin, 1963), p. 82。
21. C. G. Jung, *Psychology and Alchemy* [London: Routledge & Kegan Paul, 1979 (Vol. 12 of Jung's Collected Works)], p. 304.
22. Thomas Vaughan, “Aula Lucis”, in The Works of Thomas Vaughan, ed. Alan Rudrum and Jennifer Drake-Brockman (Oxford: Oxford University Press, 1984). p.17.
23. Bodleian MS Don. b. 15.
24. 一物质的氧化状态与它带有可供反应的电子数，或是一个原子在化学反应时有多少可以接受外来电子的空间有关。因此，它在元素相互作用的过程中，以及反应后生成何种化合物上都担任重要角色。

25. Basilius Valentinus, *The Triumphal Chariot of Antimony* (London: Vincent Stuart, 1962), p. 175.
26. University Library, Cambridge, Add MS 3975. p. 82.
27. 牛顿在信中指出这种物质有几种可能的用途，其中之一是用来制造镜面的材料，以改良他那时正在制造的反射望远镜。
28. King's College Library, Cambridge, Keynes MS 18.
29. University Library, Cambridge, Add. MS 3975, p. 143.
30. William Stukeley, *Memoirs of Sir Isaac Newton's Life,* ed. A. Hastings White (London: Taylor & Francis, 1936), p. 59.
31. Isaac Newton, *Correspondence of Sir Isaac Newton and Professor Cotes,* ed. J. Edleston (London, 1850), p. lxi.
32. Countway Medical Library, Harvard University, Countway MS, item 4.
33. 同上，item 3，fol.7。
34. Jewish National and University Library, Jerusalem, Yahuda MS 259, no. 9, p.41.
35. Trinity College Library, Cambridge, Trinity Notebook, fol. 126.
36. 同上，fol. 128。
37. Jewish National and University Library, Jerusalem, Yahuda MS 14, fol 25.
38. *The Correspondence of Isaac Newton* (Cambridge: Cambridge University Press), ed. Rupert Hall and Laura Tilling (1977), Vol.7, p. 387.
39. University Library, Cambridge, Res. a.1893, packet E.
40. King's College Library, Cambridge, Keynes MS 2, fol XllI v.
41. 同上。
42. Jewish National and University Library, Jemsalem, Yahude MS 21, fol. 2.
43. Jewish National and University Library, Jerusalem, Yahuda MS Var. I, Newton MS 41, fol. 7.
44. 牛顿写过一本内容烦琐的书，叫作《古王国的年代学补正》，该书由他的外甥女婿康杜伊特于他去世后出版（1728）。如书名所示，书的内容是对历史中几十个伟大的古文明重新评估其时期前后与相互影响。可是，有一位历史学家说："牛顿的《古王国的年代学补正》是不可形容的艰深难懂，或许有一天借用电脑的协助才能读通。" David Castillejo, The Expanding Force in Newton's Cosmos: "As Shown in his Unpublished Papers"(Madrid: Ediciones de Arte Y Bibliofilia, 1981), p. 91.

45. Jewish National and University Library, Jerusalem, Yahude MS 7.21, fol. 4.
46. Jewish National and University Library, Jerusalem, Yahuda MS 1.1.f 12r.
47. 那些算式的重算草稿有部分存于他的笔记簿中，放在剑桥大学国王学院图书馆的凯恩斯档案 (King's CollegeLibra, Cambridge, Keynes MS 5)。
48. Charles Webster, "Prophesy" in *From Paracelsus to Newton: Magic and the Making of Modern Science* (Cambridge: Cambridge University Press, 1982), p. 15–47.
49. Richard H. Popkin, *The Third Force in Seventeenth Century Philosophy: Scepticism, Science and Biblical Prophecy* (Madrid, Nouvelle Republique des Lettres, 1983), p.35–63.
50. Robert Bauval and Adrian Gilbert, *The Orion Mystery* (London: Heinemann, 1994).
51. King's College Library, Cambridge, Keynes MS 33, fol. 5v.
52. 上帝和它的宇宙可以用几何图形来象征，这一观念十分坚实，因此直到近代，此信条仍然留存，这可以由世界各地的许多寺庙、教堂的建筑样式窥知一二。Otto von Simson, *The Gothic Cathedral Origins of Gothic Architecture and the Medieval Concept of Order* (New York, Pantheon, 2nd edn. 1962), p.8–38.
53. Jewish National and University Library, Jerusalem, Yahuda MS Var.1, Newton MS 17.3, fols.8–10.
54. 同上，Newton MS 41 (5, n.84)，fol. 6。
55. 已故的德布斯教授在她极具学术性的著作《雅努斯的两张面孔：炼金术在牛顿思想中所扮演的角色》中，对此想法有很深刻的讨论，但是全世界的牛顿研究者对其可信度仍然抱有意见分歧。
56. 引自B. J. Dobbs, *The Janus Faces of Genius*: *The Role of Alchemy in Newton's*

Thought (Cambridge: Cambridge University Press, 1991), p.151。

第八章　宿敌

1. Leon Edel, *Henry D. Thoreau* (Minneapolis, 1970), p. 8.
2. University Library. Cambridge, Add. MS 4002, p.1.
3. King's College Library, Cambridge, Keynes MS 135, p. 6.
4. 摘自D. A. Winstanley, *Unreformed Cambridge* (Cambridge: Cambridge University Press, 1921), p. 132–133。
5. University Library, Cambridge, Add. MS 3975, p. 12.
6. University Library, Cambridge, Add. MS 4002, p. 22.
7. *The Correspondence of Isaac Newton* (Cambridge: Cambridge University Press), ed. H. Tumbull (1959). Vol.1, p. 3–4.
8. 出处来自康杜伊特 1726 年 8 月 31 日的札记中。King's College Library, Cambridge, Keynes MS 130.10, fol.3–3v.
9. *The Correspondence of Isaac Newton* (Cambridge: Cambridge University Press), ed. H. Turnbull (1959). Vol.1, p. 73.
10. 同上，p. 79。
11. 同上，p. 82–83。
12. E. N. Da C. Andrade, *A Brief History of the Royal Society* (London: Royal Society, 1960), p.201.
13. 佩皮斯于1684年担任主席。三年之后，皇家学会出版了牛顿的《原理》，这位主席在第一版的封面盖上他的认可图章。关于佩皮斯，请参阅第五章注释 6。
14. 尼科尔斯在他的著作《胡克日记：伦敦的莱昂纳多》中指出很重要的一点，他说胡克不像牛顿，他不能够专心于研究工作，因此不得不为生活努力，为皇家学会做事。1666 年，他是伦敦市政府任命的三位起草大火后重建计划的委员之一。Richard Nichols, *The Diaries of Robert Hooke: The Leonardo of London* (London: Book Guild, 1994).
15. *The Correspondence of Isaac Newton* (Cambridge: Cambridge University

Press), ed. H. Tumbull (1959). Voll, p.110–111.

16. 同上，p.116。
17. 同上，p.100。
18. 同上，p. 4。这篇记述是柯林斯写的，后来被放在他制作的一本关于牛顿首次对反射式望远镜的描述的副本中，当作附录。
19. 同上，p.135。
20. 同上，p.130–133。
21. Isaac Newton. *Isaac Newton, Isaac Newton's Papers and Letters on Natural Philosophy*. ed. I. Bernard Cohen (Cambridge, Mass.: Harvard University Press, 2nd edn, 1978), p.106.
22. *The Correspondence of Isaac Newton* (Cambridge: Cambridge University Press), ed. H. Tumbull (1959), Vol. 1, p. 159–160.
23. 同上，p. 171–173。
24. 同上。
25. 培根无疑是归纳法的"科学推理之父"，伽利略则强调数学解释及实验证明的重要，然而是牛顿将这两人创立的方法和观念合并运用，以臻完美成熟的。
26. 现代的最好范例是低温核聚变的那段公案。1989 年，弗莱希曼教授和庞斯教授这两位科学家共同宣布，他们在室温下达成核聚变的反应。但是在这个站不太稳的声明被接受之前，全世界有多组科学家尝试重复这两位教授提出的方法，当所有的尝试统统失败后，那份声明几乎确定是无根据的。新的实验也指出了原来实验中的错误。弗莱希曼后来虽然还在一家由日本公司出资的研究中心继续从事核聚变研究，但是那项低温核聚变的假说已经被大部分的正统科学抛弃。
27. *The Correspondence of Isaac Newton* (Cambridge Cambridge University Press), ed. H. Turnbull (1959), Vol.1, p. 262.
28. 同上，p.282。
29. 牛顿相信光是由一群粒子组成的，胡克则支持光的波动学说。直至今天，这两种说法依然相争未解。现代物理学认为光具有双重性质：它既是波动，又是粒子，全因实验当时的条件而定。

30. 胡克可能是最先提出这一构想的人，可是惠更斯却在 1674 年率先制造出了实用模型。
31. *The Correspondence of Isaac Newton* (Cambridge: Cambridge University Press), ed. H. Tumbull (1959), Vol. 1, p. 408.
32. 同上，p. 412，413。
33. 同上，p. 416。
34. Richard Waller, "The Life of Robert Hooke", in *Posthumous Works of Hooke* (London, 1765), p.xxvi–xxvii; John Aubrcy, Briey Lives. ed. O. L. Dick (Ann Arbor: University of Michigan Press, 1957), p.165.
35. 在那次事件之前，牛顿至少在一个场合中见过胡克。在 1675 年 2 月 18 日他第一次出席皇家学会的会议时，胡克也在座。

第九章　迈向《原理》

1. 此段话摘自巴斯德在 1854 年 12 月 7 日于法国里尔大学任教的就职典礼演说。
2. *The Correspondence of Isaac Newton* (Cambridge: Cambridge University Press), Vol. 2, ed. H. Tumbull (1970), p. 433–435.
3. 同上。
4. 同上，p. 442。
5. 同上。
6. King's College Library, Cambridge, Keynes MS 137. p. 16.
7. University Library, Cambridge, Add MS 4007.fols 707–707v.
8. Isaac Newton, *Correspondence of Sir Isaac Newton and Professor Cotes*. ed. J. Edleston (London 1850). p. lxxxv.
9. King's College Library, Cambridge, Keynes MS 130 (8).
10. Lincoln Cathedral Archives. Bishop's Transcripts of Colsterworth.
11. *The Correspondence of Isaac Newton* (Cambridge: Cambridge University Press). Vol.2 ed. H. Tumbull (1960). p. 502–504.
12. 同上，p.297。

13. 同上，p. 300–301; p. 436。
14. 同上，p. 304–305。
15. 原文来自 Lectiones Cutleriane，摘自 John Auhrey, *Brief Lives*. ed. O. L. Dick (Ann Arbor: University of Michigan Press, 1957), p.166.
16. *The Correspondence of Isaac Newton* (Cambridge: Cambridge University Press), Vol. 2, ed. H. Tumbull (1960), p. 307.
17. 我们可以设想，出席的院士中没有人发觉胡克的教学运算有毛病，因此胡克的观点被认为优于牛顿的演算，毕竟胡克是在皇家学会现场用极具说服力的口才为自己辩解的。
18. *The Correspondence of Isaac Newton* (Cambridge: Cambridge University Press), Vol.2 ed. H. Turnbull (1960), p.312–313.
19. 时至今日仍留存下来的证明文件还有两份，一份出自牛顿的亲笔计算，另一份是由牛顿的朋友洛克的秘书后来抄录的。牛顿亲笔写的那一份基本上可以确定是在 1680 年年初完成的。University Library, Cambridge, Add MS 3965, fols.1–3.
20. Abraham Demnivre, "Memorandum on Newton's Life", Joseph Halle Schaffner Collection, University of Chicago Library, MS 1075–1077.
21. *The Correspondence of Isaac Newton* (Cambridge: Cambridge University Press), Vol.2. ed. H. Turnbull (1960), p.447.
22. Robert Hooke, *The Diary of Robert Hooke, 1672—1680,* ed. Henry W Robinson and Walter Adams (London: Taylor & Francis, 1935), p.459–460.
23. *The Correspondence of Isaac Newton* (Cambridge: Cambridge University Press). Vol.2, ed. H. Turnbull (1960), p. 315.
24. 同上，p.368。
25. 同上，p.361。
26. 同上，p. 336–339（弗拉姆斯蒂德写给哈雷。1681 年 2 月 17 日）。
27. 同上，p. 360。
28. 卡西尼是原籍为意大利的法国天文学家，他对天文学有许多重要的贡献，例如：测量出地球与火星间的距离、发现土星的其中四颗卫星及土星环上的一条巨大缝隙（该缝隙即被命名为卡西尼环缝）。

29. Robert Hooke, *Comta,* reprinted in R. T. Gunther (ed.), Early Science in Oxford. Vol.8 (Oxford: Oxford University Press, 1922), p.223–224, 247.
30. Richard Westfall, "Newton and Alchemy", in Brian Viekers (ed.) Occult and Sclentific Mentalities in the Renaissance (Cambridge: Cambridge University Press, 1984). p.330.
31. Henry More, The Immortality of the Soul, So forth as it is demonstrated from *the Knowledge of Nature and the Light of Reason* (London, 1659), p. 467–468.
32. Sotheby lot no.113; Smithsonian Institute Library. Washington DC, Dibner Library of the History of Science and Technology. MSS 1031 B.
33. King's College Library, Cambddge, Keynes MS 19, fols.1.3.
34. University Library, Cambridge, Add MS 3973. fols 13, 21.
35. University Library, Cambridge, Add MS 3975, p.108–109.
36. *The Correspondence of Isaac Newton* (Cambridge: Cambridge University Press), Ed. H. Turnbull (1959), Vol.1, p.368–370.
37. 这段话使某些学者认为，那个时期的牛顿秉持的理念，犹如“炼金宇宙学”，与洛夫洛克的概念“盖亚”极为相似。洛夫洛克主张地球是个能自我控制的个体，它的行为几近于一个单一的、完整的有机体。Westfall，“Newton and Alchemy”，p. 323.
38. *The Correspondence of Isaac Newton* (Cambridge: Cambridge University Press), Vol. 2, ed. H. Tumbull (1960), p. 288, 291.
39. 如第四章所述，开普勒的第三定律可以用另外一种关系式表达，那就是行星与太阳间的平均距离和行星环绕太阳一周所需时间有关。
40. Isaac Newton, *Unpublished Scientific Papers of Sir Isaac Newton.* A Selection from the Portsmouth Collection in the University Library, Cambriage, Vol.2, ed. and trails. A. Rupert Hall and Marie Boas Hall (Cambridge: Cambridge University Press, 1962), p.220.
41. 同上，p.113。
42. Thomas Birch. *The History of the Royal Society of London*. Vol. 4 (London, 1757), p.347.

43. King's College Library, Cambridge, Keynes MS 135.
44. 标识太阳系的行星位置所用的黄道体系，是以黄经（又称天球经度）和黄纬（又称天球纬度）组成的天体坐标系统。
45. *The Correspondence of Isaac Newton* (Cambridge: Cambridge University Press), Vol.2, ed. H. Tumbull (1960), p. 407.
46. 同上，p. 409。
47. 同上，p. 413。
48. King's College Library, Cambridge, Keynes MS 135.
49. 同上。
50. Isaac Newton, *Principia Mathematica*; trans and ed. Ardrew Motte as Mathematical Principles of Natural Philosophy (1729). rev. Florian Cajori (Berkeley and Los Angeles: University of California at Berkeley Press, 1934), p.397.
51. King's College Library. Cambridge, Keynes MS 133. p. 10.
52. 巴多林，丹麦物理学家、数学家，发现光的双折射现象。狄魏特所著《曲线原理》；哈雅。舒腾所著《评笛卡儿几何学》。惠更斯所著《时钟星座振荡》。*The Correspondence of Isaac Newton* (Cambridge: Cambridge University Press), Vol. 3, ed. H. Tumbull (1961), p. 152, 155–156.
53. *The Correspondence of Isaac Newton* (Cambridge: Cambridge University Press), Vol.2, ed. H. Tumbull (1960), p. 431–432.
54. 同上，p.435–437。
55. 同上。
56. 同上。
57. 同上，p. 441–443。
58. 同上。
59. 同上，p. 474。

第十章 崩溃

1. Samuel Johnson, "Inch Kenneth", in *A Journey to the Western Islands of*

Scotland (London, 1775).

2. King's Colege Library, Cambridge, Keynes MS 130.6, Book 2.
3. King's College Library. Cambridge. Keynes MS 130.5, sheets 2–3.
4. *The Correspondence of Isaac Newton* (Cambridge: Cambridge University Press), Vol.2, ed, H. Turnbull (1960), p. 484.
5. Richard Nichols, *Diaries of Robert Hooke: The Leonardo of London* (London: Book Guild, 1994), p.197 (3 February 1689 and 3 July 1689).
6. Isaac Newton, *Unpublished Scientific Papers of Sir Isaac Newton.* A Selection from the Portsmouth Collection in the University Library, Cambridge, Vol.2, Ed. and trans. A. Rupert Hall and Marie Boas Hall (Cambridge: Cambridge University Press, 1962), p.333.
7. 牛顿著名的宣言“我不杜撰假说”登载在《原理》第二版的序言中，该版直到 1713 年才由科茨编辑发行。
8. Charles Henry Cooper, *Annals of Cambridge,* 5 vols (Cambridge, 1842—1908), Vol.3. p.615.
9. 同上，p.634。
10. *The Correspondence of Isaac Newton* (Cambridge: Cambridge University Press), Vol.2, cd. H. Turnbull (1960). p.467–468.
11. 同上，p.502–504。
12. King's College Library, Cambridge, Keynes MS 116.
13. Cooper, *Annals of Cambriage,* Vol.3. p.631.
14. John Locke, *An Essay Concerning Human Understanding*. cd. Peter H. Nidditch (Oxford: Oxford University Press, 1975), p. 9–10.
15. J. T. Desaguliers, Experimental Philosophy, Vol. 1 (London, 1734). Preface.
16. Locke. Human Understanding, p 319.
17. 洛克是沙夫茨伯里伯爵的支持者，在逃亡途中几乎丧命。沙夫茨伯里对“天主教阴谋”的尖锐批评，使洛克反天主教的意识也变得出名。除此之外，他也是宗教自由的伟大支持者。他于《论宗教宽容》（1689）这本书中表达了他的理念。他认为在某个范围内，没有人可以强制他人的宗教信仰。这个主张正式打开了 1689 年的《宽容法》之门，允许基督教所有教徒的自由信仰，最显著的例外是天主教和阿里乌教派。

18. 牛顿原本应允通过洛克将论文交由《世界图书馆》发行，该期刊的创办人是勒克莱克。但当工作正在进行中时，牛顿却收回承诺，勒克莱克只好把文稿存放在阿姆斯特丹的雷蒙史村图书馆中。50 多年之后（牛顿死后十几年），该论文又以牛顿的名义被发表，取名为《异教神学的起源》。
19. William Seaward, *Anecdotes of Distinguished Persons,* Vol.2 (London, 5th edn, 1804), p. 178.
20. Gimert Burnet, *Travels* (London. 1750), p. 14.
21. Seaward, *Anecdotes,* p.190.
22. *The Correspondence of Isaac Newton* (Cambridge: Cambridge University Press), Vol.3, ed. H. Tumbull (1961), p. 45.
23. 同上。
24. 日内瓦的书信原稿内容摘自 Charles Andrew Domson, "Nicholas Fatiode Duillier and the Prophets of London: An Essay in the Historical Interaction of Natural Philosophy and Millennial Belief in the Age of Newton"（耶鲁大学博士论文, 1972), p. 32–34.
25. *The Correspondence of Isaac Newton* (Cambridge: Cambridge University Press). Vol. 3, ed. H. Turnbull (1961), p. 390–391.
26. 同上。
27. 同上，p.170。
28. Christiaan Huygens, *CEuvres completes* (The Hague, Haarlem, 1888—1950), Vol.10, p. 271–272.
29. *The Correspondence of Isaac Newton* (Cambridge: Cambridge University Press), Vol. 3, ed. H. Turnbull (1961), p. 230.
30. 摘自 1691 年 12 月 18 日法蒂奥写给惠更斯的信，in Huygens, Ceuvres. Vol.10，p. 213.
31. *The Correspondence of Isaac Newton* (Cambridge: Cambridge University Press), Vol.5, ed. H. Turnbull (1961), p. 231.
32. 同上，p. 231–233。

33. 同上，p. 241–242。

34. 同上，p. 243。

35. Bibliothèque Publique et Univeraltaire de Genève, MS fancais 602.fol.82v（法蒂奥写给其兄的信，1693 年 2 月 3 日）.

36. *The Correspondence of Isaac Newton* (Cambridge: Cambridge University Press), Vol.3, ed. H. Turnbull (1961), p.245, 263.

37. 同上，p.391。

38. 摘自 R. T. Gunther (ed.) 重编胡克的日记，Early Science in Oxford，Vol.10 (Oxford: Oxford University Press, 1920–1925). p.190–191。

39. *The Correspondence of Isaac Newton* (Cambridge Cambridge University Press), Vol.3, ed. H.Turnbull (1961), p.191.

40. 米林顿是牛顿的同事，他任教于剑桥大学玛格达琳学院。出处同上，p. 279。

41. 出处同上，p.281。

42. 同上，p.283。

43. 同上，p.280。

44. 同上，p.283。

45. 同上，p.284。

46. Babson College Library, Massachusetts, Babson MS 420, p. 19.

47. 同上，p.18a。

48. P. E. Spargo and C. A. Pounds, Newton's Derangement of the Intellect New Light on an Old Problem, Notes and Records of the Royal Society of London. Vol. 34. no.1 (July 1979). p.116–121 或参考 R. Seitz and J. Y. Lettvin, "Mercury and Melancholov The Decline of Isaac Newton", Bulletin of the American Physical Society, set II, 16 (1971), p.1400.

49. *The Correspondence of Isaac Newton* (Cambridge: Cambridge University Press). Vol.4, cd.J. F. Scott (1967), p.131, 84.

50. *The Correspondence of Isaac Newton* (Cambridge: Cambridge University Press). Vol.3, ed. H. Turnhnll (1961), p.282.

51. *The Correspondence of Isaac Newton* (Cambridge: Cambridge University Press). Vol.4, cd. J. F. EScott (1967), p. 188.

52. 同上，p.193–194。
53. 这或许巧妙地点出了几年前的一件事情。1692 年 1 月，牛顿在给洛克的一封信中发了一次脾气，突然表示对蒙塔古不满，宣称不再要蒙塔古协助他寻求政府的职位。在那封署期为 1692 年 1 月 26 日的信中，他说："我原以为蒙塔古先生对我的旧恨已经消除，但是现在我完全相信那是错误的。我和他已经结束，不打算再有行动，除非我的蒙塔古爵爷仍然认我为朋友。"
54. *The Correspondence of Isaac Newton* (Cambridge：Cambridge University Press), Vol. 4, ed J. E. Scott (1967). p.195. 原稿来源为英格兰银行（Bank of England）。

第十一章 转型

1. Alfred, Lord Tennyson, Locksley Hall (1842), 1181.
2. John Evelyn. *The Diary of John Evelyn*. Vol.3. ed. E. S. De Beer (Oxford: Oxford University Press, 1955), p.234.
3. 这种趋势到第二次抵抗路易十四的西班牙王位继承争斗（1701—1713）之后更为明显，该争斗最后以签订乌得勒支条约结束。该条约接受由马尔伯勒公爵为全欧总外交官的身份履行监察。
4. King's College Library, Cambridge, Keynes MS 130 (6), Book 2.
5. *The Correspondence of Isaac Newton* (Cambridge: Cambridge University Press), Vol.4, ed. J. F. Scott (1967), p. 201.
6. Public Records Office, London, Mint MS 19.1, fois.9–10.
7. Evelyn, *Diary,* Vol.5, p.228.
8. Narcissus Lutrell, *A Brief Historical Relation of State Affairs*. Vol. 5. (Oxford, 1857), p. 86.
9. *The Correspondence of Isaac Newton* (Cambridge: Cambridge University Press), Vol.4, Ed. J. F. Scott (1967), p. 258.
10. Hopton Haynes, "Brief Memoirs Relating to the Silver & Gold Coins of England: With an Account of the Corporation of the Hammerd Monyes, And

of the Rearm by the Late Grand Coynage, At the Tower and the Five Country Mints, In the Years 1696, 1697, 1698, and 1699", British Library, Lansdowne MSDCCCI , fol. 78v.

11. John Harrison, *The Library of Isaac Newton* (Cambridge: Cambridge University Press, 1978), p. 59.
12. *The Correspondence of Isaac Newton* (Cambridge: Cambridge University Press), Vol. 4, ed. J. F. Scott (1967), p. 208.
13. 同上，p. 243。
14. Public Records Office, London, Mint MS 1.6. fol. 618.
15. *The Correspondence of Isaac Newton* (Cambridge: Cambridge University Press), Vol. 4, ed. J. F. Scott (1967), p. 209–210.
16. Mint MS 19.1, fol. 467.
17. Public Records Office, London, E351, Roll 2073.
18. *The Correspondence of Isaac Newton* (Cambridge: Cambridge University Press), Vol. 4, ed. J. F. Scott (1967). p. 217.
19. John Crag. "Isaac Newton and the Counterfeiters", Notes and Records of the Royal Society of London.Vol.18 (1963), p. 139.
20. Royal Mint Library, Depositions Book, no. 233.
21. 同上，no. 215。
22. Royal Mint Library, Depositions Book. no. 205 (Letter of 6 March 1699).
23. Haynes, "Brief Memoirs", fol. 68.
24. 泰恩勃绞刑场，地点在今伦敦市的大理石拱门，靠近热闹的牛津街。
25. Royal Mint Library, Depositions Book. no. 27.
26. *The Correspondence of Isaac Newton* (Cambridge: Cambridge University Press), Vol. 4. ed. J. F. Seou (1967), p. 225.
27. King's College Library, Cambridge, Keynes MS 130 (5).
28. *The Correspondence of Isaac Newton* (Cambridge: Cambridge University Press), Vol. 4, Ed. J. F. Scott (1967), p. 349.
29. Brook Taylor, *Contemplatio Philosophica* (London, 1793), p. 93–94.
30. 维多利亚时期的牛顿传记作家布鲁斯特曾经拥有一张她的雕像的相

片，并曾向一位朋友描述她的惊人美貌，可惜那雕像已经不知去向，而相片也已经遗失了。Bodleian Library, Oxford, New College MS 361, IV, fol.76 (David Brewster to Revd Jeffrey Ekins, April 1855).

31. 斯威夫特从 22 岁认识才 8 岁的埃丝特 · 约翰逊开始，终生私恋于她，而埃丝特即《致史黛拉书》中的女主角史黛拉。斯威夫特死后安葬于都柏林圣帕特里克主教堂墓园中，紧临埃丝特。

32. Jonathan Swift. *Journal to Stella,* Vol. 1. ed. Harold Wiliams (Oxford: Oxford University Press, 1948), p. 229–230.

33. 同上，p. 229–230 (3 Apdil 1711)。

34. 同上，p.109 (30 November 110)。

35. Jonathan Swift, Journal to Stella. Vol. 2, Ed. Harold Wiliams (Oxford: Oxford Universi Press, 1948), p. 383 (14 October 1711).

36. Isaac Newton, *Correspondence of Sir Isaac Newton and Professor Cotes,* cd. J. Edleston (London, 1850). p. lxxviii.

37. John Dryden, *Miscellany Poems,* Vol.5 (London, 5th edn.1727), p.61.

38. The Works and Life of the Right Honourable Charles, Late Earl of Halifax (London, 1715), Appendix, p. iv, v–vi.

39. 斯威夫特是托利党的支持者，有一段时间他和蒙塔古关系友好。有趣的是，尽管他在 1714 年返回爱尔兰之前已经不和蒙塔古来往，却从来没有透露他早有耳闻蒙塔古和凯瑟琳之间的关系。

40. Swift, *Journal to Stella,* Vol. 2, p. 395 (25 October 1711).

41. Catalogue of Newton Papers Sold by Order of Viscount Lymington, lot 176, p.41.

42. Augustus De Morgan, *Newton: His Friend And His Niece* (London, 1885).

43. *The Correspondence of Isaac Newton* (Cambridge: Cambridge University Press), Vol.6. ed. Rupert Hall and Laura Tilling (1976). p. 225.

44. Joseph Lemuel Chester (ed.) The Marriage. Baptismal, and Burial Registers of the Collegiate Church or Abbey of St Peter Westminster (London, 1876), p.354.

45. Christopher Hill, "Newton and His Society", in Robert Palter (ed), The Annus

Mirabilis of Sir Isaac Newton, 1666—1966 (Cambridge, Mass.: Harvard University Press. 1970), p.40.

46. Frank E. Manuel, *A Portrait of Isaac Newton* (New York: Da Capo, 1968), p. 261–262.

47. Francis Baily, *An Account of the Reved John Flamsteed, the First Astronomer Royal* (London, 1835), p.314.

48. Voltaire, "Dictionnaire philosophique", in Euvres completes deVolmim. Vol.42 (Paris, 1787), p. 165.

49. 此书英文书名为 *Memoirs of Europe, Towards the Close of the Eighth Century* Written by Eginardus, Secretary and Favourite to Charlemagne; and done into English by the Translator of the New Atlantis。

50. 此书英文书名为 *Secret Memoirs and Manners of Several Persons of Quality, of Both Sexes* From the New Atlantis。

51. Mary de la Riviere Manley, *Memoirs of Europe,* Vol.1, (London, 2nd edn, 1711). p. 261–267.

52. 同上。

53. Bodleian Library, Oxford, New College MS 361, IV, lois, 159–160 (David Brewster to Revd Jeffrey Ekins).

54. 事实上，威廉也不赞同辉格党的政治路线，但是终其一朝，他都和辉格党合作，受到他们的支持，因为他知道唯有辉格党才会支持和协助他抵抗共同的敌人——天主教狂热者法王路易十四。

55. 辉格派的领袖被称作 Whig Junto，"Junto" 一词是从 1695 年春起人们对辉格派的一些主要领导人的称呼。"Junto" 一词源自西班牙语 "Junto"，意为小集团。"小集团" 在这里指的是斯图亚特王朝的辉格派，而不是 1727 年由富兰克林创立于费城的 "评议会社"。后者每周聚会一次，讨论有关道德、政治、自然哲学及商业等方面的问题。

56. Joumal Book of the Royal Society, Vol.10, p.128 (31 May 1699).

57. 同上，p.120 (25 April 1699)。

58. Journal Book (Copy) of the Royal Soniety. Vol.10, p.63–64 (16 February 1704).

59. Jean Théophile Dcsqueliers, *Course of Experimental Philosophy*, Vol. 1 (London, 3rd edn, 1763), p.viii.
60. Isaac Newton, *Opticks or A Treatise of the Rections, Refractions, Inflections & Colours of Light* (London, 1706； New York, Dover Publications, 1952), p. cxxi.
61. W. G. Hiseoek (ed), *David Gregory, Isaac Newton and Their Circle* (Oxford: Oxford University Press. 1937), p.14.
62. Newton, *Opticks*, p. 1.
63. 牛顿无法完成统一场论应该不至于令人觉得惊讶，到今天，霍金、温伯格等大物理学家，以及许多科学家仍然在努力追求此目标。温伯格于1967 年首先提出电弱理论（温沙理论），统一电磁力与弱核力，他与萨拉姆、格拉肖同获 1979 年诺贝尔物理学奖。
64. University Library, Cambridge, Add. MS 3970.3. fol.336.
65. *The Correspondence of Isaac Newton* (Cambridge: Cambridge University Press). Vol.3, ed. H. Tumbull (1961), p. 338.
66. Newton, *Opticks*, p.266 (my Bold type).
67. 同上，p.338。
68. 同上，p.339。
69. 广义相对论推算出，来自遥远星球的光线在通过太阳附近时，会被太阳的重力吸引而向太阳偏折——接近庞大的太阳时会产生时空的扭曲。这个论点于 1919 年早期，由天文学家埃丁顿（英国天文物理学家、数学家，奠定了现代天文学的基础）用一系列的观测加以证实。此项证实让爱因斯坦的相时论一夜之间举世闻名。
70. Newton, *Opticks,* p.340.
71. 在拉丁文版中加进去的 7 则质疑，今天被列为第 25 项至第 31 项质疑，而英文版第二版中加进去的 8 则质疑，反而列在第 17 项至第 24 项质疑。
72. Newton, *Opticks,* p. 375–376.
73. Erasmus Darwin, *The Temple of Nature*; or *The Origin of Society* (London, 1803), Canto I.P.1, 11.1–8.
74. Alexander Pope. *An Essay on Man* (London, 1733), Epistlell, 11.31–34.

75. William Blake, *Jerusalem* (1804), in Complete Poetry and Prose, ed. Geoffrey Keynes (London: Reinhardt Books, 1989), p. 574–575.
76. Peter Aekroyd, *Blake* (London: Sinclair Stevenson, 1995), p.194.
77.《巨石阵：复原不列颠德鲁伊教派的庙宇》。斯蒂克利除了著有牛顿的第一部传记，他还是 18 世纪最有成就的古物学家，发表了几本德鲁伊教派（系指高卢、不列颠和爱尔兰之古代凯尔特人的宗教团体）和古传说的研究著作。
78. Peter Ackroyd, *Blake* (London: Sinclair Stevenson, 1995), p. 58.

第十二章　老人之间的争斗

1. Jewish National and University Library, Jerusalem, Yahuda MS7.3p.
2. From " The Inventory of Newton's Goods, Chattels and Gredits, Taken 21–27th April 1727", quoted in Richard de Villamil, *Newton: The Man* (London: G.D. Knox, 1931), p. 50–61.
3. King's College Library, Cambridge, Keynes MS 129A. p.18.
4. Villamil, *Newton: The Man*. p. 14–15.
5. Henry St. John, Viscount Bolingbroke, Lettres historiques, politiques, philosophiques. et particuliéres Précédées d' un essai historique sur, ca vie, Vol.1, ed. Count H. P. Grimoard (Paris, 1808), p. 156.
6. William Stukeley, *Memoirs of Sir Isaac Newton's Life*. ed. A. Hastings White (London: Taylor & Francis, 1936). p. 14.
7. Joseph Spence, *Anecdotes, Observations, and Characters of Books and Men Collected* from the Conversations of Mr. Pope, and Other Eminent Persons of His Time, ed. Samuel S. Singer (London, 1820), p. 368.
8. King's College Library, Cambridge, Keynes MS 136. p.12.
9. John Harrison, *The Library of Isaac Newton* (Cambridge: Cambridge University Press, 1978), p. 70.
10. W. G. Hiscock (ed), David Gregory, *Isaac Newton and Their Cimle* (Oxford: Oxford University Press, 1937), p. 17.

11. 同上，p. 14。
12. Margaret C. Jacob, “Newton and the French Prophets: New Evidence”. *History of Science*. Vol.16. (1978), p. 134–142.
13. 摘自 Clavis Prophetica or a Key to the Prophesies of Mons Marion, and the other Camisars with some Reflections on the Character of these New Envoys, and of Mons. F. their Chief Secretary (London, 1707)。
14. “骑士的实验”意指先知在大众面前的表演；西奈山即《圣经》里所言上帝立十诫给摩西的山。R. Kingston, Enthusiastich Imposters, no Divinely lnspir’d Prophets, Being a Historical Relation of the Rise, Progress and Present Practices of the French and English Prophets (London, 1707), p. 22 (Kingston’s italics).
15. Thomas Heame, *Remark and Collections,* Vol.2, ed. C. E. Doble etal (Oxford, 1892), p.244 (1etter from 28 August 1709).
16. Spence, *Anecdotes*, p. 56–57, 72.
17. William Whiston, *Memoirs of the Life and Writings of Mr. William Whiston* (London, 1749), p.292–293.
18. 同上，p.293。
19. 同上，p. 293–294。
20. 同上，p.294。
21. Hearne, *Remarks and Collections,* Vol.2. p.100–101.
22. Francis Baily, An Account of the Revd. John Flamsteed. the First Astronomer Royal (London, 1835), p.229.
23. Gottfried von Leibniz, Die Philosophischen Schriften, ed. C. J. Gerhmdt (Berlin. 1875—1890；Hildesheim. 1960—1961), Vol.3, p. 328–329.
24. Baily, *Flamsteed*, p.306.
25. 同上，p. 276 (Flamsteed to John Sharp, 14 July 1710)。
26. Frank E. Manuel, *A Portrait of Isaac Newton* (New York: Da Capo, 1968), p.283.
27. Council Minutes of the Royal Society, London. Vol 2, p. 185–191.
28. 这本书的原书名为 *An Account of the Late Proceedings in the Council of*

the Royal Society。In Order to Remove From Gresham College in to Crane Court, in Fleet Street. In a Letter to a Friend.

29. *The Correspondence of Isaac Newton* (Cambridge: Cambridge University Press). Vol.5, ed. Rupert Hall and Laura Tilling (1975). p. 76–78.
30. 同上。
31. 亨特于 1713 年去世时，尚持有皇家学会所立的借据共 650 英镑，后来由牛顿和斯隆设法还清。
32. 皇家学会于 1780 年班克斯爵士担任主席时，再迁至萨默塞特郡议院里。
33. Charles R. Weld. *A History of the Royal Society,* Vol. 1 (London, 1848), p.393–394.
34. Council Minutes of the Royal Society, London, Vol.2, p.233–234.
35. Stukeley, *Memoirs,* p.78–81.
36. 牛顿担任主席的 24 年间，学会一共举行过 175 次理事会，其中他出席了 161 次，而缺席的时间大多发生在他生命的最后两年。
37. Council Minutes of the Royal Society, London, Vol.2, p. 214.
38. Jewish National and University Library, Yahuda MS 15.7, fol 180v.
39. 牛顿并不是真心为了斯隆，他只是看准了那是一次驱逐伍德沃德和其他异议者的大好机会。三年之后，即 1713 年，斯隆辞去秘书职位，但是直到牛顿任职主席的最后一天，他一直留在理事会里。
40. *The Correspondence of Isaac Newton* (Cambridge: Cambridge University Press). Vol.2. ed. H. Tumhull (1960). p. 217.
41. Stukeley, *Memoirs,* p. 67.
42. Bally, *Flamsteed,* p. 276.
43. 同上，p.272。
44. Manuel, *A Portrait of Isaac Newton,* p. 305.
45. Bally. *Flamsteed,* p. 7.
46. John Flamsteed, “Self-Inspections of J. F.” (Vol. 32A, fol.2), Archives of the Royal Greenwich Observatory at Herstmonceux.
47. Baily, Flamsteed, p. 60.
48. *The Correspondence of Isaac Newton* (Cambridge: Cambridge University Press). Vol.4 ed. J. F. Scott (1967). p. 87–88.

49. *The Correspondence of Isaac Newton* (Cambridge: Cambridge University Press), Vol.3, ed. H.Turnbull (1961), p. 203 (Flamsteed to Newton, 24 February 1692).
50. *The Correspondence of Isaac Newton* (Cambridge: Cambridge University Press), Vol.4 ed. J. F. Scoa (1967), p. 54–55.
51. R. S. Westfall, *Never At Rest: A Biography of Isaac Newton* (Cambridge: Cambridge University Press, 1980), p.658.
52. *The Correspondence of Isaac Newton* (Cambridge: Cambridge University Press), Vol.4 ed. J. F. Scott (1967), p.58.
53. 同上，p. 332。
54. 同上，p. 134。
55. 同上，p. 143。
56. 同上，p.134 (Flamsteed's comments added to Newton's letter of 9 Iuly 1695)。
57. 同上，p. 169。
58. 同上，p. 290。
59. 同上，p. 277。
60. David Williamson, *Kings and Queens of Britain* (London: Webb & Bower, 1992), p. 152.
61. Baily. *Flamsteed* , p. 77.
62. 同上，p. 66。
63. 同上，p. 246。
64. 弗拉姆斯蒂德自知在那个时期还未能提供完整的星座目录，因为他的观测工作尚不充分，然而他却不愿明确告诉牛顿，所以造成工作延误的原因除了他过度被伤害，的确也是力有未逮。牛顿则一直认为，弗拉姆新蒂德所知道的要比他愿意提供的多，他所掌握的资料库要比他愿意承认的庞大得多。
65. Baily, *Flamsteed* , p. 270.
66. 同上，p. 92。
67. *The Correspondence of Isaac Newton* (Cambridge: Cambridge University

Press), Vol.5, ed. Rupert Hall and Laura Tilling (1975), p. 99.
68. 同上，p.101。
69. 同上，p.102。
70. John Flamsteed, "Self-lnspecdons of J. F.". Vol 33, fols.104–106.
71. 同上。
72. Baily，*Flamsteed*, p. 323.
73. 同上，p. 101。
74. John Flamsteed, "Self-Inspections of J. F.", Vol. 32c, fols.78–82.

第十三章 谁先发明了微积分

1. Thomas Babington Macaulay. "Lord Bacon", Edinburgh Review, October 1833.
2. Frank E Manuel, *A Portrait of Isaac Newton* (New York: Da Capo, 1968), p.323.
3. David Millar et a1，*Chambers Concise Dictionary of Scientists* (Cambridge: Chambers and Cambridge University Press, 1989), p.242.
4. 日耳曼各邦诸侯中，有权选举日耳曼国王者，被称为选候，而当选为国王者，几乎一定会成为神圣罗马帝国皇帝。在 13 世纪，有 7 位选候正式立法成为独有选举权的贵族，其中之一便是美因茨的总主教。选候组织于 1806 年拿破仑解散神圣罗马帝国时宣告结束。
5. See Joseph E. Hoffman. Leibniz in Paris. 1672—1676. His Growth to Mathematical Maturity (Cambridge: Cambridge University Press, 1974), p. 291.
6. *The Correspondence of Isaac Newton* (Cambridge: Cambridge University Press), Vol. l, ed. H. Turnbull (1959), p. 15.
7. 同上，p. 356。
8. *The Correspondence of Isaac Newton* (Cambridge: Cambridge University Press), Vol.2, ed. H. Turnbull (1960). p. 134.
9. 同上，p.110。

10. 同上，p. 163。
11. Hoffman, Leibniz in Paris, Ch.20.
12. Isaac Newton, *Pincipia Mathematica*；trails.and ed. Andrew Motte as Mathematical Principles of Natural Philosophy (1729), rev. Florian Cajori (Berkeley and Los Angeles: University of California at Berkeley Press, 1934), p.655–656.
13. Gottfried von Leibniz, *Samtliche Schriften und Brieye,* Ser I, Vol IV (1980), p. 475–476.
14. 同上，p.477。
15. University Library, Cambridge, Add. MS 3968. 4I. fol. 85r.
16. 牛顿的符号和莱布尼茨的符号两者之间的差异，放宽了数学家使用时的限制。因为牛顿与世隔绝地做研究，没有设计出易于互相沟通的符号，仅创造出个人觉得有效的一套规则。反之，莱布尼茨为了与别的数学家、自然哲学家频繁通信，需要一种普遍易懂的格式来表达他的数学理论，因此他的符号成为标准数学语言的一部分，直到今天仍然被普遍使用。
17. *The Correspondence of Isaac Newton* (Cambridge: Cambridge University Press), Vol.4, ed. J. F. Scott (1967), p.100.
18. Bernoulli to Leibniz, quoted in Isaac Newton, *The Mathematical Papers of Isaac Newton,* Vol.7, ed. D. T. Whiteside (Cambridge: Cambridge University Press, 1977), p.181.
19. A Rupert Hall, *Philosophers at War: The Quarrel Between Newton and Leibniz* (Cambridge: Cambridge University Press, 1980), p.118.
20. Nicholas Fatio de Duillier. *Lineae Brevissimi Descensus Investigatio Geometrica Duplex* (A Two-fold Geometrical Investigation of the Line of BriefestDescent, London, 1699), p. 18.
21. *The Correspondence of Isaac Newton* (Cambridge: Cambridge University Press). Vol.3. ed. H. Turnbull (1961), p. 286.
22. John Keill, "Epistolia...de Legibus Viram Centripetarum", *Philosophical Transactions of the Royal Society,* Vol.26 (1708), p.185.

23. "lsacci Newtoni Traetatus Duo, de Speciebus & Magnitudine Figurarum Curvilinearum", *Acta Eruditorum* (January 1705), p. 35.（莱布尼茨强调。）
24. Pierre Des Maizeaux, Recueil des Pibces 5ur la philosophie. la religionnaturelle, 1'historie, les mathematiques, etc, par Mrs. Leibniz. Clarke, Newton, & autres autheurs célébres. vol.2 (Amsterdam, 1720), p. 49.
25. *The Correspondence of Isaac Newton* (Cambridge: Cambridge University Press), Vol.5, ed. Rupert Hall and Laura Tilling (1975), p. 142.
26. 同上，p. 207。
27. Joseph Rapbhson, *The Histor of Flaxions* (London, 1715), p. 100.
28. Journal Book of the Royal Society, 11 March 1712.
29. "On a Point Connected wilh the Dispute between Keil and Leibniz about the Invention of Fluxions", Philosophical Transactions of the Royal Society, Vol.136 (1846), p.107.
30. Journal Book (Copy) of the Royal Society, London, Vol 10, p. 391.
31. University Library, Cambridge, Add. MS 4007B, fol.617.
32. 我们知道牛顿是那篇《委员会报告的陈述》的作者，因为文内引用了许多技术性的参考文献，以及深刻洞察数学内容的细节，这只有他才写得出来。按照一项资料的说法："他的身份（即指牛顿是作者）是错不了的。" Journal Book (copy) of the Royal Society, London, Vol. 10, p. 337.
33. University Library, Cambridge, Add. MS 3968.37, fol. 539r.
34. Isaac Newton, "Account of Commercium Epistolicum", Philosophical Transactions of the Royal Society Vol.29 (1714—1716), p. 211.
35. University Library, Cambridge, Add. MS 3968.37 fol. 539r.
36. William Whiston, *Historical Memoirs of the Life of Dr Samuel Clarke* (London, 1730), p. 132.
37. *The Correspondence of Isaac Newton* (Cambridge: Cambridge University Press), Vol.6, ed. Rupert Hall and Laura Tilling (1976), p.3.
38. 同上，p. 8–9。
39. 同上，p. 18–19。
40. 最先摘自一封约翰·钱伯伦给皇家学会的信：Royal Mint Library, Newton

MS II. fol. 334 (Chambeflayne to Newton，25 November 1713)。

41. Gottfried von Leibniz, *Die Philosophischen Schriften,* Vol.3, ed. C. J. Geerhardt (Berlin, 1875—1890；Hildesheim, 1960—1961), p.589.

42. 虽然莱布尼茨和牛顿在数学上发展出几乎完全相同的技巧，也共有一些数学和科学的信仰，但莱布尼茨到死都是忠诚的笛卡儿主义者，从来未曾完全接受牛顿的物理学。他视牛顿的许多想法，包括超距作用，为一种“神秘学”。

43. *The Correspondence of Isaac Newton* (Cambridge: Cambridge Universtity Press),Vol.6, ed, Rupert Huala Tilling (1976), p.288.

44. 摘自 Gale E. Chdsfianson, *In the Presence of the Creator* (New York Free Press, 1984), p.548。

第十四章 与先贤同列

1. 是牛顿告诉他的侄儿本杰明·史密斯的话，并见于 Joseph Spence，*Anecdotes, Observations and Characters of Books and Men Collected* from the Conversations of Mr. Pope, and Other Eminent Persons of His Time. ed. Samuel S. Singer (London, 1820)，p. 54.

2. Sotheby Catalogue, p. 50. Babson College Library. Massachusetts. Babson MS 426.

3. *The Correspondence of Isaac Newton* (Cambridge: Cambridge University Press), Vol.6, ed. Rupert Hall and Laura Tilling (1976), p. 183.

4. *The Correspondence of Isaac Newton* (Cambridge: Cambridge University Press), Vol. 7, ed. Rupert Hall and Laura Tilling (1977), p. 166–167.

5. 同上，p. 243。

6. 南海公司成立于 1711 年，是为了替政府解决英格兰连年争斗而负担的庞大国债。公司的股票被非法炒作，以超低价格卖给政客和朝臣，不久股价飞涨，却在极短的时间以惊人的速度崩盘了。牛顿并没有牵涉非法买卖的活动，而是老老实实地买入股票，但是许多国会议员，无论是辉格党或是托利党都一样，纷纷加入炒作。还有些公众人物和高级官员也参加了舞弊。有趣的是，因为几乎全体高官都或多或少与这件前所未有的贪污案有牵连，唯有沃尔波尔爵士干净无瑕，于是他立即被任命为第一财政大臣，负责处理这桩丑闻事件。其后又于 1721 年担任总理大臣。

7. 康杜伊特记录，King's College Library, Cambridge. Keynes MSS 1306, Book 2. and 130.7, sheetl。
8. 康杜伊特对丰特奈尔的记忆，King's College Library, Cambridge. Keyncs MS 129A, printed in Edmund Tumor (ed.), Collections for the History of the Town and Soke of Grantham (London,1806), p. 165–166。
9. 参阅如 Frank E. Manuel, *A Portrait of Isaac Newton* (New York Da Capo, 1968), p. 363。
10. King's College Library, Cambridge, Keyncs MS 129A , p.20–21.
11. 牛顿绝不是将这种关系做扩张解释的第一人。如同音阶的例子，早已有前人将数字进行有次序的编排和找出自然的数字模式，并把它们与天体力学的研究工作联结起来。倾向于毕达哥拉斯观念的新柏拉图主义者和开普勒等，都受到毕达哥拉斯的教诲影响。J. E. McGuire and P. M. Ratmnsi, "Newton and the Pipes of Pan", Notes and Records of the Royal Society of London, Vol.21 (1966), p. 16–17.
12. Justin Martyr, "Exhorlation to the Greeks", as quoted in S. K. Heninger. Jr, *Touches of Sweet Harmony: Pythagorean Cosmology and Renaissance Poetics* (San Marino. Cal.: The Huntingdon Library, 1974), p. 202.
13. University Libra, Cambridge. Portsmouth Collection, MS Add. 3970.fol. 619r, Draft of Query 23.
14. Jewish National and University Library, Jerusalem, Yahuda MS Vat.I, Newton MS 15. 3 (2, n.50), fol. 66v.
15. 同上，fol.96r。
16. 同上，fol.67r。
17. 同上。
18. William Stukeley, *Memoirs of Sir Isaac Newton's Life,* ed. A. Hastings White (London: Taylor & Francis, 1936), p. 17.
19. *The Correspondence of Isaac Newton* (Cambridge: Cambridge University

Press), Vol. 7, ed. Rupert Hall and Laura Tilling (1977), p. 302.

20. Henry Pemberton, *A View of Sir Isaac Newton's Philosophy* (London, 1728), Preface.

21. King's College Library, Cambridge, Keynes MS 129A, p. 23–24.

22. King's College Library, Cambridge, Keynes MS 130 (6), Book 2.

23. King's College Library, Cambridge, Keynes MS 130.7, sheet 2.

24. 索齐尼教派是 16 世纪意大利人道主义者索齐尼创建的，它类似于阿里乌派，对基督教教义有异类见解。但不同之处在于，它认为基督不是神，而是上帝的一个凡人工具。阿里乌教派则认为基督是“第一个生物”，不与天父上帝同为一体（那是正统基督教的说法），也不是如索齐尼教派所主张的基督是个凡人。

25. Mathurin Veyssière de Lacroze, *Thesaurus Epistolicus Lacrozianus,* Voll (Leipzig.1742). p. 105 (Samuel Crell to Lacroze, 17 July 1727).

26. *The Correspondence of Isaac Newton* (Cambridge: Cambridge University Press), Vol 3, ed. H. Tumbull (1961). p.265–267.

27. King's College Library, Cambridge, Keynes MS 129A , p. 24–26.

28. King's College Library, Cambridge, Keynes MS 130 (6).

29. 同上。

30. Bodleian Library, Oxford, New College MS 351, IV, fol.194.

31. King's College Library, Cambridge, Keynes MS 129A. p. 23.

32. Isaac Newton, *Correspondence of Sir Isaac Newton and Professor Cotes*, ed. J. Edleston (London, 1850), p. 316.

33. Tumor, *Collections for the History of Grantham*, p. 166.

34. 同上。

35. King's College Library, Cambridge. Keynes MS 130.

36. Joum Book (Copy) of the Royal Society, Lonrion, Vol.13, p. 62.

37. *The Correspondence of Isaac Newton* (Cambridge: Cambridge University Press), Vol. 7, ed. Rupert Hall and Laura Tilling (1977), p. 355.

译后记

我是个主修物理学的人，除了自己苦读，也曾经误人子弟。我虽然没有什么出色的研究成果，但总算一辈子都沉浸在物理学之中。说来惭愧，在年纪尚轻时，我就接触了牛顿的古典物理学，后来当大学生、研究生，一直到教授，对万有引力、运动三定律、光学、微积分，以至数理化的各个领域，都花了不少心思研究、学习，却对牛顿如何发展出他的力学、光学和微积分，以及科学在牛顿之前的进展过程，之后为何能迅速进步、百花齐放，甚至连牛顿这么伟大的科学家是怎样一个人，都知道得极少，或者毫无所知。

回想当年站在讲台上讲解物理，自以为准备充分，一定能为学生讲清楚。可是无论自己讲得如何声嘶力竭，再三举例，台下的学生多数仍旧一脸茫然。我当时只恨学生顽冥不灵，绝未醒悟原来自己还是照本宣科而已。如果我对于科学的来龙去脉尚属无知，又如何能把科学的整个面貌呈现给学生看呢？而学生在教室里听我唇焦舌燥地描述一张脸孔上的一只鼻子，他们又要有多丰富的想象力才能了解那只鼻子长得多漂亮呢？

窥见大师原貌

如果不是翻译这本《牛顿传》，我不可能读这本书，因为它所容纳的材料太广、太深，打开书本一浏览，生字充斥，实在力不从心。不客气地说，大家大概跟我一样，不会愿意花时间来查字典和推敲词句。幸亏出版社诚恳邀请，让我承担为大众介绍这本传记的工作，于是我花费一年多的时间，不分昼夜、不度周末地细读精读，反复琢磨思考，查阅相关资料，彻底了解之后再以平实的语言叙述，相信高中程度以上的读者都可轻易吸收。而我自己经过这一番努力，获益良多，学习了许多知识，以往许多模糊不清的观念也得以澄清。如果现在要我重上讲坛解说力学，我自信必可使学生爱上我的课。

也许有人以为牛顿是 300 多年前的人物，又是那么伟大的天才，他的传记必定早就有很多作家写过。苹果从树上坠落的故事，家喻户晓。至于做研究以致废寝忘食的科学家，也大有人在。对于这本新出的传记，我是否有过分夸张的嫌疑？老实说，当初我接到翻译任务的时候，确实也作如是想，觉得无此必要大费周章向大家介绍这本书。

我曾到图书馆找出许多关于牛顿的传记，大略做个比较，当时最新的一本是《艾萨克·牛顿生平》（1993，剑桥大学出版社），作者是韦斯特福尔，内容和我们的《牛顿传》最接近。它显然也引用了我们的书里指出的凯恩斯于 1936 年发现的最新资料，将牛顿由早期崇拜者塑造的圣人形象恢复凡人面貌，重新评述他引人争议的种种事件。然而《牛顿传》这本书最大的特点，是把牛顿一生研究的数学、力学、神学、炼金术、化学……逐一追本溯源，自公元前600年开始的古希腊文明，历经公元2世纪亚历山大城的阿拉伯文明、5世纪至10世纪的欧洲黑暗时期的停滞、启蒙时期文明自东向西回流，直到16世纪的日心说为止的发展经过，对于其间领一时风骚的哲学家，例如柏拉图、亚里士多德、毕达哥拉斯、欧几里得、托勒密、哥白尼、伽利略、笛卡儿、开普勒等人所主张的精华，一一加以说明，最后导出他们对牛顿的影响，使我们读来犹如念一本科学发展史。由于主题明确，故而前呼后应，更让我们得窥全貌。

在牛顿之前，科学方法尚未发展出来，人们参不透自然的奥妙，只能在摸索中推展出各种假说。即使到牛顿去世20多年之后，作家休谟还有过这样的感叹：

> 我们被放在这有如戏院的世界上，每个事件的起源和缘由却被完全隐瞒，不让我们知道，我们既没有足够的智慧预见未来，也无能力防止那些使我们不断受伤害的不幸事件发生。我们被悬挂在永恒的疑惧之中，在生与死之间，在健康与疾病之间，在富裕与贫穷之间，而我们只能任由那神秘又无法探知的力量摆布。那神秘的力量通常无法预期，并且总是不可信赖，于是那无法探知的力量就成了我们的希望与恐惧之根源。因忧虑变故的发生，我们长时期处于警觉情绪之中，遂同时使用同等的幻想，去塑造这力量的形象，以让我们的情绪放松，完全接受这个形象的主宰。

这可说是自古以来人类面对大自然所受到的困扰，我们何其有幸得以避免。很有意思的是，对于这种无奈，西方和东方的做法一样，社会上下充斥着炼金术士、神棍、跑江湖的骗子、占星算命的郎中。牛顿灵活地运用了科学方法，从此产生了近代科学，理论不再是一堆无法被证实的假说，宗教不再主宰科学，江湖术士也失去了生存的空间。从“悬挂在永恒的疑惧之中”到太空航行登陆星球的自我掌控，2 000 多年来，这条道路是如何被先哲走过的？如果我们科学工作者难以详尽地了解，那我们至少应该把“科学革命”及“科学革命之父”的事迹，认真地阅读一遍吧。

陈可岗